8 Ln 27 43326 3

Paris
1895

Barthélémy-Saint-Hilaire, Jules

Victor Cousin, sa vie et sa correspondance

3

M. VICTOR COUSIN

SA VIE
ET
SA CORRESPONDANCE

PAR

J. BARTHÉLEMY-SAINT HILAIRE

TOME TROISIÈME

PARIS

HACHETTE ET Cie, BOULEVARD SAINT-GERMAIN, 79
FÉLIX ALCAN, BOULEVARD SAINT-GERMAIN, 108

1895

M. VICTOR COUSIN

SA VIE
ET
SA CORRESPONDANCE

CHARTRES. — IMPRIMERIE DURAND, RUE FULBERT.

M. VICTOR COUSIN

SA VIE
ET
SA CORRESPONDANCE

PAR

J. BARTHÉLEMY-SAINT HILAIRE

TOME TROISIÈME

PARIS

HACHETTE ET Cie, BOULEVARD SAINT-GERMAIN, 79
FÉLIX ALCAN, BOULEVARD SAINT-GERMAIN, 108

1895

CORRESPONDANCE GÉNÉRALE

Nous commencerons la correspondance générale de M. Cousin par les lettres de M. Royer-Collard. Cette priorité lui est due pour deux motifs : D'abord, la date reculée où M. Royer-Collard a pu connaître son futur suppléant. Dans les examens qu'il faisait assez fréquemment à l'École normale, il aura dû remarquer, entre tous, le lauréat du concours général, le premier élève de la première promotion, dont l'avenir s'annonçait si brillamment. On était alors en 1811. Les élèves de l'École normale suivaient les cours de la Faculté des lettres ; et celui de M. Royer-Collard, tout austère qu'il était, était encore le plus attrayant pour de jeunes enthousiasmes ; il était franchement spiritualiste, et il ouvrait à la philosophie une voie nouvelle. En second lieu, personne n'a aimé et apprécié M. Cousin plus que M. Royer-Collard, pendant une période de trente années.

A ces deux titres, nous devons lui donner la première place, chronologiquement et moralement.

Nous avons déjà reproduit quelques-unes de ses lettres (tome I, p. 224) : nous publions ici les autres, qui offrent un intérêt spécial. Le reste se compose de billets fort courts, pour des invitations ou des rendez-vous. Quelque brèves que soient chacune de ces missives, elles portent l'empreinte d'une vive affection, qui a duré jusqu'à la mort. M. Royer-Collard avait trente ans de plus que M. Cousin : sa cordialité avait quelque chose de tout à fait paternel. Nous croyons devoir répéter ici qu'une affection si constante, de la part d'un si sérieux personnage, est inappréciable, parce qu'elle est tout ensemble la preuve d'une estime qui ne se méprenait pas, et d'une tendresse qui ne se trompait pas davantage.

En insistant, comme nous le faisons, sur M. Royer-Collard, nous sommes assuré de remplir un devoir patriotique. On ne saurait trop recommander aujourd'hui l'exemple de si solides qualités. Amour inébranlable du bien, dévouement absolu aux principes qu'on croit les meilleurs, désintéressement personnel ; voilà pour le côté moral. Méditations constantes et toujours dignes d'un philosophe pour arriver autant que possible à la vérité, éloquence sévère, concision rigoureuse, ne disant que ce qu'il fallait dire ; voilà pour le talent. Hauteur d'âme, qui n'a jamais fléchi dans les situations les plus difficiles. C'est cet ensemble de vertus qui nous inspire un respect que personne, dans notre siècle, n'a mérité plus justement.

ROYER-COLLARD

1763-1845

(Plus haut, Tome III, pages 244, 516 et suiv.).

Châteauvieux, 18 novembre 1836.

« Votre lettre, mon cher ami, m'a fait grand plaisir, non que je fusse inquiet sur vous, ou que j'eusse la moindre alarme sur votre amitié. Qu'elle parle ou se taise, qu'elle voyage ou garde le logis, je suis sûr qu'elle est la même. Nous ne pouvons pas nous oublier l'un l'autre. Je vous absous donc de vos remords. Pendant que vous avez couru, j'ai vécu sédentaire et solitaire, sauf quatre ou cinq courses de la matinée à Valençay. J'ai étudié, contemplé, observé, jugé avec grande liberté et sans respect, ce qui se passe. J'ai lu votre Abélard, et relu les trois volumes de votre cours. Vous n'avez rien composé et rien écrit d'aussi parfait que le premier de ces ouvrages. Mais à mon avis, l'excellence de la forme l'emporte trop sur la médiocrité du fond. La philosophie du Moyen-âge ne m'intéresse pas. C'est sans doute tant pis pour moi. Nous en causerons et de bien d'autres choses, si je n'ai pas désappris la parole, et presque la pensée, dans ma longue et profonde retraite. Le spectacle de la vieille Chambre, en présence du nouveau ministère, nouveau du moins dans son chef, ranimera peut-être mon attention. Mais je n'y prendrai pas feu, non plus qu'au débat de l'élection académique. Je n'ai encore été abordé qu'au nom de M. de Pariset. A présent, nous préparons notre départ. Je serai à Paris au commencement de la seconde semaine de décembre.

« Adieu, mon cher ami, portez-vous bien ; travaillez, publiez votre Hollande. Je suis tout à vous.

« ROYER-COLLARD. »

On voit que M. Royer-Collard admirait sans réserve la préface à l'édition d'Abélard ; et en cela, il ne se trompait point. Mais il ne dit rien des trois volumes du cours. Ces trois volumes devaient comprendre les leçons de 1828 et de 1829, et le cours sur le Vrai, le Beau et le Bien (rédaction de M. Adolphe Garnier). L'éloge de la préface aux ouvrages inédits d'Abélard est très justifié ; et ce morceau est un des écrits les plus originaux et les plus brillants de M. Cousin. Nous avons dit (tome I, page 322) que cette publication fut, pour le monde philosophique et littéraire, une révélation. Elle dut frapper d'autant plus M. Royer-Collard qu'il tenait fort peu de compte du Moyen-âge, ignoré et méprisé par lui, comme il l'était généralement. Ce dédain était peu digne d'un esprit aussi impartial et aussi profond. Quand il s'agit du Moyen-âge, berceau de l'intelligence moderne, il ne faut jamais oublier les circonstances dans lesquelles il est né. La société antique s'était écroulée tout entière. La société nouvelle avait à refaire son éducation ; et la Scholastique en marque les premiers pas, hasardeux comme ceux de l'enfance.

Châteauvieux, 7 novembre 1839.

« Vous êtes, mon cher ami, bien aimable de vous souvenir de moi et de m'écrire une si bonne lettre. Entre tous les mérites qu'elle a, je compte le témoignage qu'elle rend de votre santé. Malgré le mal que vous en dites, il est clair que vous la dominez et qu'elle vous laisse tout entier. La mienne est aussi bonne qu'elle peut l'être, après quelques petites rechutes, qui n'ont pas de suites fâcheuses. Je suis et je me sens vieux. Mais j'accepte la vieillesse et son cortége, et sa terminaison inévitable. Je vis donc en paix. J'ai vu cet automne tous les miens, et même M. Andral, sur qui je ne comptais pas. Ces innocentes distractions et mes vieilles études ont charmé ma solitude. Mais qu'est-ce, mon cher ami, que ces études, qu'est-ce que les plaisirs de l'esprit, lors même qu'on y est le plus sensible, comparés à la vie active du prêtre, du médecin, du magistrat, du directeur d'une grande école, je ne dis pas du ministre ? La dignité que vous cherchez n'est pas là aujourd'hui. J'ai eu une cause pour laquelle j'ai combattu selon mes forces ; elle est perdue et perdue à jamais. Ce n'est pas une consolation qu'elle ne le soit pas par ma faute. Vous reprenez votre Platon ; c'est bien. J'attends les Arguments, que vous avez promis, et que vous vous devez bien plus qu'à votre libraire. Vous rentrez là dans votre domaine : et je suis sûr que vous y rentrerez en maître. Je suis à peine digne aujourd'hui de vous lire. Il est vrai qu'Homère m'est devenu plus familier que Platon et Aristote, bien que je n'aie pas rompu tout commerce avec ces derniers. Vous me semblez rêver quand vous me parlez de mes anciennes leçons. Est-ce que j'ai fait des leçons ? Qui s'en souvient, quand je ne m'en souviens pas ? Je ne les ai relues qu'une fois, quand vous les avez imprimées. Elles sont effacées de mon esprit, comme de ma mémoire. Il m'en reste cependant que c'est là que je vous ai acquis.

« Je savais que vous aviez vu M. Molé à Plombières ; il me l'a écrit, encore plein de l'agrément de votre commerce. J'ai trouvé ce que vous appelez votre polémique dans les journaux. Je l'ai lue plus attentivement que je ne l'aurais fait, si vous n'y aviez pas été partie. Je ne crois pas qu'on ait eu tort avec vous au fond ; mais il est incontestable qu'on a eu tort dans la forme ; et c'est, je crois, tout ce que vous prétendez. Je dois ajouter que ce tort est tout entier au Garde des Sceaux.

« Au revoir, mon cher ami, ce sera dans les premiers jours de décembre. Je serai heureux de vous retrouver ; car je vous compte et vous aime entre mes meilleurs amis.

« Royer-Collard. »

L'incident auquel M. Royer-Collard fait allusion, est la mesure prise par le Garde des Sceaux contre quelques conseillers d'État : M. Cousin était une des victimes, et il avait été exclu, avec deux de ses collègues. Cette disgrâce lui importait fort peu ; mais la forme avait été blessante, ainsi que les compensations qu'on lui offrait. Aux quelques mots que nous venons de dire de cette mesure, nous ajoutons simplement que le Garde des Sceaux de cette époque (septembre 1839) était M. Teste, dans le ministère du 12 mai 1839, second de M. le maréchal Soult. Plus tard, M. Teste redevenait ministre des Travaux publics, dans le troisième ministère du duc de Dalmatie. En 1847, il commettait le crime qui l'amena devant la Cour des Pairs. Il est assez probable que, dès 1839, la personne de M. Teste devait être peu agréable à M. Cousin. Le ministre s'en était peut-être aperçu ; et en frappant le conseiller d'État, il voulait écarter sans doute un ennemi personnel, qu'il devait plus tard retrouver parmi ses juges. M. Royer-Collard attache peu d'importance à la petite iniquité venue d'un tel homme ; M. Cousin ne paraît pas en avoir été ému plus que lui.

31 octobre 1841.

« Un accident, mon cher ami, a fait que je n'ai pas en ce

moment sous les yeux la bonne lettre que vous m'avez écrite. J'étais inquiet ; je n'avais pas de vos nouvelles et n'entendais point parler de vous. Mais vous n'êtes point malade. La retraite dans laquelle vous vivez vous plaît, et vous l'employez à d'utiles travaux de votre goût. Dans ce que j'ai lu de vous au Moniteur, je vous ai retrouvé et reconnu. Je n'ai pas eu le même plaisir à retrouver notre cher Damiron. Ces études sont aujourd'hui loin de moi. Il n'y a que votre plume qui me les ranime.

« M. et Mme Andral sont ici ; ils ne partent que la semaine prochaine. La santé de M. Andral est rétablie. Je ne les suivrai que la semaine qui suivra. Je suis retenu, malgré moi, par des affaires que je dois terminer. J'ai éprouvé, il y a quelque temps, une assez grave rechute de ma fièvre, qui m'a affaibli. Je suis bien à présent et en état, j'espère, de retourner à Paris par la diligence. Je me fais une joie de vous revoir et de vous embrasser. Ce ne sont pas les affaires publiques qui m'attirent ; j'en détourne mes yeux fatigués. Je demande de nouveaux cieux, une nouvelle terre, une nouvelle création. Celle-ci est usée.....

« A revoir, mon cher ami, du 20 au 25. Nous savons vous et moi ce que nous sommes l'un pour l'autre.

« ROYER-COLLARD. »

M. Royer-Collard est mort en 1845 : et pendant les vingt-deux ans que M. Cousin lui a survécu, il est à regretter qu'il n'ait pas fait pour lui ce qu'il a cru devoir faire pour M. Maine de Biran. M. Royer-Collard en était encore plus digne. Mais il est vrai qu'il ne laissait pas des rédactions complètes, comme M. Maine de Biran, et qu'un petit nombre de leçons seulement étaient écrites définitivement. Mais les fragments qu'a publiés M. Jouffroy font vivement désirer le reste, tout mutilés que les autres peuvent être. Il fallait passer par-dessus l'imperfection de la forme, et ne voir que l'importance du fond. C'est là que sont les origines de la révolution philosophique que M. Cousin a poursuivie sans cesse ; c'est là que se trouvent les principes du spiritualisme, qui a prévalu dans son école. Il faudra revenir à ces principes, qui seuls peuvent faire vivre les sociétés humaines. M. Royer-Collard, le premier, les avait remis en honneur, en face du matérialisme triomphant. C'était un immense service, qu'on ne pouvait trop exalter. M. Cousin a eu certainement de bons motifs pour s'abstenir ; mais nous ne les connaissons pas.

A ce premier regret, nous en joindrons un second. On a fait des biographies de M. Royer-Collard ; on n'a pas fait le recueil de ses discours. Ses leçons de la Faculté des lettres n'intéressent guère que les philosophes. Ses discours politiques pourraient être bien plus généralement utiles. Comme ils sont consignés au Moniteur universel, il serait très aisé de les rassembler. Ils sont d'un tout autre ton que ceux de M. Thiers ; mais ils ne seraient pas moins instructifs. Ce serait une école de haute politique. Dans tous les temps, cet enseignement serait convenable : il le serait surtout pour le nôtre.

FAURIEL

1772-1844

M. Fauriel était âgé de vingt ans de plus que M. Cousin. Élève de l'Oratoire, il avait servi quelque temps dans l'armée en 1793 et 1794 ; plus tard, il avait été le secrétaire particulier de Fouché, préfet de police sous le Premier Consul. Mais ses goûts littéraires l'avaient emporté ; et il restait dans l'administration encore moins longtemps que dans la vie militaire. Sa première publication, en 1810, était une traduction de la Parthénéide de Baggesen, le poète danois. Vers l'époque où les lettres qui vont suivre étaient échangées, il avait traduit le poème de Berchet, « I profughi di Parga », et les tragédies de Manzoni, Adalgize et Carmagnola. Il était occupé aussi de la traduction des Chants populaires de la Grèce moderne, qui parurent en 1824, avec un succès prodigieux, qu'expliquaient à la fois l'originalité de ces petits poèmes et les circonstances où ils paraissaient. D'ailleurs, tous ses amis connaissaient ses études persévérantes, et alors entièrement neuves, qui devaient aboutir à l'Histoire de la Gaule méridionale, sous les conquérants Germains, et à l'Histoire de la littérature provençale. M. Guizot créait pour lui en 1830 une chaire de littérature étrangère, la première de ce genre qui ait été fondée en France. Aux dons de l'intelligence, s'en joignaient d'autres, qui n'étaient pas moins solides, et qui étaient encore plus aimables ; un extérieur séduisant, une élégance naturelle, un caractère doux et bienveillant, une aménité, qui n'avait rien de banal, une sûreté de commerce à toute épreuve. M. Cousin avait été sous le charme, comme tout le monde : et en 1823, il dédiait le cinquième volume de Platon à son ami, dont il vantait la modestie, « la noblesse d'âme, l'étendue et la délicatesse d'esprit. » Cette admiration n'a pas cessé, non plus que la tendresse. S'il y a peu de lettres dans les derniers temps, c'est que M. Fauriel, professeur à la Sorbonne et membre de l'Institut, est fixé à Paris, et ne quitte plus la capitale. En mourant, il a légué à M. Cousin tous ses livres espagnols et provençaux, qui forment une section à part, annexe de la bibliothèque principale. Il est probable qu'en 1823, les deux amis étaient liés depuis longtemps, et qu'ils avaient dû se rencontrer de bonne heure : mais nous n'avons pas trouvé de lettre antérieure à cette date. Nous ignorons les commencements, qui se comprennent aisément. Tous deux avaient dû se voir dans les sociétés choisies qu'ils fréquentaient. Des amis communs en Italie avaient dû aussi hâter les relations, que tous deux recherchaient mutuellement.

M. Cousin à M. Fauriel.

Boulogne-sur-Mer, 21 septembre 1823.

« Mon cher ami,

« Voici une douzaine de jours que nous sommes ici. D'abord,
« j'ai trouvé l'air bien vif ; mais les soins qui m'entourent sont
« si doux que je ne suis pas ici plus mal qu'à Paris. La vue
« de l'Océan m'a fait un grand effet, surtout en pensant qu'un
« peu au delà est l'ami cher et sacré que m'ont donné les
« malheurs de l'Italie. Je ne puis vous dire avec quelle dou-
« leur je songe à l'affreuse destinée du meilleur des hommes.
« Je songe aussi à la vôtre, mon cher Fauriel, et m'afflige de
« pouvoir si peu pour l'un et pour l'autre. Vous du moins,
« vous êtes libre. J'espère que vous allez bien, et que vous
« persévérez dans la résolution sage dont vous m'aviez parlé.
« Plus j'y pense de sang-froid, plus je l'approuve ; et je vou-
« drais déjà vous savoir à Milan. C'est une étrange façon
« d'aimer ses amis que de les vouloir loin de soi ; mais
« l'amitié n'est pas égoïste ; c'est en quoi je la préfère à
« l'amour.

« Je ne fais pas grand'chose à Boulogne. Je me repose de
« mes deux volumes. Celui de Proclus doit paraître la
« semaine prochaine, et vous l'aurez à mon retour. Celui de
« Platon a paru dans un mauvais moment. Mais peu importe.
« Avez-vous lu le poème de Lamartine sur le Phédon ? On
« m'écrit qu'il y a des compliments pour moi. Ils me touche-
« raient vraiment le cœur de sa part. Je ne crois pas seule-
« ment Lamartine un poète distingué ; je le crois aussi un
« homme vraiment honnête, et s'il veut tolérer mes opinions,
« je suis très disposé à l'aimer. Nous verrons l'hiver pro-
« chain.

« J'ai fait toutes vos amitiés à P. A., aimez-le ; car je ne
« puis vous dire à quel point vous l'aimeriez, si vous le con-
« naissiez davantage. Ne m'oubliez pas auprès d'Alexandre, si
« vous lui écrivez. Dites-lui tout ce que vous savez qu'il y

« a pour lui dans mon cœur. Entre nous, mais bien entre nous,
« j'ai trouvé bien amer de ne plus avoir de ses nouvelles, ni
« de celles de Visconti. J'en déteste encore plus l'Autriche,
« qui vient se mettre entre des amis comme eux et moi ; car
« je puis vous dire que je les aime profondément, et qu'ils
« tenaient une grande place dans ma vie. Quand vous serez
« là, j'espère que vous leur persuaderez de m'écrire plus sou-
« vent. Oui, mon cher, j'aime mieux l'amitié que l'amour ;
« mais l'amitié un peu tendre, telle qu'elle doit être pour oc-
« cuper mon cœur et lui donner le change.

« Ici je suis à merveille sous ce rapport. Quel bonheur
« qu'elle soit plus âgée que moi, que sa destinée soit fixée, et
« que son ami soit le mien ! Je l'aime parfaitement ; elle a je
« crois, aussi de l'amitié pour moi. Nulle faute, pas de re-
« mords, pas de soucis ; tout est pur, élevé et tendre. Mes
« chers amis, ne me conseillez pas l'amour. Le travail et
« l'amitié, voilà mon existence. Viguier m'écrit que Cour-
« rier est parti. Il est singulier qu'avec tant d'estime et d'atta-
« chement pour lui, je ne puisse rien trouver pour lui qui
« ressemble à ce que j'éprouve pour vous. Adieu, mon discret
« ami ; vous trouverez cette lettre un peu étrange ; résignez-
« vous à mon caractère. Je vous écris comme j'écrirais à
« Viguier ou à Santa Rosa, avec l'abandon qu'ils aimeront et
« que vous approuverez. Adieu encore. Faites mes amitiés à
« Thierry. La mer ne vaut plus rien. Il faut remettre son
« voyage au printemps prochain.

« Répondez-moi à Boulogne-sur-Mer, département du Pas-
« de-Calais, sous le couvert de la duchesse de Montebello.

« V. C. »

Il y a dans cette lettre des allusions transparentes ; il y en a qui restent absolument obscures. « L'ami cher « et sacré » est Santa-Rosa, qui vivait à Londres, se débattant avec fierté contre la misère, et méditant déjà de se rendre en Grèce. Nous voyons moins clairement quelle était la situation de M. Fauriel, et nous nous abstenons de toute conjecture sur un sujet aussi délicat. M. Cousin ne s'est jamais lié avec Lamartine ; les deux caractères ne pouvaient se convenir. P. A. désigne sans doute M. Paul Andral, le médecin, gendre de M. Royer-Collard. On ne voit pas pourquoi on ne le désigne pas en toutes lettres. Alexandre, comme on le sait, est le prénom de Manzoni. L'espèce de froideur que M. Cousin exprime à l'égard de Paul-Louis Courrier se comprend de reste. Paul-Louis n'était rien moins que sympathique ; et son caractère ne pouvait en rien convenir au sien. Courrier était, comme nous l'avons dit (tome II, page 262), un helléniste et un homme de goût, c'était tout ensemble un philologue et un écrivain. Ses pamphlets étaient des événements politiques ; mais les qualités du cœur lui manquaient, et c'étaient précisément celles-là que M. Cousin recherchait avant tout dans ses amis.

M. Fauriel répond à la lettre de M. Cousin :

Paris, 25 septembre 1823.

« J'ai reçu avant-hier soir, mon cher ami, votre lettre du 21 ; je l'attendais impatiemment pour être sûr que vous vous trouviez bien de l'air de l'Océan ; mais il fait depuis trois jours un temps si détestable qu'en vous répondant, je désire que ma réponse vous trouve parti ; car je me figure que le temps ne peut plus être bon pour vous, aux bords de la mer.

« Je persiste dans ma résolution d'aller à Milan, si rien d'imprévu ne la change d'ici à une vingtaine de jours ; mais je ne puis m'occuper encore des préparatifs de mon départ ; je sèche et me tue d'impatience, à mes maudits chants grecs ;

et il me faut du raisonnement pour me persuader que j'avance ; mais je ne vois pas encore au juste quand je finirai. Quant à l'Introduction, je suis résolu à ne point la faire ici, si je dois aller en Italie. Quand vous serez de retour, nous causerons par le menu de tout cela ; mais vous ne me dites rien de l'époque de votre retour, et cela me fait douter si vous serez ici aussi tôt que vous me l'aviez fait espérer.

« Vous faites bien de ne pas faire grand'chose à Boulogne, et je me réjouis de le savoir. Vous avez bien gagné de vous reposer un peu : j'imagine que Proclus ne vous prend pas beaucoup de temps, et ne vous donne pas beaucoup de fatigue ; mais c'est encore plus de travail que je ne vous en voudrais pour le moment. S'il faisait beau, si le ciel était bleu et si les vents étaient doux sur la mer, il n'y aurait autre chose à faire qu'à regarder et à respirer, et ce n'est qu'à cause du temps qu'il fait que je vous passe un bout de Proclus. Quelque sec ou dur qu'il soit, vous vivez dans une atmosphère dont le charme vous consolerait de pis, et vous le rendrait facile. Puisque vous préférez l'amitié à l'amour, vous méritez bien de trouver des amis tendres, et vous en avez. Du reste, je suis persuadé que tout ce qui développe la tendresse de l'âme, la développe en tout sens ; et vous pourriez très bien avoir de l'amour, sans cesser d'avoir des amis, je veux dire des amis tendres et dévoués. Du reste, prenez garde, mon cher ami, il y a tels sentiments auxquels on ne peut, auxquels on ne veut donner que le nom d'amitié, parce que l'on ne se sent pas moralement libre de leur donner un nom plus vrai : mais puisque vous êtes heureux de ce que vous éprouvez, j'espère qu'il n'en est pas ainsi pour vous.

« Je n'ai point vu le poëme de Lamartine sur Socrate ; c'est-à-dire, je n'en ai parcouru que quelques vers ; il y est en effet fort question de vous dans la préface et dans les notes, et d'une manière qui ne peut que plaire à vos amis. Quant au mérite de l'ouvrage, je ne puis rien vous en dire ; je conjecture seulement, d'après quelques propos d'autrui, qu'il n'a pas un succès décidé ; on dit, en revanche, qu'il y a de superbes choses dans un nouveau volume de Méditations poétiques.

« Mais à propos d'éloges et de Platon, qu'avez-vous été faire, en tête de votre second volume, mon cher ami ? Tout le bien que vous pensez et sentez de moi me charme et j'en suis fier ; mais en le disant au public, vous me faites des dettes envers lui ; et en vérité, je ne sais où prendre de quoi les payer. Si je lui fais banqueroute, ce sera bien votre faute, et je vous le mets sur la conscience. Je conçois parfaitement ce que vous me dites de C. ; et je vous en dirais autant pour mon compte, ou peut-être davantage, en quoi je pourrais bien avoir tort. Adieu, je ne vous écris pas plus longuement, parce que je vous attends ; si vous deviez rester quelque temps de plus, vous seriez bien aimable de me l'écrire.

« F. »

M. Cousin répond jour pour jour à M. Fauriel.

Boulogne-sur-Mer, 1er octobre 1823.

« Mon cher ami,

« Je ne vous réponds qu'un mot pour vous remercier de
« votre bonne et aimable lettre, et vous annoncer que je
« serai de retour à Paris, le 10 au plus tard. Le temps est
« affreux ; mais le temps, comme vous le dites, me paraît doux
« avec l'aimable et excellente amie qui s'est faite ma garde-
« malade. Je suis si heureux de ce que j'éprouve, que je ne
« crains rien de ce que vous semblez craindre pour moi. Je
« me connais bien et ne m'y trompe pas. C'est de la meilleure
« amitié, mais seulement de l'amitié ; et je m'en félicite. Tout
« autre sentiment serait trop de bonheur ou de malheur pour
« moi. Au tour de votre phrase, j'ai craint un peu pour vous ;
« dans ce cas, mon cœur se sent tellement digne d'entendre
« le vôtre, que je n'hésiterais pas à solliciter votre confiance.
« Songez-y bien.

« Quant à la publicité donnée à certains sentiments, ma
« délicatesse entend la vôtre. Mais que voulez-vous ? J'aime
« les dédicaces, et je ne hais pas l'abandon même devant le

« public. Rappellez-vous la dédicace d'Adelchi. Peu d'hommes
« délicats voudraient ainsi publier leur affection la plus intime ;
« et pourtant le plus délicat des hommes l'a fait ; et selon moi,
« il a bien fait, s'il a obéi à un sentiment sérieux et vrai. A ce
« titre, je m'absous comme lui.

« Vos chansons grecques sont bien dignes du temps que
« vous leur donnez ; dégoûtez-nous de la poésie académique.
« Votre Introduction peut très bien se faire à Milan, et j'avoue
« que je voudrais vous voir au sein d'une bonne famille, qui
« vous aimerait et vous soignerait parfaitement.

« D'ailleurs, l'Italie vous plaira tant ! O utinam !... Mais je
« suis enchaîné à Paris. Il faut que je me prépare à des pertes
« domestiques, qui accableraient les survivants, si je n'étais là
« pour souffrir avec eux.

« Adieu, mon cher ami ; je serai dans quelques jours à
« Paris, ni mieux, ni plus mal portant. L'hiver prochain m'ef-
« fraye ; il s'annonce assez mal, si j'en juge par Boulogne. Et
« puis, ce ne seront pas les chagrins peut-être qui nous man-
« queront. Adieu encore.

« V. C. »

Cette lettre de M. Cousin est précieuse en ce qu'elle répond par avance, à des calomnies qui n'ont respecté, ni un grand nom, ni la réserve du jeune professeur. On peut ne pas accepter ses théories sur l'amour et l'amitié. Mais il faut bien recevoir son témoignage sur l'état de son cœur. A qui s'en rapporter mieux qu'à lui ? Les faits d'ailleurs ne justifiaient en rien les soupçons qu'on a élevés si légèrement. La personne qu'ils compromettaient ne les méritait en rien. Veuve de bonne heure, sa conduite avait toujours été irréprochable. Elle était plus âgée que M. Cousin ; et le jeune homme, tout imprudent qu'il pouvait être, ne l'était pas à ce point de se croire aimé. On peut s'en fier à lui, quand il dit qu'il n'aime pas dans le sens redoutable de ce mot. Durant son existence entière, il a été bien moins occupé de ses passions que de ses travaux ; et à ce moment, il est uniquement enflammé d'une ardeur juvénile pour l'érudition et la philosophie.

M. Cousin à M. Fauriel.

Paris, 12 avril 1824.

« Mon cher Fauriel, voilà bien longtemps que je n'ai de vos
« nouvelles ! Et c'est avec bien de l'empressement que je pro-
« fite d'une bonne occasion pour vous écrire. Recevez amica-
« lement les deux personnes qui se chargent de ce billet,
« Messieurs Duparquet et Aubernon, hommes honnêtes,
« aimables, instruits, et tout à fait dignes de vos amis et de
« vous. Présentez les à notre petite société, qui sera bien aise
« de faire leur connaissance ; et s'ils vont dans quelque partie
« de l'Italie où des lettres de recommandation leur soient
« utiles, mettez à contribution nos amis.

« Et votre Introduction ? Envoyez-nous la bien vite ; car
« j'ai fait avec Didot un marché tolérable ; on imprime avec soin
« et activité ; nous corrigeons la feuille 18, et si vous tardez,
« nous nous trouverons dans un grand embarras. Plus je vous
« lis, plus je suis content de vos arguments et de votre tra-
« duction. J'ai lu à plusieurs personnes quelques-unes de ces
« chansons, et tout le monde en a été ravi. C'est un grand
« service rendu à la Grèce et à la littérature Française. Seu-
« lement, il nous faut l'Introduction. Quand d'abord elle serait
« courte et imparfaite, vous pourriez la développer et l'achever
« dans une seconde édition, en y joignant les chansons nou-
« velles que vous pourrez découvrir. L'important est de sou-
« tenir votre publication actuelle et de la bien faire comprendre
« par un morceau d'introduction, qui établisse bien votre

« dessein ; vous m'aviez exposé un jour le plan de cette intro-
« duction, qui me satisferait entièrement.

« J'ai reçu le billet d'Ermès, et j'ai fait faire le changement
« nécessaire. Quand lui enverrai-je la traduction de son excel-
« lent traité ? Le libraire ajourne toujours, et désole l'auteur,
« le traducteur et moi. Beaucoup de personnes connaissent
« l'ouvrage et l'estiment ce qu'il vaut.

« Et le roman d'Alexandre ? M. Trognon l'attend impatiem-
« ment. Dites bien à Alexandre que je pense perpétuellement
« à lui, et à toute sa famille. Comment va Mme Beccaria ?
« Qu'elle pense souvent à moi ! Adieu, mon cher ; vous savez
« quels vœux je forme pour votre bonheur. Je souhaite que
« vous ayez auprès de vous toutes les personnes qui vous
« sont chères. Pour moi, vous me manquez à chaque instant,
« et je ne me console qu'en disant que vous êtes à Milan
« mieux que partout ailleurs.

« Adieu.
                                                « V. C. »

« A M. Fauriel, chez M. Al. Manzoni, à Milan. »

Nous ne nous trompons pas, « Ermès » doit être Visconti. Son traité sur le Beau est l'œuvre à laquelle
M. Cousin fait allusion : il devait en paraître une traduction française, dont M. Cousin avait la complaisance de s'occuper, en même temps que des Chants grecs
de M. Fauriel.

M. Cousin adresse sa lettre à M. Al. Manzoni, à
Milan ; mais Manzoni était alors à sa campagne de Brou-
zoglio, non loin de la ville : c'est de ce lieu qu'est
datée la réponse de M. Fauriel.

Bruzoglio, le 20 juin 1824.

« Mon cher ami, il me faudrait un gros volume pour vous

expliquer pourquoi, depuis notre séparation, vous n'avez pas reçu de lettre de moi ; et ce volume je n'ai pas le temps de l'écrire aujourd'hui. Si mon silence a été coupable, il a reçu sa punition : car à l'exception d'un billet de quatre lignes qui m'a été apporté cet hiver par votre jeune ami de la rue de Varennes, je n'ai eu aucunes nouvelles de vous ; et en pensant à vous, j'ai été réduit à l'espérance, pure et simple, que vous vous portiez bien, et ne m'oubliiez pas. Quant à moi, j'ai pensé à vous et j'en ai parlé tout autant que si je n'en eusse été séparé que par quelques rues ; et il a fallu une singulière combinaison de circonstances pour me donner envers vous l'apparence d'un tort et d'un oubli. Sans prétendre à me justifier en forme, je veux seulement que vous sachiez que je vous ai écrit une seule fois, en même temps qu'à Mme Cabanis, une longue lettre, qui devait vous parvenir par une occasion particulière, sur laquelle j'avais compté, et qui, cette occasion m'ayant manqué, est demeurée entre mes mains. Je n'ai rien à vous dire sur la manière dont je suis à Milan, chez nos amis : vous les connaissez ces amis ; et je ne vous apprendrais rien, en vous détaillant toutes leurs bontés pour moi, et tout ce que je trouve de consolations et de douceurs à vivre au milieu d'eux. Pour surcroît de bonheur, Mlle Clarke et sa mère ont passé cet hiver à Milan ; elles ont vu et connu les Manzoni ; et leur ont inspiré une tendresse qu'elles leur rendent bien, et qui, je l'espère, ne sera, ni pour les uns ni pour les autres, un sentiment passager. Si j'avais à me plaindre de quelque chose, ce ne serait qu'au physique : ayant été d'abord très incommodé de l'excessive humidité du climat, et condamné à travailler péniblement à cette maudite Introduction des chansons grecques, que j'ai été vingt fois sur le point d'abandonner, ne me sentant pas dans la disposition convenable pour y travailler avec intérêt et avec succès. Dès qu'elle a été terminée, je suis allé, pour me distraire et me refaire, passer quelques semaines à Venise, où j'ai accompagné Mmes Clarke. Lorsque celles-ci sont parties pour Rome et le midi de l'Italie, j'ai poussé, de mon côté, jusqu'à Trieste, d'où je ne suis de retour ici que depuis quatre jours. Le voyage m'a fait du bien ; me voici maintenant dans la douce paix de Bruzoglio, et à ce qui me semble, bien disposé à reprendre enfin mon grand travail, pour ne plus le quitter, avant d'en avoir terminé, du moins, une partie considérable. Le voyage de nos amis en Toscane a été un moment abandonné ; il en est aujourd'hui de nouveau question pour l'automne ; mais j'y vois des difficultés, et j'y compte peu. Quant à moi personnellement, il est probable que j'irai faire un tour à Florence, dussé-je le faire seul ; mais dans le cas où les Manzoni se décideraient sérieusement à le faire aussi, je les attendrais, charmé de l'idée de faire quelque séjour, au lieu d'une simple et rapide visite à Florence. Il serait trop long de vous écrire mes impressions sur ce que j'ai vu de l'Italie. Enchanté du matériel du pays, de la beauté des villes, de la multitude, de la variété et de la grandeur de leurs monuments, je ne puis dire, qu'être affligé et surpris de l'étonnante stagnation, pour ne pas rétrogadation intellectuelle, des Italiens.

« Ne pouvant vous écrire tout, il faut du moins que je vous dise quelques mots des choses qui nous intéressent le plus l'un et l'autre ; et sans doute, vous ne me pardonneriez pas de ne rien vous dire du roman de notre Alexandre. Il y a longtemps qu'il est terminé, bien qu'il ne soit pas encore sur le point de paraître. Alex. en a détaché deux portions, qui sont devenues des ouvrages à part, dont l'un, considérable et important, a pour objet la langue italienne, et la discussion des opinions étrangement divergentes des Italiens à ce sujet. Le temps donné à ces deux ouvrages a été ôté à la revision du roman ; et il a été assez long. Alex. est maintenant occupé de cette révision ; mais il s'y arrête beaucoup plus sévèrement et longuement qu'il ne l'avait prévu et présumé. Le premier volume seul est terminé, il va être donné à la censure, et puis immédiatement, à l'impression, qui exigera six semaines ou deux mois. Durant cet intervalle, la révision des autres volumes, qui exige moins de travail, sera terminée, ou très avancée ; et le tout pourra paraître vers la fin de l'automne. Je vous prie de vous assurer, si, malgré le retard qui a eu lieu, M. Trognon est toujours dans la disposition où je l'ai laissé, de se charger de la traduction de cet ouvrage ; et s'il faudra lui en envoyer les quatre volumes à fur et mesure qu'ils paraîtront. Dans le cas où il ne pourrait plus entreprendre cette traduction, connaîtriez-vous, lui ou vous, quelqu'un à qui il convient de s'en charger, et qui de son côté aussi convient à l'ouvrage ? Ayez la bonté de me dire là-dessus quelque chose sur quoi notre ami puisse compter. Quant à l'ouvrage, tout ce que je puis vous en dire en somme, c'est qu'il n'est point au-dessous du talent de son auteur. Le ton, la forme, le fond, le style, tout en est original, et les parties saillantes en sont de la plus grande beauté.

« Maintenant, mon cher ami, permettez-moi de passer à un thème infiniment moins agréable, et de vous parler de mes affaires personnelles. Par deux lettres que j'ai reçues, l'une de la part de M. O'Connor, et l'autre de lui-même, j'ai dû présumer que M. O'Connor était résolu à me faire toutes les chicanes qui dépendraient de lui, pour se dispenser de remplir les obligations envers moi que lui impose le testament de Mme de Condorcet ; et une lettre de M. Mailand, chargé de ma procuration, confirme tous mes soupçons à cet égard ; elle m'apprend que M. Mailand a été obligé de recourir à des moyens de rigueur, pour contraindre M. O'Connor à faire ce qu'il doit. Me voici donc, sans m'y être attendu, sans l'avoir prévu, et même sans avoir cru cela possible, en procès avec M. O'Connor. Je ne puis vous dire, mais peut-être concevrez-vous à quel point cette idée m'est odieuse. Mon excessive répugnance pour tout ce qui tient au plus grand malheur de ma vie, et me le rappelle, m'a empêché de vous dire par le plus menu ma position vis-à-vis de M. O'Connor ; vous la saurez un jour, et vous jugerez à quel point la conduite actuelle de cet homme est étrange et odieuse. Mais en attendant, je voudrais, s'il est possible, éviter à tout prix le scandale d'un procès qui doit, ou peut, être une occasion de renouveler des chicanes ou des calomnies grossières, offensantes pour une mémoire qui doit être vénérée au moins par moi, et peut-être aussi pour moi même. Dans une telle situation, j'ai besoin des conseils d'un ami ; et je vous demande les vôtres.

Voyez, je vous prie, M. Mailand, notaire, rue des Prouvaires; sachez de lui où en sont les choses, et dites-moi si je ne ferais pas mieux d'abandonner cette misérable pension, que l'on me conteste, sur des prétextes qui ne peuvent être que révoltants, que de laisser traîner mon nom, et un autre qui m'est sacré, devant les tribunaux. Voyez aussi, je vous prie, M° Cabanis, à qui je vais écrire à ce sujet, et qui connaît bien ma position vis-à-vis de M. O'Connor. Je m'en rapporterais à ce qu'eux et vous déciderez à ce sujet. Pardon d'un soin aussi désagréable que celui que je vous prie de prendre pour moi ; mais j'en ai besoin ; et je n'ai pas hésité dans le choix de l'ami à qui je devais le demander.

« Je ne sais point si les éternelles chansons grecques ont paru : j'ai lieu de présumer que oui. En ce cas, veuillez bien prier M. Didot d'en expédier pour moi quatre exemplaires à Turin, à l'adresse de M. le chevalier Mustoxidi, conseiller de la Légation de S. M. l'Empereur de Russie à Turin. Peut-être un de ces exemplaires pourra-t-il venir jusqu'à moi. Il faut que je vous confesse, sur ces chansons grecques, que je serais bien fâché et un peu honteux, d'en avoir publié une édition, si je n'avais pas la chance d'en publier une seconde, pour corriger, au moins en partie, les bévues que j'ai commises, et remplir les lacunes que j'ai laissées dans la première. J'ai recueilli à Venise et à Trieste beaucoup de matériaux pour ces deux objets. Thierry vous parlera de cela ; je lui écris par ce courrier même, ou par le prochain. Et Platon ! dites-moi où vous en êtes. Le 3ᵉ volume a-t-il paru? En ce cas, envoyez m'en un exemplaire à l'adresse de M. Bocca, qui est ici le correspondant de M. M. Bossange.

« Je suis au bout de mon papier, et je ne vous ai rien dit des mille et une choses que j'ai dans le cœur pour vous. Quand nous reverrons nous? Que de fois j'ai soupiré après le bonheur de pouvoir vous parler et vous entendre! Ne viendrez-vous pas en Italie? Quant à moi, je ne sais plus quand je retournerai en France ou à Paris. Cependant, je ne m'affectionne pas à l'Italie ; je n'y aime encore que mes amis : mais les nouvelles tant personnelles que publiques, que j'ai reçues depuis quelque temps de Paris, m'ôtent l'empressement que je devrais avoir à y retourner. Écrivez-moi bientôt. Mme de Razoumowski est-elle à Paris ? Je n'attends que de le savoir pour lui écrire; j'en ai besoin, et j'ai bien des choses à lui dire. Il me faudrait une lettre exprès pour vous parler de nos communs amis. Je ne vous parle pas d'Alexandre, dont je sais que vous avez reçu récemment des nouvelles, et qui vous réitère, lui et tous les siens, l'assurance de son amitié. Grossi vous dit mille et mille tendresses. Il a fort avancé son poème, et son poème sera une chose neuve et belle. Hermès Visconti vous salue et attend des nouvelles de vous et de la publication de son traité. Je vais lire de lui une partie d'une grammaire philosophique, qui traite spécialement de l'origine du langage. Mustoxidi et l'abbé Bettio m'ont chargé de les rappeler à votre souvenir. Adieu, je ne voudrais pas que cette lettre se perdît, comme il arrive quelquefois. Si vous la recevez, faites que je le sache au plus tôt.

Réponse de M. Cousin :

Paris, 9 juillet 1824.

« Enfin, mon cher ami, voici une lettre de vous, une longue
« lettre, une qui vous rappelle tout entier à moi. Elle me fait
« sentir davantage combien vous me manquez. Mais vous êtes
« mieux à Milan qu'à Paris. Restez-y donc. D'ailleurs nous
« sommes et serons toujours les mêmes de loin comme de près.
« Je vois qu'en général vous n'êtes pas mal, et c'est beau-
« coup pour des gens aussi peu exigeants que nous en fait de
« bonheur. Si vous êtes assez bien du côté du cœur, tout le
« reste s'arrangera, et Brusoglio est bien bon après Venise.
« Thierry m'a montré une lettre qui m'a fait un vrai plaisir,
« et je me suis d'avance tout dévoué à l'aimable écrivain. Ces
« dames et les Manzoni se souviennent donc que je suis un
« des vôtres ! Que ne suis-je là encore entre Mme Beccaria
« et Henriette, occupé à disputer avec Alexandre et Hermès !
« Malheureusement, je n'ai pas assez connu M. Grossi ; mais
« j'espère que vous ferez mes affaires auprès de lui, et que si

« nous nous retrouvons en Italie... Mais quand ? Je l'ignore.
« J'ai ici de vieux parents, mon jeune et bien-aimé ami A. V.,
« quelques amitiés assez tendres sans l'être trop, mon impri-
« meur, et mon public. Avec tout cela, l'extérieur est tolé-
« rable ; mais le dedans n'est pas toujours satisfait de la paix
« sombre et sévère que je lui impose, et à laquelle je m'attache
« de toutes mes forces. J'ai dans Mme de Mont. une sœur et une
« mère qui me fait penser sans cesse à Mme de Beccaria, à
« laquelle je n'ai jamais dit à quel point je l'aime. Elles
« m'inspirent toutes les deux le même sentiment, l'illusion,
« peut-être, qu'avec d'autres conditions et d'autres temps
« elles m'eussent donné du bonheur, et la certitude que pour
« toujours elle m'en donneront un bien plus solide. Je suis si
« bête que je n'ai jamais osé ouvrir mon cœur à Mme de Bec-
« caria. Chargez-vous de lui faire ma déclaration officielle, et
« dites lui qu'un jour je compte lui écrire si tendrement
« qu'elle ne pourra se dispenser de me répondre. Pauvre bonne
« femme ! Elle a aimé, elle a souffert, elle a rempli la destinée
« de la femme. Qu'elle sache qu'elle a en moi un véritable ami.
« Mais laissons la tendresse ; car je me sens ému, et toute
« émotion m'est mauvaise. Le 1er vol. de vos chansons
« Grecques, avec l'Introduction, a paru. Grand succès, et
« parmi tous nos amis, et même dans le public. Le second vol.
« va paraître ; et alors, au commencement de l'automne, les
« journaux voudront de cette publication si intéressante pour
« l'histoire et la poésie. Je suis sûr des arguments et de l'In-
« troduction, et vous pouvez bien compter sur une seconde
« édition pour corriger les fautes, que seul vous y aurez vues.
« Les 4 exemplaires sont en route pour Mustoxidi.
« J'arrive à l'affaire que vous savez. Je me serais fâché que
« vous en eussiez chargé un autre. Avant votre lettre, les
« O'Connor (car on ne peut malheureusement pas les séparer)
« m'ont montré captieusement une lettre de vous en réponse
« à une question qu'ils vous ont adressée. Votre réponse est
« parfaite : restez dans ces limites, ou ne répondez pas du tout.
« J'ai eu avec eux une explication claire, simple, décisive,
« où je leur ai déclaré officiellement, selon ma coutume, que

« je ne voulais plus avoir avec eux d'autres rapports que ceux
« que votre amitié me donnerait. Je déteste les positions
« équivoques, et n'aime pas à voir les gens que je n'aime ni
« n'estime. J'ai vu M. Mailand qui me paraît fort bien
« entendre vos affaires. Il a dû vous dire que sur un point il
« fallait les attendre, et que sur l'autre où ce serait à vous, en
« cas de refus, à prendre l'initiative, comme ils ont satisfait au
« passé, il faut voir arriver l'avenir, et qu'alors comme alors.
« Ainsi, attendez tranquillement. Mon avis est qu'il n'y a
« encore aucune résolution à prendre sur le fond. Quand le
« moment sera venu, je vous en écrirai ; mais croyez qu'au
« besoin, votre honneur sera religieusement gardé par moi
« comme le mien, mais sans aucune faiblesse. Je vous répète
« que vous pouvez être tranquille, M. Mailand et moi nous nous
« entendrons fort bien.

« Mme de Razoumouski est à Paris, toujours à la piste des
« tracasseries qui peuvent la désennuyer. Elle vous est sincè-
« rement attachée, et je l'aime assez. Mais nous avons beau
« nous rapprocher, elle ne sera jamais pour moi une amie. Je
« n'ai pas besoin d'activité et d'énergie, mais de douceur et
« de bonté. Je ne veux pas être excité, mais calmé. Ce n'est
« pas là Mme de Beccaria, ni ma bonne amie de la rue de
« Varennes.

« Je remets à une autre occasion de vous parler du roman
« d'Alexandre, de M. Trognon, de Platon et de Descartes. Je
« ne veux plus que vous recommander mes deux jeunes
« amis, MM. Duchatel et Vitet ; vous les connaissez. M. Vitet
« parlera tout au long à Ermès de son traité. Je crois avoir
« renoué l'affaire. Mais je ne veux plus écrire à Ermès que
« pour lui dire positivement : « Vous êtes imprimé » ; et avant
« quelques mois, je ferai en sorte de le lui écrire.

« En fait d'événements littéraires, il a paru ici l'ouvrage de
« Mignet, l'histoire des ducs de Bourgogne de Barante, le
« 1er vol. de l'Histoire des religions, et votre Grèce. Ce sont
« quatre grandes publications pour une année.

« Adieu, je vous embrasse de tout mon cœur.

« V. C. »

M. Cousin à M. Fauriel :

« Mon cher Fauriel,

« Il n'y a pas une heure que Mlle Ruotte sort d'ici et m'ap-
« porte votre lettre du 26 septembre. Je ne puis vous dire ce
« qu'elle m'a fait éprouver. Une si longue absence, tant de
« barrières, à ce qu'il paraît, insurmontables, tant de lettres
« inutiles, m'avaient un peu découragé. Et vous allez revenir;
« vous devez être à Marseille ! Je m'empresse de vous y écrire
« aujourd'hui même, et vous demande en grâce de me ren-
« voyer quelques lignes d'où vous êtes, afin que je sache tous
« vos mouvements. Je ne sais pourquoi je doute encore de
« votre arrivée à Marseille. Thierry n'en a rien fait dire, et
« vous nous auriez déjà écrit. Dieu veuille que mes craintes
« soient chimériques ! Mais depuis un an, je suis en train de
« malheurs et de chagrins de toute espèce. Que de choses nous
« aurons à nous dire ! En attendant, sachez seulement que le
« corps et l'âme ont tout supporté mieux que je l'aurais espéré.
« Mais la mort de S. R. (Santa Rosa) a été pour le fond de
« mon cœur un coup toujours présent, et toujours douloureux.
« Avec lui, a fini ma jeunesse et la partie aventureuse de ma
« destinée. Je n'ai point reçu vos malles ; ce qui m'afflige, par
« la crainte que vous ne soyez resté à Milan avec elles. Voulez-
« vous que je vous cherche un logement dans le genre de
« celui que vous aviez ? Avez-vous besoin d'argent ? M. Didot
« en a à vous. M. Mailand doit pouvoir vous en envoyer.
« Enfin, je vous demande en grâce de ne pas vous gêner avec
« moi. J'ai là de côté 500 fr., que je puis vous faire tenir à
« Toulouse, ou ailleurs, sans en avoir besoin d'ici à longtemps.
« Disposez-en ; faites plus, disposez du crédit de M. Viguier,
« et croyez que vous lui ferez grand plaisir en lui permettant
« de vous être utile, si vous aviez des intentions de long
« voyage qui exigeassent beaucoup d'argent.

« Adieu, mon cher ami, je vous écris peu, ne sachant pas si
« ce billet vous trouvera à Marseille. Si vous y êtes, je vous
« demande un mot à genoux, pour pouvoir me dédommager de

« la brièveté de cette lettre, et causer avec vous tout à mon
« aise. Je vous embrasse avec toute la tendresse d'un vieil
« ami, qui vous désire et vous attend impatiemment.

« V. C. »

Mardi, 8 novembre 1825.

En 1825, M. Cousin, qui met sa bourse à la disposition de son ami, est lui-même dans une position bien précaire ; il n'est plus rien à la Faculté des lettres ; il est également privé du traitement de l'École normale, qui n'existe plus. Il est membre du Journal des Savants, où il peut gagner annuellement, et par un travail assidu, 12 ou 1500 fr. Sa famille ne peut lui offrir aucune ressource. C'est dans cette situation qu'il peut disposer d'une somme de 500 fr., en faveur de quelqu'un qui en a plus besoin que lui. C'est pure générosité. Si, dans de telles conditions, il peut encore rendre service, c'est qu'il pratique une économie stricte, et que ses dépenses se réduisent au plus indispensable nécessaire. A ce prix, on est riche, malgré les étroites limites qu'on s'impose. M. Jouffroy avait été généreux jadis à l'égard de M. Cousin ; et M. Cousin ne l'était pas moins envers M. Fauriel et M. Berchet.

M. Cousin à M. Fauriel :

« Je reçois aujourd'hui même votre billet de Marseille.
« Fauriel, ce n'est donc pas un rêve ! Vous êtes en France, et
« dans un mois vous serez là ! Lorsqu'il y a quelques jours
« Mlle Ruotte vint m'apporter votre lettre de Milan, l'habitude
« du chagrin m'empêcha d'admettre fixement l'idée de votre
« retour. Aujourd'hui que je n'en puis plus douter, je vous

« dirai que j'éprouve le premier sentiment de bonheur que
« j'aye éprouvé depuis ma sortie de prison. Fauriel, depuis
« mon retour, combien de fois j'ai regretté mon cachot, la
« Commission de Mayence, mes juges et mes geoliers ! Je
« n'ajouterai qu'une chose, c'est que je vous prie d'arriver le
« plus tôt possible, après les recherches définitives que vous
« allez faire.

« Votre ancien logement vous manquait ; je vous en cherche
« un, du moins provisoire ; et j'espère le trouver près de moi.
« Donnez-moi carte blanche, et je ferai transporter vos livres
« de la rue du Bac au logement que je vous prépare. Vous
« descendrez chez moi, et enfin je vous serrerai dans mes bras.
« Que de choses nous aurons à nous dire ! Il nous faudra bien
« des soirées passées ensemble pour nous mettre au courant
« de toutes nos aventures. Dieu veuille que votre récit soit
« court ! Le mien sera long.

« Je ne vous parle pas, ni de vos travaux, ni des miens.
« Je suis même si faible que je ferme ici ce billet, sans vous
« parler d'Alexandre, auquel je pense sans cesse et bien doulou-
« reusement. Il me semble, Fauriel, que notre réunion à tous
« deux doit nous porter bonheur, et je vous attends comme
« une nouvelle ère dans ma vie. Hâtez-vous donc, et venez
« bien vite retrouver un ami, qui vous aime mille fois plus
« que jamais. Adieu.

« Saluez pour moi Thierry ; répondez-moi deux lignes. Je
« vous écrirai encore à Toulouse.

« V. C. »

11 novembre 1825.

La dernière lettre de M. Fauriel à M. Cousin doit être de 1827.

« Mon cher ami, quoique la vie de votre père ne fût plus depuis longtemps un bien, ni pour lui, ni pour personne, sa perte n'en est pas moins un grand chagrin pour vous ; j'y compâtis de tout mon cœur ; et je n'ai pas même besoin, pour cela, de me souvenir de ce que vous avez été pour moi dans la plus grande douleur que j'aie éprouvée de ma vie. J'espère que vous serez distrait autant que possible des cruelles impressions d'un tel moment par les soins que vous avez maintenant à donner à votre bonne mère, et je vous assure qu'il me serait doux d'être à portée de les partager en quelque chose.

« Il y a longtemps que les nuages dont vous parlez ont disparu à mes yeux ; ils n'ont été l'ouvrage, ni la faute de personne ; et si j'avais maintenant à y penser de nouveau, ce serait pour trouver qu'ils m'ont fait du bien. Je vous l'aurais dit et vous l'auriez vu, si, contre mon espérance et contre mon désir très sincère, vous n'aviez pas évité les occasions de vous en apercevoir.

Adieu, cher ami, je vous embrasse dans toute la tendresse de mon âme, et vous presse sur mon cœur, comme depuis que je vous connais. Je suis toujours bien malingre, et je ne sais si je vous trouverai. Sans cela, j'irais vous voir, au lieu de vous écrire. Je m'acquitterai le plus tôt possible de votre commission près de Thierry. »

F.

Mercredi.

Ainsi que nous l'avons dit plus haut, p. 10, M. Fauriel s'étant fixé à Paris, après la révolution de 1830, les occasions d'écrire devenaient beaucoup moins fréquentes. Nous n'avons pas trouvé d'autres lettres que celles que nous donnons : elles montrent assez quelle tendresse régnait entre les deux amis, malgré la différence des âges.

VILLEMAIN

1790-1870

(Voir plus haut, Tome II, page 253).

Nous donnons ici tout ce que nous avons trouvé d'écrit par M. Villemain dans les papiers de M. Cousin. Ces billets ont par eux-mêmes bien peu d'importance ; si nous les reproduisons, c'est qu'ils sont les témoins irrécusables des relations qui subsistaient entre les deux professeurs. On a voulu en faire des rivaux ; ils ne l'ont jamais été, et nous serions heureux de contribuer à détruire cette légende, si toutefois elle existe encore. Pendant tout le temps que nous avons vécu avec M. Cousin, nous ne l'avons jamais entendu que célébrer le talent de son collègue. Il n'était pas seulement louangeur pour lui : il était admirateur sincère ; et quand l'occasion s'en présentait, il n'hésitait pas à exprimer son sentiment. Il est bien certain cependant que le style de M. Villemain était loin d'égaler celui de M. Cousin ; mais M. Villemain n'enviait pas son confrère ; et M. Cousin n'a jamais fait ressortir sa supériorité envers qui que ce soit. La grande discussion de 1844 en fut la preuve. Le rôle du ministre était bien humble à côté de l'adversaire de la loi. M. Cousin évita dans son triomphe tout ce qui pouvait être blessant, même pour la susceptibilité la plus ombrageuse.

Il n'y a pas un seul de ces billets qui ait une date précise ; quelques-uns sont datés par leur contenu : mais c'est le plus petit nombre. Nous avons donc à peine essayé de les classer par ordre chronologique : nous sommes trop peu certain de nos conjectures. Quelques-unes des affaires auxquelles ils se rapportent, n'étaient pas assez importantes pour laisser un souvenir. Néanmoins, nous avons cru qu'il ne fallait rien exclure. On connaît M. Villemain par ses ouvrages ; mais il est bon de le connaître aussi dans les détails de sa vie intime. Cet examen ne peut que lui faire grand honneur : et son caractère gagne beaucoup à être vu sous ce jour. Ses opinions politiques n'avaient jamais été aussi avancées et aussi nettes que celles de M. Cousin. Après de grands succès dans ses classes, il avait échoué au concours général : et c'était grâce à la protection spéciale de M. de Fontanes qu'il était entré, presque sans titres, à la Faculté des lettres, à l'âge à peu près où M. Cousin devenait le suppléant de M. Royer-Collard. Son cours de littérature française n'avait pas provoqué de craintes dans le parti légitimiste et clérical. En 1821, il restait en fonctions quand M. Cousin et M. Guizot étaient réduits au silence. Il est probable cependant que la liaison avait dû commencer vers cette époque.

M. Villemain à M. V. Cousin.

« Mon cher ami,

« Je vous envoye trois volumes de cette belle traduction de Platon que j'avais en double ; ce sont les tomes 1, 2 et 5, il m'en reste cinq qui se suivent, et auxquels je vous prie d'adjoindre ceux qui sont venus depuis.

« En récompense de cela, je vous rends un volume des Mémoires de Napoléon, que je vous avais emprunté, il y a 2 ou 3 ans, et dont l'absence dépareillait un livre fort précieux. J'espère que vous serez touché de ce procédé.

« Mille amitiés.

« VILLEMAIN. »

2 juin (18.. ?).

« Je vous lis lentement, et avec un extrême intérêt. Que ces analyses d'analyses sont curieuses, pleines d'idées et écrites avec une fermeté nerveuse qui maîtrise l'attention ! J'en suis au n° 1, et je réfléchis à la force de travail et d'étude que suppose le n° 7, au complet et répété. Il y a là un mouvement vraiment remarquable et qui vous est dû.

« Mille amitiés.

« Je suis à vous tout de cœur, et je continue ma lecture.

« VILLEMAIN. »

Quel est l'ouvrage de M. Cousin que M. Villemain lit avec tant de lenteur attentive ?

« Mon cher ami,

« Je me propose, et je me promets d'être libre mercredi ; et j'espère que nous ferons ensemble le voyage de Montmorency, en partant vers dix heures et demie.

« Tout à vous.

« VILLEMAIN. »

Je vais aujourd'hui attendre une de mes petites voyageuses, et chercher l'autre demain.

La petite voyageuse est une des filles de M. Villemain.

« Mon cher ami,

« C'est à dix heures qu'a lieu le départ du chemin du Nord pour Enghien. Je suis sur votre route ; voulez-vous me prendre à 9 heures 1/2, ou que nous nous retrouvions à la gare ?

« Mille compliments.

« VILLEMAIN. »

Ce mercredi.

« Mon cher ami,

« Cela est admirable de clarté, de méthode et d'énergie précise. Mais quel titre voulez-vous donner au morceau pour l'annoncer dans les journaux ?

« VILLEMAIN. »

A quoi ce billet fait-il allusion ?

« Mon cher ami,

« Je désirerais vous communiquer quelques papiers d'affaires avant le Conseil de ce matin. Si vous êtes libre, faites-moi l'honneur de venir déjeuner vers 10 heures 1/2.

« Mille amitiés.

« VILLEMAIN. »

Le 31 mai.

Paris, le 21 ... (1831).

« Mon cher ami, je viens de lire votre excellente lettre du 9 juin ; elle est pleine d'intérêt, et féconde en résultats. Si nous ne faisons pas une bonne loi, vous aurez fait, sans le vouloir, et en courant, les pages d'un très bon livre.

« Un mot maintenant sur nous. Avez-vous expédié, mon cher ami, ces matières de dissertation de philosophie en français, et de dissertation de morale en latin, pour le concours général. Dans votre silence, je serais fort embarassé. Rien de nouveau à l'École. M. Guigniault m'a remis un très long plan de règlement pour l'École.

« Je n'ai voulu traiter qu'un des points qui était urgent, le concours d'admission, jusqu'à présent mal réglé par circulaires. J'ai recueilli ce qui m'a paru bon et opportun dans un arrêté public, et que nous allons exécuter. Le reste, mon cher ami, vous attendra. Je vous ai répondu sur l'affaire de La Croix. J'ai eu encore hier l'occasion de parler au Conseil. La disposition est arrêtée ; et je ne serais pas fâché que le retour fût assez prochain, pour la réaliser promptement.

« Me demandez-vous des nouvelles de Paris ? La question de l'hérédité de la Pairie complique beaucoup les affaires. Je la regarde comme perdue. Cependant, pour ma part et pour ne point me séparer, je refuse de prendre d'engagement. Cela rendra beaucoup d'élections fort douteuses et nuira aux modérés ; car il y a des modérés qui ne veulent pas de pairie héréditaire. Pour moi, mon cher ami, je serai très consolé de n'être pas de la Chambre et de vous imiter en cela. Mais il est possible aussi que je sois nommé deux fois ; et vous savez alors notre convention. J'ai vu M. Guizot, qui, malgré les affirmations contraires de quelques journaux, est assuré de sa nomination. Les troubles de Paris, accidentels dans la forme, ont été réprimés par la garde nationale avec beaucoup de fermeté, et même un peu de rigueur. Il y aura tranquillité au moins jusque fin de juillet. Mais tout est dans les élections.

« Je vous écrirais plus souvent, mon cher ami, si je n'avais pas en ce moment bien des affaires d'administration. Je regrette beaucoup notre heureuse liberté et nos cours de 1829. Je me console en griffonnant quelques pages d'histoire dans mon coin, et je rêve à l'avenir. Adieu, mon cher ami, triomphez où vous avez souffert ; charmez Berlin de votre esprit et de votre éloquence. Visitez les cours de métaphysique et l'arsenal.

« Mille amitiés bien dévouées.

« Villemain. »

Le 21 juin. (1831 ?)

La lettre du 9 juin est une de celles que M. Cousin écrivait d'Allemagne sur l'instruction primaire à M. de Montalivet, alors ministre de l'Instruction publique.

La question de l'hérédité de la Pairie n'a été tranchée qu'à la fin de l'année 1831.

1833.

« Mon cher ami, j'ai mille remerciemens à vous faire. Le service auquel vous concourez là est le plus grand qu'on puisse me rendre : et j'aimerais à vous être aussi redevable. Je suis venu aujourd'hui pour affaires jusqu'à l'Université. Mais je me suis senti trop fatigué et trop toussant pour aller jusqu'au Luxembourg. Il y aura, je le suppose, peu de discussion. Votre beau rapport l'a coupée d'avance, et les digressions étonnantes de M. de Montlosier ne pourront que lui attirer quelque bonne et courte réponse, qui clora tout. J'espère vous voir demain, et vous remercier de nouveau.

« Mille amitiés.

« VILLEMAIN. »

Le 27 mai.

Ce billet se rapporte sans doute à la discussion sur l'instruction primaire dans la Chambre haute, et à la part prépondérante qu'y prenait M. Cousin.

1833.

« Mon cher ami,

« Je suis si accablé de notes, contre-notes, paragraphes officiels à préparer, que je n'ai pas un moment pour aller vous voir, malgré le plaisir de l'entretien et de la promenade. J'espère que vous êtes mieux ; et, si vous ne venez pas demain, j'irai vous chercher avec grand désir de vous désennuyer un peu. J'ai vu M. de Talleyrand, qui m'a beaucoup demandé de vos nouvelles. Du reste, je suis enfoncé dans ces maudites paperasses, ou auprès de ma mère, qui a été fort malade d'une vive gastrite, qui, Dieu merci, est maintenant beaucoup mieux. M. Chomel recommande grand soin pour cette saison. Et moi, je vous fais mille excuses de n'avoir pas une heure de loisir, même pour vous.

« Tout à vous.

« VILLEMAIN. »

1834.

« Mon cher ami,

« Votre arrêté a dû être inséré, comme vous me l'avez envoyé, sauf quelques mots indiqués par M. Poisson, et qui ne touchent à rien du fond. Ce qui m'occuperait bien plus que cela, c'est votre santé, si M. Andral ne répétait qu'il n'y a que de la fatigue, et un accident extérieur, dont il ne s'inquiète nullement. Je crois même qu'il vous conseille un voyage ; ce qui est bien contraire à toute appréhension d'un mal sérieux du cœur. Je serais allé vous voir si deux personnes ne m'avaient dit que vous ne receviez pas. J'espère vous voir lundi, et je vous demanderai votre présence au Conseil, où il nous est tombé de nouveaux projets de création. Quand cela finira-t-il? Demain, je resterai à Puteaux, et je continuerai vos deux volumes, dont la lecture me préoccupe et me charme au delà de toute expression. La préface aux écrits de M. Maine de Biran était une chose entièrement neuve pour moi, et m'a paru un chef-d'œuvre de critique élevée et de style. Écrivez donc souvent ; car malgré votre indulgence pour des phrases de collège, vous auriez le droit de dire : Αἰσχρὸν σιωπᾶν, καὶ Ἰσοκράτην ἐᾶν λέγειν. Moquez-vous de moi de citer du grec de mémoire, et sans mettre les accents.

« Tout à vous.

« VILLEMAIN. »

Le 24 août.

La préface aux œuvres de M. Maine de Biran est de 1834.

1834.

« Mon cher ami,

« Mardi dernier, avant votre lettre reçue, M. Poisson avait

reparlé au Conseil du logement de Sorbonne, et de votre dernière intention. Je ne pouvais changer d'avis sur une chose qui vous intéresse : et il a été décidé que le principe de la nouvelle affectation de ce logement serait inséré au procès-verbal. M. Poisson a rédigé l'arrêté; quant à l'attribution, elle doit avoir lieu par un arrêté du Ministre, après qu'il a approuvé le procès-verbal. M. Guizot m'a dit qu'il allait prendre cette mesure. Je regarde donc tout cela comme terminé. Je suis mardi et mercredi à l'Université, pour tout ce travail des collèges; et je retourne le soir à Châtillon. Ma femme est toujours souffrante, et nous sommes bien tristes. Mon cher ami, remerciez M. de Marbois de sa bonté; je n'aurais pu dans aucun cas en profiter. La santé de ma femme exige un grand repos, et ne pourrait supporter de voyage. Veuillez exprimer mes regrets. Je serais d'ailleurs une société peu agréable. Je me sens un poids dont j'aurai peine à me soulager. J'espère que votre santé est bonne; promenez-vous et travaillez peu pendant quelque temps; et revenez-nous. Je vous remercie de votre lettre amicale et aimable.

« Mille amitiés,

« VILLEMAIN. »

Le 22 septembre.

« Mon cher ami, j'étais allé hier à la campagne, où j'ai beaucoup parlé de vous avec un voyageur. Je me repose aujourd'hui; et je n'irai pas à la cérémonie, pour laquelle nos voitures sont, je crois, déjà parties.

Je conçois cependant votre présence, comme la mienne; mais ce sera pour une autre fois.

« Mille amitiés, et au prochain plaisir de vous voir.

« Tout à vous.

« VILLEMAIN. »

Paris, le 27 novembre.

« Monsieur le conseiller et cher collègue,

« Je ne puis, à moins d'une insistance absolue de votre part, accepter votre démission des fonctions de secrétaire du Conseil.

« Votre santé ne semble pas devoir être un motif déterminant de renoncer à ces fonctions, dont quelques détails même vous seraient facilement épargnés en ce moment. Rassuré sur un intérêt beaucoup plus grave pour l'enseignement, par la certitude que vous continuerez de présider à la direction de l'École normale, je n'en verrais pas avec moins de regret que votre nom manquât désormais aux procès-verbaux du Conseil.

« Permettez-moi donc de ne pas regarder comme définitive l'intention que vous m'avez exprimée par votre lettre d'hier.

« Veuillez recevoir, Monsieur et cher collègue, la nouvelle assurance de mes sentiments de haute considération.

« VILLEMAIN. »

« A M. Cousin, pair de France, etc., etc. »

Voir plus haut dans ce tome, page 6, quelques détails sur l'affaire du Conseil d'État et sur les incidents qui suivirent.

Paris, le 14 mars 1842.

« Mon cher confrère, Le Roi, sur ma proposition, vous a nommé membre du Conseil royal de l'Instruction publique. Dans la circonstance si douloureuse que nous déplorons, je m'honore d'avoir pu présenter au choix de sa Majesté un nom tel que le vôtre.

« Agréez, mon cher confrère, la nouvelle assurance de mes sentiments de haute considération et d'ancien attachement.

« VILLEMAIN. »

« A Monsieur Cousin, Pair de France. »

1842.

« Monsieur le conseiller et cher collègue, Votre lettre même justifie mes instances; et dans aucune supposition, je ne regretterais de les avoir renouvelées près de vous. La circonstance que vous rappelez avec vivacité et qui m'a été fort pénible, est étrangère à l'Université: et elle ne pourrait, ce me semble, motiver aujourd'hui de votre part une démission qu'elle a précédée de plus d'un mois. La délégation de secrétaire du Conseil, fort inférieure à la haute fonction de directeur de l'École, n'est pas sans doute un titre pour vous. Mais par cela même, peut-être consentirez-vous, sur ma prière, à conserver ce que vous pouvez abandonner sans nul sacrifice. Je souhaite, Monsieur et cher collègue, pouvoir fléchir votre résolution ; et je suis assuré que mes motifs n'ont rien qui doive vous déplaire.

« Veuillez, Monsieur le conseiller et cher collègue, recevoir la nouvelle assurance de mes sentiments de haute considération.

« VILLEMAIN. »

Le 28 novembre:

« Mon cher confrère,

« Notre petite réunion de ce matin est ajournée, parce que M. Peyre, l'architecte, n'a pas terminé un plan relatif à Charlemagne, et que, sur l'autre question, un membre du Conseil municipal ne pourra pas vous donner son avis, qui est bon à ménager. J'ai voulu vous en avertir pour éviter tout dérangement.

« Agréez, mon cher confrère, tous mes sentiments affectueux.

« VILLEMAIN ».

Vendredi, 8 heures.

« Je prie M. Cousin d'excuser une méprise involontaire, qui nous a laissé beaucoup de regrets. J'avais entendu qu'on se réunirait de divers côtés au collège Charlemagne; et en y arrivant à 9 heures, j'ai trouvé déjà MM. Gales et Perrier. L'examen de l'affaire s'est continué sur quelques-uns des points indiqués; et nous avons obtenu de bons résultats, dont le Conseil sera demain entretenu.

« J'espère aussi que l'affaire de l'École normale pourra demain vous occuper utilement, d'après des faits nouveaux, dont je suis pressé de parler à Monsieur Cousin, en le priant de recevoir la vive assurance de mes anciens et bien dévoués sentiments.

« VILLEMAIN. »

20 mai.

Sur un feuillet isolé, sans date et sans signature, mais de la main de M. Villemain :

« Je vous ai lu tout entier, 203 pages, avec un bien vif intérêt. Quelle clarté, quelle précision de langage, quelle pensée ferme et nerveuse, et souvent quels beaux traits de lumière sortent de ces broussailles scholastiques, comme le feu du buisson de Moïse ! Je vous en écrirais davantage ; car j'ai passé six heures à cette étude et noté bien des choses dans mon cerveau. C'est un travail vraiment étonnant ; et on sent un peu d'orgueil à l'avoir seulement bien lu, et suffisamment compris. »

Ce billet se rapporte à la préface des Ouvrages inédits d'Abélard, qui ont paru en 1836.

M. Villemain, de deux ans plus âgé que M. Cousin, est mort trois ans après lui, en 1870 ; il n'a pas vu les désastres de la patrie.

Nous croyons que l'impression que feront ces billets confirmera tout à fait la nôtre : ce ne sont pas des rivaux qui s'écrivent ainsi. Ce sont des amis ; et comme la liaison, toujours aussi affectueuse, a duré de longues années, on ne peut pas douter qu'elle ne fût sincère des deux parts. Un motif de dissentiment politique a pu naître sous l'Empire, dont M. Villemain était un ardent adversaire ; mais ce dissentiment n'a jamais éclaté, et les rapports personnels sont demeurés ce qu'ils avaient toujours été.

LE BARON DE LAMOTHE-FOUQUÉ

1777-1843

(Voir plus haut, Tome I, page 140).

Berlin, 22 avril 1824.

Quelques jours avant que Cousin ne quittât Berlin, M. Lamothe-Fouqué lui adressa une pièce de vers (22 avril 1824), 14 vers rimés.

Berlin, 19 juillet 1825.

Il lui adresse une autre pièce de vers rimés, où il se plaint de son long silence.

Autre lettre :

Neu-Hausen, 8 octobre 1826.

Traduction.

« Depuis, bien, bien longtemps, oui par trop longtemps, cher Cousin, nous n'avons plus rien reçu l'un de l'autre. Il ne faut plus qu'il en soit ainsi. Le temps fuit alternativement devant nous, enfants de la terre; et même deux âmes qui tendent vers l'éternel, qui, dans cette seule et unique voie, se sont rencontrées (c'est ainsi, grâce à Dieu, qu'il en est de vous et de moi), ne doivent pas rester trop longtemps séparées l'une de l'autre. Non pas qu'il pût y avoir jamais un malentendu entre nous. C'est, à l'avenir, impossible entre Cousin et

Fouqué, impossible depuis le premier moment où nous nous sommes communiqué nos pensées les plus intimes. Une telle relation est trop précieuse pour que nous permettions même à un grain de sable de se glisser entre nous. Ce n'est pas sans signification que le temps est représenté sous la forme d'un sablier, notamment de nos jours, où il a certainement des grains de sable outre mesure. Moi, mon cher ami, je tiens infiniment à ce que votre cœur ne s'éloigne pas du mien. Votre cœur, dont j'ai apprécié pour jamais la valeur, et qui en quelques heures m'a semblé me donner une éternité. Il est probablement encore le seul dans ma belle patrie, la France, ma mère, qui garde pour moi, pauvre réfugié, déjà banni dans ses pères, un sentiment de sympathie et d'attachement personnel.

« J'avais préparé une lettre pour Mme Custine ; et, par ce noble esprit, je devais me rattacher encore plus intimement à la patrie de mes ancêtres, que je n'ai jamais vue, lorsque votre chère lettre m'annonce la mort de cet être si parfaitement distingué. Oui certes, regagner sa patrie, cher ami, c'est là le destin de chacun de nous. Pour les enfants méchants, c'est une menace effrayante ; pour les...... je ne veux justement pas dire les bons, du moins, en ce qui me concerne, mais pour ceux qui aiment le père, c'est une agréable sensation, qui contient véritablement la vie de notre vie.

« C'est ce même sentiment qui éclate dans votre prospectus des œuvres de Descartes ; c'est lui aussi qui parle dans votre Gorgias, qui parle dans tout votre être, et qui m'unit à vous pour la vie.

« Voulez-vous jamais savoir tout ce que votre opinion sur ce philosophe et notre conversation platonicienne a fait germer, particulièrement en moi, vous me le direz en trois mots : mais préparez-vous alors à ce que moi je vous réponde par des centaines de mots ; car je suis profondément ému. Pour aujourd'hui, plus rien qu'un aimable bonjour de Mme Fouqué et l'assurance d'une sincère amitié de la part de...

« LAMOTHE-FOUQUÉ. »

Dans toutes ces lettres, éclate l'affection la plus ardente et la plus sincère. On ne voit pas ce qui l'a refroidie.

20 mars 1840.

Une lettre de recommandation au ministre.

Il est assez probable que jamais M. Cousin n'a excité dans un cœur plus d'enthousiasme que dans celui de M. le baron Lamothe-Fouqué. Mais si la correspondance était si passionnée de la part d'un fils de réfugiés, les occupations étaient trop différentes pour qu'elle pût continuer longtemps sur ce ton. M. Cousin a dû néanmoins conserver un très doux souvenir des sentiments qui s'adressaient tout à la fois à lui, et aussi à la patrie dès longtemps perdue.

Le nom s'écrit tantôt Lamotte-Fouqué et plus souvent Lamothe-Fouqué.

HEGEL

1777-1831

NOTE SUR LA PHILOSOPHIE ALLEMANDE

(Voir Tome I, page 80).

Précédemment, nous avons cité toutes les lettres de Hegel que M. Cousin avait conservées. Il n'y en a point d'autres que nous puissions ajouter à celles-là. Mais à défaut de ses lettres, nous en donnerons deux : l'une, de Gans, racontant la maladie et la mort du philosophe : l'autre, du fils de Hegel, remerciant M. Cousin des consolations qu'il a adressées à sa mère. Nous aurions désiré reproduire la lettre de M. Cousin, bien qu'il soit facile d'en conjecturer les sentiments.

A ces deux lettres relatives à M. Hegel, nous ajouterons un fragment d'un article nécrologique que M. Cousin voulait consacrer à son ami. Malheureusement, il n'a pas accompli son dessein. Pour faire comprendre le système de Hegel, il croit devoir remonter à Fichte et à Schelling : il s'est arrêté là, sans toucher à l'objet même qu'il avait en vue. Mais ce fragment nous a paru jeter beaucoup de clarté sur les théories de nos voisins ; et c'est à ce titre que nous le publions, tout incomplet qu'il est.

Lettre de M. Gans, en français :

Berlin, 7 décembre 1831.

« Mon cher monsieur,

« J'étais sur le point de vous écrire lorsque j'ai reçu votre lettre. La nouvelle de la mort de notre cher et illustre ami nous a frappés, comme elle doit vous avoir étonné ; car elle est venue subitement, sans que beaucoup de ses amis sussent qu'il était tombé malade.

« Hegel a été malade à peu près deux jours ; il est tombé malade dans la nuit du douze au treize novembre, et il est mort lundi, quatorze novembre, à cinq heures après midi. Les deux médecins qui le traitaient ont répondu, qu'il était mort du choléra ; mais c'est bien incertain, les symptômes qui accompagnent ordinairement cette maladie, ayant tous manqué. Il est mort tranquillement, on peut même dire philosophiquement, sans douleurs, travaillé et usé par une vie donnée tout à fait à des pensées qui vivront longtemps, de toute la force de son esprit. Ses ennemis même ont avoué que l'Université de Berlin avait fait la plus grande perte qu'elle pouvait faire. Schleiermacher et Savigny ont assisté à ses obsèques, et à la cérémonie qui se faisait dans l'Université, le premier s'est très bien comporté dans toute cette affaire.

« La veuve de M. Hegel reçoit de la caisse de l'Université une pension de veuvage de 640 écus (2,560 fr.). On croit que le roi y ajoutera quelque chose. Nous, ses amis, nous publierons tous ses ouvrages, surtout ses cours, pour sa famille ; et le contrat que nous avons fait avec le libraire lui donnera, j'espère, la somme de 30,000 francs. En outre, nous pensons à un monument ; et je vous remercie de l'offre gracieuse que vous avez eu la bonté de nous faire. Ne pourriez-vous pas, mon cher ami, nous procurer des souscripteurs à ses ouvrages en

France ? M. de Montalivet ne prendrait-il pas peut-être une vingtaine d'exemplaires pour les bibliothèques de France ? Le nécrologue, que j'ai fait de M. Hegel, a été travaillé par les censeurs de la Gazette d'État ; je ne le reconnais plus moi-même. J'avais parlé de vous et de votre liaison ; tout a été rayé, et il n'est resté, de tout ce que j'avais dit, que votre nom, ajouté à d'autres qui n'ont jamais vu et connu M. Hegel ; voilà comme on est imprimé dans ce pays.

« Les enfants de Hegel se portent bien ; l'aîné étudie la théologie, et le second se prépare à l'étude du droit. Toute l'amitié que nous avons eue pour Hegel s'est changée en tendresse pour ses enfants, qui, j'espère, se montreront un jour dignes de leur père. M. Hegel est mort sans fortune et sans dettes ; il avait à peu près 14,000 francs de traitement par an, qu'il a toujours mangés.

« Voilà ce que pourrais vous dire de la mort d'un homme dont la nouvelle m'a rendu malade pendant une semaine. A mon retour d'Angleterre, j'ai trouvé une lettre de vous du 6 août. Vous avez cru être en guerre ; mais la guerre ne se fait pas pour ceux qui, à tout prix, n'en veulent pas.

« J'avais le dessein de venir en France ; mais voyant la chute de la Pologne, voyant que le gouvernement mesquin et peureux de la France avait déshonoré ce pays, que j'adore, pour déshonorer en même temps l'Europe, dont elle est la tête, je m'abstins ; et en désespoir, je retournai dans mes foyers, pour voir l'esclavage et l'indifférence de l'abrutissement plus près de sa source, et pour mourir, s'il fallait, du choléra. Je ne vous parlerai plus de politique ; car vous en êtes. Mais il faut vous dire comment je gémis de voir la France réduite comme elle l'est par les ministres banquiers. Tout à vous. Mille compliments pour M. Saint Marc-Girardin, qui ne veut rien savoir de moi.

« Mille amitiés.

« Gans. »

On trouvera plus haut (tome I, page 160), quelques détails sur M. Gans, un des disciples les plus fidèles de

Hegel, et un de ses exécuteurs testamentaires en philosophie.

La lettre de M. Emmanuel, fils de Hegel, est touchante. M. Cousin a dû en être ému ; mais il ne paraît pas que la correspondance ait continué.

Lettre de M. Emmanuel Hegel, fils de Hegel :

« Très honoré monsieur et protecteur,

« La sympathie si bienveillante et si amicale que vous avez si souvent montrée, et que vous exprimez de nouveau dans votre lettre à M. Bloch, me fait un devoir sacré de vous en témoigner la plus profonde reconnaissance, et en même temps mon désir de m'en rendre digne personnellement. La bonté que vous avez de vous souvenir de nous doit nous toucher d'autant plus vivement que, pendant votre séjour à Berlin, nous ne devions vous faire que de très courtes visites.

« Ma chère mère pense à vous et vous remercie du fond du cœur de votre excellente lettre ; et elle vous assure de sa constante et haute considération. Elle n'aurait pas voulu négliger de vous répondre elle-même, si elle n'avait pas été fort occupée, dans ces derniers temps, des préparatifs de son voyage à Nüremberg. Elle est partie hier pour passer l'hiver auprès de sa mère, à la campagne. Peu de jours avant son départ, elle m'a chargé de l'excuser auprès de vous. Elle se promet de mieux penser à vous dans des heures plus calmes ; et en attendant, elle vous adresse ses plus vifs remerciements pour les peines que vous avez prises, afin de faire connaître en France les œuvres de feu mon père ; et elle vous compte parmi les amis qui les ont propagées si généreusement, et auxquels elle ne peut offrir que ses remerciements.

En faisant des vœux pour votre bonheur, mon frère et moi, nous espérons que vous nous continuerez votre bienveillance.

« Le fils de votre ami,

« Emmanuel Hegel. »

La note ci-après, quoique incomplète, est fort importante ; elle montre bien par quelles phases diverses la philosophie allemande a passé depuis Kant jusqu'à Schelling. C'est M. Cousin qui l'a dictée à un de ses secrétaires, peu de temps sans doute après la mort de Hegel. Il s'est arrêté à la doctrine de Schelling ; et il n'a pu rien dire de celui à qui s'adressait essentiellement un hommage après sa mort. Cette lacune est d'autant plus regrettable que la pensée de Hegel est encore plus obscure que celle de ses devanciers. M. Cousin l'aurait pénétrée d'une lumière supérieure, comme il l'a fait pour les autres. On donne cette note telle qu'elle est dans les papiers de M. Cousin ; vouloir la compléter, serait fort téméraire, quoique cette tentative ne fût pas sans intérêt. Seul, celui qui en a écrit le début aurait pu l'achever ; c'est surtout à un écrivain français qu'il appartient de dissiper les obscurités où se perdent nos voisins, et pour lesquelles ils épuisent d'héroïques efforts.

Georges-Frédéric Hegel.

« Il ne faut pas que la France laisse passer inaperçue la perte
« immense que les sciences philosophiques viennent de faire
« dans la personne de M. G.-F. Hegel, professeur à l'Université de Berlin, mort dans cette ville, non pas d'une
« attaque d'apoplexie, comme l'a dit la Gazette d'État, mais
« du choléra, le 14 novembre dernier, précisément le même
« jour où, en 1720, l'Allemagne et l'Europe perdirent Leibnitz.

« Le nom de M. Hegel durera autant que la philosophie
« allemande, cette immortelle héritière de la philosophie cartésienne. A quelque époque qu'il eût vécu, il eût été philosophe et un grand philosophe. Une réflexion puissante était
« tellement le caractère de son esprit qu'il est à peu près

« impossible de le concevoir faisant autre chose que scruter,
« dans leurs profondeurs, et rappeler à leurs principes élé-
« mentaires, les idées, les événements, tous les objets que
« son siècle et son pays, quels qu'ils eussent été, lui eussent
« présentés. M. Hegel était né métaphysicien, comme Goethe
« était né poëte, et Napoléon homme de guerre et homme
« d'État. Né à Stuttgard en 1777, venu après Fichte, con-
« temporain, compatriote et ami de Schelling, il appartenait
« nécessairement à la grande école philosophique dont Schel-
« ling est le fondateur. Mais, dans cette école, il s'est fait une
« place non seulement élevée mais originale.

« Le Descartes de notre âge, le père de la seconde époque
« de la philosophie moderne, Kant avait démontré que toute
« saine philosophie doit se fonder sur l'étude de la pensée
« humaine et de ses lois. Rien de plus simple, de plus juste,
« de plus nécessaire; car avec quoi juger, mesurer, apprécier
« quelque chose sinon avec la pensée qui est en nous, et qu'il
« faut connaître avant tout pour s'en bien servir, et se garantir
« à la fois de la pusillanimité qui ne connaît pas ses forces, ou
« de la témérité qui les dépasse? Voilà assurément une méthode
« excellente. C'est la méthode de Socrate, c'est celle de Des-
« cartes; et la Critique de la raison est l'entreprise même de
« Socrate et de Descartes renouvelée par un homme, leur égal
« en génie, mais sur une échelle tout autrement étendue, et avec
« toute la supériorité de notre âge. La gloire de Kant est d'avoir
« de nouveau ouvert cette route; mais cette route aussi a ses
« écueils. A force de pénétrer dans les profondeurs du sujet
« pensant, Kant s'y absorbe, pour ainsi dire; et à l'encontre de
« la philosophie de son temps, préoccupé de la part immense
« qui, dans toutes nos connaissances, est due à l'énergie propre
« et à la vertu de la pensée humaine, il ne vit bientôt plus
« dans toutes nos connaissances, et même dans celles qui ont
« pour objet les êtres les plus distincts de nous, par exemple
« le monde extérieur et son auteur, qu'un reflet de notre
« propre pensée, teint de ses couleurs, projeté par elle, relatif
« à elle seule et n'ayant par conséquent d'autre valeur qu'elle-
« même.

« Selon Kant, nous ne sortons guère de nous-mêmes que
« par des forces et des lois dont la racine est encore en nous-
« mêmes ; de telle sorte qu'à parler rigoureusement, nous ne
« sortons point de nous-mêmes. Dans la philosophie de Kant,
« le monde extérieur n'est guère que la suite de nos sensations,
« liées entre elles selon les lois de notre sensibilité, et projetées
« par la force même de notre sensibilité dans l'espace, qui lui-
« même, ainsi que le temps, n'est qu'une conception nécessaire,
« peut-être sans réalité extérieure. Dieu n'est que l'ordre
« moral dans son unité suprême, c'est-à-dire, ce qu'il y a de
« plus élevé, de plus pur et de plus saint dans la raison morale
« et pratique de l'homme, conçu comme un idéal. Cependant
« Kant, le moins rêveur des hommes, n'avouait pas entière-
« ment ces conséquences, contre lesquelles il se défendait par
« son bon sens et ses études profondes dans les sciences natu-
« relles, l'astronomie et la géographie, qui lui faisaient habiter
« le monde extérieur, tout autant que celui de la pensée.

« Fichte, qui n'était point embarrassé par ses connaissances
« en aucun genre et surtout en physique, Fichte, le génie de
« la conséquence, le héros de la philosophie allemande, esprit
« à la fois borné, profond et inflexible, avec l'énergie qui le
« caractérisait sous tous les rapports, n'hésita point à tirer
« toutes les conséquences de tous les principes de Kant. Ce
« qui caractérise Kant est l'étendue des connaissances et la
« pénétration de l'analyse. Il n'y a pas une branche des con-
« naissances humaines qu'il n'ait fait entrer dans le domaine
« de la philosophie, en en recherchant avec sagacité les pre-
« miers principes, et en ramenant ces principes à leur source
« première, savoir la raison humaine et ses lois intérieures.
« L'analyse de Fichte est beaucoup moins étendue, mais bien
« plus profonde. Au lieu de s'arrêter à l'exposition des lois
« générales de la raison humaine, et par une critique sévère
« de montrer leur portée et leurs limites, Fichte essaye de
« remonter jusqu'à l'origine de ces lois ; et les cherchant né-
« cessairement dans le sujet pensant lui-même, il les trouve
« ou croit les trouver dans la conscience même du sujet pen-
« sant ; or la base même de la conscience et de tous les faits

« qui s'y manifestent, est l'acte par lequel le sujet pensant
« s'aperçoit lui-même. Pour le moi, rien ne peut être avant
« lui-même, et il n'est expressément pour lui-même que quand
« il a voulu. Vouloir est le fait fondamental de la conscience,
« et pour ainsi dire la forme propre de la personnalité. C'est
« de la volonté, de la volonté libre, comme manifestation du
« moi à ses propres yeux, que Fichte dérive tous les déve-
« loppements ultérieurs du moi, toutes nos connaissances.

« Kant procède par voie de description, Fichte, par voie de
« génération. L'un prend la raison sous les formes qu'elle
« possède, lorsqu'elle est arrivée à son état le plus développé,
« qui est pour lui son véritable état naturel ; l'autre veut faire
« comme la généalogie de la raison, et d'analyse en analyse
« pénètre jusqu'à ses formes primitives, et il tire tous ses
« développements à venir d'un fait unique, la perception du
« moi par lui-même dans la volonté. Or, comme évidemment
« rien n'est plus personnel, plus inhérent au sujet et au moi,
« c'est-à-dire, en un seul mot, plus subjectif que la volonté,
« dériver tous les développements de la pensée de cet acte
« profondément personnel, c'est frapper de subjectivité, à sa
« naissance même, cette raison avec laquelle nous connaissons
« les objets les plus étrangers à nous-mêmes. De là, la subjec-
« tivité radicale et de la raison et de tous ses objets. Tout est
« relatif au moi, rien n'est que parce qu'il le fait être. Il n'y
« a pas d'objet en soi, à proprement parler, il n'y a que le sujet
« qui se développe et qui, en se développant, a l'air de se
« transporter hors de lui-même et pose ainsi des objets fictifs
« dont toute la valeur est d'être ainsi projetés comme par les
« irradiations du moi. Les lois générales de la raison ne sont
« que les modes naturels et réguliers du développement du
« moi. Ce mode extérieur n'est pas un objet réellement exis-
« tant en lui-même, c'est un pur non-moi, qui n'existe pour
« le moi qu'à ce titre que le moi ne peut se poser, qu'en se
« distinguant, lui qui se connait, de lui-même, qui est connu,
« et qui, dans cette dualité, devient un objet d'aperception
« pour le sujet qui l'aperçoit, et partant un non-moi déter-
« miné par le moi dans son opposition à lui-même. Dieu n'est

« pas non plus une substance indépendante du moi ; c'est ce
« qu'il y a d'absolu dans le moi, ou plutôt, car ce premier
« énoncé serait fort soutenable, mais déjà inconséquent, c'est
« le moi considéré comme absolu, comme n'étant pas seule-
« ment un phénomène qui se développe dans le temps, mais
« une substance immortelle, antérieure et supérieure à tous
« ses développements ; c'est la force personnelle de l'homme
« divinisée. Tel est l'Idéalisme de Fichte ; idéalisme, car l'in-
« fluence des sens et du dehors sur la pensée a péri tout en-
« tière ; subjectif au plus haut degré, car rien n'existe plus
« pour le moi que lui-même. Arrivée à cette extrémité, con-
« centrée dans le principe profond, mais aussi borné et aussi
« exclusif que le moi, la philosophie allemande devait ou y
« périr, ou en sortir et rentrer dans le monde réel. Jacobi
« cherche à l'y ramener, sans y parvenir. Il montre bien, au
« nom du bon sens, les vices du système de Kant et de Fichte ;
« mais il ne substitue à la raison subjective que le sentiment,
« c'est-à-dire un phénomène encore subjectif, variable, mo-
« bile, qui coupe court à toute philosophie et détruit toute
« science.

« Schelling est véritablement l'homme qui imprima une
« direction nouvelle à la philosophie allemande. Dès les pre-
« miers jours du XIXᵉ siècle, Schelling démontra, avec des
« procédés aussi rationnels que ceux de Jacobi l'étaient peu,
« que le non-moi de Fichte n'est pas du tout le monde réel ;
« que le monde réel est bien une opposition au moi, mais une
« oppositions que le moi n'a pas faite, mais qu'il rencontre et
« qu'il subit ; et que Dieu n'est pas le moi absolu, mais
« l'absolu du moi ; et non seulement du moi, mais aussi du
« non-moi ; de telle sorte qu'il les embrasse et les renferme
« également, qu'il est à la fois leur substance commune et
« leur commun idéal, qu'il ne se rapporte exclusivement, ni à
« l'un ni à l'autre, mais à tous les deux, qu'il en est l'identité
« absolue. Or si Dieu est l'absolue identité du moi et
« du non-moi, de l'homme et de la nature, il suit qu'il
« est dans la nature aussi bien que dans l'homme ; il suit
« encore que cette nature a autant de valeur que l'homme,

« qu'elle existe au même titre que lui, qu'elle a sa vérité
« comme lui, et encore que cette vérité, égale à celle de l'hu-
« manité, doit lui être conforme, puisqu'elle dérive du même
« principe ; qu'ainsi les lois de la nature, sans être un reflet des
« lois de la raison humaine, doivent être semblables à elles. La
« seule différence qui sépare la nature et l'homme est celle de
« la conscience à la non-conscience. D'un autre côté, si la
« nature est aussi rationnelle que l'esprit de l'homme, l'esprit
« de l'homme doit avoir des lois aussi nécessaires que celles
« de la nature ; Dieu n'est pas moins dans l'homme que dans
« la nature, et le monde de l'humanité est aussi régulière-
« ment fait que le monde extérieur. Le monde de l'humanité
« se manifeste dans l'histoire ; l'histoire a donc ses lois ; elle
« forme donc, dans ses diverses époques et dans ses aberrations
« apparentes, un système harmonique, comme le monde exté-
« rieur est un dans la diversité de ses phénomènes. De cette
« double conséquence et de leur commun principe, dérive la
« haute importance des études historiques et des sciences
« physiques. De là, pour la première fois, l'idéalisme intro-
« duit dans les sciences physiques, et une régularité
« inflexible dans l'histoire, les deux sphères de la philoso-
« phie, jusque-là ennemies et discordantes, la psychologie
« et la physique réconciliées, un admirable sentiment à la
« fois de raison et de vie, une poésie sublime répandue dans
« toute la philosophie, et par-dessus tout cela, l'idée de Dieu,
« partout présente et servant à tout le système de principe et
« de lumière. Les premières années du xix° siècle ont vu
« paraître ce grand système ; l'Europe le doit à l'Allemagne,
« et l'Allemagne à Schelling. Ce système est le vrai ; c'est
« le système de notre siècle, à la fois idéaliste et réaliste ;
« c'est le système destiné à régner dans l'Europe entière, parce
« qu'il satisfait à la fois aux besoins du midi et aux besoins du
« nord ; parce qu'il est l'exposition la plus complète de la réa-
« lité tout entière, de l'existence universelle. Il ne détruit
« pas, comme on l'a dit, le double système de Kant et de
« Fichte, il le développe, comme toute vraie révolution qui
« résume le passé et y ajoute, donne et reçoit, recueille et

« sème. Il fallait que l'idéalisme subjectif de Kant et de Fichte
« eussent implanté à jamais l'idéalisme dans la philosophie
« pour que cet idéalisme devînt l'âme immortelle de la philo-
« sophie. Sous ce rapport, Kant et Fichte ont rendu d'im-
« menses services ; ils ont prouvé sans réplique que l'étude
« de la pensée est le point de départ de toute bonne philoso-
« phie, et ils ont presque épuisé cette étude, le premier par
« l'étude des faits rationnels, le second par l'étude des faits
« volontaires. Jacobi a eu aussi sa grande utilité et a agrandi
« la connaissance de l'humanité, par l'étude de ce phénomène
« particulier qu'on appelle le sentiment. Le monde intérieur
« de la pensée humaine devait être connu avant tout pour
« qu'on pût faire en avant un pas utile ; sans cela, l'étude du
« monde extérieur n'eût jamais été que la physique vulgaire,
« l'étude de l'histoire, celle d'apparitions fugitives et sans but,
« et la religion, des hypothèses sans critique et sans aucun
« rapport avec la réalité. Il ne faut point se lasser de le répé-
« ter, c'est l'idéalisme subjectif, c'est Kant, c'est Fichte, qui
« est, en droit comme en fait, la base de la nouvelle philoso-
« phie allemande. Le monde intérieur bien reconnu, il fallait
« passer outre et entrer dans toutes les autres sphères, mais
« avec le même esprit et le même flambeau, c'est-à-dire avec
» l'idéalisme. C'est ce qu'a fait Schelling. Parti de l'idéalisme
« subjectif et toujours guidé par l'idéalisme, il est arrivé à
« une physique rationnelle, à une histoire rationnelle et à un
« Dieu vivant. Voilà le bien ; il faut dire aussi le mal, car il
« ne pouvait pas ne pas y en avoir ; et si Schelling a trouvé
« le vrai système, le temps seul peut le perfectionner et
« l'achever..... »

Ce fragment prouve qu'en 1832, M. Cousin était encore sous le charme de la philosophie allemande ; les dernières lignes le démontrent. Faire du système de Schelling le vrai système, c'est aller bien loin ; ou plutôt c'est commettre une erreur. M. Cousin en est revenu et il a jugé la Philosophie de la nature avec une juste sévérité, loin de penser à la perfectionner. Schelling a fini par se faire le défenseur de la révélation; mais le panthéisme n'en est pas moins sorti de son système, et il a ravagé bien des intelligences, qui étaient faites peut-être pour des doctrines plus saines.

Quoi qu'il en soit, le fragment que nous venons de donner s'arrête précisément là où l'auteur allait aborder son vrai sujet, c'est-à-dire la philosophie de Hegel. Le penseur venait de mourir; et M. Cousin voulait honorer la mémoire de son ami, en montrant le progrès de ses théories sur les théories de ses trois prédécesseurs. D'après ce qu'il dit ici du système de Schelling, on peut pressentir ce qu'il aurait pu dire de celui de Hegel. Il est à croire qu'il ne l'eût pas loué moins vivement.

Mais nous n'insistons pas; et nous nous en tenons au spiritualisme de M. Cousin, puisqu'il s'y est attaché immuablement dans le reste de sa vie.

SCHELLING

(1775-1854)

(Voir plus haut, Tome I, pages 85 et suiv.).

De tous les correspondants étrangers de M. Cousin, M. Schelling peut sembler le plus distingué. Lorsqu'en 1818, M. Cousin le rencontre pour la première fois, Schelling est à l'apogée de sa gloire. Il est alors âgé de 43 ans. Sa réputation retentit dans toute l'Allemagne; il passe pour l'héritier de Fichte et de Kant; il est l'auteur d'un système d'identité absolue, qui passionne les esprits les plus sérieux. M. Cousin, qui jouit de son commerce à Munich pendant près d'un mois, est bien près de devenir un de ses partisans; plus jeune que Schelling, il subit à la fois l'autorité du talent et celle de l'âge. La correspondance, commencée dès cette époque, continue aussi affectueuse jusqu'en 1845. Elle cesse alors, ou du moins nous n'en trouvons plus de traces, bien que M. Schelling ait vécu jusqu'en 1854. Dès 1841, il avait été appelé à l'Université de Berlin. Est-ce le cours qu'il fit à cette occasion qui a causé quelque refroidissement? Nous ne saurions dire: mais dès ce moment M. Cousin était bien revenu de la Philosophie de la nature.

Lettre de M. Schelling :

Munich, le 5 juillet 1830.

« Veuillez avant tout m'excuser, mon cher ami, d'avoir tardé si longtemps à vous répondre. Il faut en attribuer la cause, en partie, au grand nombre d'affaires dont je suis surchargé, et ensuite, au désir de vous donner une réponse satisfaisante. C'est ce que j'espère de faire en vous annonçant que l'Académie royale des Sciences, dans sa séance du mois passé, vous a élu membre associé étranger de la classe de philosophie et de philologie. Aussitôt que votre nomination, comme il n'est pas permis d'en douter, aura obtenu la sanction du roi, ce qui aura lieu avant le 25 août, jour de la fête de Sa Majesté, elle sera promulguée, et je m'empresserai de vous faire tenir votre diplôme.

« J'espère que M. de Saint Maurice vous aura, comme je l'en avais prié, exprimé les remerciements de l'Académie, pour les deux précieux ouvrages que vous avez bien voulu me charger de lui offrir de votre part. L'Allemagne philosophique ne peut que se féliciter d'avoir trouvé un si digne appréciateur.

« Il me reste à vous faire savoir pourquoi votre désir d'être reçu dans notre société littéraire, n'a pas pu être si promptement satisfait que vous avez paru le désirer ; c'est que, d'après la nouvelle organisation de l'Académie, les élections ne doivent avoir lieu qu'une fois par an, et que, par conséquent, nous avons dû attendre l'époque fixée à cet effet. N'attribuez d'ailleurs qu'à vous-même le choix que l'Académie a fait de vous : car je n'ai été que l'interprète de ses désirs en vous proposant pour son associé.

« J'ai été charmé d'apprendre que vous avez l'intention de revenir en Allemagne. Puisque l'une des conditions que vous semblez mettre à votre voyage est remplie maintenant, j'espère que rien ne s'opposera plus à votre dessein, et que vous me procurerez bientôt le plaisir de vous voir parmi nous à Munich.

Je crois seulement devoir vous prévenir que, dans les mois de septembre et d'octobre, vous ne trouveriez ici presque aucun de ceux qui seraient les plus charmés de vous voir.

« Agréez l'assurance de ma parfaite amitié et de ma considération distinguée.

« SCHELLING.

« Excusez, mon cher ami, que cette lettre n'est pas écrite de ma main. Les nominations d'associés étrangers sont très restreintes par la nouvelle organisation de l'Académie. On vient de nommer douze membres dans chaque classe: c'est que depuis trois ans, il n'y a pas eu d'élections. Dorénavant, on n'en nommera que quatre par an, dans chaque classe. J'espère vous voir content de ceux que nous vous avons donnés pour collègues parmi vos compatriotes: MM. Abel Rémusat, Letronne, Raoul Rochette. J'avais aussi proposé MM. Saint-Martin et Eugène Burnouf. Je pensai bien aussi à M. Guignaut; mais il fallait s'en tenir au nombre prescrit.

« Le 1er volume de mes leçons mythologiques est imprimé depuis quatre mois; je n'ai pu trouver le temps d'en écrire la préface. Cela ne m'empêcherait pas de le faire tenir à M. Guignaut, s'il avait encore l'intention de se charger de la traduction.

« Ne sauriez-vous pas me donner quelques notices confidentielles sur un M. Lorin, recommandé par M. Pougens ? »

L'Académie royale de Munich a été une des premières à s'associer le nom de M. Cousin, que les leçons de 1828 avaient signalé à l'attention de l'Europe philosophique et littéraire. L'amitié de M. Schelling avait pris les devants. M. Cousin n'a jamais recherché les honneurs, ni dans sa patrie, ni en dehors; mais il fut sensible à ceux qu'on lui a décernés, sans qu'il les eût brigués. L'assentiment de nos semblables nous est précieux en toutes circonstances; mais quand l'intelligence qu'on veut honorer est d'une certaine élévation, elle se sent, même sans vain orgueil, au-dessus de ceux qui expriment leur sympathie et leur estime. C'était là le cas de M. Cousin. La politesse exigeait qu'il se montrât reconnaissant, et de fait il l'était; mais il pouvait toujours se dire qu'il était un juge de ses propres travaux plus compétent que qui que ce fût. Ce n'était pas le moins du monde du dédain, c'était une juste appréciation des choses; et en se comparant aux grands noms de la philosophie, il savait se faire une place modeste, et il ne s'enivrait pas des hommages dont il était l'objet.

A M. Schelling :

Paris, 3 août 1830.

« Je ne veux pas différer, mon cher ami, de vous remercier
« de l'agréable nouvelle que vous me donnez, et quoi que vous
« en disiez, je partage ma reconnaissance entre vous et l'Aca-
« démie, et mets la plus grosse part de votre côté; car je crois
« bien plus à votre amitié pour moi qu'à mes titres acadé-
« miques. Quant aux confrères que l'Académie m'a donnés
« parmi mes compatriotes, je suis bien aise d'y rencontrer un
« ami particulier, M. Letronne. M. Guigniault est fort sen-
« sible à vos bonnes intentions à son égard; je me flatte
« qu'elles ne sont qu'ajournées. Le nom de M. Lorin m'est
« tout à fait inconnu, et personne n'a pu rien m'en dire. Je
« me réjouis infiniment que vos leçons mythologiques soient
« imprimées, et qu'il n'y manque plus que la préface. Ecrivez-
« la le plus tôt possible; et M. Guigniault se chargera d'être
« votre introducteur auprès du public français.

« La nouvelle que vous me donnez qu'il y aura peu de
« monde à Munich à la fin de cet été, déconcerte un peu mes
« projets pour cette année; et les graves événemens qui se
« passent dans mon pays, m'y retiendront, comme vous pensez
« bien. Mais j'espère bien que tout ceci se calmera, et que l'an

« prochain j'aurai le plaisir de vous voir à l'Académie, et de
« vous exprimer de vive voix ma reconnaissance de l'honneur
« que vous me faites, et vous, et elle. Si je pouvais en quelque
« chose lui être utile le moins du monde, ne m'épargnez pas.

« Adieu, mon cher ami ; aussitôt que j'aurai reçu officielle-
« ment mon diplôme, je m'empresserai d'écrire à l'Académie
« pour lui témoigner mes sentiments.

« Tout à vous de cœur.
                                    « Victor Cousin. »

« Je vous enverrai bientôt par la Légation, si cette voie est
« convenable, le sixième volume de Platon. Il n'y manque non
« plus qu'une préface. »

Le sixième volume de Platon n'a jamais eu la préface que M. Cousin méditait. Il la méritait bien cependant, puisqu'il contient le Phèdre, le Ménon et le Banquet, c'est-à-dire une leçon de rhétorique, une théorie de la réminiscence et la théorie de l'amour. Platon n'a jamais rien fait de plus profond, ni de plus délicat, s'il a fait des choses plus sublimes et plus pratiques. L'argument que M. Cousin aurait mis en tête de Phèdre était d'autant plus désirable que le sujet de ce dialogue a été contesté. Le second titre qui lui a été imposé est faux. Socrate ne traite pas de la Beauté ; et c'est une théorie de logique qu'il expose à son jeune ami, enthousiasmé d'un discours de Lysias, qui n'est qu'une longue méprise. La conclusion de Phèdre, c'est que, pour bien dire, il faut d'abord bien penser ; et ce principe si sage et si vrai a été recueilli par les siècles. Aristote d'abord, puis Horace et Boileau, l'ont répété ; il est absolument incontestable ; et quand on s'en écarte, on court risque d'écrire mal, après avoir mal pensé.

A M. Schelling :

16 septembre 1831.

« Voici, mon cher ami, deux petites pièces, sur l'un des
« plus grands géomètres et physiciens de l'Europe, auquel le
« hasard m'a fait succéder à l'Académie française. Je vous
« prierais de les communiquer à l'Académie de Munich, si je
« savais où j'en suis avec elle. Pour vous, vous savez quels
« sentiments inviolables je vous ai voués.

« Si vous rencontrez M. Thiersch, remerciez-le bien de son
« utile document sur l'état de l'instruction publique en
« Bavière.

« Mille tendres amitiés.

« Victor Cousin. »

Quand M. Cousin envoyait à l'Académie de Munich
son discours sur Fourier, il y avait déjà quelques mois
que ce discours avait été prononcé devant l'Académie
française (voir plus haut, tome I, page 503.) M. Cousin
y avait joint de longues notes, et c'était là sans doute ce
qui avait causé le retard de l'envoi. Quant à M. Thiersch,
on a vu aussi (Tome I, page 388,) quelles avaient été
ses relations avec M. Cousin, concernant l'instruction
publique en Bavière et en Allemagne. C'était un collègue
digne de M. Schelling ; et sa compétence dans les
matières scholaires et philologiques était universellement
reconnue.

M. Schelling à M. Cousin :

Munich, 20 octobre 1831.

« Je ne manquerai pas, mon cher ami, de mettre sous les
yeux de l'Académie les deux pièces que vous lui avez destinées,
et dont elle saura apprécier l'intérêt. Je saisis cette occasion

pour vous adresser mes félicitations sur votre réception à l'Académie française. Celle des Inscriptions ne tardera pas à suivre cet exemple.

« L'Académie de Munich n'est pas en défaut avec vous; elle vous avait nommé, à la presque unanimité des voix, son membre étranger dans la classe de Philosophie et de Littérature ancienne. Mais la publication ne pouvait avoir lieu sans la sanction royale. Il semble que Sa Majesté a été frappée, non de la qualité, mais du nombre des élus ; car elle n'en a confirmé que trois. L'Académie, ne croyant pouvoir acquiescer à cette décision, a fait des remontrances, mais jusqu'ici elles sont demeurées sans résultat. A mon retour en ville (car c'est de la campagne que je vous écris ceci), je verrai ce qu'il y aura à faire; car il faut que cela finisse d'une manière ou de l'autre.

« Agréez l'assurance de mon estime et de ma sincère amitié. »

« SCHELLING. »

Lettre de M. Cousin :

16 février 1832.

« Mon cher ami,

« Voici la première partie de mon rapport sur ma mission
« de l'été dernier en Allemagne. Je joins à votre exemplaire
« deux autres, l'un pour M. Thiersch, qui devrait bien
« m'adresser ses critiques ; l'autre, pour l'Académie de
« Munich.

« La seconde partie, entièrement consacrée à la Prusse, est
« sous presse et paraîtra incessamment.

« Je vous salue de tout mon cœur.

« V. COUSIN. »

Réponse de M. Schelling :

Munich, 11 mars 1832.

« Mon cher ami,

« Agréez mes remerciements de l'obligeant envoi que vous m'avez fait de votre rapport.

« Comme cet ouvrage ne peut, selon moi, que réagir d'une manière avantageuse sur les résolutions à prendre relativement à l'instruction publique en Bavière, vous feriez bien de m'envoyer, le plus tôt possible, un quatrième exemplaire, que je présenterais de votre part à notre Ministère de l'Intérieur.

« Je vous salue d'amitié.

« Schelling. »

« P.-S. Vous semblez ignorer que M. Thiersch se trouve en Grèce, depuis plus de trois mois. Il ne sera de retour qu'au mois de mai. »

Lettre de M. Cousin :

20 mars 1832.

« Voici, mon cher ami, un nouvel exemplaire de la première
« partie de mon rapport. La Gazette d'État de Berlin en a
« donné d'assez longs extraits, et un prédicateur de Ham-
« bourg, M. Kröger, m'écrit qu'il en va donner une traduction.
« Je désire vivement que ce petit écrit puisse vous être utile.
« J'espère, avant quelques mois, vous envoyer la seconde par-
« tie, qui sera consacrée exclusivement à la Prusse, et en
« général à l'instruction primaire.
« Je suis si occupé que je lis très peu les journaux ; et c'est
« de vous que j'apprends le voyage de M. Thiersch. Ayez la
« bonté de présenter l'exemplaire en question à M. le Ministre
« de l'Intérieur.
« Mille amitiés.

« V. Cousin. »

Lettre de M. Cousin :

29 juin 1832.

« J'ai eu grand plaisir, mon cher ami, à causer de vous
« avec M. Müller, qui m'a plu extrêmement sous tous les rap-
« ports. Il m'était revenu de Munich des bruits ridicules que
« j'ai été charmé de voir dissiper par M. Müller. Toute cette
« petite école de M. de Lamennais est toujours tentée de
« prendre notre profond respect pour le Christianisme comme
« une adhésion à ses principes ; mais le Christianisme n'a rien

« à démêler avec le pauvre système qui inscrivait son nom
« sur leur bannière ; et sa cause n'est pas leur cause.

« Vous avez vu que notre nouvelle Académie des sciences
« morales et politiques a pris ses associés parmi des Ministres,
« et que c'est M. Ancillon, qui représente l'Allemagne. Cela
« n'est pas mal pour une Académie de Juillet.

« Je vous ai envoyé mes travaux élémentaires sur l'instruc-
« tion primaire. Je désire qu'ils puissent servir à l'organisation
« dont il était question en Bavière. Vous n'avez pas été sur-
« pris de me voir défendre la part nécessaire de la religion
« dans l'éducation du peuple, et par conséquent l'intervention
« du clergé dans le gouvernement de cette éducation. En
« somme, la loi est assez bonne ; il s'agit maintenant de l'exé-
« cuter.

« Loin de me détourner de la philosophie, ces divers tra-
« vaux m'y ramènent toujours avec un plus grand amour, et
« je vous envoye dans quelques jours une nouvelle édition de
« mes Fragments, où il y a une introduction nouvelle, dans
« laquelle il est beaucoup parlé de vous. C'est un des mor-
« ceaux les plus importants que j'aie écrits. Je le recommande
« à votre attention. Vous devriez bien m'en écrire un mot, pour
« me dire votre avis. Adieu, portez-vous bien et aimez-moi
« toujours un peu.

« V. Cousin. »

M. Cousin proclame, dans ses lettres intimes, comme dans ses cours et ses ouvrages, son profond respect pour le Christianisme ; et il a toujours été fidèle à cette sincère déclaration. Mais le respect se concilie parfaitement avec l'indépendance absolue. C'est au fond le langage que M. Cousin a tenu devant la Congrégation de l'Index, comme il le tenait dans ses épanchements avec M. Schelling.

Quant à la philosophie, M. Cousin se trompe sur

lui-même. Les labeurs législatifs et administratifs, auxquels il se livre, lui enlèvent un temps qu'il aurait pu lui laisser. Il rend certainement de grands services à l'État et à la nation. Mais en se dévouant à la pensée exclusivement, ne pouvait-il pas être encore plus utile? Les livres restent, tandis que rien n'est plus instable que la politique, même quand elle est sage et bien conduite. Sans doute, la philosophie servait à M. Cousin à mieux comprendre et à mieux régler les choses dont il voulait bien se charger au Conseil royal et à la Chambre des Pairs; mais ces diversions étaient très absorbantes, et consumaient, quoi qu'il en eût, une bonne partie de son existence. Socrate conseillait au philosophe de ne pas se mêler aux affaires publiques. M. Cousin a-t-il eu raison d'être d'un autre avis? Ce qu'il avait pu faire en vingt ans, a été en un jour détruit par la politique, tandis que ses livres dureront autant que notre langue.

M. Cousin à M. Schelling.

16 septembre 1832.

« Voici, mon cher ami, la seconde partie de mon rapport
« sur ma mission de l'été dernier en Allemagne. Je désire que
« ce travail puisse vous servir à quelque chose, et que les
« troubles qui agitent, ou semblent agiter, le midi de l'Alle-
« magne n'arrêtent pas chez vous les progrès de l'instruction
« publique. Depuis deux ans, elle en a fait en France de bien
« grands, qui seront suivis de plus grands encore, si la paix
« générale se maintient, comme je le crois.
« Je suis tout occupé de la République de Platon, qui ne
« ressemble guère à celle qu'une poignée de misérables vou-
« drait imposer à l'Europe civilisée.
« Mille amitiés.   « V. Cousin. »

La traduction de la République de Platon a paru en effet en 1833 et 1834. Mais elle n'a pas d'argument de la main de M. Cousin ; et si un dialogue en exigeait un, c'était bien celui-là. M. Cousin n'a pas pu trouver, dans le reste de sa vie, le temps de suppléer à cette regrettable lacune. Il l'aurait pu certainement si la politique ne l'eût pas tant occupé.

En 1833, M. Cousin abhorrait la république en France ; et il en parlait en termes violents. Les faits sont venus lui donner tort, non pas en 1848, mais plus tard, quoique le parti républicain ne soit pas encore parvenu à fonder un gouvernement régulier.

Réponse de M. Schelling.

Munich, 10 novembre 1832.

« Un voyage que j'ai fait à Venise, et qui m'a tenu absent de Munich pendant le mois de septembre et une partie de celui d'octobre, a retardé ma réponse à votre lettre du 16 septembre. Je vous remercie infiniment, tant de la part de notre Académie et de notre ministre de l'Intérieur, que de la mienne, des exemplaires de la deuxième partie de votre rapport, que vous avez bien voulu nous faire parvenir. Mais vous me permettrez en même temps de vous observer que cet ouvrage est trop précieux pour que vous en priviez M. Thiersch, à qui vous avez envoyé le premier volume, et qui, depuis quelque temps, est de retour de son voyage en Grèce. Agréez, je vous prie, mon cher ami, mes félicitations bien sincères sur votre avènement à la Pairie de France et votre élection à la nouvelle classe de l'Institut. Croyez que je prends la plus vive part à ce double hommage, rendu à votre mérite, par votre gouvernement et par vos collègues.

« Quant aux élections de notre Académie, dont j'ai eu l'honneur de vous parler, il y a déjà plus d'un an, elles ont été contrariées jusqu'ici ; mais il me semble que la glace va enfin se rompre, et que nous pourrons proclamer plusieurs noms distingués, pour lesquels, à notre grand regret, nous avons été devancés par l'Académie de Berlin.

« Il nous arrive ici, de temps en temps, des étudiants français ; mais ils sont, pour la plupart, de l'école de M. de Lamennais. Je désirerais bien aussi en voir d'une autre trempe.

« Je vous réitère les assurances de ma parfaite amitié.

« Schelling. »

Munich, 16 décembre 1832:

« Vous excuserez, j'espère, mon cher ami, la liberté que je prends de vous recommander M. Joseph Müller, porteur de cette lettre, qui se rend à Paris pour un travail relatif aux géographes arabes. C'est par conséquent un Orientaliste ; mais il est en même temps profondément versé dans la connaissance des langues et de la littérature classique, comme dans les études relatives à la philosophie. Il n'a cessé, depuis cinq ans, de suivre mes cours, et je puis dire qu'en général, je le regarde comme le plus solide et le plus instruit de mes disciples.

« Je vous prie donc, mon cher, et j'attends de l'amitié que vous me portez, que non seulement vous voudrez bien admettre M. Müller dans votre intimité, mais encore lui faciliter, par tous les moyens possibles, le travail qu'il entreprend, et lui procurer l'accès de toutes les personnes distinguées qu'il désirerait connaître et dont vous êtes vous-même l'ami.

« Soyez persuadé, mon cher, que je vous serai infiniment reconnaissant de tout ce que vous voudrez bien faire pour M. Müller ; et agréez que je vous réitère l'assurance de ma parfaite amitié.

« Schelling. »

Nous ne savons pas quelles conséquences a eues cette recommandation ; mais nous ne pouvons douter que M. Cousin n'ait répondu au désir de son ami dans la mesure où il le pouvait. Nous ne croyons pas d'ailleurs que M. Joseph Müller se soit créé un nom dans l'orientalisme, ou dans aucune autre science.

A M. Schelling.

22 janvier 1833.

« Voici, mon cher ami, la seconde partie de mon rapport
« pour M. Thiersch, que je vous prie de saluer bien amicale-
« ment de ma part. Voici en même temps le résultat pratique
« de ce rapport, la loi nouvelle avec l'exposé de motifs, qui est
« en ce moment soumise aux délibérations de la Chambre ; le
« tout est de ma main, le Ministre ayant été trop malade
« pour s'en mêler. Je serais charmé que ce travail pût vous
« être bon à quelque chose. Il est fondé sur l'expérience et
« pourrait être d'autant plus aisément transporté en Alle-
« magne qu'il en vient en très grande partie.
« L'ordre s'affermit chez nous, et nous garantit un avenir
« heureux. Je suis à moitié dans mon cabinet, à moitié dans
« les affaires. Au printemps, je vous enverrai la République
« de Platon.
« Mille amitiés.

« V. Cousin. »

On peut voir plus haut (tome I, page 378) quelle part a prise M. Cousin à la loi de 1833 sur l'instruction primaire. Il confirme ici, en écrivant à M. Schelling, ce qu'il disait presque en même temps à Mme S. Austin. Il est bon de répéter qu'il est le père de cette loi excellente, à laquelle doit s'attacher le nom de M. Guizot, qui était alors ministre, et qui la présenta aux Chambres.

A M. Schelling.

21 mars 1833.

« Mon cher ami,

« J'ai le plaisir de vous annoncer que, sur mon rapport,
« l'Académie des sciences morales et politiques vient aujour-
« d'hui (21 mars) de s'honorer elle-même en vous nommant
« associé étranger à la place de M. Malthus, décédé. Je m'em-
« presse de vous donner cette nouvelle. Je suis si enfoncé
« dans Aristote que j'ai à peine le temps de vous écrire ce
« peu de mots, et de vous rappeler ma sincère et profonde
« amitié.

« V. Cousin. »

Très probablement, c'était de la Métaphysique d'Aristote que M. Cousin s'occupait quand il écrivait cette lettre ; l'étude de ce monument était fort nouvelle en France ; elle y était à peu près oubliée, tandis qu'elle florissait en Allemagne, grâce à l'Université de Berlin, qui, à cet égard, a bien mérité de la philosophie. Voilà soixante-six ans qu'elle travaille sans interruption à sa grande entreprise ; elle l'achève par un Corpus des Commentateurs grecs, publié sous ses auspices. Si M. Cousin n'a pas eu l'initiative, il a suivi un bel exemple ; et il a suscité dans son pays les travaux les plus estimables.

A M. Schelling.

20 avril 1833.

« Mon cher ami,

« Je viens vous présenter M. Saint Marc Girardin, mon
« ami et mon collègue à l'Université de Paris, qui vient faire
« pour l'instruction publique en Bavière ce que j'ai fait pour
« l'intruction publique en Prusse. C'est un homme très

« aimable et de beaucoup d'esprit et de talent, que je vous
« prie de bien accueillir et pour lui et pour moi.
« Mille complimens.

« V. Cousin. »

On a dit quelques mots sur M. Saint Marc-Girardin (tome II, page 438.) Nous n'avons pas à y revenir.

Munich, 13 juillet 1833.

« Je vous ai les plus grandes obligations, mon cher ami, des communications intéressantes que vous avez bien voulu me faire. C'est surtout ce projet de la loi sur l'instruction publique élémentaire, qui m'a beaucoup intéressé ; et je vous félicite particulièrement d'avoir sauvé, contre l'obstination de quelques têtes, tournées et aveuglées, l'article donnant au clergé sa part à l'éducation du peuple, part nécessaire, et qu'on n'aurait pu lui ôter, sans détruire tout l'effet de la loi, si bien et si profondément combinée.

« Notre ministre de l'Intérieur, M. le prince d'Œttingen-Wallerstein, a été bien sensible à l'attention que vous avez eue de lui envoyer votre rapport sur l'état de l'instruction publique en Allemagne : voici la lettre qu'il m'a écrite à ce sujet, et à laquelle il a ajouté un grand nombre de règlements, en partie imprimés, en partie écrits, relatifs au système d'instruction publique établi en Bavière. Si vous êtes tenté de parcourir ces papiers, formant un assez gros volume, je pourrai vous les faire tenir, par la Légation Bavaroise, à Paris ; ou bien par la Légation Française à Munich.

« On m'a, de tout temps, calomnié en Allemagne ; je ne m'étonne pas qu'on commence à me calomnier en France. Si j'étais porté à m'étonner d'une chose quelconque, ce serait que vous, mon cher ami, vous aussi, qui m'avez connu et entendu parler, et qui avez été à même de connaître mon caractère, vous semblez n'avoir pu dissiper les doutes conçus sur mon compte, qu'ensuite des éclaircissements reçus par M. Muller. Je vous remercie de toutes les bontés que vous avez eues pour ce

M. Muller ; il les mérite ; c'est un digne et savant jeune homme.

« Je serai très charmé de recevoir vos nouveaux Fragments philosophiques, et j'avoue d'être bien curieux de voir comment vous avez parlé de ma philosophie, dont la première connaissance vous semblait n'être venue que par l'organe de ceux qui pensaient se mettre à ma place. C'est pourquoi, ne supposant pas que, depuis ce temps, d'autres vous aient donné une idée juste et exacte de ce que j'ai voulu et de ce que je veux, j'aurais pu vous souhaiter que vous eussiez pu attendre mes propres explications, prêtes à paraître et qui ne laisseront rien à désirer.

« Conservez-moi votre amitié et comptez sur l'attachement sincère que je vous porte, et que je vous porterai toujours.

« SCHELLING. »

Il y a bien, dans cette lettre, une ombre de reproche. M. Schelling semble croire que M. Cousin ne l'a pas défendu comme il aurait dû le faire, en sa qualité d'ami et de philosophe. Nous croyons que ce soupçon est mal fondé. M. Cousin a pu repousser la Philosophie de la nature ; mais il a toujours exprimé pour l'auteur son admiration et son estime. Il nous semble donc que M. Schelling n'avait pas motifs de se plaindre. Il n'a pas d'ailleurs conservé de rancune.

Munich, 23 août 1833.

« C'est un vrai plaisir pour moi de pouvoir vous annoncer, mon cher ami, que j'ai eu la satisfaction de publier, dans la séance publique d'aujourd'hui, votre nom parmi ceux des membres étrangers élus par notre Académie des sciences, il y a déjà trois ans. Les difficultés qui jusqu'ici s'étaient opposées à cette publication, n'ont pas été (je crois en être sûr) personnelles, mais générales, c'est-à-dire qu'elles se rapportaient plutôt au nombre qu'aux noms. Ce fut même le pur hasard qui, par exemple, a fait préférer le nom de M. Raoul Rochette, qui, à l'avis de la classe, aurait pu suivre, mais n'aurait pas dû précéder celui de M. Letronne, élu comme vous depuis trois ans.

« J'ai reçu avec un vrai plaisir, et j'ai lu avec un haut intérêt la deuxième édition de vos Fragments philosophiques, preuve, bien évidente, par laquelle vous faites voir que la carrière politique ne vous a pas dérobé à la science. Votre amitié pour moi ne s'est pas démentie dans la Préface ; je pense en donner un extrait et une critique de la partie scientifique, dans un journal littéraire qui se publie ici ; je ne manquerai pas de vous l'envoyer aussitôt qu'elle sera imprimée.

« Le temps m'oblige de terminer ma lettre ; mais je compte pouvoir vous écrire plus au long sous peu. En attendant, croyez toujours à la sincère amitié et au profond attachement, que je ne cesserai de vous porter.

« Schelling. »

A M. Schelling, président de l'Académie royale à Munich.

1er septembre 1833.

« Mon cher ami,

« J'ai reçu votre aimable billet, et en même temps que je
« vous remercie et vous prie de remercier en mon nom l'Aca-
« démie royale, de l'honneur qu'elle m'a fait de me nommer
« votre collègue, je viens me vanter à vous et me féliciter de
« vous avoir encore une fois de plus pour collègue, dans la
« Légion d'honneur ; car d'aujourd'hui vous êtes chevalier de
« la main du Roi des Français. Le ministre vous l'écrira
« demain. Mais on veut bien me laisser le plaisir de vous
« l'annoncer moi-même.

« Voilà des bagatelles, mon très cher ; une autre fois, je
« vous dirai des choses plus sérieuses.

« V. Cousin. »

En septembre 1833, M. Cousin n'est que membre du Conseil royal de l'Instruction publique; il ne distribue pas des décorations; mais c'est d'après ses avis qu'elles sont accordées au monde philosophique, soit au dedans, soit au dehors. Sept ans plus tard, M. Cousin, comme ministre, a une influence directe sur la répartition de ces distinctions. Aucune ne pouvait être mieux placée que celle-là.

Munich, 11 septembre 1833.

« L'hiver passé, un jeune Français, faisant ses études à Munich, fut très heureux de recevoir une lettre signée de votre nom, mon très cher ami ; vous disiez, dans cette lettre, qu'en suite d'une relation que je vous aurais faite sur les talents et l'application du jeune homme, vous vous étiez décidé à le proposer pour la première chaire de philosophie qui viendrait à vaquer en France. C'était une mystification par laquelle une autre partie des Français, se trouvant ici, crut pouvoir se venger du pauvre jeune homme (digne au reste de tous les éloges qu'on m'avait supposé lui avoir faits) de l'attachement trop exclusif, à leur avis, qu'il avait pour ma personne et pour mon enseignement. Je vous raconte cela, mon cher ami, pour vous dire, qu'au premier moment où j'ai reçu votre lettre du 1ᵉʳ de ce mois, pleine de la plus tendre amitié pour moi, j'ai tourné cette lettre de tous côtés pour m'assurer qu'elle était vraiment partie de Paris, et qu'elle avait été écrite de votre main. Jugez, par cette circonstance, combien me fut inattendue la nouvelle que vous vouliez bien me donner, et à quel degré j'en fus frappé. J'ai toujours beaucoup compté sur votre amitié ; mais ce que vous aviez fait, dans le cas dont il s'agit, surpassait tout ce que j'en aurais pu présumer. Je ne manquerai pas de répondre dignement à la lettre que vous m'avez annoncée ; je dirai que je suis fier de recevoir une distinction due à la plus noble amitié et aux sentiments élevés des hommes d'État, que leur caractère et leur haute intelligence, admirée depuis longtemps, ont placés à mes yeux encore bien au-dessus du rang qu'ils occupent dans la hiérarchie politique.

« Recevez, cher ami, avec mes remerciements profondément sentis, l'assurance de mon inaltérable dévouement.

« SCHELLING. »

Munich, 19 septembre 1833.

« La lettre de M. le ministre de l'Instruction publique que vous m'aviez annoncée, m'a été envoyée par le ministre de France, le 16 courant.

« Permettez-moi, mon cher ami, de faire passer par vos mains ma réponse. Je vous prie d'y ajouter tout ce que vous inspirera l'amitié que vous me portez, et la connaissance que vous avez de mes sentiments.

« Je vous sais infiniment de gré de la connaissance de M. de Saint-Marc-Girardin ; c'est après vous, mon cher ami, celui de vos compatriotes qui m'a inspiré le plus d'estime et de véritable amitié. Profond et consciencieux dans ses recherches, il a dans le caractère un mélange de douceur et d'énergie, qui lui gagne tous les cœurs, surtout des Allemands. Il nous a quittés déjà hier, à mon grand regret ; je crois, au reste, qu'il a obtenu tout ce qu'il désirait, quoique, à cause de l'absence momentanée du ministre, un peu plus tard qu'il n'aurait voulu. Il s'est chargé des papiers que notre ministre de l'Intérieur m'a donnés pour vous ; il est aussi porteur du diplôme que j'ai eu le plaisir de vous expédier, au nom de l'Académie des sciences ; vous l'aurez un peu tard ; mais comme notre ministère n'enverra pas de courrier sitôt, et que je n'ai pas l'honneur d'être connu personnellement du ministre de France, j'ai préféré cette voie de vous le faire tenir.

« M. Saint-Marc-Girardin vous parlera d'une idée que j'ai, relativement au premier ouvrage philosophique que je pense publier, c'est qu'une traduction qui en serait faite sous mes yeux, fût, avant d'être imprimée, soumise à une révision, pour laquelle il m'a assuré s'en rapporter tout à fait à votre amitié, non pour la révision même, c'en serait trop demander, mais pour le choix de celui auquel on pourrait la confier.

« Adieu, mon très cher ami, conservez-moi les sentiments dont vous m'avez donné tant de preuves, et croyez toujours à ceux que vous m'avez connus pour vous.

« Schelling. »

A M. Schelling, réponse de M. Cousin :

13 octobre 1833.

« Mon cher ami,

« Je me suis empressé de remettre au ministre votre lettre,
« qui était parfaitement convenable. Il vous enverra la déco-
« ration même par notre Légation à Munich. Vous ai-je dit
« que j'avais obtenu le même honneur pour M. de Savigny,
« à Berlin? Voici les noms de ceux de vos compatriotes qui
« maintenant ont la décoration de France, comme savants,
« littérateurs ou artistes : Berzelius, Al. de Humbold, vous,
« Savigny, Thorwaldsen et Meyerbeer. Vous voyez que vous
« êtes en bonne compagnie.

« Non, mon cher ami, je n'ai écrit à personne à Munich
« pour lui annoncer que je lui destinais la première place
« vacante en philosophie, par la raison toute simple, que per-
« sonne ne m'avait écrit à ce sujet. Comptez que l'on a con-
« trefait ma signature.

« Je vous remercie du bon sentiment qui vous a fait
« répondre à l'article de la Gazette d'Augsbourg, tiré de la
« Revue des Deux-Mondes. Pour moi, j'ai l'habitude de ne
« répondre à la calomnie que par le mépris. Il y a ici un parti
« nombreux et puissant qui me déteste. D'abord, il me déteste
« pour la guerre que j'ai faite, depuis ma première jeunesse, à
« la mauvaise philosophie qui régnait dans ce pays. Ensuite,
« il me déteste parce que je ne me suis pas prêté à détruire de
« plus en plus le peu de monarchie qui nous reste. Il me
« déteste surtout parce que je défends opiniâtrément l'inter-
« vention de la religion dans l'éducation du peuple. Si ce
« parti l'emportait, je sais le sort qui m'attend. Mais fais ce
« que dois, advienne que pourra.

« Parlons de choses plus importantes, et revenons à la
« science.

« J'accepte avec reconnaissance l'offre que vous me faites
« de rendre compte, dans le journal littéraire qui se publie à
« Munich, de la partie de ma nouvelle Préface, qui peut inté-
« resser l'Allemagne. Un jugement de vous me serait fort
« précieux à tous égards. Il y a des gens à Berlin qui trou-
« vent que j'ai fait à Hegel une trop petite place, et à vous
« une trop grande. Mais je trouve par trop absurde de nier
« que vous soyez le maître de l'École entière. Vous l'êtes, et
« le serez dans la postérité. Il me semble qu'une traduction
« du passage où je réponds à l'objection ici tant répétée de
« germanisme, devrait être bien reçue de l'Allemagne; il doit
« y avoir à Munich quelque jeune homme capable de faire
« en quelques jours ce petit travail, comme M. Carové avait
« donné la première Préface.

« Bien certainement, je me charge de vous trouver ici quel-
« qu'un de fort capable de revoir et de corriger la traduction
« qui serait faite sous vos yeux, de votre premier écrit philo-
« sophique, et je présiderai moi-même à cette révision. Si
« l'ouvrage regarde la mythologie, je ne pourrai mieux faire
« que de le confier à M. Guignault. Il faut que vous ayez la
« bonté de m'indiquer d'avance la nature de votre ouvrage;
« car c'est de là que dépendra le choix de la personne qui, sous
« ma direction, pourrait être chargée de cette honorable tâche.

« M. Müller est allé faire une petite course en Hollande.
« Faites bien mes amitiés à M. Thiersch, et croyez bien à tous
« les sentiments que je vous ai voués.

« V. Cousin. »

A M. Schelling.

17 janvier 1834.

« Mon cher ami,

« La reprise de mes leçons dans l'intérieur de l'École nor-
« male et un petit travail dont je vous parlerai tout à l'heure,
» m'ont empêché de vous remercier, comme je l'aurais dû, de
« votre aimable et bienveillant article. C'est ma croix d'hon-
« neur à moi, et je puis m'en parer aux yeux de toute l'Eu-
« rope philosophique.

« Maintenant, mon cher, un peu d'humilité ; car je vous
« donne la très petite nouvelle que l'Académie des sciences
« morales et politiques vient de vous nommer son corres-
« pondant pour la section de philosophie, le premier de ceux
« qu'elle a nommés (le second, M. Schleiermacher), et à
« l'unanimité. Si vous connaissiez l'état des opinions philoso-
« phiques en France, vous verriez que c'est un grand hom-
« mage à votre réputation que cette unanimité. Savigny est
« aussi notre correspondant pour la jurisprudence. Nos asso-
« ciés sont des hommes politiques, ce qui est mauvais, mais
« vous explique comment vous et Savigny vous êtes corres-
« pondants. Envoyez-moi un billet de remerciement, simple,
« sans être trop sec, que je transmettrai à l'Académie. Je
« vous envoie, par la diligence, quatre exemplaires d'un petit
« travail sur l'instruction secondaire en Prusse. Ce n'est pas
« le plan de l'école latine de M. Thiersch, encore moins l'in-
« vasion de l'industrialisme. Plus je m'occupe de l'éducation,
« plus je m'attache à ce grand sujet, qui se lie si étroitement à
« la philosophie. C'est en quelque sorte une philosophie pra-
« tique, une carrière active, une politique. Il y a un exem-
« plaire pour vous, un pour le ministre, un pour M. Thiersch,
« un pour l'Académie.

« J'espère, ce printemps, vous envoyer quelque chose en
« philosophie.

« Mille amitiés.

« V. Cousin. »

M. Schelling à M. Cousin.

Munich, 27 janvier 1835.

« Mon cher ami,

« Je suis on ne peut plus content de la satisfaction que vous me témoignez sur mon article relatif à votre préface ; il est sec, fort peu animé, enfin tel que je l'ai pu faire sous les circonstances où je me trouvais alors. Un de vos compatriotes avait l'idée d'en faire une traduction, que je pensais vous envoyer, pour la faire insérer dans un journal ; mais le travail avançait lentement, et je n'en fus pas très satisfait à la fin. Depuis ce temps, un surcroît de travaux demandait tout le temps que me laissait une indisposition dont je ne suis revenu que depuis peu, voilà pourquoi j'ai été si longtemps sans vous écrire. Je puis au reste vous annoncer qu'une traduction Allemande de votre préface paraîtra chez Cotta, sous le titre: V. Cousin über französische and deutsche philosophie aus dem Franzoz von Beckers (profes. for. am Lyceum in Dillingen) mit einem worte von Schelling.

« Je n'ai pas été peu surpris de recevoir une lettre de M. Charles Comte, secrétaire perpétuel de l'Académie des sciences morales et politiques, qui m'annonçait que ladite Académie m'avait nommé, à majorité absolue, son correspondant dans la section de philosophie. Je n'avais jamais présumé que les idéologues du temps de Bonaparte, les derniers soutiens de la philosophie du xviii° siècle qui composent la majorité de la nouvelle Académie, m'admettraient au nombre de leurs correspondants. J'étais encore bien plus loin d'aspirer à un titre plus élevé; et maintenant qu'ils m'ont fait l'honneur de me nommer leur correspondant, je leur sais le meilleur gré du monde de la préférence (si naturelle à tous égards) donnée à M. Ancillon, dans le choix des associés; ce nom m'ayant dû servir d'égide, puisque nous avons ici de ces gens qui ne demandaient pas mieux que de me rendre un peu suspect, à cette occasion. Il en était déjà assez pour cela de la croix de la Légion d'honneur; heureusement, je n'avais, pour participant avec moi aux grâces du Roi, aucun de nos auteurs occupés de politique. Les suffrages de l'Académie m'ont donné pour collègues M. Schleiermacher et M. Savigny; je ne saurais d'hommes en Allemagne avec qui j'aimerais mieux me trouver en société. Quant à M.............. et à M.............., si toutefois il est vrai que celui-ci a été nommé comme l'ont assuré certaines de vos gazettes, c'est peut-être la première fois que, par exemple, M. Savigny s'est rencontré avec eux dans la même classification. Soyez persuadé au reste, mon cher ami, qu'en tous cas, j'aurais très poliment remercié l'Académie, n'eût-ce été que pour faire honneur à votre protection, et peut-être aussi à celle de M. le comte de Reinhard, mon compatriote de naissance, pour lequel j'ai eu, depuis la première jeunesse, le plus grand respect, sans jamais avoir l'occasion de le lui témoigner. Il fallait sans doute plusieurs protecteurs et de si puissants pour me faire accepter. Je passe à la nouvelle que vous me donnez de la reprise de vos leçons dans l'intérieur de l'École normale. Rien n'aurait pu arriver de plus heureux pour la science et pour les progrès qu'elle est destinée à faire en France, que votre retour à cette sphère d'activité, dans laquelle votre nom a trouvé sa première illustration. Cela vous ramènera aux travaux que vous élevez encore à la philosophie, et que la politique menaçait d'interrompre. Je recevrai avec empressement la nouvelle production philosophique que vous m'annoncez, et je verrai de même, avec un haut intérêt, votre rapport sur l'instruction secondaire en Prusse. Moi aussi, je vois la possibilité de terminer enfin, et avec satisfaction, mon ouvrage sur la philosophie positive. Ce premier ouvrage sera de pure spéculation, mais écrit de manière à être traduisible en français; viendront ensuite mes leçons sur la philosophie de la mythologie, et en dernier lieu, celles sur la philosophie de la révélation. Ne pourriez-vous pas me faire tenir vos articles sur Xénophane et Zénon d'Élée? Le premier que vous aviez eu l'amitié de m'envoyer, m'a été emprunté, je ne sais pas par qui et ne m'est pas revenu; l'autre ne m'est connu que par des citations.

« M. Saint-Marc-Girardin vous a-t-il remis le diplôme de notre Académie? Je vous prie de m'en accuser la réception; je n'ose pas vous demander quelques lignes pour l'Académie.

« Adieu, mon excellent ami, soyez persuadé que je regarderai toujours comme une des félicités de ma vie de vous savoir mon ami, et continuez de croire à mon profond attachement.

« SCHELLING. »

A M. Schelling :

11 avril 1834.

« Je vous ai envoyé ces derniers jours, mon très cher ami,
« mes articles sur Xénophane et Zénon d'Élée dans leur

« forme primitive, et sans l'appareil philologique que je leur
« ai restitué plus tard, dans mes nouveaux Fragments philoso-
« phiques, ouvrage que j'ai dû vous adresser dans le temps,
« et dont je n'ai plus un seul exemplaire. Je serai forcé peut-
« être d'en donner une nouvelle édition, comme je l'ai fait des
« premiers Fragments.

« Vous avez maintenant sous les yeux l'ouvrage posthume
« de M. de Biran, avec mon Introduction, où j'expose ses
« idées, avec un peu plus d'ordre et de régularité qu'il ne l'a
« fait lui-même, et relève aussi les lacunes graves que laisse sa
« théorie. Cette théorie est purement psychologique ; mais dans
« ces limites même, elle n'est pas indigne de votre attention.
« Je vous prie d'envoyer la préface, jointe à votre exemplaire,
« à M. Becker à Dillingen. Je n'ai pas encore reçu sa
« brochure.

« Je crains fort que M. le prince de Watterstein n'ait guère
« été satisfait de mon mémoire sur l'instruction secondaire
« en Prusse. Chez nous, il a déjà eu l'excellent effet d'empê-
« cher la présentation d'un projet de loi sur les collèges,
« indigne de notre loi sur l'instruction primaire. Je me flatte
« qu'en Prusse il convertira la distinction des classes infé-
« rieures et des classes supérieures du gymnase en une dis-
« tinction tout à fait organique. La Bavière pourrait y puiser
« l'idée d'une École normale secondaire, sur des bases plus
« larges que ses séminaires philologiques. Pour le concours
« d'agrégation, il ne convient guère aux mœurs allemandes.

« Mais je vous parle de tout cela, mon cher ami, comme si
« vous étiez plongé, ainsi que moi, dans les questions d'ins-
« truction publique. Dites bien à M. Thiersch combien j'ap-
« précie ses travaux en ce genre, et que je voudrais bien
« l'avoir là, à mes côtés, pour lui soumettre mes projets. Au
« reste, ces projets sont exclusivement fondés sur l'expérience,
« et particulièrement sur l'expérience de l'Allemagne.

« J'attends votre première publication avec l'impatience d'un
« long désir. En attendant, je vous remercie bien des paroles
« fortes et expressives que vous avez prononcées sur Schleier-
« macher. Je perds avec lui le dernier ami que j'eusse encore

« à Berlin, après Solger et Hegel. Tous mes regards et mon
« affection se concentrent sur Munich.

« Soignez bien votre santé, et aimez-moi bien toujours un
« peu.

« Victor Cousin. »

Sur Schleiermacher, on peut voir, plus haut, quelques détails (Tome I, page 193).

Munich, 27 mai 1834.

« Mon cher ami,

« Je vous avais déjà parlé dans une de mes lettres d'un jeune Français qui, ayant étudié ici, désirerait vous être recommandé. Il m'a donné, il y a quelques mois, la lettre ci-jointe, qu'il a pris la liberté de vous écrire ; mais comme il ne partait pas encore et que je n'avais pas le temps d'écrire, cette lettre est restée dans mes mains. Il désirerait obtenir une chaire de philosophie dans une ville voisine de l'Allemagne ; je n'entre pas dans les détails de ses vœux ; mais je me fais un devoir de vous dire que, de quelque manière qu'il soit placé, il pourra se rendre fort utile par sa connaissance de la langue, comme de la partie principale de la littérature et même de la philosophie allemande. Peut être qu'à vous-même, mon cher ami, occupé comme vous êtes, il pourrait être important d'avoir auprès de vous un homme capable de vous tenir au courant de la littérature et de la philosophie allemandes. M. Quris a été disciple de M. Lamennais ; mais tout en lui conservant les sentiments de reconnaissance et d'amitié qu'il lui doit, il me semble que les idées de M. Lamennais n'exercent plus d'influence sur son esprit, trop éclairé par ce qu'il a appris en Allemagne. Il est encore fort lié avec le comte de Montalembert ; mais cet aimable jeune homme me paraît avoir lui-même changé d'opinion sur bien des points très importants.

« On a parlé, dans la Revue Européenne, d'une colonie française se trouvant à Munich ; tout ce qu'on en a dit est pur mensonge, car cette colonie n'existe pas. Ainsi, M. Quris n'en a pas pu être ; aussi a-t-il été un objet de haine et de persécution pour ce fanatique se disant directeur de cette colonie. M. Quris est un honnête homme. Il veut aussi que je réclame pour lui, votre protection relativement à un ouvrage qu'il a rédigé sur un livre allemand d'un M. Molitor de Francfort, et qu'il désirerait faire imprimer en France. Je ne crois pas que la partie historique de ce livre (il s'y agit de la cabale de philosophie hébraïque) trouvera beaucoup de lecteurs en France ; mais la partie philosophique est digne d'attention parce qu'elle présente plusieurs idées de la nouvelle philosophie allemande avec clarté et dans un beau style. M. Molitor lui-même est un homme de beaucoup de mérite et d'un esprit au-dessus de l'ordinaire.

La traduction de votre préface est imprimée depuis deux mois ; il n'y manque que ma préface. Je ne voulais pas faire réimprimer mon article sans y ajouter quelque chose ; mais le temps m'a manqué ; il faudra couper court et me borner à quelques petites additions.

« Mille remerciements pour Zénon d'Élée et Xénophane. Je n'ai pas encore reçu ce que vous m'aviez annoncé de vous-même et de M. de Biran.

« Adieu, mon excellent ami, je vous prie de vouloir bien accueillir M. Quris, et de me conserver votre amitié, à laquelle j'attacherai toujours le plus haut prix.

« SCHELLING. »

Plus haut (Tome I, page 290,) nous avons parlé de la préface de M. Schelling, où il juge la philosophie de M. Cousin. Cette appréciation de la philosophie allemande était attendue depuis longtemps ; traduite trois fois en français, elle n'a pas tout à fait répondu à l'impatience du public. Elle était très bienveillante pour M. Cousin ; mais elle était assez sévère pour son système. Il n'en pouvait être autrement. Les deux points de vue étaient trop différents pour qu'aucun accord fût possible. Nous avons vu que M. Cousin s'appuyait avant tout sur la psychologie : M. Schelling proscrivait absolument cette méthode, qu'il traitait avec une sorte de dédain. Il préférait prendre pour base de son identité absolue, un axiôme de la raison comme $A=A$, et il en déduisait, à force de logique, des conséquences qui évidemment n'en pouvaient sortir. Le procédé de M. Cousin, qui est celui de Descartes, et même celui de Socrate, est le seul vrai ; mais aujourd'hui même, il est toujours méconnu en Allemagne ; et le Connais-toi toi-même de l'Antiquité n'y a encore persuadé qui que ce soit.

« Mon cher ami,

« Voici M. Quris, que je vous ai annoncé ; j'ose assez présumer de votre amitié pour espérer que vous lui accorderez la protection que je vous ai demandée, et dont il se rendra digne, à vos yeux, par son application et ses connaissances autant que par son caractère.

« Je vous salue d'amitié.

« Schelling. »

Nous ne savons pas si cette recommandation pressante de M. Schelling a eu toutes les conséquences qu'il espérait. Il ne dit pas si son protégé est pourvu des grades exigés par l'Université de France. Sans cette condition indispensable, M. Cousin ne pouvait presque rien faire, quel que fût son désir de contenter son ami. Une chaire de philosophie ne pouvait être donnée arbitrairement ; et M. Cousin, conseiller de l'Université, tenait à ne pas violer un principe aussi sérieux et aussi salutaire. Sans doute sa réponse a dû être conçue en ce sens ; elle ne pouvait être absolument favorable ; c'était de la part de M. Schelling une erreur singulière ; mais peut-être son protégé avait-il tous les grades requis, bien qu'il n'en parle pas. (Voir plus loin la lettre de M. Cousin, en date du 28 septembre 1834, et celle de M. Schelling, du 2 novembre de cette même année.) Il avait été trompé sur le compte de M. Quris.

« Munich, 27 août 1834.

« Mon cher ami,

« Il y a presque deux mois que j'ai chargé la librairie de Cotta de vous faire tenir par un de ses commissionnaires à Paris, *trois exemplaires* de la traduction de votre préface ; mais M. Cotta a mis tant de lenteur à faire paraître l'ouvrage, imprimé depuis plus d'un mois, que j'ai pensé enfin devoir vous envoyer directement un exemplaire du livre entier et un exemplaire à part de ma préface, pour ne pas vous faire attendre plus longtemps. C'est par le courrier d'hier que je vous ai expédié cela sous bande. Je crois que vous pouvez être content de la traduction, que je me suis donné la peine de surveiller et même de corriger en beaucoup de passages ; je désire vivement que vous soyez également content de ma préface, qui, peut-être, se ressent un peu de la répugnance que j'avais de m'expliquer ainsi *quasi* occasionnellement, sur plusieurs points très importants de la philosophie, après avoir gardé un si long silence. C'est la même cause qui m'a fait différer si longtemps la publication. Ne pouvant me borner à donner des extraits, il était inévitable de faire la critique de votre méthode. *Hanc veniam petimus que damus que vicissim;* et vous trouverez que tout ce que j'en ai pu dire respire l'amitié et l'estime que je vous porte depuis si longtemps. Je vous laisse à juger, s'il serait convenable de présenter en mon nom l'exemplaire de ma préface à l'Académie des sciences morales et politiques. Vous verrez que j'ai tâché de profiter de votre nouvelle préface aux *Nouvelles considérations* de M. de Biran, dont je viens de recevoir un second exemplaire, que je présume être destiné à notre Académie. Vous m'avez envoyé aussi trois exemplaires de *l'état de l'instruction secondaire en Prusse*; j'en ai donné un à M. Thiersch, et je donnerai l'autre à notre ministre de l'Intérieur.

« Je vous salue de tout mon cœur et serai toujours, avec l'amitié la plus sincère,

« Votre dévoué,

« Schelling. »

Nous n'insistons pas, après ce que nous avons déjà dit, sur l'article de M. Schelling. En somme, le public français a été désappointé : et trois traductions françaises, parues presque à la fois, ont simplement prouvé que le public espérait beaucoup; mais il a été peu satisfait. M. Schelling avait cédé à son amitié pour l'auteur; mais son talent ne se pliait pas à ce genre de polémique. La curiosité avait été fort vive; mais elle fut déçue, cette manifestation, succédant à un si long silence, ne parut guère qu'une condescendance à une affection sincère.

« Munich, 28 août 1834.

« Désirant envoyer un exemplaire de ma préface à M. Mohl, professeur des langues orientales et mon compatriote, et ne sachant pas son adresse, j'ai pris la liberté de vous adresser cet exemplaire, et vous prie de vouloir bien le faire parvenir à M. Mohl.

« Veuillez bien excuser cette importunité et me dire, s'il y a d'autres personnes à Paris que je pourrais obliger en leur envoyant, soit l'ouvrage entier, ou seulement la préface.

« Mille amitiés.

« Schelling. »

Nous avons dit plus haut (tome III, page 10) ce qu'était M. Mohl, ami intime de Fauriel et très lié avec M. V. Cousin ; mais il ne s'est jamais occupé de philosophie, et M. Schelling se trompait d'adresse. Mohl était essentiellement philologue : naturalisé français, il est devenu professeur de persan au Collège de France, membre de l'Académie des Inscriptions et Belles-Lettres, secrétaire de la Société Asiatique de Paris, qu'il dirigea pendant un quart de siècle. Il était Wurtembourgeois comme M. Schelling, et il était né à Stuttgard. Il a été exécuteur testamentaire de M. Fauriel.

Lettre de M. Cousin :

« 28 septembre 1834.

« Mon cher ami,

« Un travail urgent m'a forcé d'ajourner le plaisir que je
« trouve toujours à causer un moment, même de loin, avec
« un ami tel que vous.

« J'ai fait honneur à votre recommandation en accueillant
« de mon mieux M. Quris. Il a publié sa traduction de
« *Molitor*, et je lui ai proposé un petit emploi dans l'Instruc-
« tion publique. C'est un honnête jeune homme, doux et
« aimable, mais qui manque un peu de connaissances posi-
« tives. Avec le temps, il les acquerra et fera un professeur
« de philosophie meilleur que bien d'autres.

« Que vous dirai-je de votre préface à ma préface ? Elle
« m'a prouvé deux choses auxquelles j'ai été profondément
« sensible : la première, que vous aviez pour moi quelque
« estime et une vraie amitié ; la seconde, que vous me croyez
« en état, sous tous les rapports, de supporter une critique
« amicale, mais sérieuse. Je vous en remercie de tout mon
« cœur, et je tiens comme un honneur insigne d'avoir été
« présenté et signalé par vous à l'attention de l'Allemagne.

« En même temps que je recevais ce témoignage d'estime
« du premier philosophe de mon temps, il m'est arrivé un
« cahier du *Jahrbücher für Wissenschaftliche Kritik*
« (août) dans lequel un M. Hinrichs me traite comme un de
« ses écoliers, et non content d'attaquer mes travaux, ce qui
« est permis à tout le monde, sauf un peu de politesse, s'en
« prend à mon caractère, et m'accuse, savez-vous de quoi ?
« de m'être moqué de M. Hegel, et de l'avoir tourné en ridicule,
« afin de vous plaire et de vous faire ma cour, bien inutile-
« ment, selon M. Hinrichs ; car vous ne pouvez songer à
« accorder une *noble amitié*, *edle Freundschaft*, à un
« homme comme moi. En vérité, ceci passe la permission.
« Puis-je, quelle que soit ma tolérance, me laisser insulter
« ainsi à la face de l'Allemagne, moi étranger, et dont elle ne
« connaît point le caractère ? Je concède tout sur mes talents
« et mon mérite ; mais calomnier de cette façon un étranger
« qu'on n'a jamais ni vu, ni connu, est une bassesse vraiment
« intolérable. Dois-je le souffrir, et y a-t-il quelque moyen
« de protester contre un pareil genre de critique dans quel-
« que journal accrédité ? Voyez, mon cher ami, causez-en avec
« M. Thiersch et conseillez-moi. Je vous autorise à faire et à
« dire tout ce que vous croirez dans l'intérêt de la vérité, de
« mon honneur et du vôtre, puisque ce monsieur vous a
« mêlé dans cette belle polémique. Il me répugne à la fois de
« parler et de me taire.

« Si Hegel était vivant, que dirait-il de l'insolence et des
« bassesses de ses écoliers ? Je ne veux pas en écrire à
« M. Ancillon, à cause de son caractère officiel; et depuis la
« mort de Schleiermacher, je n'ai plus de relations intimes à
« Berlin, excepté avec M. de Savigny, qui lui-même a été si
« insulté par ces Messieurs, qu'il ne peut plus intervenir avec
« autorité et avec indépendance.

« Mais c'est peut-être vous trop occuper de cette misérable
« affaire, dont il vaut mieux détourner les yeux. Je ne veux
« pas vous quitter sans vous conjurer de vouloir bien faire
« tous mes compliments et remerciements à M. Bekker.
« Je lui écrirais, si je ne craignais de l'ennuyer une seconde

« fois. Sa traduction est excellente et je suis bien reconnais-
« sant de la peine que je lui ai donnée. M. Guizot, me
« charge de vous remercier des mots flatteurs que je lui ai
« fait lire.

« Mille tendres amitiés.

« V. Cousin. »

A Monsieur Schelling.

M. Hinrichs, ancien élève de Creuzer et de Hegel, à Heidelberg, était professeur de philosophie à l'Université de Halle, quand il attaquait si violemment M. Cousin. Il était né en 1794, et il est mort en 1861. Il a beaucoup écrit, sans avoir produit rien de remarquable.

« Munich, 2 novembre 1834.

« Mon cher ami,

« J'ai été on ne peut plus indigné de l'attentat dont vous m'avez donné notice par votre lettre du 28 septembre. Je ne puis dire d'en avoir été *étonné*. C'est une chose à laquelle il fallait s'attendre de la part des séides de M. Hegel. Pour vous mettre à l'abri de leurs insultes, il fallait d'abord renoncer à toute amitié pour moi et parler tout autrement de moi que vous n'avez fait. Pour faire grand leur maître, il faut avant tout qu'on me fasse petit. C'est le mot d'ordre, que leur a donné leur chef, qui, semblable au *Vieux de la Montagne*, sans jamais sortir de son réduit, sut faire agir ses instruments. Mais les imprudences et les indiscrétions de ces fanatiques l'ont trahi depuis qu'il est mort. Vous en entendrez de belles choses, si un jour j'en parlais publiquement. Vous m'aviez donné sur M. Hegel, non la supériorité, mais seulement l'antériorité relativement à certaines idées. C'en était assez pour tâcher de discréditer non seulement vos talents, mais encore votre caractère. Ces gens croyent pouvoir effacer l'histoire. Consolez-vous, mon cher ami, vous vous trompez en supposant que de telles indignités puissent faire impression en Allemagne. Vous comptez bien plus d'amis et de personnes qui vous estiment parmi ceux même qui ne vous ont jamais vu, ni connu personnellement, qu'aucun de ces hommes. Pour vous en convaincre et pour vous montrer comment ces procédés sont jugés en Allemagne, je vous envoie l'article d'un autre journal, où les propos en question sont convaincus de fausseté et de bassesse. Remarquez bien que cet article vient de M. *Weisse*, professeur à Leipzig, qui est un *ci-devant de l'École*, et qu'encore aujourd'hui vous voyez prendre contre moi, sur plusieurs points, la défense du système. Vous supposez à cette école une influence qu'elle n'a jamais eue, et qu'elle a encore moins aujourd'hui. Tout le monde sait de quoi elle est capable. On la laisse subsister seulement dans l'attente du dernier coup, dont elle sera frappée infailliblement. Ce coup porté, elle s'effacera tout à fait et plus vite qu'elle ne s'était fait remarquer.

« Vous me demandez mes conseils. Eh bien ! ne faites pas seulement semblant d'avoir remarqué les injures lancées contre vous. Vous ne feriez que vous compromettre, du moins dans l'opinion de l'Allemagne, si vous pensiez à descendre dans l'arène, à l'occasion d'une telle indignité, commise par un homme, que le parti lui-même ne regarde que comme *l'Enfant perdu* de l'école, réputé fou d'ailleurs et traité comme tel, par exemple, par le poète comte de Platen. Laissez à vos amis le soin de vous en venger. Quant à moi, mon intervention ne saurait être d'aucune utilité *pour le moment*; cela donnerait à l'injure une importance qu'elle n'a pas. Je ne sais si M. Thiersch pourra prendre la parole dans cette occurrence ; il vous en écrira lui-même, mais je me suis adressé à M. Weisse, et j'ai tâché de l'engager à y revenir encore une fois, et exprès ; mais je crains fort qu'il ne le regarde comme tout à fait superflu.

« Permettez-moi de vous proposer mon propre exemple. Les mêmes hommes m'ont donné les meilleures occasions pour les couvrir de honte. Croyez-vous que j'en aie profité ? Point du tout ! J'en profiterai sans doute encore, mais il ne faut pas commencer avec ces gens, sans qu'en même temps on n'en finisse avec eux.

« Il est vrai, qu'on a attaqué votre caractère, mais seulement par une supposition, que tout homme sensé lui-même sent être tout à fait gratuite, et dictée par un esprit de parti, qu'on sait depuis longtemps poussé jusqu'au fanatisme, au lieu que, dans les journaux de Paris, on a imprimé sur moi des faits, controuvés, mais auxquels, sans les contredire, je ne peux empêcher personne d'ajouter foi. Eh bien! qu'en ai-je fait? Rien du tout. Mais pourquoi parler de moi, petit homme que je suis? Voyez comment certains articles, par exemple de la Gazette d'Augsbourg, traitent le caractère de M. Guizot. Cela n'empêche pas que tout ce qu'il y a d'hommes vraiment intelligents en Allemagne, ne le regarde comme le seul homme supérieur et capable de commander aux affaires, parce qu'en politique aujourd'hui tout est usé, la science seule exceptée. Voyez comment on en use avec Louis-Philippe.

« Permettez-moi donc, mon cher ami, de supposer que déjà vous serez revenu de votre premier emportement, juste sans doute, mais que l'offense ne méritait pas. Je n'aurais pas été si longtemps sans vous écrire, si votre lettre ne m'eût pas trouvé à la campagne, et pendant ce temps de petits voyages où tous les moyens me manquaient de vous répondre.

« Je vous remercie infiniment des bontés qu'en égard de mes recommandations, vous avez eues pour M. Quris. Plus j'y reconnais votre amitié, plus je me crois obligé de vous dire que je me suis trompé sur le caractère de cet homme, que j'ai connu faible, mais que je n'ai pas cru perfide. Il a eu la maladresse de m'envoyer son prospectus de l'ouvrage de M. Molitor, où il est dit que cet ouvrage appartient à cette école religieuse, école de Baader, de Gœrres, pour laquelle Schelling ne dissimule pas de nobles sympathies. J'en dois le juger, ou tout à fait imbécile, ou de la plus mauvaise foi du monde. Ces seuls mots suffisent à me montrer qu'il est profondément entré dans les intrigues de nos fanatiques de la Congrégation de Munich. Je dois présumer qu'il a supprimé, dans sa traduction, les passages où M. Molitor me nomme son maître (c'est-à-dire pour les principes; car pour les conséquences, nous sommes bien loin l'un de l'autre), et je crains même, qu'il n'ait faussé ce livre pour attribuer, à l'école dite religieuse, des idées puisées dans mes cours. Tout est possible aux gens de cette sorte. Je suis bien sûr qu'il ne m'enverra pas sa traduction, que je désirerais pourtant connaître. Cela suffira pour vous éclairer sur le caractère de cet homme, pour lequel, trompé moi-même, j'avais réclamé votre faveur.

« Adieu, mon cher ami, comptez toujours sur l'intimité et la sincérité de mon amitié, dont j'espère pouvoir un jour vous donner des preuves plus satisfaisantes qu'il ne m'a été possible aujourd'hui.

« Schelling. »

Les conseils que M. Schelling donne à M. Cousin sont parfaitement sages, et il les appuie sur sa propre conduite dans des circonstances analogues. M. Cousin aura bien fait de les suivre.

Quant à M. Quris, voir plus haut, page 86. Sa mauvaise conduite a fait cesser toutes relations avec les deux philosophes.

« Munich, 30 mars 1835.

« Je m'empresse de répondre à la lettre par laquelle vous m'annoncez ma nomination comme associé étranger de l'Académie des sciences morales et politiques. Agréez mes remerciments bien sincères de la part que vous avez prise à cette élection. J'en attendais la communication officielle pour exprimer ma gratitude à l'Académie, et l'assurer que je suis infiniment flatté de l'honneur qu'elle a bien voulu me déférer. Je sais toutefois la part que j'en dois à votre constante amitié, et vous prie de croire que je suis bien sensible à cette nouvelle marque, que vous venez de m'en donner. Soyez persuadé que je sais apprécier cette amitié comme elle mérite de l'être, et que je saisirai avec empressement toutes les occasions qui pourront se présenter, de vous témoigner ma haute estime et ma parfaite affection.

« Schelling. »

P. S. — « On me dit (puisque je ne lis pas le Journal de Berlin) que maintenant M. Hinrichs est tombé sur moi. Vous en verrez l'article. Je trouve très naturel tout ce que peuvent faire ces messieurs et m'en soucie fort peu. »

Cet exemple de M. Schelling a dû mettre fin à l'irritation de M. Cousin, quelque juste qu'elle fût.

Lettre de M. Cousin :

26 juin 1835.

« Je vous ai envoyé, il y a quelques jours, mon cher ami, le
« fruit du travail que j'ai pu dérober cet hiver à mes tristes
« occupations de la Chambre et de la Cour des Pairs. Ce pro-
« cès dévore mon temps, et je m'en console à peine, en son-
« geant à sa haute utilité sociale. Si pourtant vous preniez la
« peine de lire mon rapport sur le concours ouvert par notre
« Académie, vous verrez que ce concours témoigne d'une
« grande amélioration dans les études philosophiques en
« France. L'auteur du mémoire qui a remporté le prix est un
« de mes jeunes amis de la plus grande espérance. Il imprime
« son mémoire et s'empressera de vous l'offrir.

« Votre préface sur mon compte produit, à ce qu'on me dit
« de toutes parts, la plus vive impression en Allemagne.
« C'est le champ de bataille de la critique. Je suis fier d'avoir
« été l'occasion d'une publication aussi importante. On l'a
« beaucoup lue en France, et M. Wilmm, de Strasbourg, de-
« vait en donner une traduction française, avec une introduc-
« tion et des remarques. J'en ai vu la première feuille, qui
« était bien. Mais l'auteur est d'une lenteur extrême en
« toutes choses. Mon jeune ami, M. Ravaisson en a fait de
« son côté une traduction, qu'il ne publie pas par égard pour
« M. Wilmm. Si ce dernier tarde trop encore, M. Ravaisson
« pourra bien ne pas l'attendre.

« Vous aurez connaissance du nouveau concours philoso-
« phique ouvert par notre Académie sur l'Organum d'Aris-
« tote. J'espère qu'il produira de bons résultats. Je fais tra-
« duire en ce moment l'Histoire de la philosophie ancienne
« de Ritter, et M. Guigniault va publier un nouveau volume

« de son excellente traduction de la Symbolique. Une autre
« fois, mon cher ami, je vous parlerai d'un long et rude tra-
« vail que j'ai entrepris, sur une époque très curieuse de la
« philosophie française. Je ne veux aujourd'hui que vous
« annoncer ma brochure péripatéticienne, avec ma brochure
« Alexandrine. Il y en a un exemplaire pour notre savant
« ami, M. Thiersch, qui voudra bien me pardonner Olym-
« piodore et Aristote, en faveur d'une traduction complète de
« Platon, que je vous enverrai bientôt à l'un et à l'autre.
« Mille amitiés.
« V. Cousin. »

Lettre de M. Schelling :

Munich, 8 juillet 1835.

« Voici, mon cher ami, la note de M. Rheinwald sur le Sic et Non. Il m'a donné en même temps un cahier de son journal théologique ; il veut que je vous l'envoie. Je le ferai, puisque l'article que vous y trouverez sur la traduction allemande de votre préface, servira du moins à vous prouver comment vos mérites et vos travaux sont appréciés et jugés en Allemagne par tout ce qu'il y a d'hommes instruits et impartiaux.

« Je vous salue de tout mon cœur.
« Schelling. »

13 juillet 1835.

« ... Je ne puis différer un instant de vous exprimer, combien je suis pénétré d'admiration pour votre Rapport sur Aristote ; ce n'est pas seulement un chef-d'œuvre sous le point de vue académique ; c'est l'ouvrage d'un esprit supérieur, qui, se dessinant dans une atmosphère pure et transparente, plane avec calme et avec la vue de l'aigle sur les hauteurs les plus élevées de la philosophie. Il ne fallait pas seulement votre grand talent, il fallait encore cette force de caractère qui vous est propre, pour que, au milieu des grandes affaires auxquelles vous prenez part, des difficultés et des tracasseries politiques auxquelles vous ne sauriez vous soustraire, vous ayez pu donner à votre travail cette perfection, cette unité qui entraîne, cette liaison d'idées, ce style mâle et toujours soutenu, cette vérité convaincante dans les jugements, cette sage modération dans les remarques. . . .

« . . . Il est encore un autre point de vue sous lequel j'envisage comme un document précieux ce Rapport. Il est donc vrai que la philosophie a de nouveau pris racine en France ! Grâce à vos travaux, la recherche des principes est appréciée en France, et de jeunes talents sont déjà tout prêts d'entrer en lice. . . . . . Le jeune homme (auteur du n° 9). . . . . . . ira plus loin. Déjà il a touché à une grande vérité ; son rival (n° 5), n'est fort qu'autant qu'il se renferme dans le cercle étroit des idées de son maître, il ne fera lui-même rien qui vaille. Il y a même dans le n° 1, plus d'espoir de progrès. . . . . (Suivent quelques mots sur l'inutilité d'un procès).

« J'ai été bien aise de pouvoir encore ajouter une citation de vos remarques sur les Néoplatoniciens, dans l'article sur Olympiodore, à mes leçons de mythologie. Comme elles sont près d'être publiées, je désire vivement qu'elles soient traduites en français. M. Guignaut, occupé de l'ouvrage de M. Creuzer, ne pourra s'en charger. Le traducteur pourrait avoir les feuilles à fur et à mesure qu'elles sortiraient de la presse, de manière que la traduction pourrait paraître presque en même temps que l'original. . . . .

P. S. — Je vous préviens qu'il s'est trouvé aussi à la bibliothèque de Munich un exemplaire du Sic et Non d'Abeilard ; je vous offre mes services au cas que vous en désiriez avoir la copie. Je ferais même volontiers mon possible pour obtenir du gouvernement qu'il vous soit envoyé à Paris. M. Rheinwald, professeur de Bonn, m'a promis une note pour vous à cet égard.

« 16 Juillet. Voici la note de M. Rheinwald ; il m'a donné, en même temps, un article de son Journal sur la traduction de votre préface, lequel ne peut manquer de vous intéresser.

(Il fut envoyé peu après sous bande.)

« 1er août. Je ne puis être un instant sans vous dire combien je me suis effrayé de l'horrible forfait auquel le roi vient d'échapper...... On a de la peine à concevoir cette haine infernale contre un prince qui, sous les circonstances où il est monté au trône, a été le seul salut et le véritable ange tutélaire de la France......... Je me borne à vous témoigner tous les sentiments dont je suis pénétré pour vous à cette occasion, et de vous exprimer les vœux que je fais pour que cet événement ne puisse entraîner, de quelque manière que ce soit, des suites fâcheuses et désagréables pour vous et vos amis. »

L' « horrible forfait » dont parle M. Schelling est celui de Fieschi.

(Sans date).

« Je vous remercie mille fois, mon excellent ami, des conseils que vous avez bien voulu me donner, et dont je comprends parfaitement la sagesse. Rien ne sera fait de ma part, l'article que j'ai pris la liberté de vous envoyer, ne sera inséré dans aucun journal; vous ne ferez pas parler à ce Kollow; il en aura assez de la lettre que M. Cotta lui a adressée; et j'espère qu'il ne faudra pas davantage pour le faire renoncer à la continuation. Lorsque je vous écrivis, je ne connaissais l'article que par les extraits qu'en avaient donnés les Jahrbücher de Berlin; l'ayant lu depuis, j'ai trouvé qu'il est si mal écrit, si décousu, et porte tellement l'empreinte d'une parfaite ignorance, qu'il ne peut faire aucune impression et encore moins être regardé comme l'expression, tant soit peu fidèle, de mes idées. Je ne saurais vous dire combien je sais apprécier les preuves d'une noble amitié que vous m'avez de nouveau données à cette occasion.

« Je ne m'en remets pas moins à votre amitié relativement à la traduction de ma Philosophie de la Mythologie, ouvrage que je crois capable d'être compris et parfaitement jugé en France. Je vous prie de prendre vos mesures de manière que, la main puisse être mise à l'œuvre, dès que les premières feuilles de l'original seront sorties de la presse.

« Je vois à mon grand regret que quatre de mes lettres ont

été égarées ou interceptées. Ne vous étonnez pas si, dès ce moment, toutes mes lettres seront chargées, seul moyen de s'assurer de leur sort. Heureusement, mon secrétaire avait pris copie des lettres perdues ; je vous en envoie quelques fragments qui serviront, du moins, à remplir la lacune qui, sans cela, se trouverait dans nos communications littéraires. Vous y remarquerez aussi une notice littéraire qui doit vous intéresser.

« Je vous salue de tout mon cœur et avec tous les sentiments d'une amitié pleine d'estime et de reconnaissance.

« SCHELLING. »

Munich, 19 octobre 1835.

« Mon cher ami,

« Il y a bien longtemps que j'ai espéré d'avoir une réponse de votre part. Vous devez avoir reçu de moi une lettre relative à votre rapport sur la Métaphysique d'Aristote, et une autre, que j'avais écrite immédiatement après l'attentat. On n'est pas toujours trop sûr de l'arrivée des lettres ; c'est d'abord sous ce point de vue que j'aurais désiré d'être rassuré sur le sort des miennes.

« Je vous avais demandé un conseil sur la manière de faire publier une traduction française de ma Philosophie de la Mythologie : j'ai seulement voulu n'y rien faire sans vous ; mais je n'ai nullement pensé vous embarrasser par ma demande, et je vous demande mille fois pardon, si par hasard c'en fut ainsi. Aujourd'hui, je m'en rapporte de nouveau à votre amitié, pour vous demander de faire insérer dans le Journal des Débats et quelques autres, l'article que je prends la liberté de vous envoyer ci-joint.

« Je conçois fort bien, qu'il pourrait ne pas vous convenir de vous charger vous-même de cette commission. Mais vous avez des jeunes gens à votre disposition, dont quelqu'un se donnera peut-être la peine d'écrire, et de signer s'il le faut, en mon nom, deux lignes pour en demander l'insertion aux rédacteurs. Vous auriez peut-être l'amitié de charger également quelqu'un de m'en avertir, si, contre mon attente, l'article ne serait pas inséré. Il m'importe pour plusieurs causes qu'il le soit et bientôt.

« Vous ne connaissez sans doute pas ce M. Kollow ; mais il se trouve peut-être encore, parmi vos jeunes amis, quelqu'un qui le connaisse, et qui se chargerait de l'engager encore plus particulièrement à se désister d'une entreprise que personne ne peut trouver qu'extrêmement malhonnête et blâmable, excepté quelques Berlinois, qui ont eu la bassesse de trouver qu'on en pourrait profiter à mon tort. M. Kollow se doit souvenir d'un service particulier que j'ai eu l'occasion de lui rendre, lorsqu'il était ici. Les Idées philosophiques devant se trouver dans un deuxième cahier, seraient sans doute encore bien plus défigurées que n'ont été les Idées historiques dans le premier. Je regarderais comme une des plus grandes preuves d'amitié que vous m'avez rendues, si vous voulez bien m'aider, autant qu'il sera possible, à me tirer de cette mauvaise affaire.

« Je vous salue de toute mon amitié.

« Schelling. »

« P. S. — Il serait possible qu'après une réflexion plus calme, que ne peut être la mienne, vous trouveriez plus conforme au but de terminer l'affaire et d'empêcher la continuation, si on essayait d'abord à parler à M. Kollow et qu'on lui ferait grâce de l'article, en cas qu'il renoncerait à la continuation. Enfin, mon cher ami, pour tout ce que votre amitié pour moi vous fera faire, vous avez ma pleine et entière autorisation. »

M. Cousin à M. Schelling :
27 octobre 1835.

« Mon cher ami,

« Je me hâte de vous répondre, courrier par courrier, pour
« vous dire que, depuis un siècle, je n'ai pas reçu un mot de
« vous et commençais à m'en étonner. Si vous m'eussiez écrit
« sur votre idée de voir votre Philosophie de la Mythologie

« traduite en français, je n'aurais pas manqué de vous pro-
« poser mes services à cet égard, et vous aurais assuré que,
« trois mois après la publication de l'ouvrage allemand, une
« traduction convenable paraîtrait à Paris. Un de mes amis se
« chargerait de cette honorable et utile entreprise, et je me
« ferais un plaisir de le conseiller et de le diriger. Comptez
« là-dessus, et croyez bien que tout sera fait comme le veut
« mon amitié et ma haute considération pour vous.

« Quant à M. Kollow et à la Revue du Nord, permettez-
« moi de vous soumettre quelques réflexions. Je suis un des
« hommes de Paris dont l'esprit et les yeux sont le plus
« ouverts sur tout ce qui se publie relativement à la philo-
« sophie Allemande. Tous mes amis savent parfaitement ce
« qui se passe d'important à cet égard. Eh bien, je n'ai jamais
« entendu parler de ce M. Kollow, ni de ses articles. La Re-
« vue du Nord est elle-même à peine connue. Elle n'a pas
« un seul rédacteur distingué, et elle n'est pas remarquée.
« Personne au monde ne sait ce que c'est que l'article de
« M. Kollow, sur vos Idées mythologiques ; et si le second
« article que ce monsieur médite ne fait pas plus de bruit que
« le premier, vous pouvez être assuré qu'il n'aura pas fait le
« moindre tort à votre prochaine publication. Ici les écoliers
« rendent compte à tort et à travers des leçons des profes-
« seurs ; nul professeur n'aurait les siens pour lui s'il s'en
« plaignait. Les gens sérieux ne font aucune attention à tout
« cela.

« Mon avis serait donc de laisser tout aller et de ne rien
« faire. Si pourtant vous croyez que rien est aussi trop peu,
« je ferai parler à ce Kollow, et même je m'appliquerai à le
« déterrer, et j'irai lui faire entendre raison. Il ne s'attend
« guère à cet honneur de votre part, ni même de la mienne.
« On en bavardera une semaine ou deux. Pour l'insertion
« dans les Débats, je ferai ce que vous voudrez ; mais je ne
« vous le conseille point. Membre de l'Institut de France,
« honoré de la haute estime du gouvernement, célèbre à
« l'égal de Humboldt, une réclamation publique de vous con-
« tre M. Kollow ne serait pas comprise. Publiez vos idées, je

« prendrai soin qu'elles ayent parmi nous un interprète fidèle
« et habile; c'est la meilleure réponse aux enfants qui s'avi-
« sent de faire des gentillesses à vos dépens.

« Mille tendres amitiés.

« V. Cousin. »

Voici le projet d'article que M. Schelling aurait voulu faire insérer dans le Journal des Débats. Grâce au conseil très sage de M. Cousin, cet article ne parut pas. Le silence était en effet le meilleur parti qu'on pût prendre. L'attaque ne valait pas la peine d'être relevée.

« Un certain M. Édouard Kollow, demeurant à Paris, a entrepris d'offrir au public, dans la Revue du Nord, un exposé de ma Philosophie de la mythologie, dont il n'a puisé les matériaux que dans des cahiers transcrits en suivant mes leçons publiques. Je désavoue formellement cette publication, faite sans mon consentement et à mon insu, et que je ne puis, suivant tous les principes de la morale, considérer que comme un acte contraire à tout sentiment d'équité. Je suis trop bien persuadé des sentiments honorables des savants français, pour craindre qu'ils jugent, sur la rapsodie incorrecte et incohérente d'un étudiant, un cours de philosophie que je viens moi-même de transmettre à la presse, et dont je n'ai peut-être retardé la publication que pour la rendre plus digne d'être offerte au public. Je me plais à croire que M. Kollow, que je me souviens d'avoir connu, n'a pas assez réfléchi sur sa démarche, et je juge même possible qu'il ait cru m'obliger en prenant la peine de faire connaître mes idées en France, sans considérer qu'il n'en doit la révélation qu'à la confiance que je marque à mes auditeurs, et dont, comme tel, il a joui lui-même. J'espère que M. Kollow justifiera cette interprétation, en cessant la publication qu'il a commencée; s'il en arrivait autrement, le monde saurait à quoi s'en tenir sur ses principes d'équité, que je verrais moi-même avec un véritable regret paraître sous un jour si défavorable.

M. Cousin à M. Schelling :

22 juin 1836.

« Mon cher ami,

« Me voilà libre enfin du long et sombre travail auquel je
« m'étais condamné ! Abélard est fini, et vous recevrez un
« ces matins un exemplaire pour vous et pour l'Académie de
« de Munich. A propos de l'Académie, je me hâte de la re-
« mercier du volume de ses Mémoires, qui m'est parvenu avec
« un billet de M. Thiersch, il y a quelques semaines. J'ai vu, par
« la date de cette lettre, qu'elle est déjà ancienne, et qu'elle
« a mis beaucoup de temps à venir de Munich ici. J'espère
« qu'Abélard sera plus leste ; en tous cas, je vous écris direc-
« tement pour ne pas différer de causer un peu avec vous.

« Cette excursion dans la philosophie scholastique m'a
« donné plus de peine que je ne puis vous dire, et ma santé
« est loin d'être bonne. J'ai besoin de me reposer un peu et
« de faire quelque chose de plus attrayant et de revenir à
« l'Antiquité et à Platon. Toutefois, je suis loin de me re-
« pentir du travail de cette année. La question du réalisme
« et du matérialisme est, sous une autre face, celle de la phi-
« losophie elle-même. J'ai tâché de l'éclaircir et de nettoyer
« un peu ce fumier de la scholastique, où Leibnitz trouvait de
« l'or. Vous verrez qu'après tout je me prononce pour le réa-
« lisme, ce qui va mettre dans une belle colère toute l'école
« de Condillac et de M. de Tracy.

« J'ai échappé, dans ces derniers temps, à un grand danger,
« celui d'entrer dans les affaires. M. Thiers est mon ami
« bien plus encore que M. de Broglie, et je ne rencontrerai
« jamais une plus grande tentation. Grâce à Dieu, elle est
« passée, et vous m'approuverez, je crois, de rester fidèle à la
« philosophie. Je ne perds encore que trop de temps en occu-
« pations autres que philosophiques. Mais il faut bien être de
« son temps et de son pays.

« Sur quoi, mon cher ami, je vous embrasse de tout mon
« cœur.

« V. Cousin. »

A la Sorbonne.

Quatre ans plus tard, M. Cousin était forcé d'accepter le ministère de l'Instruction publique. Dans la position qu'il avait prise, il ne pouvait se soustraire à ce devoir, qui n'était pas sans péril. On voit par cette lettre qu'il sentait lui-même le tort que les affaires faisaient à la philosophie, à laquelle il aurait voulu rester exclusivement fidèle. Mais en 1836, il y avait déjà plusieurs années qu'il avait renoncé au professorat ; il était trop engagé pour y revenir. En 1840, il ne pouvait refuser M. Thiers, président du Conseil, qui avait besoin de lui pour former son cabinet. Ce sont là de ces obligations auxquelles on ne peut se soustraire, parce qu'elles sont la conséquence de tout le passé. Il y avait six ans que M. Cousin était dans les affaires ; et c'était dans le Conseil royal de l'Instruction publique que devaient être pris les ministres, si l'on voulait avoir des hommes compétents. Mais on peut croire qu'au fond du cœur, M. Cousin était de l'avis de Mme Angebert, de Hegel et de Schelling, plus qu'il ne se l'avouait à lui-même. Il céda au torrent politique, bien qu'il n'eût pas les mêmes motifs que ses amis.

18 février 1838.

« Mon très cher ami,

« M. Ravaisson me dit que vous l'avez chargé de me gron-
« der de mon long silence. Comment, c'est vous qui me cher-
« chez querelle ! Sachez qu'au lieu de me défendre, c'est moi
« qui vous attaquerai. Il y a bien longtemps que je n'ai pas
« reçu un mot de vous, quoique je vous aye écrit plus d'une
« fois, et que je vous aye envoyé bien des misères, entre
« autres, l'Instruction publique en Hollande, et mon Abélard.

« C'est sur ce dernier écrit que j'aurais bien voulu connaître
« votre opinion ; car il m'a coûté bien des veilles, et il touche
« à des points d'une grande importance.

« Aujourd'hui, je vous adresse la seconde édition de ma
« Métaphysique d'Aristote. Elle ne contient de plus que la
« traduction du 12me livre, sur lequel j'appelle toute votre atten-
« tion. Si vous jetez les yeux sur la préface, vous y verrez avec
« quel zèle Aristote est étudié parmi nous depuis le concours
« ouvert par notre Académie. M. Saint Hilaire, qui a rem-
« porté le prix sur l'Organum et qui vient d'être nommé pro-
« fesseur, a ouvert son cours par une première leçon un peu
« générale, qu'il me charge de vous transmettre, et je le fais
« bien volontiers. Sans faire de bruit, jamais les études phi-
« losophiques n'ont été plus florissantes.

« J'attends la fin de l'année 1838 pour savoir si le concours
« ouvert sur la philosophie allemande aura produit d'aussi
« bons mémoires que les deux concours précédents sur Aris-
« tote. Je désire vivement que quelqu'un de vos amis ait con-
« couru. Autrement, vos travaux récents et les nouveaux dé-
« veloppements de vos idées pourraient être oubliés, et votre
« place ne serait pas aussi haute qu'elle l'est en effet.

« Adieu, cher ami, je vous embrasse de tout mon cœur.

« V. Cousin. »

Réponse de M. Schelling :

Munich, 23 avril 1838.

« J'avais cru, mon cher ami, que M. Ravaisson vous ferait
lire ma lettre ; vous y auriez trouvé qu'au lieu de me plaindre
de votre silence, j'ai plutôt tâché d'excuser le mien. J'ai pensé
le faire en disant que j'ai trop à vous dire, qu'écrire ne me
suffit pas, et que je suis un peu de mauvaise humeur envers
vous, puisque faisant tous les ans un voyage dans la direction
du Nord, vous ne vous soyez jamais avisé d'aller jusqu'à Munich et de revoir un ancien ami.

« J'ai reçu votre Introduction aux œuvres d'Abeilard, et je
m'en suis très sérieusement occupé ; mais il est impossible de
s'expliquer dans une lettre sur des matières si importantes.

J'ai été ravi de votre rapport sur la Métaphysique d'Aristote, et je vous l'ai bien écrit, si je ne me trompe. Eussiez-vous trouvé bon de me demander mon avis sur un concours à proposer sur la philosophie allemande, je vous aurais très humblement conseillé de le différer encore de quelques années. Vous l'auriez peut-être fait de vous-même, si vous aviez ajouté un peu de foi à ce que je vous ai dit plus d'une fois, c'est que la philosophie allemande est au point, et même dans la nécessité, de subir encore une dernière crise, et qu'on ne peut juger, ni du commencement, ni du milieu, ni même du commencement de la fin, avant qu'un mouvement scientifique tel que celui de la philosophie allemande soit entièrement terminé, et arrivé à sa fin. Maintenant, vous sembliez prévoir que justice ne me sera pas rendue et que je paraîtrai bien défiguré dans les travaux dont vous allez juger. Mes idées, telles qu'elles sont aujourd'hui (et je n'ai jamais discontinué d'y travailler) ne sont pas faites pour être présentées par un de mes disciples. Il n'y a que moi-même qui puisse les développer. Au reste, des concurrents ne vous manqueront pas; vous en aurez en abondance, surtout après la condescendance que vous avez eue à couronner l'ouvrage d'une des têtes les plus bornées qu'ait procréées l'école de Hegel, qui en a attiré et nourri un si grand nombre, auquel vous avez prodigué des éloges, dont tous les connaisseurs d'Aristote, par exemple M......., se sont extrêmement scandalisés. J'en ai dit un mot dans un article que je vous enverrai, de même qu'un autre, qui vous fera voir comment aujourd'hui on commence à juger de M. Hegel relativement à moi. Peut-être cependant qu'avant que vous portiez votre jugement, je vous fasse parvenir imprimées quelques leçons, dans lesquelles j'ai dessiné moi-même la marche de la philosophie allemande depuis Kant jusqu'à nos jours. Je dis peut-être; car je ne suis pas maître de mon temps, et je me trouve à cet égard ici dans une position désespérante. Qu'importe au reste qu'on donne une idée tout à fait fausse à la France? La mythologie indienne peut-elle être plus confusément représentée dans le plus pitoyable ouvrage, que ne fut mon système dans l'histoire comparée de M. Gérando.

Cela ne m'a pas empêché de trouver quelques amis en France, d'abord vous, mon excellent ami, et par vous encore quelques autres. D'ailleurs, je sais attendre, et vous m'avez fait espérer que mon premier ouvrage à publier sera traduit en français sous vos yeux. Quant à vous, mon cher ami, vous me paraissez moins obligé d'attendre. Je ne vois arriver que la semence que vous avez jetée à pleines mains. Je ne regarde pas plus, pour vous dire la vérité, comme un véritable progrès cet aristotélisme ressuscité à force et prôné à outrance ; il serait bien triste, s'il ne nous restait que de revenir à ce Péripatétisme, qu'on me semble par-dessus cela encore fort peu comprendre, si, comme ont fait quelques ignorants en Allemagne, Hegel est comparé à Aristote. Il n'y a, selon mon avis, dans toute l'histoire de la philosophie, des têtes plus inégales et plus opposées que ces deux. Faites-moi l'honneur de me croire, que je connais un peu Aristote ; je lirai avec toute l'attention due à vos travaux, la nouvelle édition de votre Rapport et votre traduction du xiime livre, que je me flatte depuis longtemps d'avoir assez étudié.

« Recevez encore mes profonds remerciements pour ce don précieux, et les assurances de mon inaltérable attachement.

« Schelling. »

Nous connaissons déjà l'opinion de M. Schelling sur Hegel : il la manifestait du vivant de son rival ; mais en 1838, il y avait sept ans passés qu'Hegel n'existait plus (voir plus haut, tome I, page 371). Il semble que toute rancune aurait dû s'apaiser devant la mort. Ces récriminations posthumes ne sont pas dignes d'un cœur aussi noble. Mais qui n'a pas de faiblesse ?

M. Cousin à M. Schelling :

15 juin 1838.

« Mon cher ami,

« Je répondrai une autre fois à votre dernière lettre. Aujourd'hui, je ne vous écris qu'un mot pour vous présenter

« un de mes amis qui doit passer quelques jours à Munich.
« M. Dubois est un des meilleurs inspecteurs de l'Université,
« membre distingué et secrétaire de la Chambre des Députés.
« Vous lui reconnaîtrez aisément un esprit élevé et un noble
« caractère. Les questions religieuses l'intéressent particuliè-
« rement, et vous m'obligeriez de lui donner quelques instants
« de votre précieux entretien.

« Adieu, mille amitiés bien sincères.

« V. Cousin. »

Nous avons parlé de M. Dubois plus haut (tome I, page 533). M. Cousin en fait ici un juste éloge, qui n'a rien d'exagéré. C'est par suite de cette estime et de affection qu'il l'a appelé, plus tard, au Conseil royal, et à la direction de l'École normale.

M. Cousin à M. Schelling :

5 août 1838.

« A votre excellente lettre du 23 avril, je réponds, mon
« cher ami, un peu tard et brièvement, en vous envoyant une
« troisième édition de mes Fragments. Le second volume est
« entièrement nouveau ; et en tête de cette édition nouvelle
« vous trouverez un Avertissement, où je défends la méthode
« psychologique contre vos attaques. Il faut que ma convic-
« tion soit bien forte puisqu'elle n'a pas été ébranlée par vos
« objections ; et cette conviction, je l'ai exprimée avec d'au-
« tant plus de force que j'avais peu de place pour la dévelop-
« per. Je n'ai pas la moindre espérance de vous convertir ;
« mais je voudrais pourtant que vous pussiez reconnaître que
« le plus sûr moyen de ne pas tomber dans les abstractions et
« le formalisme que vous détestez, c'est de prendre son point
« de départ dans le centre même de la vie intellectuelle et
« morale. Au reste, si nous arrivons à peu près aux mêmes
« résultats, il nous est permis de différer sur la route. Je parle
« dans mon Avertissement d'un écrit d'un M. Hamilton que

« je regarde comme un chef-d'œuvre de critique. Il serait
« bon que vous le connussiez.

« J'ai le plus ardent désir de savoir quel est au juste le nou-
« veau développement qu'ont pris vos idées. J'en entrevois à
« peu près le caractère; mais je n'en soupçonne pas même
« les principes positifs. J'attends donc avec une vraie impa-
« tience votre première publication. D'ailleurs, il ne serait
« pas juste de trouver étonnant que le monde vous juge
« d'après vos anciens ouvrages, tant qu'ils n'auront pas été
« remplacés par de nouveaux ; et les concurrents de notre
« concours sur la philosophie allemande seront fort bien reçus
« de s'en tenir à ce qui est imprimé. Ce concours ne sera clos
« que le 1ᵉʳ janvier prochain, et j'espère qu'il sera utile à la
« philosophie, en mettant en mouvement les représentants des
« diverses écoles philosophiques. Je tâcherai de ne pas être
« rapporteur; si j'y suis condamné, je ferai mon devoir avec
« circonspection, mais avec fermeté. Je me renfermerai dans
« les faits le plus qu'il me sera possible ; j'aurai à juger les
« mémoires et non pas la philosophie allemande, et le talent,
« beaucoup plus que les doctrines.

« Si ma santé était supportable cette année, j'avais projeté
« de vous faire une petite visite. Il n'y faut pas penser. On
« me parle d'une maladie du cœur, contre laquelle sont em-
« ployés en ce moment les remèdes les plus énergiques. Qu'ar-
« rivera-t-il de tout cela? J'espère que je m'en tirerai, mais
« il me faudra du repos, du silence, et la fuite de toute émo-
« tion un peu vive.

« Adieu, pensez à moi quelquefois, et aimez-moi comme je
« vous aime.

« V. Cousin. »

« P.-S. — Je joins ici le programme du nouveau concours
« ouvert par l'Académie sur le Cartésianisme. »

Lettre de M. Schelling :

Munich, 24 octobre 1838.

« Je n'ai pas voulu, mon cher ami, que la réponse que
j'allais faire à vos deux lettres ne vous arrivât qu'avec

M. Dubois, qui, à ce qu'il me dit, partira demain, mais avec l'intention de rester encore quelque temps à Stuttgard. Vous aurez donc une réponse bien avant qu'il vous présente ces lignes, que j'écris à la hâte, seulement pour ne pas le laisser partir sans le charger d'une preuve de mon souvenir. Sur tout ce qu'il y a d'essentiel entre nous, je me suis expliqué dans la lettre qui aura précédé celle-ci.

« Je laisse à M. Dubois de vous dire avec quel intérêt j'ai reçu la nouvelle édition de vos Fragments philosophiques, don précieux de votre amitié, et combien était encore plus grand l'intérêt que j'ai pris aux nouvelles consolantes qu'il a pu me communiquer sur l'état de votre santé. Il vous dira que je ne vous suis pas moins attaché qu'il ne l'est lui-même. Je me suis entretenu beaucoup avec lui sur vous, sur vos travaux et vos grands mérites, non seulement vis-à-vis de la France, mais bien aussi vis-à-vis de l'Allemagne. Nous avons beaucoup causé sur l'état de la philosophie en Allemagne, dont il paraît s'être informé à fond, sur la situation religieuse et les questions qui s'y rapportent. Je l'ai trouvé homme sensé, intelligent et très instruit, et je crois que vous trouverez beaucoup d'intérêt à le faire parler sur l'Allemagne. Il vous dira que l'année prochaine, ayant comme je prévois terminé mon ouvrage, je compte aller à Paris. Il vous parlera encore d'une autre affaire qui me regarde plus particulièrement, de la fille mariée que j'ai à Paris, et que je voudrais savoir un peu moins délaissée qu'elle ne me paraît être. Enfin, il sera en état de vous donner une conviction intime de la profonde et inaltérable amitié avec laquelle je serai toujours.

« Votre dévoué,

« SCHELLING. »

Munich, 28 octobre 1838.

« J'ai été bien charmé, mon cher ami, d'avoir deux de vos lettres (du 15 juin et du 5 août); mais j'ai été encore plus heureux des nouvelles rassurantes sur l'état de votre santé, que me pouvait communiquer M. Dubois, postérieures à celles que j'avais lues dans les Gazettes, et qui semblaient annoncer une grave maladie, et même à celles que vous m'aviez données vous-même, et d'après lesquelles on avait craint pour vous une maladie de cœur. Je ne saurais vous dire combien m'avaient effrayé les premières nouvelles, et combien m'auraient affligé les dernières, sans les assurances positives de M. Dubois, qu'on s'était trompé sur la nature de votre mal. Il faut que vous viviez pour bien des causes, mais surtout pour la philosophie ; il faut que vous viviez aussi pour moi, car vous emporteriez avec vous une bonne partie de mon âme.

Soyez persuadé, mon cher ami, que le moment où je pourrai mettre sous vos yeux les résultats de mon travail, et vous les faire juger, sera un des plus beaux de ma vie, et que l'espérance de pouvoir vous satisfaire est une des consolations qui me soutiennent, sous le poids du temps et des circonstances qui retardent et aggravent mon travail. Ajournons à ce temps nos disputes sur la méthode psychologique. Il ne s'agit pas tant, comme vous avez remarqué vous-même, du chemin que du point auquel on veut arriver, des résultats qu'on pense obtenir. Les moyens doivent être proportionnés au but ; voilà pourquoi, différant sur le dernier, nous ne pouvons que différer aussi un peu sur les premiers.

« Le temps où je pourrai commencer mes publications s'approche. Vous m'aviez fait espérer que M. Ravaisson pourrait se charger de la traduction de mon premier ouvrage ; d'après ce que m'en dit M. Dubois, il n'y a plus lieu d'y penser. C'est ce qui m'a fait concevoir un autre plan, que je me permets de vous soumettre. Ne serait-il pas possible de trouver un libraire de Paris, qui s'engageât à me payer une somme tant soit peu remarquable, à condition que je lui envoyasse les feuilles de l'original, à mesure qu'elles fussent imprimées ; qu'il les fît traduire à ses frais, et que moi j'en fisse la révision, afin de m'assurer de l'exactitude de la traduction ? La traduction paraîtrait un peu plus tard que l'original ; mais cependant elle préviendrait toute autre entreprise, dont j'aurais peut-être fort peu de raison de me louer. Le libraire jouirait de l'avantage d'ajouter au titre de la traduction « faite sous les yeux de l'auteur », ou « revue par l'auteur ». Je vous prie de me dire votre avis là-dessus. La publication se fera pendant l'hiver prochain. Je désirerais d'ailleurs que tout se fît dans le plus grand silence. Je ne veux pas qu'on en ait connaissance en Allemagne.

« Je me permets de m'adresser à votre amitié encore pour une autre affaire qui me regarde personnellement. J'ai une fille bien-aimée, mariée à Paris, elle demeure rue du Bac, 55, elle est femme d'un M. de Zech, attaché à la légation du roi de Wurtemberg. Elle s'est peu hâtée de profiter des recommandations qu'on lui avait données, par exemple pour Mme la duchesse de Broglie, que malheureusement elle ne verra plus dans ce monde, pour Mme la comtesse de Saint-Aulaire, qu'elle a laissée partir. Elle aura maintenant été reçue par S. A. R. la duchesse d'Orléans ; mais cela ne la menera à rien, et elle me paraît plus délaissée qu'elle ne devrait être. Vous n'êtes pas marié et un peu solitaire vous-même ; voilà pourquoi je me borne à réclamer votre amitié pour le jeune homme, son mari, qui aurait besoin d'être remué un peu et poussé dans la société des hommes qui lui feraient prendre peu à peu les habitudes d'esprit que malheureusement il a trop tardé à se donner. Je lui désirerais surtout un maître, un homme d'affaires qui le fît travailler, qui l'exerçât à bien parler et à bien écrire en langue française. C'est uniquement pour ce but que je l'ai dirigé à Paris. Il vous sera facile de lui recommander un tel homme, et je vous serais infiniment obligé, si vous vouliez bien lui permettre de vous voir quelquefois et de s'adresser à vous, pour s'aider de vos conseils, et de s'éclairer par vos instructions.

« En voilà assez de demandes pour une seule lettre ! Mais je connais votre amitié, et je sais aussi ce qu'à votre égard je ferais dans un pareil cas. Car, quoi que vous en disiez, vous avez encore des amis en Allemagne, et j'espère de vous en pouvoir donner encore des preuves, et même de vous en pleinement convaincre. Adieu, mon excellent ami, tâchez de conserver votre santé et recevez encore mes profonds remerciements pour la troisième édition de vos Fragments philosophiques, qui m'a bien intéressé de plus d'un côté, et dont j'espère pouvoir donner une notice succincte dans les Annonces littéraires de notre Académie.

« Schelling. »

Munich, 8 mars 1839.

« Mon cher ami,

« Je prends la liberté de vous prier de vouloir bien accorder quelques moments à M. Daxenberger, un de mes amis qui désire vivement de vous être présenté. M. Daxenberger est secrétaire intime de notre Prince royal; et, si vous lui faites l'honneur de vous entretenir avec lui, vous lui trouverez beaucoup de connaissances en fait de littérature ancienne et moderne; il s'est essayé lui-même en poésie et a eu beaucoup de succès.

« Il me tarde bien d'avoir de vos nouvelles et d'être rassuré tout à fait sur l'état de votre santé.

« Je vous salue de tout mon cœur.

« Schelling. »

M. Cousin à M. Schelling :

12 février 1841.

« Il y a bien longtemps, mon cher ami, que je ne vous ai
« point écrit et que je n'ai pas reçu de vos nouvelles. Que de
« choses se sont mises entre nous ! D'abord, une longue ma-
« ladie, ensuite cette autre maladie de mon court ministère.
« La voilà terminée depuis quelques mois, et je viens de m'en
« dégager tout à fait, en publiant le recueil de mes actes du
« 1ᵉʳ mars au 29 octobre 1840. Mon libraire a l'ordre de vous
« faire parvenir cet écrit, où vous reconnaîtrez mes efforts
« pour introduire en France quelques-unes de vos grandes
« institutions scholastiques.

« Je rentre dans mes études philosophiques par la publi-
« cation des ouvrages inédits de M. de Biran, autres que
« ceux que je publiai en 1834, et que je vous adressai alors.
« Mon libraire vous enverra aussi ces trois nouveaux volumes.

« Les deux derniers contiennent de très belles choses. Ici,
« l'intérêt pour la philosophie se soutient, et même s'accroît
« chaque jour. Il y a moins de bruit qu'autrefois et plus de
« travail réel. Si les ouvrages originaux sont rares, les ou-
« vrages utiles et intéressants se multiplient. Notre Académie
« va publier le 3ᵉ volume de ses Mémoires, auxquels vous
« avez droit, et le 1ᵉʳ d'un nouveau recueil, qui a été fondé
« sur ma proposition, et qui est consacré aux Mémoires des
« savants étrangers ou français qui nous sont adressés et que
« nous jugeons dignes d'être imprimés. Je suis en ce moment
« président de l'Académie.

« Adieu, mon cher ami, donnez-moi des nouvelles de votre
« santé et de vos travaux.

« V. Cousin. »

M. Cousin à M. Schelling :

20 mars 1842.

« Voici, mon cher ami, le 1ᵉʳ volume de mes leçons sur
« Kant : il renferme une critique de la Critique de la raison
« pure. Je ne sais si elle vous satisfera. Plus je vais, plus je
« m'éloigne de toute opinion particulière, pour me tenir dans
« les opinions les plus universelles. Ce qui est commun m'at-
« tire, au lieu de me repousser.

« J'ai lu avec admiration votre première leçon. Vous y
« montrez de l'esprit, du goût, de la dignité, trois choses qui
« sont très rares partout. Vous voilà à votre place, à celle
« que j'avais toujours rêvée pour vous. J'attends avec impa-
« tience la suite à vos leçons pour voir clair dans votre
« pensée.

« Rappelez-moi, je vous prie, au souvenir de MM. Hum-
« boldt, Eichorn et Savigny, et croyez toujours à ma vieille et
« bien sincère amitié.

« V. Cousin. »

On se rappelle que M. Schelling avait été appelé à
l'Université de Berlin en 1841.

M. Cousin à M. Schelling :

1er décembre 1844.

« Mon cher ami,

« Voici la seconde édition de mes discours à la Chambre
« des Pairs. J'aurais désiré vous les envoyer plutôt ; mais
« toute occasion m'a manqué. Il va paraître une troisième édi-
« tion de ces discours, avec bien d'autres que j'ai prononcés
« l'été dernier, dans cette triste et mémorable discussion.
« Sachez bien que ce n'est pas telle ou telle philosophie qui
« est attaquée, mais toute philosophie. Une réaction insensée
« menace toute science laïque. Mais je ne plierai point, je
« combattrai jusqu'au bout de mes forces. Ce n'est plus l'es-
« prit religieux qui est en péril dans ce monde ; ce sont les
« droits de la pensée. Pensez-y bien ; pour moi, je suis con-
« vaincu qu'il faut avant tout sauver la philosophie, sauf en-
« suite à la conduire dans des voies raisonnables. On me dit
« qu'à Berlin aussi, et dans le gouvernement même, la philo-
« sophie n'est pas en crédit. Ce serait un grand malheur.
« J'aime encore à en douter.

« Adieu, mille amitiés bien sincères.

« V. Cousin. »

21 août 1845.

« Mon cher ami, ce billet vous sera remis, avec deux écrits
« de moi, par un de mes jeunes compatriotes plein d'esprit et
« de cœur, mais un peu vif, et que je recommande à toute votre
« obligeance, M. Thomas. Il reste un mois à Berlin. Il est
« historien de profession, et tout son intérêt est pour la poli-
« tique, qui, je crois, ne vous occupe pas. Si M. Ranke était à
« Berlin, je vous prierais de lui présenter M. Thomas.

« Si vous jetez les yeux sur le petit article intitulé du Mys-
« ticisme, vous y verrez une critique de Plotin, qui peut
« s'adresser à beaucoup de monde. Mes Fragments de philo-
« sophie Cartésienne ne sont que des fragments ; mais l'esprit
« général qui y règne vous conviendra, si je ne m'abuse pas
« sur le caractère de votre philosophie.

« Pour moi, mes desseins sont de la dernière simplicité :
« 1° défendre jusqu'au martyre le principe sacré de la philo-
« sophie, les droits de la raison ; 2° faire, de la raison et du
« principe de la philosophie, un usage si conforme à la con-
« science du genre humain que la calomnie seule puisse atta-
« quer la doctrine que j'enseigne. Je suis placé entre le clergé,
« qui déteste le principe de la philosophie, et le parti libéral,
« qui défend le principe et n'en fait pas toujours les plus sages
« applications. J'ai affaire à la fois au parti ultramontain et à
« ce que vous appelleriez la gauche Hégélienne. Vous le
« voyez, mon ami, ma vie est un dur combat.

« Je ne rencontre ici que de jeunes Allemands, dont l'es-
« prit est tellement embrouillé qu'ils ne peuvent me faire bien
« comprendre l'état de la philosophie en Allemagne. Notre
« chère Académie travaille-t-elle ? Je voudrais bien avoir le
« loisir et la santé nécessaire pour lui faire ainsi qu'à vous
« une petite visite. Le pourrai-je jamais ? Adieu, rappelez-
« moi à M. de Savigny et à M. Eichhorn, et croyez à mes inal-
« térables sentiments.
                                              « V. Cousin. »

M. Alexandre Thomas, que M. Cousin introduit auprès de M. Schelling, était un des jeunes professeurs les plus distingués de l'Université. Né en 1818, il avait fait de très brillantes études au lycée Charlemagne. Il s'était fait recevoir agrégé d'histoire en 1841 ; et comme il était très lettré, il avait été chargé des classes de rhétorique dans plusieurs des collèges de Paris. Ses opinions politiques étaient fort libérales et fort ardentes. Après l'absence et la mort tragique de M. Rossi, il avait rédigé la chronique de la Revue des Deux-Mondes, où il avait écrit des articles remarquables, avant d'être l'organe de la politique courante. Personne en France ne fut plus indigné que lui du coup d'État du 2 décembre, ni plus sensible à la honte que le second Empire infligeait au pays. Sans être exilé officiellement, il avait quitté la France, pour aller, avec M. d'Haussonville, continuer en Belgique une guerre implacable de presse contre le Prince Président et Napoléon III. Forcé de s'éloigner de la Belgique, il était passé en Angleterre, où on l'avait accueilli avec une vive sympathie, que partageait la plus haute aristocratie. Après quelques années de séjour chez ce peuple hospitalier, il était revenu en Belgique, où il mourut en 1857. M. Alexandre Thomas avait devant lui un brillant avenir, que lui promettaient son talent et son activité. Il est mort avant 40 ans, regretté de tous ceux qui ont connu son orageuse carrière. M. Cousin l'avait distingué de bonne heure pour un des siens.

On doit remarquer dans cette lettre la déclaration de M. Cousin concernant les droits de la raison. Il ne s'est jamais prononcé en termes plus vifs, ni plus nets. Dans son cours de 1828, il avait soutenu le même principe; mais l'expression avait été moins décisive dans la forme, quoique identique au fond. On n'est philosophe qu'à la condition de reconnaître cette souveraineté de la raison, appliquée à toutes choses sans la moindre exception. M. Cousin se montre, dans les épanchements de l'amitié, ce qu'il s'était montré en public; c'est l'unité et l'honneur de sa vie intellectuelle. C'est en vertu de cette conviction qu'il place la psychologie en première ligne parmi les sciences philosophiques. Elle est pour lui, comme pour Descartes, le fondement inébranlable de tout l'édifice. Que pensait à cet égard M. Schelling? Ici, il ne le dit pas; et peut-être ne l'a-t-il jamais dit non plus dans ses ouvrages. Il n'admettait pas la méthode psychologique; et, par suite, il pouvait bien être entraîné aussi à méconnaître la place souveraine que la raison doit tenir. Nous ne voudrions pas être injuste envers lui ; mais, tout en étant un très grand métaphysicien, il ne se rendait pas assez compte des bases sur lesquelles s'appuie nécessairement tout système. Il est possible d'ailleurs qu'il ait répondu sur ce point à M. Cousin; mais nous n'avons pas la lettre où il se serait expliqué.

Le principe de l'identité absolue ne se prêtait guère à une conciliation. Il immole en effet la personnalité humaine, qui est la condition essentielle de la psychologie. Il faut laisser au grand penseur allemand toute la responsabilité de ses doctrines. Il est conséquent avec lui-même ; mais il est en contradiction formelle avec la réalité. Ce n'est pas pour lui une compensation suffisante d'être d'accord avec la métaphysique Hindoue et de partager son incurable erreur, attestée par la Bhagavad Guttâ et par les Oupanishades.

FR. CREUZER

1771-1858

M. Cousin a lui-même raconté ses premières relations avec M. Creuzer, lors de son voyage de 1817 en Allemagne. Creuzer, né à Marbourg en 1771, avait été nommé en 1804 professeur de philologie à l'Université d'Heidelberg. Il y resta pendant quarante-quatre ans, jusqu'en 1848, où il prit sa retraite. Il est mort en 1858. Il s'est fait connaître par une foule de travaux ingénieux, mais surtout par son grand ouvrage sur la Symbolique et la Mythologie des anciens peuples, et particulièrement des Grecs. Il a donné aussi une édition complète des œuvres de Plotin, qui, jusqu'à lui, avaient été trop négligé, bien qu'il fût le fondateur de l'école d'Alexandrie. C'est par ce côté philosophique qu'il se rapprochait de M. Cousin. (Voir les Fragments philosophiques, édit. de 1866, tome V, page 180; voir aussi plus haut, tome I, page 69.) M. Guigniaut a en partie traduit la Symbolique de Creuzer, et en partie l'a refondue, pour la rendre plus accessible aux lecteurs français.

Lettre de M. Creuzer à M. Cousin :

Heidelberg, 20 novembre 1826.

« J'ai beaucoup regretté, mon cher Monsieur et ami, que mon prompt départ de Paris m'ait ôté le plaisir de vous voir et de causer encore une fois avec vous ; et pendant ce temps, vous m'avez devancé par vos quelques lignes amicales du 26 sept. pour lesquelles je vous remercie avant tout. J'espère que votre santé, par ce séjour à la campagne et par cet agréable temps d'automne, se sera fortifiée encore davantage, et que vous pourrez vous donner entièrement cet hiver à vos importants ouvrages.

« Le présent de la préface de Platon, dont vous m'avez honoré, sera toujours pour moi un précieux souvenir de votre bonté à mon égard ; je saisirai la première occasion pour vous montrer publiquement ma reconnaissance. D'abord, par la mission dont j'ai l'intention de charger notre ami Guigniaut, au mois de janvier 1827, je vous ferai parvenir à mon tour mon petit cadeau sur la littérature ancienne, que je vous prie de vouloir bien recevoir de ma part. En même temps, j'y joindrai pour vous les annonces de Brandis et de Ritter, que vous savez.

« Vous m'obligeriez beaucoup en m'envoyant la 6me partie de votre Proclus, et en voulant bien me communiquer tout à votre aise les extraits d'Olympiodore concernant Plotin.

« Je ferai de ces communications le meilleur usage dans ma citation du Plotin. J'ai donné toutes mes heures de loisir à cet ouvrage, que j'espère finir à la fin de l'année. Notre digne Daub a été très heureux des nouvelles de votre santé et de vos travaux. Il vous a surtout loué hautement de ce que vous faites reparaître votre grand patriote Descartes. Sur ces entrefaites, vous devez avoir reçu le traité de la Philosophia Cartesiana du docteur Hotho de Berlin, qu'il nous a envoyé depuis peu et dans lequel votre édition des œuvres de Descartes a été citée. Il nous a également annoncé que les Annales de la critique littéraire de..... paraîtraient bientôt chez Cotta à Stuttgard, et nous a invités, comme autrefois H. Hegel, Marheineke et Gans à y prendre part.

« Portez-vous bien, mon très honoré Monsieur et ami, et conservez-moi toujours un bon souvenir.

« Je suis, avec un profond respect et dévouement,
« Votre
« Fr. Creuzer. »

A M. Cousin :

Heidelberg, 31 mai 1827.

« Mon très honoré Monsieur et ami,

« Après avoir lu quelques mots seulement, je vois de nouvelles preuves de votre bonté. J'ai bien reçu la récension d'Eunapius Boissonadii, le nouveau volume de votre Proclus, et la suite de votre introduction de Platon ; je vous en exprime, ainsi que pour votre aimable lettre du 13 mai, mes plus sincères remerciments.

« Nous ferons mettre cet été une annonce dans les Annales d'Heidelberg de vos 6 volumes de Proclus. Je dis notice ; car une critique détaillée de cette œuvre serait impossible à cause du peu d'espace dans ces Annales. Vous verrez du moins par cette annonce tous nos efforts pour faire connaître au public allemand l'ensemble de ces 6 volumes, combien nous apprécions le mérite réel de ce spirituel Platonicien, avec quel grand et noble dévouement vous vous êtes donné à la philosophie ancienne.

« Vous me feriez grand plaisir en m'envoyant les numéros du Journal des Savants dans lesquels vous voulez bien faire connaître au public français mon édition de Proclus et d'Olympiodore. Personne que vous ne serait plus capable de parler sur Damascius, éd. Vropp. J'aurais souhaité que l'éditeur en eût fait mention.

« Je suis journellement occupé avec mes cours ; en attendant, je consacre toutes mes heures de loisir à Plotin que je pense finir en 1828.

« Dans les observations et dans la préface, je ferai usage de votre édition de Proclus, et vous trouverez votre nom maintes fois cité.

« Comme j'enverrai de nouveau le mois prochain un paquet de livres à Paris, j'aurai soin de vous faire parvenir l'ouvrage de Brandis sur la philosophie Ionienne de Ritter (je viens de recevoir, il y a quelques jours, son histoire de la Philosophie Pythagoricienne). Peut-être trouverai-je occasion de joindre à ce paquet quelques petites choses à votre intention.

« M. Quinet vous envoie ses meilleures salutations. Sa santé est rétablie; et nous nous voyons souvent. Ce jeune homme est très actif; il étudie avec ardeur la langue allemande, et nos meilleurs auteurs. Son 3ᵉ volume de Herder sortira bientôt de la presse, et Quinet ajoutera alors une dissertation sur les œuvres complètes de Herder.

« Portez-vous bien, très honoré Monsieur et ami. Je resterai toujours avec la plus grande considération et dévouement,

« Votre

« Fr. Creuzer. »

M. Creuzer se trompe quand il parle d'une Introduction du Platon de M. Cousin, ou d'une préface de Platon ; M. Cousin n'a jamais fait ni l'un ni l'autre de ces ouvrages. Peut-être s'agit-il des prospectus qui annonçaient son entreprise ; il y promettait en effet une biographie de Platon, des études sur l'authenticité et l'ordre des dialogues, sur la philosophie de Platon et sur l'histoire du Platonisme, depuis l'Antiquité jusqu'à nos jours. Il est bien regrettable que ce dessein n'ait pu être exécuté. Personne n'était en mesure de l'accomplir que celui qui l'avait conçu. Peut-être en 1826, au moment où M. Creuzer écrit, M. Cousin avait-il encore cette intention et distribuait-il toujours des prospectus. C'est seulement ainsi que nous nous expliquons l'erreur de M. Creuzer. Peut-être aussi, s'agit-il uniquement des arguments mis en tête des dialogues que contiennent les premiers volumes.

Heidelberg, 3 janvier 1829.

« Très honoré Monsieur et ami !

« Je ne puis laisser partir notre jeune ami Quinet, sans lui remettre quelques lignes pour vous, quoique je n'aie rien de bien intéressant à vous communiquer. Mais je ne veux pas tarder davantage à vous exprimer mes remerciements, pour le précieux cadeau que vous m'avez fait par vos nouveaux Fragments philosophiques ; j'espère me familiariser encore davantage avec votre livre, et je ne négligerai rien pour accroître de plus en plus la profonde estime que j'éprouve pour votre cœur et votre esprit, qui répandent chaque jour davantage, parmi mes compatriotes Allemands, votre renom en philosophie archéologique. Dans mes notes sur Plotin, j'ai eu quelquefois l'occasion de profiter de votre édition des œuvres de Proclus ; je trouverai surtout dans l'introduction de Plotin, moyen de faire connaître au public européen le succès de vos efforts pour éclaircir les œuvres des philosophes anciens, et l'esprit de l'antique philosophie. Je n'ai point trouvé le temps jusqu'à présent de faire une annonce pour nos Annales ; c'est à cause du grand ouvrage que je fais ; j'ai en outre deux cours par jour, outre les affaires publiques dont je suis chargé, et dont le développement formera bien six volumes in-4°. Dieu merci, je suis assez avancé pour que je sois en état de finir dans cette année 1829.

« M. Quinet vous portera lui-même cette petite lettre. J'ai été de votre avis, qu'il s'abstînt de faire cette expédition en Morée ; j'ai fait tout ce qui dépendait de moi, pour lui faire abandonner cette résolution ; mais puisque, dans sa jeune imagination, il persiste quand même dans son dessein, j'ai été obligé de le laisser partir, après lui avoir dit avec Homère : Je consens à votre départ, quoique mon cœur s'y refuse ; et nous l'accompagnerons tous les deux de nos meilleurs vœux. Nous reviendra-t-il, comme nous le désirons et l'espérons, en bon état ? Ce voyage ne pourra que développer ses connaissances des hommes et du monde, en supposant que son séjour en Grèce ne soit pas de trop longue durée, et ne le retienne pas trop longtemps éloigné de ce musée calme, ce rendez-vous des savants ; il en recueillera peut-être quelque profit scientifique.

« Ayez la bonté d'offrir mes meilleures salutations, de ma part, à notre ami Guigniaut.

« Portez-vous bien, et conservez-moi toujours votre amitié.

« Je suis, avec considération, votre fidèle et dévoué

« Fr. Creuzer. »

« A Monsieur,

« Monsieur Cousin, professeur,

« Rue d'Enfer, 14.

Autre lettre :

« Ayez la bonté de recevoir avec bienveillance le porteur de ces quelques lignes, M. W. Leska, libraire de la Cour à Darmstadt, qui, d'accord avec plusieurs autres libraires allemands, voudrait ouvrir une librairie allemande à Paris.

« Recevez, l'assurance de ma considération inaltérable, avec laquelle je reste

« Votre

« Fr. Creuzer. »

Heidelberg, 30 juillet 1830.

MADAME SARAH AUSTIN

1793-1867

(Voir Tome I, page 394).

Mᵐᵉ Sarah Austin est une tout autre personne que Mᵐᵉ Caroline Angebert. M. Cousin entre en relations avec elle, en 1827. Il lui est présenté par M. Brandis, à Bonn. Son mari, M. John Austin, était venu étudier l'enseignement du droit dans cette ville. Il avait été autrefois militaire, dans les dernières guerres contre l'Empire; mais il était jurisconsulte, plutôt que soldat; et ses travaux sur le droit romain et la jurisprudence lui avaient fait, dans son pays, une haute situation, que l'Académie des sciences morales et politiques reconnaîtra plus tard en le nommant son correspondant. Malheureusement, sa santé était fort chancelante; et appelé plus d'une fois à des fonctions importantes, il avait dû les résigner. Dans sa jeunesse, il avait été un disciple fervent de Bentham: mais sur la fin de sa vie, il s'était éloigné des doctrines de son maître.

Quant à Mᵐᵉ Austin, ses goûts l'avaient portée vers les lettres et la politique, plutôt que vers la philosophie. Elle avait été instruite, dans son enfance, par des frères plus âgés qu'elle, qui s'étaient plu à cultiver son intelligence. Elle savait le latin, chose moins rare chez les femmes d'Angleterre que chez nous, et elle possédait en outre plusieurs langues, l'allemand, le français, l'italien, qu'elle écrivait presque aussi bien que l'anglais. Amenée par des nécessités de famille à se faire auteur, elle s'était bornée prudemment à être traductrice. Elle ne voulait pas que son nom de femme fût discuté ; et elle s'était mise à l'abri de la critique en reproduisant les ouvrages des autres, sans se laisser aller à un talent naturel qui lui aurait permis de créer des œuvres originales. Elle a traduit en partie, dans un style excellent, les livres de Ranke et les poésies de Goëthe. Elle a traduit aussi des ouvrages de M. Guizot et de M. Cousin. Ayant beaucoup voyagé et très au courant de toutes les questions diplomatiques, elle pouvait soutenir les plus sérieuses conversations, où elle apportait, sans aucune prétention, la connaissance réelle des personnes et des choses. Son esprit était donc plus étendu et plus ferme que celui de Mme Angebert, mais peut-être moins profond.

M. Cousin avait promptement distingué de telles qualités ; et puisque Mme Sarah Austin écrivait, il songea à faire profiter ses propres études d'une si heureuse circonstance. Voici les notes qu'il rédigeait, en 1829, pour la guider dans les recherches qu'elle voulait bien faire à sa requête.

Note recommandée à l'obligeance de Mme Austin.
« Puisque Mme Austin veut bien se charger d'être mon
« correspondant philosophique à Londres, je prends la liberté

« de lui signaler les points sur lesquels j'aurai recours à ses
« recherches bienveillantes. Et d'abord, pour m'être utile, il
« faut que Mme Austin ne perde pas de vue le but définitif
« que je me propose. Ce but, comme elle le sait déjà peut-
« être, est de tirer la philosophie du sein de tous les systèmes
« philosophiques et de leur arracher à tous la portion de
« vérité qu'ils ne peuvent pas ne pas contenir, puisqu'ils
« viennent de l'esprit humain. Mon but est par là de récon-
« cilier en quelque sorte l'esprit humain avec lui-même, d'ôter
« le mépris du passé et de faire servir ce passé si riche en tous
« genres à la plus grande instruction du présent et de l'avenir.

« De là, pour moi, la nécessité de connaître: premièrement,
« toutes les époques philosophiques, tous les systèmes, non
« seulement en grand, mais dans le plus petit détail, et de ne
« négliger aucune lumière nouvelle, aucun renseignement,
« quelque petit qu'il soit, quelque indifférent qu'il puisse
« paraître aux autres. Et secondement, comme aujourd'hui
« sera demain du passé, et que le temps présent est gros
« lui-même d'instruction historique, je mets aussi le plus grand
« prix à connaître tous les systèmes philosophiques contem-
« porains, qui s'élèvent sur quelque point du monde civilisé.
« Les phénomènes même les plus insignifiants en apparence
« m'intéressent encore par leur rapport à l'esprit général de
« l'école et du pays auquel ils appartiennent. Par conséquent,
« l'Angleterre, avec l'esprit particulier qui la distingue et les
« écoles qui la divisent, est pour moi un spectacle de la plus
« haute importance. Je serai heureux de le voir par les yeux
« de Mme Austin.

« Je lui demande tous les deux ou trois mois une note, où
« elle aurait la bonté de m'indiquer les ouvrages qui auraient
« été publiés dans cet intervalle, soit sur l'histoire de la
« philosophie, soit sur la philosophie elle-même ; et, pour
« l'histoire de la philosophie, j'entends toutes les époques,
« quelles qu'elles soient, de cette histoire, l'Orient, la Grèce,
« le Moyen-âge et les temps modernes ; j'entends et les expo-
« sitions de systèmes et même les notices biographiques ; par
« philosophie, j'entends toutes les parties de la philosophie,

« et la métaphysique, et la religion, et la morale, et même
« les ouvrages de législation, de jurisprudence, d'économie
« politique, d'esthétique et de sciences naturelles, qui présen-
« teraient des vues générales et un caractère philosophique, et
« qui par là rentrent plus ou moins dans la philosophie pro-
« prement dite. Je n'ai besoin que de l'indication du titre des
« ouvrages et du nombre des volumes. Je me réserve de
« décider moi-même si je dois faire venir ou non les ouvrages
« indiqués. Il ne s'agit que d'un catalogue.

« De plus, puisque Mᵐᵉ Austin passe sa vie au milieu des
« journaux et des revues, je lui serais infiniment obligé si elle
« voulait bien prendre la peine de m'indiquer les articles
« philosophiques (historiques ou théoriques) qui auraient
« paru dans les diverses revues, ou journaux, en marquant
« avec soin et précision les numéros, sauf à moi à me pro-
« curer ici les numéros désignés de ces gazettes, et après les
« avoir lus, à les faire venir, si je le juge à propos.

« Tel est le premier service que je réclame de l'obligeance
« de Mᵐᵉ Austin. C'est à proprement parler un dépouillement
« des catalogues et des revues qui passeront sous ses yeux.
« Si elle veut ajouter des jugements à ces indications, je la
« prierai de s'appliquer principalement à rechercher l'esprit
« dans lequel les divers ouvrages auraient été faits et l'école à
« laquelle les auteurs appartiennent.

« Vient ensuite un autre genre de service plus délicat et
« sur lequel pourtant je m'expliquerai sans détour. Sans être
« esclave de l'opinion, l'opinion ne m'est point indifférente ;
« celle de l'Angleterre ne me l'est point, et je désirerais que
« Mᵐᵉ Austin voulût bien m'avertir quand il serait fait men-
« tion de mes ouvrages ou de mes idées. Les éloges peuvent
« m'être agréables ; mais je ne crains point les contradictions,
« même durement exprimées. Un homme réfléchi tire de tout
« cela de salutaires avertissements. Les indications de ce genre
« me seront donc infiniment précieuses.

« Enfin, puisque Mᵐᵉ Austin veut me faire de la gloire, je
« la recevrai très volontiers de sa main, et je ne demande pas
« mieux que de devoir à elle ou à ses amis l'annonce de mes

« écrits dans quelques revues anglaises. Dans une note ulté-
« rieure, je lui parlerai de mes autres ouvrages ; pour cette
« fois, je me bornerai à ma traduction du manuel de Tenne-
« mann, pour l'histoire de la philosophie. Aussitôt qu'elle
« aura paru, j'en enverrai deux exemplaires à Mme Austin,
« l'un pour elle, l'autre pour la personne qui voudrait en
« rendre compte ; et à dire mon avis, la seule qui le puisse
« depuis la mort de Dugald-Stewart est M. James Mackintosh.
« Sans doute, il ne connaît pas l'Antiquité philosophique ;
« mais, excepté le bon vieux Thomas Taylor, et peut-être
« aussi jusqu'à un certain point M. Coleridge, je ne sache pas
« qu'il y ait en Angleterre personne qui s'intéresse à la philo-
« sophie ancienne ; mais pour la scholastique et la philosophie
« moderne, sir James a fait ses preuves dans l'Edimburg
« Review, au moins comme amateur distingué. D'ailleurs,
« nos opinions philosophiques et politiques ont beaucoup
« d'analogie. Je prie donc Mme Austin de vouloir bien lui faire
« parvenir un exemplaire de ma traduction de Tennemann.

« En attendant, il me semble que quelque journal sérieux
« pourrait recevoir volontiers la communication d'une partie
« de la courte préface que je mets à cette traduction. Je
« regrette de n'avoir point donné à Mme Austin, au lieu du
« numéro du Globe, les feuilles mêmes de l'ouvrage ; car il est
« à craindre que l'on reçoive moins volontiers une communi-
« cation qui déjà a été faite à un journal français. Il est bien
« entendu qu'il ne s'agit pas de traduire et de publier toute
« cette préface, mais seulement sa partie générale, et que du
« moins il faudrait retrancher les deux derniers paragraphes,
« qui n'intéressent point le public anglais. J'imagine que
« l'une ou l'autre des deux revues étrangères, ou celle de
« Black, ou celle de Treuttel et Würtz, pourraient recevoir
« cette communication, précédée d'une introduction de quel-
« ques lignes. Pour ceci comme pour tout le reste, je me fie
« à l'obligeance et à l'intelligence de Mme Austin, et lui pré-
« sente l'expression de ma vive reconnaissance. »

                                              « V. Cousin. »

A Paris, le 1er octobre 1829.

Le programme que trace M. Cousin était bien vaste; et il eût été peut-être excessif même pour un secrétaire habile, qui se serait dévoué tout entier à cette besogne accablante. Se tenir au courant de toutes les publications philosophiques, au courant des journaux et des revues, c'est une tâche des plus laborieuses; elle est presque sans fin, comme elle est sans charme. Évidemment, c'était demander trop; et nous doutons que Mme Austin, malgré sa vigueur et sa bonne volonté, ait pu rien entreprendre. Elle a rendu d'autres services à M. Cousin, non seulement en traduisant ses ouvrages, mais en outre en lui procurant les relations des hommes éminents de l'Angleterre, avec lesquels elle était liée, ainsi que son mari.

Mme Sarah Austin aimait beaucoup la France; elle y est venue fréquemment, et quelquefois elle a résidé à Paris durant plusieurs années. Quoique sa fortune fût des plus modestes, elle avait un salon, qui était le rendez-vous de tous les étrangers de marque qui passaient dans la capitale, et de beaucoup de nos compatriotes admis dans cette société d'élite. C'était l'esprit seul qui en faisait tous les frais: mais cet esprit, dirigé par Mme Austin, était aussi solide que séduisant. L'art de tenir un salon, à des conditions si difficiles, est à la portée de bien peu d'intelligences féminines.

Cette première note de M. Cousin est remarquable à bien des égards, puisqu'il y exprime sa pensée sur la nature de la philosophie et sur ses destinées. Selon lui, la philosophie est faite, dès à présent; il n'y a qu'à en recueillir les fragments épars dans les systèmes qui se sont succédé depuis deux mille ans et plus. Nous avons déjà combattu cette opinion, qui est une erreur. Elle a pour conséquence de supprimer la philosophie elle-même, et de mettre à sa place l'histoire plus ou moins exacte de ses variations. C'était au fond la pensée de l'Éclectisme. Ce peut être une doctrine bonne tout au plus dans un temps de décadence et de stérilité ; elle serait dangereuse dans tout autre moment. Cependant, elle ne pourrait jamais aller jusqu'à étouffer l'esprit humain : et l'École d'Alexandrie elle-même, qui se croyait éclectique, n'en a pas moins enfanté le mysticisme, qui a été certainement une apparition bien inattendue du génie grec. La philosophie ne pourrait être faite de cette façon négative qu'en se soumettant à un dogme, qui aurait moins d'autorité que celui de la religion, et qui serait un suicide. Heureusement, M. V. Cousin a reconnu plus tard que c'était là un faux pas. Si nous y insistons de nouveau, c'est que nulle part l'Éclectisme n'a été expliqué par lui en termes plus clairs et plus précis.

Deuxième note pour Mme Austin.

« I. — Le premier ouvrage que j'ai publié est une édition
« des Manuscrits inédits de Proclus, commencée en 1819 et
« terminée en 1827. Les premiers volumes ne valent rien. Cet
« ouvrage a été traité trop favorablement dans le Classical
« Journal, qui lui a consacré plusieurs longs articles de la
« main de Th. Taylor. Je me contente d'en envoyer le pros-
« pectus à Mme Austin, pour qu'elle voye si elle n'en pourrait
« faire insérer quelque partie dans l'Athenæum, ou l'une de
« deux Revues étrangères.

« II. — Vient ensuite mon Édition de Descartes, commen-
« cée en 1824, achevée en 1827. C'est un monument national,
« élevé à l'honneur du père de la philosophie moderne.
« L'édition entière a 11 volumes, avec planches. Elle n'a pas
« été annoncée une seule fois en Angleterre, ni même en Écosse.
« Je joins ici le prospectus, qui a été traduit en allemand, et
« que M⁽ᵐᵉ⁾ Austin pourrait traduire en anglais pour la Revue
« étrangère de Treutel et Würtz, auquel j'en parlerai. On
« pourrait rapprocher ce prospectus de la onzième leçon, où
« je m'explique sur Descartes, ainsi que le prospectus de
« Proclus, de la huitième leçon, où je parle de la philosophie
« d'Alexandrie et de Proclus lui-même.

« III. — Fragments philosophiques, 1826. J'aurais bien
« voulu donner à M⁽ᵐᵉ⁾ Austin cet essai, dont la Préface, tra-
« duite en italien et en allemand, contient l'histoire de mes
« travaux, et la marche de mon développement de 1815 à
« 1819. Cette publication a été mon début, assez brillant mais
« très orageux. On ferait plusieurs volumes des articles et
« brochures que ces Fragments ont fait naître. Il en a été
« rendu un compte très sévère dans la Foreign Quarterly
« Review, où l'on m'accuse d'avoir beaucoup dérobé à l'Al-
« lemagne. Il ne faut pas revenir sur cet écrit, qui est épuisé
« depuis longtemps, et dont je me propose de donner plus
« tard une nouvelle édition, avec réponse à mes critiques.
« Seulement, ce printemps, j'en ai laissé réimprimer un mor-
« ceau, qui avait autrefois attiré l'attention de Sir James Mac-
« kintosh, dans la Revue d'Édimbourg, et où je donne une
« leçon de prudence et de logique à M. Laromiguière, et par
« conséquent à M. de Tracy, à Condillac et à ses partisans.
« M⁽ᵐᵉ⁾ Austin a déjà cette brochure. Il me semble qu'il serait
« utile qu'elle fût annoncée, et je prie M. Mackintosh d'accep-
« ter l'exemplaire que je lui envoie.

« V. Cousin. »

M. Mackintosh avait été un partisan déclaré de la
Révolution française à ses débuts ; il l'avait défendue

contre Burke, et cette sympathie lui avait fait de nombreux ennemis parmi ses compatriotes. Avocat, publiciste, orateur, historien, membre de la Chambre des Communes, administrateur dans l'Inde, il avait partout montré un talent égal à son énergie. Au temps de Pitt, de Fox, de Shéridan, il n'était pas au premier rang ; mais même après eux, il s'était conquis une place honorable et brillante. Né en 1765, il mourait en 1832.

Troisième note pour Mᵐᵉ Austin.
Nouveaux Fragments pour servir à l'histoire de la philosophie ancienne, novembre, 1828.

« J'envoye ce triste ouvrage à Mᵐᵉ Austin pour achever ma
« confession. Ce sont, comme elle le verra, par la préface, des
« morceaux détachés, des dissertations spéciales faites pour les
« hommes du métier, avec l'appareil philologique nécessaire.
« Les vues générales qui peuvent servir de lien à ces frag-
« ments, sont dans les septième et huitième leçons de cette
« année. Il n'y a rien là pour le grand public. Cet ouvrage
« appartient de droit au Classical Journal. Cependant, si
« Mᵐᵉ Austin veut lire avec attention le morceau sur Eunape,
« bien entendu en passant tout ce qui est philologique, peut-
« être y trouvera-t-elle la matière d'extraits intéressants, qui
« feraient connaître l'esprit du troisième et du quatrième
« siècle. Du moins, cet article a-t-il ici excité quelque intérêt,
« parmi les gens du monde. Deux de ces fragments, l'un sur
« Xénophane, l'autre sur Zénon d'Élée, avaient d'abord paru
« dans la Biographie universelle. Je crois les avoir offerts à
« Mᵐᵉ Austin. On a bien voulu remarquer, dans le morceau sur
« Xénophane, les passages sur le panthéisme, qui a été cité
« plusieurs fois. Mais, je le répète, ce volume intéresse beau-
« coup plus l'Allemagne que l'Angleterre.

« Il me resterait à parler de ma traduction de Platon et de
« mes leçons depuis 1828. Mais comme ma traduction de Pla-
« ton aura 12 volumes et ne sera pas terminée avant 5 ans,

« comme mes leçons auront une longue suite, on aura tout le
« temps d'en entretenir le public anglais, et il faut attendre
« que l'arriéré soit soldé.

« Les personnes qui, en Angleterre, s'intéressent à mes tra-
« vaux sont, je crois : le bon vieux Th. Taylor, savant sans
« critique, mais estimable par ses longs efforts, et curieux par
« sa loyalty Alexandrine, au milieu du xixme siècle ; M. John
« Sterling, attaché à l'Université de Cambridge et un des ré-
« dacteurs de l'Athenæum ; M. Coleridge, le poète ; et sur-
« tout Sir James Mackintosh ; à Édimburg, M. Th. Irving,
« bibliothécaire de la Bibliothèque des avocats, M. Napier et
« Mlle Dugald Stewart, que l'on dit être une personne très
« distinguée.

« V. C. »

On trouvera peut-être que M. Cousin se préoccupe beaucoup de lui dans ces notes ; mais il ne faut pas s'arrêter à l'apparence. Ainsi qu'il l'a dit plus d'une fois, il ne tenait pas du tout à provoquer des éloges. Ce qu'il désirait avant tout, c'étaient des critiques sérieuses, qui pussent l'éclairer et l'instruire. Ce désir était parfaitement sincère. Si, vers le même moment, il s'est lié avec M. Hamilton d'Édimbourg, c'est uniquement parce qu'il avait trouvé en lui un critique sévère et autorisé. Sur ce point délicat, où l'amour-propre peut se confondre avec l'amour de la science, M. Cousin n'a jamais varié.

1833.

« Soit. Traduisez-moi, très chère. C'est un lien de plus
« entre nous, et peut-être un service que vous m'aiderez à
« rendre à la grande cause de l'éducation du peuple.

« Il est arrêté que vous laissez là les cinq lettres à M. de
« Montalivet, et que vous traduisez seulement ce qui regarde
« la Prusse. Dans ce cas, il importe :

« 1° De traduire sur la seconde édition, laquelle comprend
« plusieurs choses qui ne sont pas dans la première édition ;

« 2° Vous ajouterez à la fin, dans les pièces de l'Appendice,
« la brochure sur l'état de l'instruction primaire en 1831, ce
« qui complétera le titre II, intitulé : Statistique de l'ins-
« truction primaire. Dans une nouvelle édition, que je don-
« nerai plus tard, j'incorporerai la brochure à ce chapitre ;

« 3° Il faut traduire la première section, par mille raisons
« et commencer par le commencement :

« Arrivé ici, le 5 juin, etc...

« En effet, il y aura une suite, que peut-être vous traduirez ;
« ce qui ne serait plus possible sans la première section. Ne
« vous ôtez pas cette possibilité. Ensuite, sans la connaissance
« de l'organisation générale de l'instruction publique, on ne
« voit pas bien la place de l'instruction primaire, et on n'en-
« tend pas une foule de choses, sur lesquelles je ne suis pas
« revenu, les ayant une fois exposées dans cette première
« section. Enfin, il est pour l'Angleterre très important de lui
« montrer la nécessité d'un ministre spécial de toute l'ins-
« truction publique ;

« 4° Lisez ou ne lisez pas Kröger et ses notes, souvent très
« inexactes, et ridicules en ce qui concerne la France ; mais
« n'en donnez pas une. N'ajoutez rien. J'insiste sur ce point
« car votre livre de Gœthe m'effraye un peu. Unité, sim-
« plicité, ou pas d'impression forte.

« 5° Retranchez, si vous voulez. Mais ce n'est guère mon
« avis ; alors ce n'est plus une traduction, mais un extrait.
« Tout ce que je conseille à la France, je le conseillerais à
« peu près à l'Angleterre. Kröger n'a rien retranché, même
« pour l'Allemagne.

« 6° Mais comment faire seulement un petit volume à bon
« marché ? Vous y aurez quelque peine ; mais je conçois qu'on
« le puisse, en n'ajoutant rien, en ne donnant pas les plan-
« ches, ni l'appendice sur les écoles de Berlin, ni le règle-
« ment sur les sociétés d'assurances pour les maîtres d'éco-
« les, à Francfort-sur-l'Oder ; et en mettant pour tout appen-
« dice la brochure en question. Il faut (page 272 de la

« deuxième édition) retrancher la note qui devient inutile
« avec la brochure, et renvoyer à l'appendice, où l'on trouvera
« la brochure, qui remplit la lacune indiquée. Puisque nous
« sommes parvenus, dans la deuxième édition, à ne faire
« qu'un volume du tout, vous y pouvez parvenir d'autant
« mieux que vous avez omis les cinq lettres, qui font 44 pages
« sur 397.

« Je regrette un peu le tout ; car il y a bien des choses
« utiles à rapporter dans la Saxe, pour l'instruction du peu-
« ple, et l'Université d'Iéna vous aurait fait honte de vos
« Universités décrépites. Mais je pense qu'il faut laisser
« cela pour une autre fois.

« Tirez à un assez petit nombre d'exemplaires. Prenez
« l'in-8° ou l'in-12 un peu grand ; et n'oubliez pas la table.

« Pour la préface, faites-la courte ; elle en sera d'autant
« meilleure.

« N'allez pas (page 259) retrancher la demande que j'y fais
« d'un inspecteur spécial pour l'instruction primaire par dé-
« partement ; car cette idée, si simple, vient d'être acceptée
« par le gouvernement. Cette institution, qui nous coûtera
« 300 mille francs, est une grande amélioration : c'est le
« Kreisschul Inspector de la Prusse.

« Vous avez maintenant entre les mains ma nouvelle bro-
« chure. Ne la lisez même pas. Un jour, nous parlerons à
« l'Angleterre d'instruction secondaire ; mais le moment n'est
« pas venu, et il faudra que j'étende la brochure en forme de
« Rapport avec une foule de détails. Mais cette brochure
« empêchera, j'espère, le Gouvernement de proposer la loi
« projetée, et très médiocrement combinée, sur l'instruction
« secondaire. C'est une affaire dont on ne peut pas juger de
« Londres. Ne compliquons pas notre entreprise en y intro-
« duisant cette brochure. Plus tard, je vous proposerai une
« traduction d'une utilité infinie et d'un succès assuré : mais
« allons graduellement. Je me charge de vous fournir de la
« besogne pour un an ou deux. Vous devriez, sous ma direc-
« tion, ma belle, vous charger de donner à l'Angleterre une
« suite de grandes publications pédagogiques.

« J'attends toujours l'Université de Londres, le sermon de
« Taylor, et de la part de M. J. Mill, les rapports des
« sociétés d'instruction primaire que je lui ai demandés. En-
« voyez-moi des pièces officielles. Je viens de lire l'annonce
« de la traduction dans le Times. Marchons, puisque le
« signal est donné.

« V. C. »

1er février 1833.

On comprend l'activité de M. Cousin : mais quelle que fût celle de Mᵐᵉ Austin, c'était lui demander plus qu'elle ne pouvait faire. Sa collaboration effective se borna, comme on devait s'y attendre, à traduire la partie de l'ouvrage de M. Cousin qui concernait l'instruction publique en Prusse. Nous avons dit (tome I, pages 404 et suiv.) combien cette traduction partielle avait réussi en Angleterre et surtout aux États-Unis. C'était un grand service rendu à l'éducation du peuple.

Madame Austin à M. V. Cousin :

26 Park-Road, 5 Mars 1833.

Très cher ami,

« Vos rapports seront, je l'espère, une bénédiction du ciel pour l'Angleterre autant que pour la France. Mon mari et moi nous ne faisons que de les prêcher; nous sommes vos apôtres, je pleurais en les lisant ; ce qui amuse infiniment mon ami Jeffrey (Lord Advocate), qui me fait la guerre pour avoir été attendrie d'un rapport; ô mon cher ami, je ne suis pas radicale, il s'en faut de beaucoup ; mais en lisant la description de nos enfants de manufactures, tristes victimes de notre grandeur commerciale, et puis, moquez-vous de moi parce que je suis mécontente d'un gouvernement qui a permis que des êtres innocents ne viennent au monde que pour souffrir. M. Babbage, notre grand mathématicien, m'a dit tout simplement que les calculs démontraient qu'il existait dans les villes manufacturières une population qui était épuisée avant l'âge de trente ans. Ces mots m'ont fait frissonner. Détestable langage ! Est-il permis de parler ainsi de ses frères, d'êtres nés avec des sens, avec des cœurs, avec des âmes ? Mais je suis persuadée pleinement que le remède ne viendra pas et ne peut pas venir. Combien de lumières ne faudrait-il pas ?

« Mais revenons à vos Rapports. Pouvez-vous m'en envoyer un autre exemplaire ? Il est très important que le Times en parle. Moi, je prête les miens aux membres du Parlement. Je les ai promis à six, qui, à leur tour, en feront usage dans la Chambre. J'ai parlé aussi à mon libraire, et nous comptons en publier une traduction entière, à bon marché, pour que notre peuple voie ce qu'on fait ailleurs.

« J'écris dans cinq minutes ; mon mari est malade, et je suis assez triste, mais toujours votre très affectionnée,

« S. A. »

Autre lettre de Madame S. Austin :

2 avril 1833.

« Vous êtes un ingrat de ne pas m'écrire et de ne pas m'envoyer des exemplaires de vos Rapports. Si vous saviez tout ce que je fais pour votre gloire !

« 1° On parle de vos Rapports dans un petit article du prochain numéro de la Revue d'Édimbourg.

« 2° J'ai vu M. Barnes, le tout-puissant éditeur du Times, et je l'ai prêché ; j'en ai fait autant avec l'éditeur de l'Extérieur.

« 3° J'ai écrit une lettre pressante à Edward Strutt, membre du Parlement pour Derby. Reikersteth, Empson et Romilly, toutes les personnes marquantes à qui j'en ai parlé m'ont dit qu'on ne peut mieux choisir que M. Strutt. Il a mon exemplaire du Rapport sur la Prusse. Après lui, je le donnerai à Empson, et ensuite à sir William Molesworth, le jeune membre, pour la Cornouaille, que j'ai converti non pas au radicalisme, mais au contraire à cette opinion que le peuple doit être instruit, guidé, en un mot, gouverné.

« Nous pensons toujours aller résider à Bonn. Tout le monde réclame et regrette ; on est au désespoir, et je suis tout à fait à la mode. Mais tout cela ne nous donne pas de quoi vivre. Voyez le discours de ce charlatan de Brougham, qui bouleverse toute l'éducation nationale. J'ai dit à mon ami Jeffrey ce que j'en pense. Dieu vous bénisse, mon cher ami, pour vos excellents ouvrages ! Oui, certes, l'instruction du peuple est un des devoirs essentiels des gouvernements. La réputation de Brougham se perd encore plus vite qu'elle ne s'est formée. Mille fois portée pour lui, il avait toutes les capacités possibles, sauf la sincérité.

« Nous sommes tous bien ; dites-moi comment vous êtes, et croyez-moi toujours votre très affectionnée,

« S. AUSTIN. »

La correspondance a continué pendant de longues années (40 ans), durant lesquelles Mme Austin fit quelques excursions en France ; mais en 1836, elle avait dû suivre son mari à Malte, où le gouvernement lui avait donné une importante mission. Pendant son séjour de deux ans dans l'île, Mme Austin s'était occupée des écoles de filles et de garçons : et elle avait introduit dans ces établissements un ordre et une discipline inconnus jusque-là. Son intervention a porté les fruits les plus féconds : et nous ne serions pas étonné qu'aujourd'hui même, à 50 ans de distance, on en trouvât encore bien des traces. C'est que Mme Austin réunissait à toute la délicatesse d'une femme, un esprit essentiellement pratique et viril. Elle secondait énergiquement M. Austin dans cette partie de l'administration.

Voici une des lettres que Mme Austin écrivait de Malte à M. Cousin :

Valetta, 25 avril 1838.

« Monsieur et cher ami,

« Voilà, j'espère, assez de temps que nous ne nous disons pas un mot. Je profite de la plus belle occasion du monde pour rompre ce long silence ; car je vous envoye un ami avec qui vous aurez un vrai plaisir à parler. C'est peu qu'il vous parlera de nous, de notre petit rocher qui lui doit tant, de nos réformes, de nos écoles, que sais-je ? Il voudrait vous écouter sur Platon, sur tout ce qui est littérature grecque, sur la philosophie, sur la politique ; et, si vous êtes adroit, il vous parlera de ses traductions de l'Histoire des Doriens de Müller, et de l'Économie publique d'Athènes, de Boëck... M. Lewis a tant de sujets à discuter avec vous, qu'il ne vous manquera que le temps de les effleurer. Laissons-le parler pour lui.

« Je ferai de même. Henri, que vous avez vu à Genève, vous aura dit que l'on nous avait envoyés ici, et pourquoi. Si vous voulez savoir quelque chose des réformes politiques et administratives qu'ont effectuées mon mari et son collègue, demandez-lui en compte ; moi je me tiens à mon Fait qui est, vous le savez bien, très vénéré maître, l'instruction publique. Il n'y en avait pas à Malte. Mon patriotisme souffre en vous confessant que le gouvernement anglais n'y avait jamais pensé, à ce qu'il paraît. Il y avait une seule école de garçons et une de filles dans la ville de Valetta. Suivant la recommandation de MM. les commissionnaires, on va en établir six autres pour les casali (villages), c'est-à-dire douze, en comptant les écoles de filles.

« Eh bien, c'est toujours notre fameux livre qui sert de guide. C'est vrai que nous suivrons à bien petits pas ; mais toujours est-il bon d'avoir de bonnes tendances (Richtungen) et nous les puiserons-là. Aussi, je suis occupée à faire une espèce d'abrégé (en italien s'entend) al uso di Malta. Pourriez-vous me dire si le livre entier a été traduit en Italien ? S'il l'est, et que vous pouviez m'en envoyer une copie, c'est un grand bien que vous me feriez. M. Horner m'a envoyé sa traduction de votre Rapport sur la Hollande. Celle-là ne sera jamais belle...

comme la mienne, n'est-ce pas, cher maître ? Toutefois, je reconnais mon maître partout. Il n'y a presque pas une pensée, une opinion, qui n'est pas la mienne, démontrée par l'expérience et la raison. Mais hélas ! que de concessions on est obligé de faire ! Impossible de faire payer aux Maltais un grano par semaine ; c'est-à-dire, ils n'enverraient point leurs enfants. Remède pour ce mal : compulsion. On n'ose pas l'employer. Quant au système tout raisonnable, tout économique, tout vertueux et pur, d'envoyer les enfants des deux sexes à une même école de village (d'où tous sortent si jeunes) pas possible d'y penser. Il nostro decoro est une chose qu'il faut connaître Malte, pour se la figurer. Il fait obstacle à tout, hors au vide, qui ne se présente pas, naturellement, aux regards du monde.

« Puis, faites-vous, Monsieur le conseiller d'État, une idée bien nette d'un peuple qui soit forcé d'apprendre quatre langues :

« 1° Le Maltais, leur langue mère, l'Arabe bâtarde, qui n'a jamais été écrite avec système, d'où résulte qu'on a eu la plaisante idée d'enseigner à lire dans une langue étrangère (l'Italien), et que par conséquent on trouve toute une jeunesse qui vous lit couramment sans y comprendre un mot ;

« 2° L'Italien, langue écrite de l'île... langue du droit, de la chaire, du théâtre, etc., etc. ;

« 3° L'Anglais, langue des maîtres. Je n'ai pas besoin de vous dire de quelle nécessité est cette langue pour tous ceux qui ne sont pas absolument indépendants des Anglais ;

« 4° Langue arabe. Puisque cette île fourmille de peuple d'une manière toute incroyable, et qu'il faut qu'il se fasse une émigration continuelle, les bords de mer opposés de l'Afrique et du Levant offrent les ressources les plus sûres et les plus faciles. Quelque peu que soient ces pauvres Maltais, comparés au niveau de la civilisation française ou anglaise, ils sont toujours bien en avant de l'Afrique et de l'Asie, en beaucoup de choses. Plus ils sont éclairés et plus ils seront recherchés là, et plus ils seront utiles, espèce d'interprètes entre l'Europe et l'Orient.

« Voyez en ce peu de mots ce que nous avons à faire.

C'est beaucoup. Mais je n'ai pas le moindre découragement. Le petit animal maltais est très docile, vif, intelligent.

« Il faut que je quitte les écoles, quoiqu'il me reste mille choses à dire et à demander. Mais je vais vous demander une grâce, plutôt je vais vous prier de rendre un service à un fort brave homme et artiste, aux arts et à ma pauvre Malte.

« Lisez ce prospectus que je vous envoie, et vous verrez de quoi il s'agit. Jusqu'à présent, tous ces trésors sont restés inconnus aux Maltais, comme aux Anglais. Il est temps qu'on en rende compte au monde. La France aussi devrait s'y intéresser plus que toute autre nation, parce que l'Ordre était effectivement Français. On n'a qu'à voir le Pavimento... superbe de l'Église de Saint-Jean, qui consiste entièrement en tombeaux des Chevaliers, pour voir la prépondérance des noms français. Il est vrai que les dessins ont rapport, ou aux temps antérieurs à l'arrivée de l'Ordre, ou à ses premières années ; mais l'illustre l'Isle-Adam, qui les mena à Malte, n'était-il pas français? Mais, pour en venir à la matière et à l'exécution, faites-moi l'honneur de vous fier à mon assurance que l'une et l'autre seront dignes de toute votre protection. L'artiste étudie à Rome avec Overbeck, et il a toujours entretenu des relations avec ce grand maître ; son dessin est le plus pur et le plus exact, le plus fait pour rendre les objets qu'il dessine. Aussi, il a le grand avantage d'être dans le sens le plus exact du mot, de la foi des grands artistes ; et il contemple l'art avec une révérence que nos faiseurs de tableaux ne connaissent point.

« J'ai envoyé ce prospectus à Murray, en tâchant de l'engager à se charger des frais. J'en enverrai à la Reine, dont la bonté m'encourage à espérer que je gagnerai sa protection. J'en ai envoyé au marquis de Lansdowne et à beaucoup d'autres à Londres. A Paris, il n'y a que vous et Auguste Barbier, de qui je peux espérer quelque aide.

« J'ai eu le bonheur de le faire traduire en allemand par le jeune Zacharia, de Heidelberg, qui est venu nous voir en allant en Grèce, (où il trouvera, par parenthèse, notre excellent

Brandis, qui se porte bien. J'en enverrai des copies à Berlin, à Vienne, à Munich, à Dresde, puisque dans chacune de ces villes j'ai d'excellentes relations. Vous allez croire que je crois gagner quelque fortune à ce livre. Pas du tout, j'ai commencé par dire à Murray que je ne pouvais pas toucher un sou.

« La position que j'occupe ici ne consiste pas avec une spéculation littéraire, ni avec une association avec ce bonhomme de Hyzler, ou quelque autre de ces pauvres diables, à qui j'ai tendu une main un peu secourable (à ce que j'espère). Ainsi, si je donne mon nom, je le donne comme garant faible, il est vrai, mais mieux que rien, auprès d'un public qui ignore totalement ses mérites. Encore ce n'est pas tout ; j'aime à associer mon nom avec ces pauvres Maltais méprisés ; cela leur donnera du plaisir et du courage.

« Je vous envoie une lettre de M. Dunn, secrétaire de la British et Foreign school Society ! Vous verrez quelle guerre nous avons suscitée, tant mieux.

« Pourtant ce brave Dunn est le meilleur des hommes. Que je sois la seule femme chez qui l'instruction publique soit une passion ? Non, mais il est très vrai que cette passion ne fait que de devenir plus chaude à mesure que je vieillis.

« Quant à mes amusements ici, monter à cheval, c'est presque le seul. La société m'impose mille devoirs plutôt que de me délasser. Mais demandez-en compte à M. Fabreguettes ou à M. Bailly. J'ai donné des bals de 500 à 600 personnes, j'ai reçu tout le monde ; mais de société proprement dite, il n'y en a point.

« Que de choses à dire sur cette petite nation semi-arabe, corrompue et avilie au dernier point par le gouvernement de l'Ordre, le pire qu'il en fut jamais, négligée et méprisée par les Anglais, ignorante, superstitieuse, remplie des plus tristes préjugés ! Mais courage, il ne faut pas les laisser dans cet état-là.

« Adieu, Monsieur et cher ami,

« S. Austin. »

Je compte retourner en Angleterre bientôt reprendre ma chère Lucie. Si vous m'écrivez, je vous prie de me parler d'instruction secondaire.

« S. A. »

Henri, que cite Mᵐᵉ Austin, est son neveu, M. Henri Reeve. Cette lettre n'est pas la seule que Mᵐᵉ Austin ait écrite de Malte à M. Cousin. Nous avons reproduit celle-ci pour montrer quelle était sa capacité et son intelligence pratique. Si M. John Austin avait pu fournir la carrière, que sa trop faible santé arrêtait sans cesse, sa femme aurait tenu une place supérieure à celle qu'elle a pu occuper. Tous ceux qui l'ont connue et appréciée ont regretté qu'elle n'ait pas eu l'occasion de développer toutes ses facultés sur un plus vaste théâtre. Eût-elle été plus heureuse dans les devoirs de la politique et de la diplomatie? C'est douteux: et cela ne lui importait guère. Mais elle y aurait été certainement plus utile. Elle aurait pu faire plus de bien, quoiqu'elle en ait fait beaucoup dans une existence très modeste.

De retour en Angleterre, Mᵐᵉ Austin écrivait à M. Cousin, en réponse à une de ses lettres:

(Londres?) le 31 décembre 1838.

« C'est avec un plaisir indicible, Monsieur et très cher ami, que j'ai reçu les pieds de mouche, qui me manquaient depuis si longtemps. Une autre joie pour moi, c'était de lire, dans le Morning Chronicle d'aujourd'hui, votre admirable discours. Je vous y retrouve et je retrouve tous les sentiments que je suis fière de partager avec vous. C'est en vain, mon cher, que nous voulons appuyer la religion; ses ministres la tuent.

C'est vraiment désespérant ; on se trouve entre les bigots et les athées, on ne sait auxquels en vouloir le plus.

« Parlons pédagogie. Vous savez bien que deux années d'absence ont dû rompre le fil de mes connaissances en fait d'écoles ici. Pourtant, j'ai su qu'il y a un mouvement remarquable, que je dois vous indiquer. Reste à voir si nous devons nous en réjouir ou non. Il y a un certain parti de jeunes gens, clergymen et autres, tous tories et high churchmen, qui ont, à ce qu'il paraît, assez d'esprit pour voir que les écoles de la National school Society (qui, comme vous le savez, représente depuis longtemps le parti bigot) sont assez mauvaises et assez ridicules pour discréditer le parti qui les soutient. Voglio credire aussi que ce sont des hommes sincèrement religieux et qui désirent le bien. Le fait est que, à ce que j'entends, ils vont mettre tout en œuvre pour réformer les écoles de l'Église, y introduire une instruction plus étendue, et les mettre au niveau des meilleures écoles du parti libéral, faisant toujours de la religion (anglicane, s'entend) la chose principale, mais l'enseignant avec plus de soin, d'onction et d'esprit. Ces hommes, à ce qu'il me paraît, ont foi dans leur religion. Ils ne craignent pas que quelque peu d'instruction séculière puisse y nuire. C'est respectable au moins. L'homme que l'on cite comme à la tête de ce mouvement est M. Gladstone, membre du Parlement, que tout le monde indique comme successeur probable de Peel, c'est-à-dire, chef du parti tory. Si j'avais le temps, je ne tarderais pas à me mettre en relation avec lui. J'ai l'idée que nous marcherions bien ensemble. Mais on ne peut pas suffire à tout ; et Malte, ma pauvre Malte, me réclame. Mais ceci mérite d'être rapporté ; car j'ai fortement l'idée que ce n'est que la partie d'un tout. Le parti radical est évidemment nul, absurde même. Il n'y en a pas deux qui soient d'accord. Ce sont tous des hommes qui veulent aller à leur tête ; ils ne feront rien. Toutefois, en menaçant toujours les tories, je crois qu'ils opéreront par leur moyen, ce qu'ils sont incapables d'opérer directement, et ce que les tories n'auraient jamais voulu faire sans leurs menaces.

« Voilà, cher ami, un petit bien de spéculation politique que vous garderez pour vous. J'aime à y voir comment de deux maux le bon Dieu fait un bien. N'allez pas me dire que ce serait plus simple de le faire directement.

« A la première occasion, je vous enverrai le dernier rapport des Poor law Commissions. Vous y verrez deux choses très intéressantes : Une, du Dr S. Smith sur les causes de la fièvre dans les grandes villes ; une autre, du Dr Kay, sur les écoles dans les Workhouses. Si je ne me trompe, ce sont précisément ces écoles des misérables enfants, délaissés, orphelins, bâtards, qui seront les meilleures de l'Angleterre. Raison évidente ; elles sont soumises à une administration qui n'a pas mille imbéciles à ménager.

« M. Franckland Lewis, chef de la commission (et père de notre collègue) va me présenter Dr Kay. Il en dit infiniment de bien.

« Quant à mon petit rocher, là il n'était pas question d'écrire mais de faire. Aussi j'ai fait. Je ne vous dirai pas combien ; mais le fait est qu'il y a maintenant dix écoles de campagne, là où il n'y en avait pas une ; et j'ai la forte conviction que les choses en seraient restées aux projets jusqu'à cet instant, si je n'avais pas cherché des maîtres, et ouvert les écoles en personne. Mes pauvres piccoli Saraceni ! Nous ne pouvions que nous sourire et nous faire des grimaces. Je vous enverrai un article que j'ai écrit dans un journal maltais, sur les écoles de Malte. Depuis mon retour, j'ai été occupée à trouver un professeur anglais de langue anglaise pour le Liceo. J'ai voulu un catholique. Le peuple et les prêtres m'ont témoigné une confiance sans bornes, parce qu'ils voyaient que je ne visais pas à des conversions. Mais ils se méfient ordinairement des protestants ; et ma foi, ils ont raison. J'espère avoir trouvé un homme convenable. Il aurait 160 livres sterling, ce qui vaut 250 livres au moins ici, et il occupera un poste très important. Assez de mes faits et gestes. Dans ce moment, je traduis Ranke papstliche Geschichte. On l'a traduit chez vous, et traduit d'une manière à forcer M. Ranke à désavouer la traduction. Ce sera un de vos ultra-catholiques, M. de Saint-

Chéron ; qui est-il ? C'est une triste figure qu'il fait. Qu'est-ce que vous pensez de la Prusse ? Qui a tort ? Tout le monde, je crois. L'Angleterre devient toujours plus catholique, peu à peu. La drôle de chose que l'opinion publique ! M. de Vigny est ici, je le vois souvent.

« Adieu, cher ami, portez-vous bien, pour le bien de tous et pour ma consolation.

« Toujours votre fidèle amie,
« S. AUSTIN. »

« Je vous souhaite la bonne année. M. Ryan est placé. Je n'ai pas le temps de relire ma lettre. »

Nous ne doutons pas que le tableau tracé par Mme Austin ne soit fort exact. Elle était d'une impartialité absolue, toujours prête à rendre justice à ses adversaires, si elle constatait qu'ils avaient raison. La peinture qu'elle fait des projets et des discordes des Tories est frappante : mais elle n'a rien d'exagéré. Mme Austin reconnaît très volontiers leurs bonnes intentions, bien qu'elle soit elle-même une whig convaincue. Ce sont des informations sûres et précieuses qu'elle transmet à M. Cousin ; il mérite de les recevoir, puisqu'il a une telle correspondante et une telle amie.

Après un assez long séjour à Malte, son mari toujours malade était revenu en Europe, et vers la fin de 1842, le ménage se trouvait à Dresde et à Berlin. En 1843, M. Cousin recevait la lettre suivante de M. Bresson, pair de France, en réponse à celle qu'il lui avait adressée par l'intermédiaire de Mme Austin.

« Berlin, 18 août 1843.

« Monsieur et cher collègue,

« J'espérais aller finir à Paris la session, m'asseoir près de vous à la Chambre des Pairs, et vous porter moi-même la réponse à la lettre que Mᵐᵉ Austin m'a remise. Je n'ai pas pu accomplir ces projets ; mais je dois vous remercier de m'avoir fait connaître une femme aussi remarquable à tous égards. Elle a obtenu à Berlin un succès complet. J'ai fait de mon mieux pour lui être agréable, ainsi qu'à M. Austin ; et je vous prie, Monsieur et cher collègue, de croire, en toute occasion, qu'il n'y a pas près de moi de meilleure recommandation que la vôtre. C'est de vous que j'ai reçu les premières, les plus vives et les plus saines impressions ; et en lisant, il y a quelque temps, l'article que vous a consacré l'auteur de la Galerie des contemporains illustres, je me disais que je n'avais pas été seulement un des auditeurs les plus assidus de vos cours du collège Duplessis, mais un des élèves de la classe supplémentaire de ce bon vieux M. Goffaux, et l'un de ceux qui vous reconduisaient le plus fidèlement jusqu'à la porte de l'École normale, avide de recueillir vos enseignements et vos moindres paroles. Je ne sais pas si vous avez jugé que j'ai mis à profit ces heures précieuses ; le souvenir, du moins, m'en est bien cher, et les années qui nous en éloignent, en s'accumulant, ne l'effacent pas.

« Adieu, Monsieur et cher collègue ; les journaux vous envoient aux eaux. Je désire qu'elles affermissent votre santé ; et je vous demande de me conserver de la bienveillance, comme je vous prie de croire à tous mes sentiments les plus élevés et les plus dévoués.

« Bresson. »

Ce jugement si favorable de M. Bresson avait été devancé par celui de Santa Rosa, réfugié en Angleterre en 1823. Il fait un éloge complet de la jeune et jolie femme qu'il rencontre à Londres. Mᵐᵉ Austin doit avoir alors près de 30 ans. « C'est une personne d'un ex-
« cellent caractère, écrit Santa Rosa, prodigieusement
« instruite pour une femme, mais n'en étant pas moins

« aimable. » (Article sur Santa Rosa, p. 402, édit. de 1849, 4ᵉ série, Littérature.) M. Cousin, en recevant cette lettre, ne se doutait pas que, quelques années plus tard, il serait du même avis que Santa Rosa.

Si Mᵐᵉ Austin avait causé une si bonne impression dans la société de Berlin, elle n'en avait pas reçu, de son côté, une impression aussi favorable ; elle avait trouvé une foule d'hommes distingués par leur science ; mais le ton général de tous ceux qu'elle avait vus et l'absence de toute vie politique étaient loin de lui plaire : elle donnait la préférence à Paris. Aussi, dès qu'elle l'avait pu, elle y était revenue, et elle comptait y rester pour longtemps quand la révolution de Février vint la surprendre et l'effrayer. Elle s'était hâtée de retourner en Angleterre : or, comme elle approuvait beaucoup la politique de M. Guizot, elle était désolée de la catastrophe inopinée qui le renversait. Elle écrivait en ce sens à M. Cousin, qui lui répondait en août 1848 :

Lettres de Mᵐᵉ Austin :

« (Berlin, 1843 ?)

« En voilà assez pour mes affaires. Maintenant aux vôtres. Schelling m'a chargée de vous dire ceci : « Que l'hiver dernier, il n'avait pas le temps de lire votre livre sur Kant ; que cet hiver il l'a lu, et qu'il vous aurait écrit si cela lui fût possible, mais qu'il n'a pas un instant de temps, qu'il vous prie d'accepter par moi l'assurance de la satisfaction parfaite avec laquelle il l'a lu. Il m'a dit qu'il en est plus que content, que, comme exposition, c'est la plus claire qu'il y ait eu de Kant, et qu'il désirerait que ce fût traduit en allemand, tellement il le trouve admirablement résumé ; que vos remarques sont tout à fait dans son sens. » Il a ajouté : « Ne lui dites pas cela, car cela pourrait paraître impertinent; mais il a fait des progrès. — Eh! lui dis-je, vous ne trouvez pas cela flatteur à tout être humain? Puis-je moi le lui dire? Il a trop de goût pour ne pas s'en réjouir. »

« Mon mari va écrire un article sur la Prusse et aussi un sur le livre de Stuart Mill, sur la Logique. Je ne sais ce que je fais, je ramasse. Napier a pris mon article. Je crois que vous le lirez dans l'Edin. Rev.

« Point de bonnes nouvelles de l'Amérique; au contraire.

« Mes pauvres enfants! Écoutez, nous avons bien voyagé (toujours en voiture louée à nous seuls), traversé l'Allemagne deux fois, logé très bien dans les bains et à Dresde, reçu tout le monde là, etc., etc., pour 5,500 fr. par an, tout inclus, hors ma toilette, médecin, tout, tout, deux servantes, ou femmes de chambre et domestique. Je crois que vous ne connaissez pas bien les choses; comparez votre pays à celui-ci. A Dresde, nous faisions aussi bonne figure que les autres. Je m'abonnais à toutes sortes de choses, je faisais comme les autres dames. Nous sommes ici dans un singulier moment. Il y a beaucoup d'excitement. Que gouvernement et peuple soient mis en émoi par un petit poète impertinent, me paraît un peu enfantin. C'est ce qu'on appelle ici politique, dangers de l'État, crise, progrès, etc., etc., etc., etc. Nous verrons. Tout cela me paraît kindereien (des enfantillages).

« Votre très attachée,

« S. A. »

« Souvenir à M. Jacques. Et votre pauvre tête? Soyez sûr, cher ami, qu'elle restera toujours des meilleures. »

Voici deux lettres dont nous ne savons pas exactement la date, bien que nous soyons personnellement mêlé à ce que l'une contient, dans ses premières lignes. Elle doit être de 1847, à une époque où en effet, M. et Mme Austin étaient logés rue de la Madeleine. Mais ces lettres sont remarquables entre toutes par la profonde sagesse avec laquelle M#{me} Austin y parle de la vieillesse et de la mort : elle le fait en termes concis ; mais jamais personne n'a trouvé sur ces grands sujets des pensées plus justes, ni un langage plus vrai. Les stoïciens et Socrate lui-même n'ont pas été plus résignés, ni plus pratiques. Et ce n'est pas dans les livres que M#{me} Austin a puisé ces maximes viriles. C'est du spectacle de la vie bien comprise qu'elle les a tirées, par ses observations propres et par les épreuves qu'elle a subies. Comment M. Cousin a-t-il pris ces conseils ? Sa raison a dû les approuver. Les a-t-il mis en pratique, et s'est-il résigné comme la personne qui les lui adresse, et qui jadis avait été très belle ? Lui, en tant qu'homme, n'avait pas à se plaindre de « l'irréparable outrage ». Il avait conservé toute la puissance de son esprit et de son talent ; il ne l'a jamais perdue. C'est l'important pour notre sexe : quant à la femme, ses plaintes seraient plus légitimes, si un grand cœur ne savait les réprimer.

(1847 ?)

« Je veux bien. J'accepte. La journée chez vous et avec vous me tente. J'ai écrit à M. Saint-Hilaire, pour lui proposer cette escapade. Attendez donc de nos nouvelles.

« Ah ! cher, ne soyez pas triste et rebelle contre le sort commun. Si je vous dis : Nous sommes nés pour vieillir, vous me direz, c'est une vilaine destination. Oui, si c'était tout. Mais, enfin, si nous ne voulons pas le subir, il n'y a qu'à se donner la mort à quarante ans.

« Non, cher ami, ne vous faites pas tant d'injustice. Chérissez, jusqu'à la dernière étincelle, cette âme et cet esprit que Dieu vous a donnés ; soyez-en content et fier et reconnaissant. Ah! c'est ce mot qui renferme tout. Mais je ne peux pas vous prêcher.

« Vous avez ici des amis qui vous aiment, vous le savez. Pour moi, je ne vous dirai jamais combien l'accueil que vous m'avez donné, et la fidélité de votre amitié, m'ont touchée. Vous m'êtes encore plus cher et plus précieux comme ami, parce que vous me connaissez. Vous n'avez aucune illusion sur mon compte ; vous savez combien peu je vaux, et malgré cela vous voulez bien voir en moi assez de qualités pour vous attacher. C'est vrai que je sens que j'ai du cœur, et c'est ce qui reste. On se corrige de fautes, mais pas de petitesses.

« Continuez de m'aimer. Je tâcherai de le mériter, et je vous le rends. Je vous tends la main la plus cordiale et la plus fidèle au monde.

« Adieu,
« S. A. »

42, rue de la Madeleine, le jeudi.

« Mille grâces de votre charmante Mme de Chevreuse, quoique je la connaisse déjà, et de votre bon souvenir, qui ne m'est pas précisément une nouveauté, non plus. Il est vrai qu'en le laissant reposer un peu, il a acquis une fraîcheur charmante. La vue de cette petite écriture si well known, me fit l'effet (pour cinq minutes) d'une nouvelle jeunesse. Et, cher ami, vous vieillissez ! Quel miracle ! On n'est sur cette vilaine terre que pour arriver à ce vilain but. Au moins, je peux me rendre cette justice, que je n'ai jamais demandé au ciel de longues années. Pourtant, puisque nous vivons dès notre enfance en vue de la mort ou de la vieillesse, ou de l'une et de l'autre, je ne sais à quoi la raison est bonne, si ce n'est pour nous familiariser avec ces maux inévitables. Ne murmurez donc pas, cher philosophe ; mais acceptez cet abominable sort, tout doucement et sans en dire un mot. Je crois qu'il n'y a pas au monde une déchéance comparable à celle d'une belle femme, qui perd avec la jeunesse le sceptre que la nature lui met entre les mains. Pourtant, combien en voit-on qui se résignent, sans plainte et sans tristesse, à se voir détrôner ? Voilà que je vous prêche. Vous ne m'écrirez plus. Il est vrai que je me porte un peu mieux ; mais le mieux est moins qu'on ne pense. Si je quittais ma tranquillité et mes précautions, le pauvre cœur ne manquerait pas de montrer sa faiblesse.

« Mes enfants, quelques amis, mes livres et surtout la douce et inépuisable nature me suffisent ; puis, de temps en temps, quelques jours à Londres, qui me prouvent assez que l'on ne m'oublie pas, où l'on me reçoit même chaque fois avec plus de respect et de cordialité, voilà ma vie ordinaire.

« L'extraordinaire, c'est un voyage à la mer, à Paris même, qui sait ?

« Mon petit cheval, tout jeune et fringant, m'appelle en hennissant. Je vous quitte pour lui.

« Votre très affectionnée,

« S. Austin. »

Le 21.... (1848 ?)

« Je viens, très cher, de recevoir votre lettre. Ma propriétaire, Lady Easthope, qui est aussi ma très aimable et très bonne voisine, part demain matin pour Paris. Comment ne pas vous écrire une ligne ? Votre chère lettre me touche profondément ; j'y vois tant d'excellents sentiments et tant d'attachement pour moi. Je ne le mérite, cher ami, qu'en vous le rendant.

« Vous m'étonnez en me disant que vous ne saviez pas combien M. Guizot est peu à son aise. Je croyais que tout le monde connaissait cette pauvreté respectable. Il gagne quelque argent en écrivant ; et même, ses chers enfants ont traduit un livre anglais. Mais ils sont très heureux, et extrêmement considérés. Il est chez le duc de Manchester, à Kimbolton Castle, où il y a de précieuses archives et des papiers de Cromwell. Aussitôt que le duc a su qu'il travaillait sur cette période, il l'a invité.

« Il ne paraît pas qu'il doive être élu à la Chambre.

« Quant à vous, cher ami, vous faites appel à ma sagesse,

qui n'est pas grande. Mais mon intérêt pour vous l'est infiniment ; et dans un état de choses si peu stable, j'envisagerais avec terreur une incertitude jetée sur votre existence. Songez qu'elle vous serait nouvelle, qu'elle doit être très inquiétante ; car tout désintéressé que l'on soit, à notre âge, il faut savoir compter sur quelque chose. Je sais, et j'éprouve, combien peu suffit ; mais ce peu il le faut. Peut-être vos écrits vous suffiraient-ils.

« Dans ce cas, faites comme vous l'entendez. Je serais la dernière à déconseiller les sacrifices patriotiques. Je mourrais pour l'Angleterre avec tant de joie que je ne peux pas même appeler ce dévouement une vertu. Ce serait un privilège. Mais pesez bien, mon très cher, vous avez une plume si puissante. Vous servirez toujours la France. Enfin, quoi que vous fassiez, que Dieu vous aide, vous inspire et vous guide.

« Si M. Grote vous a témoigné le moindre intérêt pour mon mari, il le garde pour de telles occasions ; car il est impossible d'avoir montré une plus complète indifférence que lui et Mme G. nous ont témoignée ici. Ce n'était pas de la négligence ; c'était un parti pris d'ignorer notre existence. Ex. gr. Elle invita plusieurs fois mes enfants quand j'étais chez eux, ma sœur quand j'étais chez elle, sans me nommer ; et notez que j'y restai des semaines, et que tout le monde a été invité, excepté nous.

« S. A. »

Mme Austin était très prudente en conseillant à M. Cousin de ne pas songer à la députation. Il avait pu jouer un rôle utile à la Chambre haute sous la monarchie constitutionnelle. Dans la Constituante de 1848, il eût été fort embarrassé de son attitude. Il pouvait être fort bien placé dans une assemblée chargée de représenter l'ordre et la modération. Au milieu des passions et des excès démocratiques, son action eût été paralysée. Il valait mieux s'abstenir ; et c'est le parti qu'il adopta.

Lettre de M. Cousin :

18 août (1848 ?).

« C'est vous, ma très chère, qui êtes une méchante per-
« sonne d'avoir pu croire que je me moquais de votre propo-
« sition de me donner l'hospitalité dans votre cottage. Un
« cottage est ma demeure obligée dans tous les temps, et
« votre compagnie me le rendrait fort agréable. J'avais
« même, il y a quelques années, à Boulogne, compté qu'en
« résidant en France nous y pourrions trouver ensemble d'heu-
« reux jours, dans une solitude paisible. Mais dès les premiers
« jours de votre arrivée, je m'aperçois que l'Allemagne et les
« sociétés allemandes vous avaient changée et vous avaient
« donné des goûts nouveaux, sur lesquels je vous ai d'abord
« un peu querellée, et j'ai fini par ne plus rien dire et à vous
« laisser vivre selon vos goûts, dans des sociétés que je n'ap-
« prouvais guère, mais qui vous étaient devenues indispen-
« sables. De nous deux, c'est moi qui m'accommoderais bien
« plus aisément d'une vie et de relations médiocres, et con-
« formes à ma condition. Aussi ai-je assez peu souffert per-
« sonnellement d'un changement qui a emporté la Chambre des
« Pairs, les salons, la Cour, et toute une société que j'ai traversée
« en l'estimant bien peu, vous le savez. Mais laissons cela.

« Je ne veux pas vous laisser croire un seul moment que
« Saint-Hilaire ait pu rien faire que la plus scrupuleuse déli-
« catesse n'approuve. Il a été avec les vainqueurs ; j'aurais
« mieux aimé qu'il restât avec moi, ni vaincu ni vainqueur,
« ferme et modéré sous la République comme sous la Monar-
« chie. Mais, après tout, il a suivi son goût et de très anciens
« amis, qui n'ont pas toujours eu le sens commun, selon moi,
« mais qui sont de fort honnêtes gens, et mille fois plus hon-
« nêtes que ceux qui gouvernaient avant le 24 février. Mais
« j'oublie que vous êtes à Coblentz. Sachez seulement que
« votre maxime, qu'il faut aimer nos amis faibles, ne s'ap-
« plique point à l'honnête et loyal Saint-Hilaire. Il a eu ses
« moments de vivacité ; aujourd'hui, le voilà calmé, et tel
« qu'il est, je souhaite fort qu'il entre dans les emplois les plus
« élevés de la République.

« Ce que vous me dites de M. Guizot me fait de la peine. Il
« ne comprend pas sa position, et la conduite qu'elle lui im-
« pose. Mais cette malheureuse femme l'a corrompu. Au lieu
« de fréquenter l'aristocratie anglaise, il ferait bien mieux de
« vivre seul, silencieux et laborieux. Mais malgré toutes ses
« fautes, qui ont perdu mon pays, au fond je l'aime, parce qu'il
« est bon enfant, et qu'il n'a jamais voulu faire le moindre
« mal à personne. Si je pouvais lui être bon à quelque chose,
« je le ferais de tout mon cœur. Dans une occasion récente,
« j'ai tenu à honneur d'élever la voix dans l'Université pour
« que son nom soit maintenu à côté du mien, sur l'affiche de
« la Faculté.

« Mais j'arrive un peu tard à l'objet pour lequel je vous
« écris. Mes amis et moi nous publions une suite de petits
« écrits que nous croyons pouvoir être utiles à l'esprit public
« dans les circonstances actuelles. La première livraison, ré-
« digée par moi, paraîtra le 1ᵉʳ septembre. Où puis-je vous
« l'adresser ? Je désirerais que vous fissiez annoncer cette en-
« treprise dans l'Athénæum. Je pourrais vous envoyer les
« bonnes feuilles quelques jours avant leur publication, en
« sorte que la traduction pourrait paraître dans l'Athénæum,
« ou ailleurs, en même temps que l'ouvrage même paraîtrait
« à Paris. Répondez-moi courrier par courrier sur ce point
« important. La légation anglaise remettrait le paquet à
« Londres, à l'adresse que vous indiqueriez.

« Bien à vous,

« V. C. »

Mᵐᵉ Austin épouvantée avait cru que la vie de ses
amis était menacée ; et elle avait offert un asile à
M. Cousin, dans son cottage de Weybridge. Mais la République de 1848 ne proscrivit personne : et elle ne se
laissa point aller à cette violence, réservée au second
Empire.

Quant à celui qui écrit ces lignes, Mᵐᵉ Austin ignorait qu'il avait été républicain dès sa sortie du lycée; et qu'il l'était toujours resté, même au milieu de tous ses amis monarchistes ; son adhésion à un gouvernement attendu depuis vingt-deux ans était toute naturelle.

On a parlé plus haut (tome II, page 241) des Petits traités publiés par l'Académie des Sciences morales et politiques.

« Weybridge, 8 mars (1849).

« Cher ami,

« Deux mots seulement avant la première poste. En écrivant pour vous, j'ai tardé de vous écrire. J'ai reçu votre article mardi soir en allant à Londres. Je suis allé le chercher chez Henri. J'en ai répandu autant que possible, et parmi les hommes sérieux, la connaissance, et, je crois, la curiosité de le lire. Lord Monteagle, M. Hawes, Dr Whewell, Arthur Russell, secrétaire privé de son oncle, et tant d'autres. J'ai écrit de suite au rédacteur de l'Examiner, premier journal whig hebdomadaire et assez influent, pour lui dire que, s'il voulait bien le mettre entre des mains plus capables, j'en serais déchargée ; que, si non, je me proposais pour en faire un petit abrégé avec extrait. Je n'ai pas encore sa réponse, et je ne sais ce qu'il est devenu. En attendant, je fais mon article ; et s'il en a un autre, je l'enverrai au Spectator.

« Vous avez vu celui du Times, sans doute.

» Je vous avertis, cher ami, que les Anglais ne comprennent pas cette expression dont vous vous servez: les Principes de la Révolution française. Si ce sont les principes de la monarchie constitutionnelle, du gouvernement représentatif, du ministère responsable, etc., etc., ce sont plutôt les principes de 1688 dont il est question ; principes consacrés et triomphants en Angleterre, un siècle avant la Révolution française. Si c'est plus que cela, on vous dira que le malheur de la France était de ne pas se contenter de ces libertés-là. Voici une petite difficulté pour vos English reviewers, et je vous le dis parce que je prévois que cette objection sera faite.

« Je trouve, cher ami, que contre les trois dynasties déchues vous avez pleinement raison ; mais je trouve aussi que vous n'avez pas si bien réussi à justifier la France. Car je crois qu'il y avait moyen de venir à bout de toutes les trois par la fermeté, la constance, l'union de la nation, sans révolution. Certes Guillaume d'Orange avait bien le goût de la domination et les quatre Georges mécontentaient le peuple, l'un plus que l'autre.

« Pour être ami de la France, il faut lui répéter cela : Patience et obstination à faire triompher les principes sans bouleversement.

« Voilà toute mon opinion. Du reste, il y a tout plein de choses admirables, admirablement dites et incontestables.

« La poste part.

« Toute à vous.

« S. A.

« Le mardi matin 8 mars (1849 ?).

« Je compte faire un article pour un Magazine. »

Les réflexions de Mme Austin sur les principes de 89 ne sont justes que si la nation française avait désiré à cette époque conserver la monarchie en l'améliorant. Mais la Déclaration des droits de l'homme et du citoyen poursuivait un tout autre idéal, quel que soit d'ailleurs le jugement que l'on porte sur cet acte, qui devait avoir tant de conséquences tout à la fois admirables et funestes.

25 mars 1849.

« Votre billet, ma très chère amie, me trouve pris par la
« grippe, et si bien pris que je ne puis faire honneur à la
« carte que je reçois de Miss Courtenay. Mettez-moi à ses
« genoux, et exprimez-lui mes regrets. Non, je ne vous oublie
« pas. Comment le pourrais-je ? Il paraît qu'Henry (Reeve) a
« mal fait ma commission, s'il ne vous a pas transmis toutes

« mes tendresses, à vous et à Lucy. Je vous répète qu'il est
« fort vraisemblable que j'irai mourir à côté de vous. Les
« choses vont mal ici, et je ne sais ce qui arrivera. La Répu-
« blique est à la fois nécessaire et impossible. Cette Constitu-
« tion est un abyme de sottise et de contradiction, les partis
« s'enfonçant dans leurs intérêts, tous radicalement opposés.
« Quant à la patrie, on n'y songe pas : à la liberté, encore
« moins. Le seul sentiment qui subsiste dans la nation est
« la crainte d'une révolution nouvelle. Là est toute la force
« du Président, outre son nom. Je vous l'ai dit jadis, et
« en vous le disant je vous faisais de la peine. Le roi et
« M. Guizot ont perdu mon malheureux pays. Vous me par-
« lez de votre noble voisine. Ah! si ces gens-là l'avaient con-
« sultée! Mais non, ils l'étouffaient le plus possible ; et main-
« tenant, on lui propose de reconnaître que, pendant dix-sept
« ans, la maison d'Orléans n'a été qu'une usurpatrice! Elle
« refuse de descendre jusque-là, et ces gens là la calomnient!
« Vous ne me supporteriez pas si je vous disais toute ma pensée.

« Mais au reste, je vais m'expliquer publiquement ; et dans
« peu de jours, je romps le silence que j'ai gardé. Tel vous
» me connaissez, tel vous me retrouverez le 1er avril prochain,
« dans la Revue des deux Mondes. Je ne suis point radical
« ni républicain ; je suis un constitutionnel convaincu, un
« whig inébranlable, n'en fût-il plus en Angleterre. Je parle à
« la République un langage qu'on ne lui a pas encore tenu,
« et qu'il m'appartient de lui tenir, à moi qui ne le cède en libé-
« ralisme et en patriotisme à personne, ni certes à MM. les
« Républicains. Lisez-moi, si vous rencontrez la Revue. Si
« vous avez encore des amis parmi les Whigs, faites-leur lire
« ces pages tristes et véridiques. Je n'ose les envoyer à votre
« voisine. Elles l'affligeraient. Il y a pourtant bien des lignes
« que j'ai écrites en pensant à elle. Mais mon dévouement à
« mes principes et à mon pays, domine tout. Je vous l'avoue:
« j'ambitionne le suffrage de l'Angleterre, je veux dire des
« Whigs. Mais où sont-ils? Où sont les héritiers de Fox?

« Excusez, ma chère, ma vivacité. Je suis encore un peu
« trop plein de mon travail. Je corrige mes épreuves. Henry,

« qui lit tout, vous déterrera la Revue; et si vous le désirez,
« je vous enverrai une épreuve, en attendant que le livre lui-
« même paraisse, qui naturellement vous sera envoyé. C'est
« l'Introduction que je donne dans la Revue, pour allécher et
« pour essayer le public.

« Adieu, ma très chère, je vous embrasse de tout mon
« cœur.

« V. Cousin. »

« Henry » désigne M. Henry Reeve, neveu de Mme Austin, rédacteur en chef de la Revue d'Édimbourg, et futur associé étranger de l'Académie des sciences morales et politiques. Lucy est lady Duff Gordon, fille de Mme Austin. « Votre voisine » est la duchesse d'Orléans, qui habitait le château de Claremont, non loin de Weybridge, et limitrophe d'Esher, où résidait lady Duff Gordon :

31 mars 1849.

« Ma chère amie,

« Saint Hilaire ne m'avait rien dit de la maladie de Lucy;
« sans quoi je me serais empressé de vous écrire; car j'aime
« beaucoup Lucy, et vous prie de lui rendre avec usure les
« compliments qu'elle m'envoie. Remerciez aussi M. Austin
« de son bienveillant souvenir. Il devrait bien nous adresser,
« pour notre Académie, quelque mémoire de jurisprudence et
« d'économie politique. Saint Hilaire le traduirait, et on l'in-
« sérerait en français dans notre collection.

« Hier, j'ai envoyé sous bande à Henry l'article de la Revue
« des deux Mondes. Demandez-le-lui. Plus tard, je lui en
« adresserai un autre exemplaire. Lisez-moi avec attention.
« D'abord, vous verrez qu'en m'expliquant avec sincérité sur
« les fautes du gouvernement de Juillet, j'ai évité de mettre
« en relief celles de M. Guizot, dont je ne cite le nom que
« rarement, et avec une discrétion qu'il devrait apprécier.
« Remarquez que je glorifie le roi Louis-Philippe, en conve-

« nant de ses torts. Je dis des choses très fortes sur le duc
« d'Orléans ; et le portrait de sa veuve, sans être flatté, est
« d'un ami. Comment le prendra-t-elle ? Le prince de Join-
« ville est relevé, et il y a sur le duc de Nemours quelques
« mots significatifs. Mes convictions données, n'ai-je pas poussé
« les ménagements aussi loin qu'on le pouvait ?

« Mais, j'en conviens, le patriote en moi l'emporte sur l'ami et
« le serviteur de la maison d'Orléans ; et cette malheureuse
« maison était une preuve de la vérité générale qui me sert
« de principe, qu'il m'était impossible de supprimer. Après
« l'Empire, la Restauration, et après celle-ci, le Gouvernement
« de Juillet, sont tombés par les mêmes causes. Je vous jure
« que la France est bien aisée à gouverner, et qu'elle sup-
« porte longtemps ses gouvernements avant de les laisser
« tomber. Par là, je défends mon pauvre pays, qui m'est si
« cher; c'est une œuvre de patriotisme que le patriotisme
« anglais doit comprendre. Mais ce que j'ose recommander
« aux Whigs, à Lansdowne et à tout le parti libéral, c'est
« l'exposition des conditions du gouvernement représentatif.
« Au reste, dans ces derniers temps, la conduite de votre
« Reine, allant loyalement de L. Russell à L. Stanley, et à
« L. Aberdeen et à M. Graham, est une leçon si accablante
« pour le roi Louis-Philippe qu'à la réflexion je l'ai retran-
« chée. Cet endroit eût touché l'Angleterre. Je l'ai supprimé
« par fierté. Mais on sent d'un bout à l'autre l'admiration
« sincère et profonde de votre beau gouvernement.

« Je recommande à votre amitié la peinture du gouverne-
« ment impérial. On pourrait le citer.

« Je désirerais bien qu'on traduisît toute la discussion sur
« la Monarchie et la République, l'apologie de l'une et l'expli-
« cation vraie de ce qu'a toujours été chez nous la République.
« Enfin, le passage sur la manière dont l'Angleterre se tire des
« dangers qui la menacent, est fait pour plaire à vos hommes
« d'État.

« Puisque M. Morell a entrepris un morceau d'histoire sur
« moi, il verra là mon côté politique, si toutefois il n'a pas
« abandonné cette entreprise.

« Avant tout, c'est votre jugement que je redoute. Pour
« votre concours, il m'est toujours assuré, et je le réclame en
« cette occasion très importante pour moi.
  « Écrivez-moi le plus tôt possible.
  « Bien à vous,
                                          « V. Cousin. »

Nous ne pouvons, pour notre part, que donner les mains à ce que dit M. Cousin, dans cette lettre où il parle à cœur ouvert. Mais il est peu probable qu'il ait persuadé Mme Austin, qui approuvait, presque sans réserve, la conduite de M. Guizot et celle de Louis-Philippe. Peut-être ne connaissait-elle pas suffisamment les causes de la révolution de Février. La catastrophe avait été inattendue pour tout le monde, y compris les vainqueurs. Mais les esprits sérieux et attentifs s'en rendaient compte, et ils voyaient dès longtemps qu'elle était inévitable. Louis-Philippe, en ayant une politique personnelle, l'avait obstinément suivie depuis le début de son règne ; or, c'était là fausser essentiellement la condition fondamentale du système représentatif. M. Cousin le fait remarquer, sans peut-être insister suffisamment sur une telle faute. La France avait subi, depuis dix-huit ans, cette influence inconstitutionnelle, qui avait détruit toute confiance et tout respect. En 1848, la nation laissa tomber la monarchie et un système trop peu franc.

                                              (1849 ?).
    « Ma chère amie,
  « Je réponds immédiatement à votre aimable lettre. Sur le
« fond, hélas, ma pauvre patrie est-elle absolument irrépro-

« chable? Oui, dans ses vœux au moins. Quant à sa con-
« duite, pour l'Empire, elle a été forcée ; pour la Restauration,
« j'ai été d'avis (je le dis, page 29) de faire une révolution
« pacifique. Les hommes éminents qui partagèrent mon opi-
« nion, et que je n'ai pas voulu citer, étaient C. Périer et
« Sébastiani. Vous seriez bien surprise si je vous disais qui a
« voulu entretenir l'insurrection armée. Quant à la révolution
« de Février, je la méprise et la déteste. La ville de Paris, à
« force de bon sens et de patience, eût pu l'empêcher (et je
« le dis encore, page 40) ; mais il eût fallu que le gouverne-
« ment s'y prêtât. Allez, ma chère, la nation la plus sage peut
« toujours être perdue par son gouvernement, et ma chère
« France n'est pas la plus sage des nations ; au moins n'ose-
« rais-je pas le soutenir. Mais il n'y en a pas une, non pas
« une, qui soit plus aisée à gouverner ; car elle est immuable
« dans ses désirs.

« Quant aux principes de la révolution Française, et il n'y
« en a qu'une, celle de 1789, je les ai expliqués, énumérés,
« définis. Ce sont ceux de votre révolution de 1688, en fait de
« gouvernement, ni plus ni moins, sauf la dose et la forme de
« l'élément aristocratique, qui nous manque ; mais les prin-
« cipes sociaux sont très naturellement plus étendus en 1789
« et depuis, qu'ils ne pouvaient l'être en 1688, par exemple,
« le devoir de venir en aide aux classes inférieures, qui chez
« nous sont dans un état déplorable. Quant à la forme du
« gouvernement, l'Angleterre, l'Angleterre, rien que l'An-
« gleterre.

« Il me semble que l'Angleterre a dû être touchée de ce
« que je dis d'elle, page 43, et elle le sera encore plus d'un
« paragraphe que je vais ajouter sur la reine Victoria.

« Il me semble aussi que l'apologie que je fais de la monar-
« chie parlementaire, pages 44, 45, et pages 18, 22, serait
« bonne à traduire tout entière, contre vos radicaux impa-
« tients et vos chartistes. Pensez-y : ces passages troublent
« plus d'une conscience républicaine, et ils opéreront quelques
« conversions, je l'espère.

« Voilà pour le fond ; quant aux détails, si je condamne la

« politique du roi Louis-Philippe, je relève sa personne. Le
« portrait de Mme la D. d'Orléans n'est pas flatté; mais s'il
« ne lui a pas plu, elle me semble difficile. Qu'en dites-vous ?
« Un journal républicain modéré, le Siècle, qualifie mon
« article de Manifeste déguisé en faveur des princes de la
« maison d'Orléans. Il n'y a qu'un seul journal en France
« favorable à Mme la duchesse d'Orléans, c'est l'Ordre ; et
« l'Ordre avoue et défend mon article. Mais les Débats et le
« Constitutionnel, journaux habilement rétrogrades, peuvent
« entraîner vos journaux. Dites-moi quel est l'article du
« Times, et la date de cet article.

« Je vous adresse un numéro de l'Ordre, qui contient le
« passage sur l'Empire, qui a tant déplu aux Élyséens. Si
« vous le désirez, je vous adresserai d'autres numéros du
« même journal, que votre voisine doit recevoir. S'il se trou-
« vait dans vos journaux quelques articles en ma faveur,
« signalez-les-moi ; je m'en ferais une arme utile pour ma
« cause. J'attends un article de votre plume pour le faire tra-
« duire.

« Je vous écrirai encore un de ces jours, et vous enverrai
« des exemplaires du recueil de mes Discours politiques, dont
« l'article de la Revue est l'introduction.

« A vous de cœur.

« V. Cousin. »

Mercredi 9 avril 1849.

On peut voir plus haut (tome I, page 541) ce qui a été dit déjà de cette publication de M. Cousin. Mme Austin devait la blâmer. Admiratrice de M. Guizot, elle avait à peu près la même opinion de la politique dont il était l'instrument. C'est une apologie que tente M. Cousin : mais il est peu probable qu'il ait persuadé la loyale Anglaise, à qui l'approbation donnée plus tard au Second Empire n'a pas dû plaire davantage.

Août 1849.

« Ma très chère, je veux vous répondre courrier par cour-
« rier pour vous dire quelle part je prends à la perte que
« vous faites, et surtout à ce qui vous arrive d'heureux. Oui,
« sans contredit, vous méritez la pension de 100 livres ster-
« ling qui vous est faite : vous la tenez et vous devez l'ac-
« cepter du gouvernement de votre pays, en récompense des
« services que vous avez rendus par des travaux constants et
« très honorables. La reine n'est pour rien dans tout cela ;
« elle n'a que l'honneur de représenter l'Angleterre. Tels
« sont les vrais principes. Le système de pensions littéraires
« est excellent ; il est usité chez vous et chez nous ; et il le
« faut maintenir par un usage judicieux, en mettant de côté
« l'esprit de parti, l'esprit de Cour, l'esprit d'intrigue. Lord
« Lansdowne peut se souvenir, et vous pouvez le lui rap-
« peler de ma part, combien les vrais amis du Dugald
« Stewart ont regretté que le ministère de M. Fox, dont
« Henry Petty faisait partie, n'ait pas accordé une pension
« nationale de ce genre, plus ou moins forte, à l'illustre phi-
« losophe Écossais, plutôt que de lui attribuer une sinécure,
« qu'un ministère Whig eût bien mieux fait de supprimer.
« Deux choses sont requises comme titres à cette récom-
« pense : 1° en être digne ; 2° en avoir besoin. Vous en aviez
« besoin ; ou du moins, elle vous sera utile, et vous en êtes
« parfaitement digne. Tel est le verdict de ma sincère équité ;
« et je vous parle comme si je ne vous aimais pas, tandis que
« je vous aime infiniment.

« Ouvrez, à l'heure même, le troisième volume de ma
« IVe série, cherchez-y, à l'article de Santa Rosa, les lignes
« qui vous concernent, qui vous ont assez médiocrement plu,
« que j'ai pourtant conservées par fidélité historique. Vous y
« trouverez une petite note dont je ne vous aurais jamais
« parlé, sans la bonne nouvelle que vous me donnez.

« Vous me flattez en me disant que la traduction de l'Ins-
« truction du peuple en Prusse n'a pas été inutile en cette
« heureuse circonstance ; mais je pense qu'une telle traduction

« est en effet une œuvre utile, qu'un bon gouvernement doit
« encourager. Peut-être d'ici à quelques mois pourrai-je vous
« donner l'occasion d'acquérir de nouveaux droits en ce genre
« à l'estime des gens de bien. Nous en causerons plus tard.

« V. COUSIN. »

Il a été question plus haut (tome I, page 382) de la pension royale offerte à Mᵐᵉ Austin. Ces distinctions utiles et honorifiques données aux gens de lettres ont en Angleterre un caractère spécial. Accordées par la Reine, sur la proposition du conseil des ministres, elles sont presque une récompense nationale. C'est sur la proposition de lord John Russell, que le montant de la pension avait été pris sur la liste civile.

28 juin.

« Ma chère et bonne amie,

« L'excellent M. Dozon m'a remis votre lettre, et a bien
« voulu répondre à toutes les questions dont je l'ai accablé.
« Je vois avec bonheur que vous êtes mieux, que vous ne
« souffrez pas positivement, et que vous pouvez longtemps
« jouir des plaisirs tranquilles, les meilleurs de tous. Vos pen-
« sées sur ce qui peut suivre cette vie sont vraies, et elles
« suffisent. Le point essentiel, ma chère amie, est d'avoir
« une foi entière en Dieu, et de croire aussi que l'âme, qui est
« en vous, est différente du corps. Dieu est, il est juste, il est
« bon, il a tout fait avec sagesse; et j'ai la certitude à la fois
« et le sentiment que tout ce qui se passera sera parfaitement
« bien, et que j'y applaudirais moi-même, si j'en avais con-
« naissance. J'ai de grandes espérances de l'immortalité de
« l'âme, sans en avoir l'absolue certitude. Cette certitude, je
« la supplée par une confiance sans bornes en Dieu. Je tiens
« cette vie comme une épreuve; je crois que sa vraie fin est
« mon perfectionnement; et si je n'y travaille pas toujours, je
« sais toujours que j'y devrais toujours travailler. Telle est la

« substance de ma foi : vous voyez que c'est à peu près la
« vôtre. C'était la foi de Socrate et celle de Franklin ; elle
« me suffit. De plus, je n'éprouve aucune répugnance, et je
« tiens pour une excellente habitude, de considérer le Christ
« comme le représentant de Dieu, et comme mon modèle à
« moi-même. Sans dogmatiser, je suis donc ou je veux être
« chrétien ; ou du moins, je comprends et j'aime le Christia-
« nisme, et si j'étais marié, si j'avais des enfants, je prati-
« querais avec eux et comme eux, librement et modéré-
« ment. Mon malheur, qui est mon ouvrage, est mon absolue
« liberté, ma solitude, le vide de ma vie. De là, mes appa-
« rences de galanterie qui diminuent tous les jours, et qu'à
« tous égards, il serait temps de supprimer. Voilà ma confes-
« sion, qui ressemble fort à la vôtre.

« Bientôt vous recevrez de moi un livre que je vous prie
« de lire avec attention, au moins dans sa dernière partie ;
« car il contient ma suprême conviction sur toutes choses.
« Passez ou lisez légèrement la métaphysique ; mais faites
« attention à l'esthétique et à la morale, et à la théodicée.
« Lisez ce livre et faites le lire. J'y attache la plus grande
« importance, c'est peut-être mon testament.

« Je devrais vous le porter. Le ferai-je ? En tout cas, je
« vous serre contre mon cœur et vous embrasse tendrement.
« Faites bien mes amitiés à M. Austin, à Lucy et à son mari.

« Toujours à vous,

« V. C. »

28 juin 1853.

Le livre que M. Cousin recommande à l'attention de Mme Austin est le Vrai, le Beau et le Bien, résumé de son système.

M. Cousin est allé en Angleterre en 1853, accompagné de celui qui écrit actuellement sa biographie.

Quant à sa confession religieuse, il la résume ici en peu de mots : mais cette concision même donne d'autant plus de force à ce qu'il dit. Sur ces points essentiels de philosophie, l'esprit humain n'a pas fait un seul pas au delà du Credo de Socrate ; s'en fier sans crainte à la bonté et à la justice de Dieu, qui nous attend après cette vie. Nous pourrions nous étonner de l'hésitation qu'éprouve M. Cousin sur la vie future et sur l'immortalité de l'âme. Sans cette survivance du principe qui fait toute la grandeur de l'homme, la vie présente n'a pas de sens; et comme, dans l'univers entier, éclate une intelligence toute-puissante, on ne peut pas croire qu'après avoir créé et ordonné le monde matériel, elle ait laissé le monde moral incomplet et désordonné. La loi morale, que nous révèle et nous impose notre raison, ne vient pas de l'homme, qui doit l'observer et y obéir sans faiblesse. Cette loi suppose nécessairement un législateur, qui seul peut juger jusqu'à quel point elle a été suivie ou violée. Il est de la dernière évidence que ce jugement n'est pas porté dans la vie actuelle; il doit donc l'être dans une autre vie, conséquence de celle-ci. Il semble que, sur ce point, le doute n'est pas possible. Ceci n'est pas certainement la seule preuve de l'immortalité de l'âme; mais on peut croire, avec Socrate, qu'il n'en est pas de plus décisive.

Il nous serait facile d'étendre cette correspondance de Mme Austin et de M. Cousin; elle a duré quarante ans, de 1827 à 1867 ; et elle a été toujours assez active ; mais les lettres précédentes doivent suffire. Si l'on veut connaître Mme Austin encore plus complètement, il faut consulter sa biographie par sa petite-fille, mistress Janet

Ross, fille de lady Duff Gordon (Three generations of English Women, Londres, 1888, 2 vol.). Les trois générations sont : Mᵐᵉ John Taylor, mère de Mᵐᵉ Sarah Austin, Mᵐᵉ Sarah Austin et Lady Duff Gordon, sa fille. Mistress Janet Ross, fille de Lady Duff Gordon, est auteur comme l'ont été ses ancêtres ; elle formera une quatrième génération dans cette noble famille.

WELCKER

1788-1858

(Voir plus haut, Tome II, page 441).

M. Welcker avait été nommé, en 1819, professeur de philologie à l'Université de Bonn, et il devint plus tard le bibliothécaire de l'Université. C'était un des érudits les plus savants de son temps ; il était plein de goût, et d'une grande indépendance d'esprit. M. Cousin n'avait pas pu le voir en 1817; et il paraît, d'après la lettre du 29 mars 1828, que la connaissance s'était faite pendant un séjour de M. Welcker à Paris. Les « discours péripatétiques » rappellent bien les habitudes de M. Cousin ; il s'était promené avec M. Welcker sous les arcades de la rue Rivoli, comme il l'aurait fait partout ailleurs. Sa conversation avait laissé des traces ineffaçables dans le cœur de celui qui en avait joui durant quelques heures de tête-à-tête, et qui aurait désiré en jouir plus longtemps. La correspondance entre M. Cousin et M. Welcker n'a jamais été fort active ; mais elle est restée toujours très affectueuse.

M. Welcker, de quatre ans plus âgé que M. Cousin, est mort neuf ans avant lui, en 1858 et non en 1868.

En français.

Bonn, 29 mars 1828.

« Voilà enfin, mon excellent ami, les feuilles de mon ami Dissen sur Pythagore et Anaxagore. J'espère qu'elles ne vous déplairont pas, si pourtant votre nouvelle vocation, dont j'ai appris la nouvelle avec la plus vive satisfaction, vous laisse pour le moment du loisir pour des objets tels que ceux-là. Je suis encore tout plein de Paris ; et c'est une des choses que j'aime le plus à répéter, dans mes souvenirs, que les discours péripatétiques et ces commencements de communications d'idées qui auraient fait mon délice, s'il m'avait été accordé de rester plus longtemps dans cette ville unique. Au moins, je continuerai de m'entretenir avec ceux dont je me glorifie le plus d'avoir fait la connaissance, aussi souvent qu'ils émettront leurs idées ou recherches par écrit, dans la grande société de la littérature.

« Pour les petites dissertations dont vous m'avez chargé, je les ai distribuées soigneusement, après mon retour. Votre ami Brandis se porte bien pour le moment. Cependant, il passera une partie de l'été aux bains. Si vous voyez M. Guignaut et M. Viguier, je vous prie de leur dire bien des amitiés de ma part. J'espère que Guignaut sera fidèle à son projet de voyage et à sa promesse. Je le ferai parler beaucoup de vous et de la nouvelle et vaillante carrière qui s'ouvre devant vous. J'attends avec impatience comment iront les affaires de votre illustre collègue, pendant la période qui est passée pour vous.

« Je vous prie de me confirmer les sentiments de bienveillance et d'amitié dont vous m'avez donné des signes si estimables et si chers à ma mémoire.

« Votre bien dévoué,

« WELCKER. »

Cette lettre se rapporte au moment où la réintégration de M. Cousin est officiellement connue. Son cours reprend le mois suivant ; et M. Welcker semble pressentir le succès des leçons qui vont recommencer. Mais pour lui « la carrière qui s'ouvre devant M. Cousin » est celle du professorat. C'était en effet la supposition la plus naturelle ; et l'on ne pouvait prévoir la Révolution de 1830 et toutes ses conséquences.

En français.

Bonn, 14 octobre 1829.

« Je saisis une occasion favorable pour me rappeler à votre souvenir, cher ami. C'est M. Nasse, docteur en médecine, fils d'un de nos collègues connu en France, qui vous présentera cette lettre, désirant de faire la connaissance personnelle d'un philosophe de la France, que nous nous plaisons en même temps à compter parmi les nôtres. Je ne commencerai à parler d'aucune des choses qui sont d'un intérêt commun pour nous, parce que je ne saurais en finir. Mieux vaut renouveler bientôt, ce que je souhaite beaucoup, nos discours péripatétiques dans les arcades de Rivoli, surtout comme je me suis dirigé un peu plus, depuis ce temps-là, vers cette partie de la science et de l'histoire de l'esprit qui a occupé plus particulièrement vos méditations. Je vous dirai donc seulement que vos amis à Bonn se portent bien, et écrivent et étudient à ne pouvoir mieux. Brandis fait imprimer une dissertation : « Bemerkungen über die Reihenfolge der Jonischen physiologen und über einzelnen ihrer Lehren, » dont la première partie va paraître bientôt, dans un nouveau cahier du Rheinisch Museum, et qui me paraît extrêmement savante et utile. Je ne vous dirai pas que vos amis continuent à vous aimer et à prendre part à ce qui vous regarde. Mais je puis vous assurer davantage. On vous aime et estime généralement en Allemagne, et on admire cette éloquence jointe à la spéculation. Pour ceci, je vous citerai le suffrage d'un vieillard, le ministre de Stein, qui dernièrement, en m'exprimant son admiration de la nouvelle éloquence française, vis-à-vis de la baisse de l'ancienne Angleterre, ne manqua pas de vous nommer parmi les premiers, qui se présentaient à sa réflexion.

« Je vous prie de saluer de ma part Ampère, auquel j'ai écrit, il n'y a pas longtemps, Guignaut, Letronne. Adieu, cher ami.

« WELCKER. »

« Il faut dire combien je suis rempli d'admiration pour Cuvier, son caractère, ses études, ses faits, ses pamphlets, ses lettres, les grâces de son style. Enfin, il y a longtemps que je n'ai fait une connaissance aussi marquante, et il s'en passera beaucoup que je n'en ferai de pareille. »

En français.

Bonn, 18 d'avril 1838.

« Monsieur et ami,

« J'ai à vous faire bien des remerciements de la connaissance que vous m'avez fait faire de M. Dubois. C'est un excellent homme, caractère formé par le sentiment et par une vie active, savant capable d'enthousiasme pour des idées qui surpassent la portée des hommes du jour, qui se rapportent à l'humanité, aux intérêts essentiels et supérieurs. Il m'a beaucoup parlé de vous, de l'influence que vous avez exercée sur lui et sur tant d'autres, sur votre carrière d'autrefois, et sur la direction que vous donnez dans votre place actuelle aux études philosophiques, et sur la vigueur avec laquelle vous poursuivez votre grande tâche.

« Je ne connaissais pas encore votre rapport sur la Métaphysique d'Aristote ; et d'autant plus je vous suis obligé de me l'avoir envoyé. Pour les articles que vous insérez de temps en temps dans le Journal des Savants, je les lis toujours avec attention. Vos livres, comme vous le croyez bien, ne me restent pas étrangers. Vos discours, je ne les trouve peut-être pas tous dans les journaux que je parcours. Je ne puis pas me former une idée exacte de votre activité étonnante ; mais j'en conçois assez pour l'admirer ; et j'observe avec un vif intérêt que le traducteur et le commentateur de Platon fait honneur à son maître aussi, en entrant dans le labyrinthe des grandes affaires et des partis politiques.

« C'est avec plaisir que j'apprends votre nouveau voyage en Italie. J'espère que votre éloquence arrachera au cardinal Mai le trésor qu'il envie au monde littéraire, et que vos travaux précédents vous doivent engager de publier de préférence à tout autre. Je suis tout à fait d'accord avec vous par rapport au grand prix que vous attachez à la philosophie d'Alexandrie, et je trouve que l'aspect sous lequel vous la présentez est bien conforme à la vérité et bien profond, sur la littérature scientifique de ces mêmes temps en général, qui commence à se développer et à dissiper des préjugés et des malentendus, qui s'étaient établis, par une comparaison trop partiale de l'âge mûr avec le génie poétique de la jeunesse de la nation.

« Je ne puis rien dire, Monsieur et ami, de mes occupations littéraires, puisqu'elles ont à peu près cessé depuis l'automne dernier, où je fus pris par des maux de tête nerveux, qui presque tous les jours m'incommodèrent assez, et dont je ne suis pas encore entièrement libre, même à présent. Pour comble de malheur, je fus en même temps chargé du rectorat de l'Université, qui finira au mois d'octobre, et de la direction du séminaire philologique, à côté du professeur Näke, qui l'avait partagé jusque-là avec le célèbre grammairien Heinrich.

« Je prends un grand intérêt aux travaux aristotéliques de M. Barthélemy-Saint Hilaire, dont la longue préface contient plusieurs idées remarquables, et prouve des études très sérieuses. Si vous le voyez, je vous prie de lui dire mes compliments, comme à M. de Humboldt, qui arrivera ces jours-ci à Paris.

« Je désire beaucoup qu'un de vos voyages assez fréquents vous emmène bientôt à Bonn. Au moins, je vous reverrai sûrement à Paris. Veuillez me conserver jusque-là un souvenir amical.

« F.-G. Welcker. »

Nous ne savons pas si M. Welcker a pu réaliser son

désir et revenir à Paris. Quant à M. Cousin, il n'est pas retourné à Bonn.

Deux dernières lettres de M. Welcker ont pour objet : l'une de recommander le jeune M. Hilgers, philologue distingué ; l'autre de recommander son frère, qui va à Paris. La première en allemand est du 6 décembre 1832 ; l'autre, à vingt ans de distance, du 2 mars 1852. M. Welcker prend une part très sympathique à la situation de M. Cousin, au milieu des événements qui alors se passent en France.

MADAME ANGEBERT

Correspondance de 1829-1834

Nous connaissons en partie Mme Angebert par les lettres que nous avons précédemment données (tome I, pages 275 et 363). Nous la connaîtrons plus complètement encore par les lettres qui vont suivre. Nous ne savons, du reste, ni quand elle était née, ni quand elle est morte. Ces détails auraient eu quelque intérêt: mais ils disparaissent quand on les compare à ce que nous apprend sa correspondance. Voilà une âme vraiment philosophique, que Dieu a mise dans une femme. C'est un phénomène bien rare ; mais il ne présente rien d'impossible. La femme est apparemment un être raisonnable ; et l'autorité souveraine de la raison, avec toutes ses profondeurs, peut se faire entendre à ce sexe tout aussi bien qu'au nôtre. Les sages sont presque introuvables, même parmi les philosophes, dans la longue série des siècles. Il est tout simple qu'ils soient encore moins nombreux dans un sexe moins favorisé. Mais il peut toujours y avoir des exceptions ; et M⁻ Caroline Angebert en est une. C'est à ce titre que nous publions tout ce que nous avons trouvé d'elle ; et nous espérons qu'on ne nous en blâmera pas. M. Cousin était de notre avis, puisqu'il a conservé toutes les lettres qu'il a reçues d'une personne si remarquable.

Dunkerque, 8 avril 1829.

« Me voilà, Monsieur. Il n'a fallu rien moins que des circonstances impérieuses, telles que le départ d'un des membres de ma famille, la présence d'étrangers chez moi, un voyage obligé, pour m'empêcher de répondre plus tôt à l'invitation généreuse que vous avez bien voulu m'adresser de vous continuer mes observations. L'impossibilité où, jusqu'à ce jour, je me suis trouvée d'y songer seulement, fut, tout autre souci à part, plus qu'une contrariété pour moi : mon silence pouvait vous paraître un manque d'empressement ; et comme je n'ai guère que mon zèle pour justifier un peu toutes vos bontés, je serais désolée qu'il vous semblât douteux. Combien je rends grâce à cet optimisme qui vous inspire tant d'indulgence ! car je n'ose attribuer qu'à lui les encouragements flatteurs que vous me donnez. Je ne vous dirai pas combien ils m'ont rendue heureuse ; je vous ai fait assez de professions de foi pour que vous connaissiez le prix que j'y attache. D'une autre part, j'en suis comme accablée ; je crains vivement de rester au-dessous. Ceci n'est point une vaine formule de modestie, c'est l'expression sincère de ma pensée. Une sincérité entière est, du reste, Monsieur, à peu près tout ce que je vous ai promis ; à cet égard, du moins, je puis vous assurer que vous ne serez pas trompé.

« Vous me demandez mon avis sur vos dernières leçons. Les rôles sont étrangement intervertis ; mais mon amour-propre n'en est pas dupe. Quand le bienfaiteur se dit obligé, je n'y vois qu'une raison de plus pour augmenter encore la reconnaissance de celui qui reçoit. Avant de hasarder mes réflexions sur votre cours de cette année, ce que je ferai par docilité, plutôt que dans l'espoir de vous être utile, permettez-moi quelques développements, quelques explications sur les idées morales que je vous ai émises, et à l'occasion desquelles vous me dites, « que vous espérez qu'en y pensant encore, je trouverai que l'homme n'est pas toute l'existence, et que dans l'homme même, le moral n'est pas tout ; que par conséquent, la philosophie ne peut se réduire à la morale, et que, par conséquent encore, l'historien de la philosophie ne peut être seulement un moraliste. » Vous ne supposez pas, sans doute, Monsieur, que j'aie jamais pensé que l'homme, à lui seul, fût toute l'existence, et que j'ai oublié Dieu et la Nature. Si vous entendez qu'en réclamant auprès de vous en faveur de la liberté morale, je n'ai considéré toutes choses que dans la conscience humaine, où tant de fois vous nous avez fait admirer l'univers se réfléchissant et se résumant, il est vrai que j'ai cru devoir me borner à ce point de vue, alors qu'il s'agissait spécialement de l'humanité et de son histoire. Je serais étonnée, si vous m'en blâmiez ; je ne le pense pas, et je crois inutile d'insister plus longtemps. Mais, si vous m'accordez que j'ai pu renfermer et interroger l'univers dans la conscience humaine, il ne s'ensuit pas que vous m'autorisiez à ne voir dans l'homme que le moral. Loin de là, vous devez m'imposer, au nom de la logique la plus vulgaire, l'obligation de retrouver dans l'homme les phénomènes élémentaires de l'existence universelle, qu'il réfléchit et dont il participe. Hé bien, je suis encore en règle à cet égard : je n'ai pas vu dans la nature humaine le moral seulement, j'y ai reconnu aussi la sensibilité et la raison ou l'intelligence. Mais si j'ai trouvé tout cela dans l'homme, j'ai vu particulièrement l'homme lui-même dans sa liberté et ses actes, dans le moral enfin ; et je dois dire qu'il m'a semblé que là, toutes ses facultés, toute sa vie, en un mot, venait aboutir. De là, le haut rang que j'assignais à la morale. Voici par quel enchaînement d'idées j'expliquais et je justifiais cette manière de voir. Si Dieu, disais-je, en tant que cause, est l'activité prise substantiellement, l'activité n'est point inférieure à la raison, qui se rattache à la substance ; et si la liberté est l'activité en soi, notre activité volontaire et libre est d'une origine égale à celle de notre intelligence. Ainsi, agir n'est pas moins noble que connaître. Et maintenant, quels sont les véritables résultats de nos actions ? Ce sont, apparemment, les résultats moraux ; lesquels, en conservant le même rapport d'égalité, ne le cèdent en rien aux résultats de notre intelligence. Donc, l'activité et la morale humaines sont au même rang que la raison et que la science humaines ; car la raison, la science, ont pour objet la vérité, et la raison, la science, la vérité, forment et constituent la loi morale. L'homme traverse en même temps le monde moral, le monde sensible et le monde intellectuel : mais, en définitive, c'est au monde moral qu'aboutissent ses efforts et sa destinée ; c'est du monde moral qu'il s'élance vers Dieu. Sentir et connaître sont aussi sa destination ; mais sentir et connaître pour devenir, pour mourir meilleur, pour contribuer comme individu au perfectionnement de l'humanité, si l'humanité, si la vie ont un but.

« Vous concevez, Monsieur, que raisonnant ainsi, je ne comprenne pas bien, comment vous qui blâmez et les Alexandrins et l'école de Descartes d'avoir trop séparé la substance de la cause, vous mettez une telle différence entre les phénomènes qui les représentent ici-bas (car certainement, vous accordez une grande prédominance à la raison sur l'activité volontaire et libre) et comment il se fait que moi, partant des mêmes principes que vous avez posés, je me trouve arrivée à des conséquences qui diffèrent tant de celles que vous en faites sortir ; car certainement encore, vous assignez à la morale, dans votre cours, du moins, une place très inférieure à celle qu'elle a tenue jusqu'à présent dans mes idées. Ainsi, dans quelques-unes de vos dernières leçons, vous ne la présentez que comme une des applications de la métaphysique, et vous faites marcher de front avec elle l'esthétique et la politique, tandis que, selon moi, elle est l'application directe qui enveloppe et domine toutes les autres, dans l'ordre naturel et dans l'ordre social.

« J'ignore, Monsieur, si tout cela devait me conduire à prétendre que la philosophie doit se réduire à la morale, et que l'historien de la philosophie doit être seulement un moraliste. Mais, soit raison, soit inconséquence, je n'en avais pas décidé ainsi ; et quoique les diverses parties de l'existence vinssent, à mon sens, se résumer chez l'homme dans le moral, toutefois, comme elles sont distinctes, et que, d'ailleurs, l'esprit humain ne peut tout embrasser d'un seul regard, je n'avais pas douté un seul instant qu'elles dussent être considérées séparément par la philosophie. Et je ne voulais point que la philosophie, riche de ses observations, vînt se réduire ensuite à la morale ; mais je voulais qu'elle élevât la morale jusqu'à elle ; je voulais, enfin, une chose qui est peut-être absurde, je voulais que l'ordre moral fût une application en même temps qu'une partie de l'ordre universel, qu'il le représentât, qu'il le mît en action, qu'il en soutînt, sur tous les points, l'expérience.

« J'ai bien peur, Monsieur, que ce pauvre petit système qui s'est formé en moi, à mon insu, ne soit que ridicule. En effet, peut-être ce monde est-il trop étroit, trop voilé, pour réfléchir tous les rayons du monde céleste et invisible, que l'intelligence aperçoit. Peut-être, l'homme moral et l'homme intelligent ne marchent-ils pas toujours d'un pas égal ; et l'un découvre-t-il des vérités dont l'autre ne trouve point à faire usage, et ne peut saisir les rapports avec les choses terrestres et les mystères de l'âme. Mais alors, je demande si la philosophie doit les dédaigner ces rapports, ou nous indiquer les lacunes ? Vous le voyez, Monsieur, ma pensée, invinciblement, est toujours ramenée dans le cercle qu'elle-même s'est fait ; accoutumée à s'y mouvoir, il ne dépend point d'elle de s'en affranchir tout d'un coup. Aussi, j'espère que, dans sa persistance, vous ne verrez que sa faiblesse, et non pas un entêtement dont je suis bien loin. Il est, pour moi, veuillez le croire, une certitude qui domine toutes les autres, c'est que je ne puis avoir raison contre vous ; je ne le voudrais pas non plus... A travers mes persuasions, j'aperçois les bornes de mon esprit ; je ne demande pas mieux que de les reculer ; mais pour être fidèle à votre méthode et à vos principes, il faut que ce soit avec conviction. Au reste, je ne risque point de devenir rebelle en me défendant de la foi que vous m'inspirez ; j'aurai beau faire, je sens qu'elle agira toujours.

« Après ces pages qui ne sont guère qu'une longue répétition de celles que je vous adressai, il y a trois mois, vous me dispenseriez peut-être volontiers de vous donner mon jugement sur vos dix-neuf dernières leçons ; mais comme je ne puis voir l'effet que produisent sur vous mes raisonnements, que je suis moi-même incertaine de ce qu'ils peuvent valoir, je vais, dans le doute, remplir, en toute conscience, ce que vous voulez bien me faire considérer comme un engagement. Je ne sais, Monsieur, si, plus tard, j'abjurerai ce point de vue qui, en philosophie, me fait tout ramener à la morale ; en attendant, puisque j'y suis comdamnée encore, souffrez que cette lettre ne soit qu'une suite de ma dernière, comme vos leçons de cette année ont été la suite et l'application de celles de 1828. Vous voulez savoir si je trouve, dans les nouveaux développements, le même danger que dans l'Introduction. L'impression générale qui m'en est restée, après les avoir étudiés très attentivement, est qu'ils ne contiennent point les conséquences que vous eussiez tirées du fatalisme, si le fatalisme eût été dans votre pensée, ainsi qu'affectent de le croire certaines personnes, et que le croient de très bonne foi nombre de gens un peu craintifs et un peu ignorants, qui ne connaissent de vos ouvrages que votre cours. Mais si l'on ne trouve pas, dans ces leçons, la confirmation absolue des principes qui parurent destructeurs de la liberté morale dans celles qui les ont précédées, tous les doutes ne sont pas levés ; et si les conclusions rigoureuses n'y sont point, vous ne les avez pas rendues impossibles.

« Le pouviez-vous, Monsieur, sans poser enfin les bases de l'activité volontaire et libre, sans dégager le réel, qui est son ouvrage, du vrai qu'il représente, mais dont il diffère comme la cause relative diffère de la cause absolue ? Je n'oublie pas que vous avez, dans votre Introduction, donné une analyse rapide des trois faits de conscience ; ce fut sous la formule du moi, du non-moi ou le fini, de l'infini qui les contient et du rapport de ces deux termes entre eux. Cette formule, sans doute, est belle et scientifique, mais, par cela même, moins compréhensible, pour les esprits inexercés, que celle qui résume la conscience sous les noms de l'activité volontaire et libre, de la sensibilité et de la raison. C'est donc pour n'avoir pas, dès le commencement, assez attaché, à l'idée du moi, l'idée de liberté, que vous n'avez pas commencé encore l'édifice moral qui doit avoir une place plus ou moins importante dans le vaste plan que vous avez conçu. Vous avez jugé, à ce qu'il me paraît, qu'il serait assez temps de vous occuper de la morale en soi, lorsque vous viendriez à la morale particulière des différents systèmes de la philosophie. Je ne sais, mais de même qu'un peintre ébauche d'abord l'ensemble d'un tableau, et lui donne à mesure l'effet général, en indiquant les traits saillants de chaque figure, de même il me semble que, si vous eussiez établi tout de suite les fondements de la morale, ils auraient formé l'unité à laquelle vous eussiez depuis ramené tous les phénomènes qui doivent s'y rattacher, et que cela eût dégagé la voie d'une quantité de matériaux sur la destination desquels on demeure incertain.

« N'ayant pas procédé ainsi, je me demande sans cesse où vous pourrez placer cette unité de la morale que je réclame, et de laquelle je ne puis croire que vous ne vouliez pas. Les principes généraux, m'avez-vous objecté, appartiennent à la métaphysique et non à la morale. Je comprends bien que la morale, dans ses développements, n'appartient pas à la métaphysique; toutefois, sa racine est, je pense, dans les abstractions les plus élevées du monde idéal, et pouvait trouver place dans un cadre de haute philosophie. Ne lui en ayant accordé qu'une à peine marquée, il résulte que, cette année, vous ne pouviez guère, sans autre préalable, séparer, plus distinctement que la précédente, l'œuvre des volontés individuelles des nécessités d'un plan supérieur; car alors, comme vous dites parfois, les conséquences auraient dépassé les prémisses.

« Ainsi, en résumé, dans vos dix-neuf dernières leçons, le réel, à mes yeux, reste, sinon enveloppé, du moins mêlé et confondu avec le vrai. L'histoire, avez-vous dit, doit être un drame classique; mais un drame classique, est-ce un drame complet?

et dans une histoire de la philosophie, qui doit reproduire celle de l'humanité, comment présenter toujours tout sous la forme idéale ? On a beau le vouloir, on retombe sans cesse dans la réalité ; et si l'on n'a pour elle une théorie particulière, bien que liée et subordonnée à la théorie générale et plus élevée de la science, on ne peut, suivant moi, éviter deux écueils, savoir : une apparence de fatalisme, ou d'inconséquence. Par exemple, Monsieur, lorsque vous démontrez la nécessité de tel événement historique, sans doute qu'implicitement, vous la faites ressortir, non seulement des desseins éternels de la Providence, sur la raison universelle, mais aussi des causes secondaires, des faits contingents et particuliers, produits du libre usage de cette raison dans l'homme. Et cependant, comme, en principe, vous n'avez mis en évidence que le plan seul de la divinité, toutes vos inductions et vos déductions paraissent toujours s'y rapporter.

« Ainsi, c'est faute de n'avoir pas montré le compte que vous tenez des actes influents des volontés humaines, que l'on a pris dans un sens absolu et fatal ces : « Il fallait », tant de fois reprochés à votre première et brillante leçon du cours de cet hiver. C'est par la même raison que l'on a compris ou pu faire semblant de comprendre, que, dans votre langage, l'esprit d'un siècle signifiait un esprit imposé par un inflexible destin, et non un résultat provenant à la fois des progrès nécessaires de l'humanité, et des effets des déterminations volontaires et libres des individus. De là, toutes ces accusations de fatalisme, parmi lesquelles il en est de sincères. D'une autre part, lorsque vous faites une excursion sur le domaine de la réalité, comme vous n'en avez pas pris possession officiellement, on serait porté à vous contester le droit d'y paraître ; on croit voir là une espèce d'infraction à votre système. Moi-même, c'est presque l'impression que j'ai reçue d'abord, en lisant cet hiver, dans une de vos leçons, que toute la philosophie du xve et du xvie siècle doit son caractère comme son origine à un accident, à une circonstance : la prise de Constantinople. Cette part d'influence accordée à un incident, bien qu'elle paraisse très légitime, étonne de votre part, faute de précédents analogues. Et si, comme vous l'avez dit inopinément, l'an passé, en citant cette même Constantinople, les peuples font leur destinée, voilà que Constantinople, en faisant la sienne, a influé très puissamment sur celles de la philosophie. Les hommes font donc l'ordre social. S'ils le font, c'est un fait qu'on voudrait trouver établi, et non rencontrer çà et là, et comme par hasard dans votre enseignement !

« Si je me suis permis d'insister encore et autant là-dessus, après que vous avez eu l'admirable bonté de convenir avec moi qu'il eût été meilleur de mêler dans certaines limites à la théorie des lois générales de l'histoire, celle de la liberté des individus, ce n'est point que je prenne plaisir à vous répéter à satiété, à vouloir vous prouver que vous avez eu tort, et que moi j'ai fait cette belle découverte. Non certainement, Monsieur, un tel but serait pitoyable ; mais cette question, qui me préoccupe depuis plus d'un an, qui n'était d'abord qu'un problème pour mon ignorance, est devenue insensiblement, une opinion plus ou moins hasardée, et depuis votre dernière lettre, une pensée, j'allais presque dire une sollicitude habituelle. Excusez l'expression, elle est sans conséquence. Ma sollicitude, je le sens fort bien, ressemble beaucoup à celle d'un enfant qui s'effraierait de voir une grande personne manier des armes, dangereuses seulement pour la faiblesse et l'inexpérience.

« D'ailleurs, Monsieur, je voudrais moins vous occuper de mes objections personnelles, que vous exposer comment et pourquoi elles se sont présentées à beaucoup d'esprits. Placée très mal pour jouir du spectacle de la pensée dans les intelligences du premier ordre, je le suis assez bien pour juger un peu et de la portée et du point de vue de celles qui sont au second rang et qui forment la grande majorité. Dans cette position, si j'avais assez de talent, mon désir serait d'être auprès de vous, non comme un organe de l'opposition, mais comme un ministre fidèle, l'interprète des besoins et des doléances du tiers état intellectuel, sur lequel il me semble qu'au xix° siècle doit s'appuyer aussi un trône philosophique. L'aristocratie, même morale, perd chaque jour son prestige, à présent, tout le monde prétend juger tout. Bien que cette prétention ne soit pas fondée en toutes choses, cependant il faut qu'elle ait sa raison dans quelque besoin, dans quelque capacité de l'époque, auxquels il serait bon de se prêter un peu. J'y verrais un grand avantage, celui d'opérer un bien plus prochain, en faisant pénétrer dans les masses la réforme philosophique. C'est dans les masses que s'est réfugié, que vit, et se transmet encore de père en fils, dans ses applications, le sensualisme, déjà repoussé par ceux qui marchent en avant. En l'attaquant au cœur de son armée, ce serait surtout par les idées morales qu'on pourrait obtenir des victoires promptes et décisives ; car cet ordre d'idées, sous différentes formes, domine et conduit les esprits mitoyens, qui n'atteignent que par transition aux généralités.

« Je sais qu'à tout cela on pourrait m'objecter : qu'en effet la philosophie usuelle de notre époque découle encore en grande partie des théories du siècle précédent, et très peu de celles qui ne font que de naître, mais que tel est le cours constant et naturel des choses ; que, par conséquent, la philosophie du xixe siècle ne peut, comme toute école réformatrice, que poser les bases, donner la direction, l'élan, mais sans produire immédiatement un contre-coup qui ne doit avoir lieu que plus tard, à un temps marqué. A cela, moi je répondrais que, dans ce siècle de réorganisation, le mouvement pour édifier est presque aussi rapide, en France, qu'il le fut à la fin du siècle dernier pour renverser tout ce qui existait, que les applications suivent de près les principes, et qu'il faut donc que la philosophie elle-même hâte ses développements, sa marche, gagne du terrain, si elle ne veut pas que l'ennemi l'envahisse au moins momentanément.

« Enté par la physiologie sur le sensualisme du dernier siècle, un matérialisme nouveau s'avance ; il a pour chefs et pour auxiliaires des gens d'action, remuants, agissant sur la foule, pour laquelle leurs principes sont aussi faciles à saisir que leurs doctrines à pratiquer. Et la foule, aujourd'hui, n'est pas sans influence aucune sur la conduite d'un peuple et sur son avenir. Il est donc important de s'emparer d'elle, et pour y réussir, la morale, qui s'adresse à tous, me paraît un moyen puissant. Une philosophie transcendante et toute rationnelle, qui convie les intelligences aux plus hautes abstractions de la métaphysique, n'a qu'un petit nombre d'élus qui la suivent dans son vol sublime. Elle les fait pénétrer jusque dans les régions de la pensée pure et immuable, et assister en quelque sorte aux conseils de la Providence. C'est là, sans doute, son plus divin triomphe. Mais que, par pitié, elle s'incline ensuite vers l'humanité tout entière, que d'une voix fraternelle elle lui enseigne l'usage qu'elle peut, qu'elle doit faire de ces grandes vérités, que tout homme n'atteint pas sous leurs formes dernières, mais qu'il porte en lui-même; qu'elle lui dise ce qu'elle sait, ce qu'elle espère de l'âme, de ses efforts, de ses vertus; qu'elle lui parle des biens, des maux, des épreuves de cette vie, de l'amour du devoir et de la vérité, de toutes ces choses qui vivifient et font battre le cœur ; et elle entraînera, elle élèvera, par une sympathie électrique et profonde, toutes ces âmes encore attachées à la terre.

« Si toujours on a vu les applications des principes généraux de la philosophie descendre progressivement aux divers degrés de l'échelle humaine, n'a-t-on pas vu aussi, quoique plus lentement, les applications remonter aux principes pour les modifier ou pour en former de nouveaux? Dans l'état actuel de la civilisation, à l'époque du rapport du fini et de l'infini, ce double mouvement me paraît surtout devoir s'opérer et être plus rapide et plus égal qu'en aucun autre temps.

« C'est cette même harmonie que je voudrais trouver dans votre cours. Ici, Monsieur, il se présente à ma pensée une foule de considérations, que je dois écarter, parce qu'elles tiendraient beaucoup trop de place, et qu'elles seraient d'ailleurs trop au-dessous de leurs objets. Mais je suis sûre que, sous la pauvreté des expressions que je viens d'employer, vous aurez la bonté de reconnaître et d'accueillir ce qu'il peut y avoir de juste. Me reposant sur vous de ce soin généreux, je me bornerai aujourd'hui à vous prier de remarquer qu'il ressort, du vœu que je viens d'émettre à l'égard de votre enseignement, que je ne souhaite point vous voir abandonner les hauteurs pour la plaine, ainsi que pourraient vous le faire penser certaines de mes réclamations. Je n'en veux nullement aux vérités universelles, aux principes généraux ; bien au contraire, c'est à eux que je tends, en cherchant leurs rapports avec ce monde mobile et si je désire que vous fassiez briller le flambeau du génie à tous les degrés de l'intelligence, je ne voudrais pas que vous descendissiez d'un seul. Ce n'est point non plus en prenant un accent moins noble que je souhaite que votre voix se fasse entendre à un plus grand nombre ; mais il est plusieurs tons différents et d'accords dont la réunion formerait l'harmonie de l'ensemble. Il vous appartient, Monsieur, d'éviter l'incomplet, à vous qui signalez si bien les erreurs qu'il entraîne ; de prévenir les fausses interprétations, non par une réserve et une circonspection timides, mais de ce coup d'œil vaste et pénétrant qui aperçoit, en un éclair, les conséquences les plus reculées d'un principe, d'un mot, d'une omission. Et puis, Monsieur, reproduirai-je ici ma requête la plus chère ? C'est que vous n'avez pas à remplir seulement une mission humaine et philosophique, mais encore une mission française, et que celle-ci vous impose plus spécialement de travailler à la reconstruction de l'édifice social, de contribuer à retremper les mœurs, à ranimer par la philosophie le vrai sentiment religieux. Et pour agir ainsi sur le présent, pour devenir puissant sur les esprits, il faut vous emparer des âmes. C'est déjà fait sans doute en grande partie ; pourtant, ce pourrait être encore plus général, et l'on n'a jamais fait assez tant que l'on n'a pas accompli tout ce qu'on devait.

« J'ai la foi intime que, votre œuvre étant achevée, rien ne restera plus à éclaircir, à désirer ; mais maintenant, il s'agit de la route, et non du terme, que je ne puis que pressentir. Eh bien, pour que sur cette route personne ne se lasse, pour qu'au contraire un plus grand nombre s'y engage, il faut tendre la main à tous, aplanir les sentiers, en ouvrir de nouveaux, sans cependant abaisser ces hauteurs d'où l'on touche au ciel, mais où chacun parvient par des voies différentes.

« Ne pensez-vous donc pas aussi, Monsieur, qu'en abordant le vaste champ de la morale (je comprends sous ce mot toutes les applications de la métaphysique, tout ce qui tient à l'homme, à ses facultés actives et libres), ne pensez-vous pas, dis-je, que ce sera le moment favorable et décisif pour dissiper les doutes, pour établir, aussi distinctement dans votre enseignement que dans votre pensée, la séparation du réel et du vrai, du contingent et du nécessaire, et pour renverser toutes ces accusations de fatalisme et de partialité en faveur des principes absolus de votre système ; enfin, pour attirer à vous, c'est-à-dire à la véritable philosophie, cette foule d'âmes tourmentées des problèmes de leur existence, troublées, incertaines, et nobles cependant ? Pour moi, je fonde de très grandes espérances sur ce passage de votre cours, et j'aurais voulu qu'il eût lieu après le repos des vacances, afin que la marche recommençât plus solennellement, de ce point de départ.

« Quoique vivement pénétrée de tout ce que contient cette lettre, ma préoccupation ne m'empêche pas de voir qu'elle ne fait guère que reproduire les mêmes idées que je vous ai déjà soumises ; j'en suis si confuse qu'à peine osé-je vous l'adresser, et que j'abandonne diverses autres questions, de peur de retomber encore dans le même cercle et de vous faire perdre patience.

« Enfin, Monsieur, je me suis efforcée de remplir mon devoir en vous disant avec sincérité, au risque peut-être de perdre dans votre opinion, comment j'ai senti et compris vos leçons de l'année qui vient de finir. Laissez-moi maintenant, pour ma récompense, vous dire aussi que, malgré mon rôle de critique, personne plus que moi ne s'identifie avec vos idées et vos intentions. Dans vos 13ᵉ et 14ᵉ leçons, vous nous laissez entrevoir le but, vous tracez la carrière que vous vous proposez de nous faire suivre. La route sera longue, et je m'en réjouis ; c'est une perspective, c'est un avenir ; et en vérité, si je n'avais comme tout le monde une foule de bonnes raisons pour vouloir vivre encore, le désir seul de voir cette terre promise, ce terme où vous tendez, me ferait tenir à la vie.

« Caroline Angebert. »

Dunkerque, le 8 août 1829.

Certainement cette lettre doit paraître prolixe ; et la pensée eût gagné à une expression plus concise. Mais au fond, les objections sont fondées ; et elles ont dû provoquer les réflexions de M. Cousin. La sincérité de Mme C. Angebert est indubitable : son intelligence l'est également ; et sans doute elle n'était pas la seule à formuler ces critiques. On peut se rappeler la lettre de M. de Vatimesnil (tome I, page 255), alors ministre de l'Instruction publique. Tout en louant l'éloquence du professeur, il l'invitait à descendre des hauteurs de la métaphysique à des théories plus pratiques. En d'autres termes, c'est l'opinion même de Mme Angebert. Elle insiste sur la nécessité de la morale ; et sans vouloir que la morale soit toute la philosophie, elle veut cependant qu'elle soit le centre et le but de tout le reste. M. Cousin lui-même n'avait-il pas dit que toute philosophie qui n'aboutit pas à la morale est à peine une philosophie ?

Mais Mme Angebert demande trop à la philosophie quand elle en attend le salut des peuples et de l'humanité. C'est à peine si les religions ont cette influence sur les nations. La philosophie ne la possède pas ; et elle a tort quand elle se laisse aller à cette illusion flatteuse. Mais, nous avons tellement insisté déjà sur ce point que nous ne pensons pas devoir y revenir.

Dunkerque, 23 avril 1829.

« Depuis cinq mois, j'ai été bien souvent tentée d'effectuer la promesse, ou plutôt la menace, que je vous avais faite de vous adresser mes observations. Prenant une vive part aux débats qui se sont élevés à la reprise de votre cours, j'avais toujours médité de dire mon mot; mais il m'a paru qu'au milieu d'intérêts si graves, je ressemblerais à la mouche du coche, et cette idée a retenu ma plume. A vous dire vrai, aussi, j'étais inquiète et embarrassée de ma dernière lettre; car aussitôt qu'elle fut partie, je la jugeai au moins prématurée. Mon empressement à vous prouver mon zèle et ma reconnaissance m'ayant privée ainsi d'une introduction toute naturelle à mes témérités philosophiques, je ne savais plus comment m'y prendre pour entrer en matière. Pressée par une foule de pensées, mais éprouvant une grande difficulté pour les réduire et pour les résumer, me défiant d'ailleurs de leur justesse, je m'imposais la loi, tantôt de méditer encore, tantôt de me procurer tel ouvrage, enfin, de m'éclairer le plus possible, avant que d'oser vous faire part de mes réflexions.

« Mais le temps, qui s'enfuit avec rapidité, m'avertit que j'imite ce fou qui, très empressé de poursuivre sa course, attendait cependant que l'eau de tout un fleuve fût écoulée. Pour prévenir le triste résultat d'une pareille temporisation, je vais essayer aujourd'hui de vous exprimer quelques incertitudes que j'ai éprouvées, à la première lecture de votre cours de l'été dernier, et que depuis, un peu d'étude et toute l'attention dont je puis disposer, n'ont pas dissipées entièrement. Je pense que ce n'est point rétrograder que de revenir à vos leçons de 1828, puisqu'elles contiennent les principes généraux que doivent développer et reproduire toutes celles qui les suivront; seulement, j'ai trop attendu, et j'arrive la dernière. Aussi, la crainte de ne vous adresser que des répétitions est-elle un des motifs qui m'ont fait hésiter longtemps à vous écrire. J'espère néanmoins parvenir à les éviter, en adoptant un point de vue particulier.

Avant d'aller plus loin, je ne puis m'empêcher, Monsieur, dussiez-vous trouver un peu longs tous mes préambules, de vous déclarer que ce n'est nullement dans les écrits de vos antagonistes, que d'ailleurs je connais à peine, que je forme mes jugements. Ceux que je porte sont bien faibles, mais, pour cette raison même, au moins m'appartiennent-ils. J'aurais, je vous assure, une très grande répugnance à vous montrer dans mes idées les plus légers rapports avec certaines critiques peu bienveillantes. M'étant, sur quelques points, rencontrée avec elles, j'en ai ressenti un dépit semblable à celui qu'aurait une jeune fille si elle pensait que son visage pût rappeler des traits qui lui seraient antipathiques. Pourtant, comme il ne faut, ni se farder, ni se dissimuler, que je me flatte, d'ailleurs, que vous ne confondrez jamais avec rien d'offensif ce qui viendra de moi, que vous voudrez bien croire à ma sincérité, quand je vous donnerai pour miennes des réflexions que d'autres déjà auront faites, je me résous à vous livrer mes pensées telles qu'elles sont. C'est un acte d'humilité que je m'impose, tant par respect pour ma parole que par amour pour une philosophie qui, selon moi, contient l'essence de toutes les vérités auxquelles l'esprit humain est parvenu jusqu'à ce jour. Je suis guidée aussi, je vous l'avoue, par le désir de donner suite à une correspondance que je regarderais comme ma fortune intellectuelle.

« En vérité, Monsieur, il me serait bien plus facile et bien plus agréable de vous entretenir de tout ce que je dois à votre enseignement, de vous en rendre grâce, que de vous présenter des objections qui, je le crains, ne prennent leur source que dans les bornes de mon esprit. Mais une correspondance qui se passerait toute en compliments vous paraîtrait, je pense, un peu oiseuse.

« Puisqu'il faut me placer sur un autre terrain, je vous avouerai donc que, si vous entraînez irrésistiblement ma conviction, lorsque vous mettez en lumière la nécessité des lois de l'histoire, vous me chagrinez, d'un autre côté, en n'établissant pas parallèlement, et comme complément au dessein de la Providence, l'action des volontés humaines sur les événements ; enfin, en déduisant de lois universelles des conséquences particulières qui ont servi de texte à l'inattention et à la mauvaise foi, pour accuser votre système de fatalisme. Pour moi, Monsieur, je sais qu'il n'y a pas, au fond, de plus grande injustice : je me plais à relire sans cesse vos premiers Fragments ; c'est vous dire assez que je suis pénétrée de l'excellence de vos doctrines morales. Ainsi, il est bien entendu que je n'envisage ici que la forme qu'elles reçoivent dans votre enseignement actuel. Je ne prétends point même, à cet égard, entreprendre une réfutation; je ne veux que vous exposer mes doutes, vous adresser d'humbles questions sur la manière dont une histoire de la philosophie me semblerait devoir être conçue et pour être complète et pour être applicable à la science de la vie.

« Je ne perds pas de vue, Monsieur, que celle que vous nous enseignez, retrace le développement spécial de la raison, qui est universelle et nécessaire. De ce principe, un des premiers que vous ayez posés, il découle qu'elle doit écarter tout ce qui est particulier et relatif, par conséquent les effets passagers des volontés individuelles. Aussi, n'ai-je pas commis la faute de supposer que vous méconnussiez un seul instant la liberté morale; j'ai vu qu'il n'entrait pas dans votre plan d'établir, de coordonner ses rapports d'une manière théorique avec les fins providentielles. Mais c'est ce plan même qui est pour moi l'objet d'incertitudes, au milieu desquelles bien souvent ma pensée se trouble. Ma faible intelligence ne conçoit pas, du moins bien nettement, que, si la conscience est le champ de la philosophie, l'histoire de la philosophie puisse légitimement ne s'attacher qu'à l'un des trois faits de conscience et négliger les autres, ou les réduire tous à un seul qui les enveloppe et les efface pour ainsi dire, qu'elle puisse enfin, sans mutiler l'histoire de l'humanité, qu'elle résume, n'offrir que le tableau de l'ordre intellectuel, quand l'ordre moral qui le refléchit, qui en est comme l'accomplissement obligatoire et volontaire, nous est bien plus prochain, bien plus intime, puisqu'il renferme les rapports de notre âme avec Dieu, le but et le mystère de notre destinée. Que la philosophie, considérant tous les faits de conscience dans leur extension au monde et à Dieu, après une savante réduction, nous les montre se pénétrant intimement dans l'unité de la substance, elle ne fait rien moins que nous élever jusqu'à l'essence divine, et soulever le voile qui la cache à nos yeux. C'est là, sans doute, la preuve et la sublimité de sa mission. Toutefois, cette vue instantanée de la Divinité, qu'elle soit philosophique ou religieuse, n'est pour l'homme qu'un élan rapide. Détachés que nous sommes du principe absolu, notre pensée ne peut s'y arrêter sans cesse ; il lui faut redescendre à ce monde réel, inférieur et diversifié, où la substance elle-même descend à la variété, où, enfin, tous les éléments que l'unité recèle viennent se développer dans le drame de l'humanité, dans ce drame, dont sans doute la matière est donnée, mais que l'humanité a le pouvoir de conduire à son gré, dans le cercle de sa nature, afin que le mérite lui soit acquis de s'être conformée aux lois qu'elle a reçues.

« J'aurais donc cru que l'historien de la philosophie, qui en définitive est celui de l'humanité, après avoir élevé jusqu'à Dieu la pensée de l'homme, devait, revenu avec lui sur le théâtre de l'action, de la diversité, lui montrer, sur cette mer si fertile en naufrages, les écueils, le but, et ce que peut la libre volonté, dont il est doué, pour éviter les uns et parvenir à l'autre. Ainsi, tous mes raisonnements aboutissent à conclure qu'un cours de l'histoire de la philosophie devrait renfermer un cours de morale... Je dois craindre, Monsieur, que cette manière de voir vous paraisse bien étroite, si j'en juge d'après un passage de l'une de vos dernières leçons, où vous qualifiez d'intéressantes, mais de bornées, les recherches de la philosophie morale. Je les reconnais telles aussi, alors qu'elles s'arrêtent aux institutions, aux mœurs d'un pays, d'une époque ; mais si, au contraire, sans faire descendre la philosophie, elles s'élèvent avec elle de degré en degré jusqu'au premier principe, il me semble qu'alors, et seulement alors, la philosophie est complète et le dernier mot de l'humanité. Au surplus, Monsieur, sans vouloir m'insurger contre vos arrêts, devant lesquels, assurément, mon pauvre esprit s'incline, je vais seulement essayer de m'excuser un peu, en vous rappelant que vous-même avez dit, dans d'admirables pages, en 1826 : « La philosophie n'est que la vue de l'âme généralisée... Les lumières de l'esprit ne seraient que ténèbres sans les lumières de la vertu... » et plus loin, en parlant de la loi du devoir : « L'homme est tout entier dans ce mystère ; donc, la morale est la source de toute vérité, et la vraie lumière réside dans les profondeurs de l'activité volontaire et libre. » Je ne sais si c'est bien la tâche de l'historien de la philosophie de faire briller cette lumière à nos yeux; mais c'est, je crois, ce que le genre humain demandera éternellement à la science.

« Ne supposez pas, je vous prie, Monsieur, que, toute préoccupée de mon idée, j'exagère la rigueur de la marche que vous suivez, en la voyant plus exclusive qu'elle ne l'est en effet. Je vous suis de trop près pour ne m'être pas aperçue qu'en parcourant le monde intellectuel, qui, d'ailleurs, sous bien des rapports, comprend le monde moral, vous vous arrêtez à tous les problèmes, à toutes les vérités qui nous sont révélées et attestées par la conscience ; et je sais que l'activité en soi, puis descendue libre et phénoménale dans l'homme, n'a pas échappé à des mentions fréquentes, qu'elle en a obtenu parfois d'assez étendues dans vos exposés des différents systèmes, lorsque, planant au-dessus d'eux, vous les appréciez de toute la hauteur d'un génie qui les domine tous et n'est dominé par aucun. C'est dans votre système à vous, Monsieur, dans son application à l'histoire de l'humanité, que je regrette que vous n'ayez pas proclamé plus authentiquement la puissance de la liberté morale, que vous ne l'ayez pas constituée, si je puis m'exprimer ainsi ; d'où il résulte qu'elle se trouve absorbée et entraînée, inaperçue dans le mouvement général de la raison universelle. Il m'a toujours paru que l'on pouvait vous adresser (j'entends dans votre cours), le même reproche que vous faites à Descartes, dans votre 11ᵉ leçon de cet hiver : d'avoir été frappé particulièrement du phénomène de la pensée, et d'avoir négligé celui de l'activité volontaire et libre, qu'on pourrait ajouter encore ce que vous ajoutez vous-même : « Sans doute il ne nie point la liberté, il en parle souvent; mais il ne s'attache point à en donner une analyse exacte et approfondie. »

« Dans une de vos dernières séances, vous avez dit, mais en passant, que les passions sont un obstacle à l'établissement de la raison en ce monde, et qu'elles troublent les sociétés. Voilà ce que j'ai cherché vainement dans votre Introduction, où vous nous présentez l'histoire comme une inflexible géométrie et la civilisation avançant dans une progression infaillible et en quelque sorte végétative ; en quoi, à force de tout expliquer par cette nécessité sans contrepoids, vous êtes amené à conclure que tout ce qui est dans l'histoire a dû y être inévitablement, que l'apologie d'un siècle est dans son existence, qu'il faut absoudre en masse et les révolutions, et tout ce qu'ont fait les grands conquérants.

« Il me semble, Monsieur, que, si vous eussiez posé en principe ce que vous admettez pour ainsi dire sans conséquence, savoir : que les passions sont un obstacle à l'établissement de la raison, il me semble, dis-je, que cela vous aurait conduit à un optimisme historique un peu moins absolu, que peut-être alors, vous eussiez admis qu'un peuple, un siècle même, comme un individu, peuvent dévier de leur route. C'est en morale, je crois, une idée nécessaire et fondamentale, que l'humanité a pour but un terme assigné par la Providence. Il suit, rationnellement, que ce but doit être le plus grand perfectionnement dont elle est susceptible, que la condition de ce perfectionnement est pour elle d'obéir aux lois de la raison. À cette fin, une volonté libre nous est donnée pour que nous ayons le mérite et la récompense de nos bonnes actions.

« Ces bases de la morale admises, il semblerait que, pour l'humanité comme pour l'individu, la vie est une épreuve ; que l'humanité, comme l'individu, soumise à la partie fatale de l'existence, est moralement, du moins, l'arbitre de sa destinée, que quelquefois, après maints progrès ascendants, redescendue de faute en faute à un certain degré de corruption, elle peut, comme il semble même que l'histoire l'atteste, laisser retomber son rocher, et avoir sa tâche à recommencer.

« Si ces croyances morales peuvent s'appliquer au genre humain en masse, à plus forte raison à un peuple, à un siècle ; et que deviennent alors cet optimisme universel, cette géométrie inflexible, transportés dans l'histoire ? Ils existent toujours pour moi ; car je suis loin d'imaginer un dieu sans rapports avec son ouvrage ; mais je les conçois autrement. La nécessité me paraît toute providentielle pour l'ensemble de l'univers : pour le genre humain en particulier, elle me paraît morale. Ici,

Monsieur, je sens profondément toute mon insuffisance pour bien définir ma pensée ; mais vous aurez, j'en suis certaine, l'extrême bonté d'y suppléer. De peur de m'égarer en voulant m'élever trop haut, je me borne à vous dire que, selon moi, un peuple, un siècle peuvent être infidèles à leur mission, par le mauvais emploi de la liberté de chacun et de tous, mais qu'en même temps je reconnais qu'une voie inique doit infailliblement les conduire à une punition ; et cela toujours en vertu des lois de la raison, qui ne peuvent être méconnues ni outragées impunément. Je sais, Monsieur, que les principes que je reproduis là, si faiblement, à ma manière, reviennent à peu près à ceux que l'on trouve dans tous vos ouvrages, dans vos fragments, dans vos arguments de Platon ; je demande seulement si, dans votre cours, dans votre système historique, ils ont été jusqu'à ce jour dégagés assez clairement de la fatalité, mis à l'abri des fausses interprétations, à la portée et à l'usage d'une foule d'esprits non transcendants, non exercés à la métaphysique, mais faits cependant pour aspirer à vous comprendre ? Comment le demander, pourriez-vous me répondre, si vous avez lu ma 9e leçon de l'été dernier, dans laquelle je professe hautement cette maxime, que les peuples comme les individus ont toujours ce qu'ils méritent et font eux-mêmes leur destinée, ce que je prouve ensuite par l'exemple de Constantinople ? Oserai-je vous le dire, Monsieur ? Ces pages, fort belles d'ailleurs, je n'ai jamais pu parvenir à les concilier avec vos principes historiques, surtout avec celui qu'un peuple est appelé à représenter une idée exclusive, à en parcourir le cercle et est condamné ensuite, après avoir fait son temps, à s'épuiser, à disparaître. Cette règle rigoureuse admise, la part de la fatalité se montre à moi si grande que je ne vois pas ce qui reste à un peuple de latitude pour faire sa destinée. Ceci demanderait des développements que le temps ne me permet pas.

« Le temps, je le sais bien, Monsieur, vous a manqué aussi l'année dernière ; je ne considère ici que le résultat ; et enfin, cette 9e leçon m'a toujours fait l'effet d'être trop peu liée à l'ensemble de vos doctrines, et par conséquent comme non avenue dans sa partie morale, puisqu'elle ne concilie, n'explique suffisamment, ni ne détruit tout ce qui précède. On y trouve plusieurs assertions auxquelles la démonstration manque, ou qui semblent contradictoires, soit à votre système, soit aux idées généralement acceptées en morale. Par exemple, nous y voyons que le bonheur n'est accordé qu'à la vertu, que le malheur n'est imposé qu'au vice ; et cependant, vous avez dit ailleurs, et nous croyons, nous spiritualistes, « que la fin de l'homme ici-bas n'est pas seulement le bonheur, mais le bonheur dans la vertu, et même que la condition inévitable de la vertu en ce monde est la souffrance. » Et, récemment vous avez rappelé que le sort des grands philosophes fut presque toujours d'être persécutés. Dans la même leçon, vous affirmez, Monsieur, que le vainqueur est toujours celui qui doit l'être, par la raison que, s'il n'en était pas ainsi, il y aurait contradiction entre la moralité et la civilisation, ce qui est impossible, ajoutez-vous, l'une et l'autre n'étant que deux côtés, deux éléments distincts, mais harmoniques, de la même idée. Je crois que c'est bien, en effet, tout ce qu'il y a de meilleur et de plus moral dans chaque époque, dans chaque événement, qui fait avancer la civilisation, et qu'ainsi elle est identique à la moralité. Mais cela prouve-t-il irrésistiblement que le vainqueur soit toujours celui qui doit l'être? Je suppose un vainqueur injuste, illégitime ; l'humanité devra encore avancer avec lui par les passages qu'il laissera ouverts à quelqu'une de ses facultés ; elle s'y élancera d'autant plus ardemment que beaucoup d'autres voies lui seront fermées ; car il faut qu'elle marche, comme il faut que l'eau suive son cours. Les éléments de la civilisation peuvent être comprimés, mais non anéantis, ni même paralysés entièrement. Ainsi, un peuple fera encore quelques bonnes choses sous un mauvais gouvernement. Ainsi l'on verra naître et se former chez un enfant de belles et d'heureuses qualités, en dépit de mauvais exemples et d'une mauvaise éducation, parce que le fond de l'humanité, qui est excellent, ne saurait périr. Le reste me paraît sujet à mille variations, à mille conséquences, comme tout ce qui est au pouvoir des volontés diverses, inconstantes et bornées.

« Mais ceci est une digression qui m'entraînerait beaucoup trop si je ne coupais court. Je reviens donc à mon thème déclaré, l'accord de la philosophie, ou si vous le voulez, de la civilisation avec la morale. Vous nous dites qu'elles sont harmoniques, mais prenez-vous le soin de nous le démontrer, quand pour mener le genre humain à la civilisation, vous lui faites traverser les guerres, les révolutions, dont la nécessité s'accorde avec votre système, mais dérange un peu les idées reçues en morale?... Au reste, Monsieur, je dois sur ce sujet vous avouer les misères et la faiblesse de mon esprit. La nécessité, l'indestructibilité de la guerre me paraissent tellement avérées par l'histoire du monde, et tellement prouvées par la manière dont vous les expliquez, que je suis contrainte à lui croire des racines dans la nature des choses ; mais en même temps je ne saurais m'en rendre un compte rationnel ou moral ; de sorte que je suis souvent, en désespoir de cause, près d'y voir un mystère aussi impénétrable qu'effrayant, et dont la vérité dépasse tout examen. Je voudrais pourtant bien ne pas trancher comme cela les questions ; et vraiment, ces incertitudes sont un tourment pour ma pensée.

« En effet, Monsieur, si le bien seulement est dans l'ordre des choses, comment la Providence y a-t-elle fait entrer la guerre, qui peut, j'y consens, produire de très grands résultats, mais qui a pour cortège des crimes, des maux épouvantables? Moi, j'aurais voulu croire que, dans le dessein primitif de la Providence, les idées devaient se faire jour, chacune en son temps, la civilisation s'opérer par les progrès de la raison et non par le fer et le feu, que toutes ces violences sont l'ouvrage des hommes; car, enfin, si la guerre est juste parfois, comme moyen de défense contre l'agression ou la violation de nos droits, elle n'est juste que d'un côté ; et la première cause de toute guerre repose sur une iniquité. Si tout ce qui produit le mal et en provient, n'était pas l'ouvrage des passions, si Dieu l'avait prévu, réglé ainsi, il aurait donc voulu le mal, et alors pourquoi le punirait-il? Je sais, Monsieur, combien cette question est vulgaire; elle se pose facilement; se résout-elle de même? A neuf ans, je disais en apprenant mon catéchisme : « Mais si rien dans le monde n'arrive sans l'ordre et sans la permission de Dieu, il a donc voulu et permis le péché, alors c'est bien injuste à lui de nous damner. » Il y a 25 ans que je raisonnais de la sorte ; vous devez trouver que depuis j'ai fait peu de progrès. Mais si la science n'a pas appris à me répondre mieux que ne le faisait dans ce temps mon curé, a-t-elle avancé beaucoup plus que moi ?

« Pour moi, tout m'a manqué, l'éducation, les circonstances, les livres même, et c'est à peine si, dans ma vie, j'ai eu le plaisir, pendant quelques heures, de communiquer mes idées et de les voir comprises. C'est, pour la philosophie, un désert que j'ai traversé avant d'arriver jusqu'à vous, Monsieur ; je ne puis concevoir qu'il m'y ait conduite. Aussi, la crainte que ce ne soit qu'une rencontre éphémère est ce qui m'a fait ralentir ma marche au lieu de la presser, afin de prolonger au moins mes espérances.

« J'avais encore une foule de réflexions à vous soumettre sur le vainqueur, le vaincu, le grand homme, et sur beaucoup de sujets secondaires, dont quelques-uns me tenaient fort à cœur ; mais cette lettre est déjà d'une longueur dont j'ai honte. Je suis trop arriérée pour me remettre au pair ; il m'eût fallu reprendre votre cours, leçons par leçons depuis sa naissance ; et alors, 50 pages ne m'auraient pas suffi. J'ai choisi, entre mes idées dominantes, le rapport de la vie morale et de la vie intellectuelle. Si je l'ai déroulée aussi longuement et retournée en tant de sens, c'est assurément par défaut de logique et de concision, mais c'est aussi parce que je tenais surtout à vous prouver qu'au moins, j'ai réfléchi à ce dont je me mêle ; autrement, vous auriez pu croire que je me jetais à travers les plus graves questions sans m'être donné la peine d'y songer. J'ai pensé aussi que, pour prévenir tout mécompte, je ferais bien de vous donner à peu près la mesure de ma petite intelligence. Désormais, il pourra me suffire, j'espère, de vous indiquer mes idées ; ce qui sera moins ennuyeux pour vous et plus facile pour moi.

« Toutefois, je voudrais aujourd'hui me résumer un peu. C'est dommage que le temps et le savoir-faire me manquent également. Cependant, je vais essayer de vous dire en somme comment je comprends la raison, la nécessité de son développement, et les rapports que soutiennent avec elle la liberté, la loi morale, ainsi que l'effet qu'ont produit, selon moi, ces rapports établis dans votre enseignement. Peut-être ne vais-je faire que me répéter; mais c'est pour n'y plus revenir.

« Sans doute, cette raison qui est Dieu lui-même, qui émane de lui, et qui en a reçu ses lois immuables et éternelles, doit en définitive tout surmonter, vaincre le mal et le désordre, qui n'ont point de vraie existence (voyez que je connais et adopte tous vos principes), voilà pour la nature entière une nécessité absolue, toute divine. Mais dans l'humanité, Monsieur, cette nécessité ne change-t-elle pas de caractère pour revêtir celui d'obligation morale? C'est cette transformation que j'aurais voulu voir consigner plus positivement. En ouvrant aux regards des hommes le vaste champ de leur histoire, envisagée du plus haut point de vue, il eût été beau, suivant moi, de leur montrer, avec les lois de la nature, la force et la puissance dont ils sont doués, pour faire sortir de l'accomplissement de ces lois les plus grands biens possibles, et de leur violation, tous les maux contraires. Tandis qu'en leur montrant la civilisation avançant toujours infailliblement, sans leur parler des chutes et des retards que lui occasionnent leurs passions mal réglées, n'est-il pas à craindre que chaque individu, se fiant plus à la marche constante et nécessaire des choses qu'à son propre pouvoir, n'attache pas à ses actes assez d'importance? Il me semble, Monsieur, qu'en proclamant cette importance qui relève toute la dignité humaine, non content d'éclairer, de ravir les intelligences, vous eussiez enflammé les cœurs, électrisé les âmes, fait naître une sympathie plus profonde et plus générale, produit un plus grand bien, puisqu'en tirant vous-même de votre système la morale qui doit en sortir, vous eussiez montré et accéléré l'application qu'on en peut faire. Il me semble qu'ainsi, mieux compris, mieux connu, vous eussiez influé bien plus puissamment sur les masses, qui seules donnent aux doctrines une force nationale. Vous eussiez aussi prévenu les fausses interprétations, les alarmes de la religion et celles de l'esprit libéral, qui vous trouve trop de tolérance et d'optimisme.

« Peut-être me trompé-je, Monsieur, mais l'enthousiasme qui vous accueillit à la reprise de votre cours avait été pour moi l'évidence de votre mission. Je vous avais cru appelé à hâter la révolution salutaire qui se fait dans les idées morales, en leur imprimant, avec une direction philosophique, une énergie, une élévation toute nouvelle ; j'avais pensé que, sans descendre des hauteurs d'un esprit transcendant, vous pourriez unir le réel à l'idéal, travailler à la fois pour la science et le simple bon sens, pour la postérité et pour la France actuelle.

« J'ai souvent rêvé une leçon où cette alliance intime de la vie morale et de la vie intellectuelle eût été élevée à son plus haut degré, et je ne saurais m'empêcher de croire qu'elle eût produit l'effet que j'imagine. La science est belle sans doute ; mais quand elle ne s'adresse qu'aux intelligences, elle est froide, et, comme vous dites, incompatible avec la popularité. Cependant, si elle n'est autre chose que la vérité elle-même, pourquoi ne pas la vivifier, la faire pénétrer dans les âmes ? Si dans la conscience tout se tient, pourquoi ne pas s'adresser à tout l'homme, ne pas imiter la nature en procédant comme elle ?...

« Mais je m'oublie, Monsieur, j'ai vraiment l'air d'oser vous donner des conseils ; je suis bien loin, je vous assure, d'une pareille prétention et d'une pareille audace. Ne perdez pas de vue, je vous en prie, que ce sont d'humbles doutes que je vous soumets, quoique je puisse parfois, sans y songer, vous les présenter sous une autre forme. Assurément, Monsieur, si, des principes que vous avez posés, certains esprits déduisent d'absurdes conséquences, le tort en est à eux ; car les rapports qui leur échappent sont clairs pour vos amis, pour les adeptes, et pour vos vrais disciples. Ils sont saisis aussi, par ceux en qui le scepticisme n'a pas éteint le feu sacré, n'a pas détruit la faculté de comprendre sympathiquement, et qui, comme moi, ont foi à ce qu'ils sentent. Mais il ne suffit pas de prêcher pour des convertis, et même pour des gens qui volent au devant de la conversion ; il faut forcer la conviction dans les esprits les plus rebelles ; c'est là le triomphe de la vérité et de l'éloquence.

« Peut être, Monsieur, ayant toujours vécu avec des âmes et des esprits d'élite, présumez-vous trop de l'intelligence et de la bonne foi générale ; peut-être n'avez-vous pas assez mesuré la distance qui sépare un homme de génie du commun des hommes. Une illusion si généreuse me paraît inhérente à votre position et à votre amour de l'humanité ; mais quand on la voit, cette humanité, par son côté vulgaire, on est parfois tenté de se désespérer, et l'on est peu porté à conclure avec vous, que « nul homme ne devance son siècle » ; on croit au contraire que les hommes supérieurs le devancent de beaucoup, en voyant comme ils sont jugés et compris.

« Que d'excuses, Monsieur, j'aurais à vous faire pour une lettre aussi longue et aussi peu digne de vous être adressée ! J'ai bien peur qu'après l'avoir lue, vous ne soyez plus que jamais porté à dire : « Tout cela est obscur pour les enfants, et pour les femmes. » Si telle est l'impression que vous en recevez, veuillez me le dire franchement. Lorsque j'ai réclamé votre indulgence, je n'entendais point celle qui consiste à nous épargner les choses peu flatteuses à notre amour-propre ; j'ai plus d'ambition que cela. Il est une sorte de sévérité dans laquelle je verrais une plus grande preuve de bienveillance, que dans les plus jolies formules de politesse. Ceci n'a pas besoin d'autres commentaires ; mais peut-être est-il bon que je vous fasse connaître, une fois pour toutes, le degré d'indulgence dont j'aurais besoin. Cette confession me coûte un peu ; mais enfin, je vous avouerai à ma honte que mes études philosophiques ne datent sérieusement que d'une année, c'est-à-dire, Monsieur, de la reprise de votre cours. Jusque-là, je philosophais toute seule, à ma manière, ignorant même les commencements de la réforme philosophique en France. Je n'avais lu que le traité des sensations, de Condillac. Un vieil ami que j'ai, professeur de mathématiques et savant dans les langues anciennes, me disait que l'esprit humain s'était arrêté là et ne pouvait aller plus loin, que l'Allemagne était folle. J'en doutais bien un peu confusément ; mais je n'avais ni livres, ni personne pour m'éclairer ; j'étais triste et découragée, lorsque vos leçons ont paru et ont rendu pour ainsi dire la vie à ma pensée.

« Vous voyez, Monsieur, que je vous ai de grandes obligations ; vous voyez aussi que je suis une pauvre ignorante ; je n'ai dans moi que quelques études littéraires, l'habitude et le goût de la méditation ; mais, si je ne m'abuse, à mon âge, on fait des progrès rapides, si l'on doit en faire. De quelque manière que vous veuilliez y contribuer, toujours sera-t-il que je vous dois beaucoup, et que jamais je ne serai indifférente à votre gloire.

« CAROLINE ANGEBERT. »

Dunkerque, le 23 avril 1829.

Autre lettre :

« J'ai bien tardé, Monsieur, à vous rendre mes comptes en psychologie ; une foule de motifs en sont cause. D'abord, ne recevant aucune nouvelle de vous, j'en ai conclu que vous aviez abandonné vos projets de voyage, et que, par conséquent, j'avais toute latitude sous ce rapport. Ce n'est pas que je n'eusse aimé à me presser ; mais j'ai eu tout l'été chez moi cinq neveux et nièces, très peu philosophes, qui ne m'ont guère laissé le loisir d'étudier. Ne pouvant être satisfaite d'essais toujours interrompus, il m'a semblé qu'il y aurait comme un égoïsme puéril à vous en entretenir. Ensuite, la gravité des affaires politiques, s'accroissant de jour en jour après les élections, a dû, depuis ce temps, absorber tout votre intérêt, et m'a fait prolonger encore mon silence. De désespoir alors, je me suis de nouveau jetée dans une diversité d'études auxquelles les circonstances étaient plus favorables. Une de mes nièces sachant l'anglais, un de mes neveux l'italien, j'ai profité de leur séjour pour me mettre en état de comprendre, dans ces deux langues, les livres de philosophie que vous voudrez bien m'indiquer. Jusqu'ici, rien encore ne passe nos conventions ; mais ce n'est pas tout. Depuis plusieurs années j'étais tourmentée du désir d'apprendre l'allemand ; comme je n'ignorais pas que c'est une entreprise fort difficile, je m'efforçais d'y renoncer en me persuadant qu'il était trop tard ; et d'ailleurs, il n'y avait pas de maître à Dunkerque. Ai-je tort ou raison de tant entreprendre ? Cela dépendra des événements. Si je dois vivre encore vingt ou trente ans, je pourrai recueillir le fruit de mes efforts; j'aurai parcouru avec plus de lenteur, mais mieux j'espère, le cercle des études philosophiques. Et comment me défendre de cette ambition, de cette perspective? Quoi qu'il en soit, Monsieur, en me privant ainsi du bonheur que j'aurais trouvé à reconnaître vos bontés par des progrès rapides, je ne puis échapper, ni aux combats, ni aux regrets, que l'on éprouve toujours lorsqu'on sacrifie le présent à un avenir incertain. Je ressens même une sorte de remords ; car je n'oublie pas le conseil que vous m'avez donné de me livrer d'abord avec suite à l'étude de la philosophie, sauf à étendre plus tard mes autres études. Je n'oublie pas non plus la promesse que je vous ai faite de suivre ce conseil, promesse que j'ai remplie très scrupuleusement pendant quelques mois, ainsi que je vous l'ai mandé.

« Mais, outre les empêchements, les distractions forcées qui me sont survenues, j'éprouvais toujours, je l'avoue, le besoin d'agrandir mon cadre; je sentais que j'étudierais la philosophie avec plus d'avantage si je connaissais mieux tout ce qu'elle résume, et les instruments dont elle s'est servie et peut se servir. Et puis, l'entendement, je crois, nous reste plus longtemps fidèle que la mémoire. N'est-il pas sage de profiter du temps où la mienne me permet encore de cultiver avec quelque facilité les langues, les littératures et l'histoire ; l'histoire surtout, dont une connaissance un peu approfondie est si indispensable? J'ajouterai qu'en ce moment, j'ai un goût vif et du courage pour toutes ces choses : « Fert animus. » Et vous m'avez dit qu'il fallait prendre garde de se casser les jambes. Grâce pour tous ces détails ; j'ai cédé au besoin de vous raconter ma vie intellectuelle, de vous expliquer mes variations, et de vous répéter que, quelque chemin que je prenne, je n'ai qu'un seul but.

« Ce préambule aussi est une apologie pour le trop faible résultat que j'ai à vous soumettre. En effet, vous voyez, d'après ce qui précède, que je n'ai pas dû travailler assez pour en obtenir un bien merveilleux. Aussi, je serais fort embarrassée si je pouvais croire que, vraiment, vous ayez attendu de moi une polémique un peu intéressante, surtout qui vous soit utile, sur des sujets qui me sont si nouveaux et qui ont épuisé la vie de tant d'hommes supérieurs. Mais vous ne vouliez que m'encourager en me parlant ainsi ; et vous ne serez point surpris que je vienne, au contraire, non pas vous battre, comme vous m'en priez d'une manière si engageante, mais simplement vous répéter mon a b c, ayant grand'peur moi-même d'être battue ; car je suis, et avec raison, bien plus craintive encore que quand je vous parlais au nom de ces grandes vérités que nous portons tous en nous-mêmes. Il m'était plus facile, entraînée par l'inspiration, de vous suivre à pleine voile dans l'ontologie, dont les plus sublimes voies sont accessibles par moments à la plus faible femme, qu'aujourd'hui de vous aborder dans la route épineuse de la science psychologique. Votre admirable synthèse de 1828 m'avait comme révélé la philosophie ; je m'étais, sur vos ailes, envolée au sommet du monde ; ce ne fut pas sans un très grand effort que pour me renfermer dans l'observation de l'esprit humain, je redescendis du ciel sur la terre. Là, je me suis trouvée comme un oiseau en cage, et j'ai, pendant les premiers jours, poussé l'irrévérence jusqu'à m'endormir sur Reid et Stewart. Cependant, j'étais résolue à persévérer. Qu'avais-je à faire alors ? Il ne s'agissait plus de me fier uniquement à l'enthousiasme, à cette lumière soudaine qui m'avait enchantée ; il me fallait démolir pièce à pièce tout cet univers, dont j'avais senti l'harmonie, sans en connaître les éléments, apprendre le métier, enfin, après avoir joui sans peine des révélations du génie.

« Dans cet apprentissage, il y avait deux routes à parcourir, deux buts à poursuivre : la science des livres et la science des choses. On peut, lorsqu'on s'en tient à la première, paraître assez habile en donnant ses remarques pour des convictions, et en voilant beaucoup de doutes et d'ignorances. Mais si l'on met dans ses études son âme et sa conscience, au lieu de son esprit et de son amour-propre, si l'on y cherche la vérité seule, on ne se borne pas ainsi aux apparences, quelque pénétré que l'on soit du sentiment de sa faiblesse, on veut, on croit devoir se faire une route indépendante. Cependant, moi, pauvrette, quand je me vis seule au milieu de cette mer immense du temps et de l'espace, j'éprouvai une sorte d'effroi. Pour y échapper, je n'avais qu'à me réfugier sur votre navire, me laisser conduire en aveugle, avec toute la confiance que j'ai dans vos idées. Peut-être est-ce là ce que j'avais de mieux à faire et ce qu'au fond je fais; mais cette soumission volontaire n'eût pas été de la philosophie. J'ai donc pensé que je devais conduire ma petite barque moi-même, tout en arborant votre pavillon. Ma tâche, alors, était, en suivant librement vos traces, d'explorer et de vérifier, de comprendre et d'admettre. Admettre, c'est un mot qui, de ma part, semble bien orgueilleux, et pourtant il n'est qu'une obéissance aux lois de la raison. Mais, d'abord, comprendre seulement me fut bien moins aisé que je ne l'avais cru.

« Quoique en fait de science j'eusse toujours eu fort peu de prétentions, je fus cependant étonnée de mon ignorance; je reconnus que je m'étais mêlée de philosophie avant d'en connaître les premiers mots. J'avais rencontré, il est vrai, dans vos leçons et vos autres ouvrages, toutes les questions psychologiques; mais ne les regardant que comme des déductions des grands principes que j'adoptais avec une foi si vive, j'avais passé dessus assez dédaigneusement, pensant qu'elles étaient faites pour obéir, et qu'on s'arrangerait toujours bien avec elles. Je n'avais donc jamais songé à les coordonner, à les vérifier dans mon esprit. Ainsi, dans la psychologie, presque tout, à vrai dire, fut nouveau pour moi. Votre exposition du système de Locke, qui fait dériver toutes nos idées de la sensation et de la réflexion, m'ayant conduite à rechercher une théorie spéciale sur ces deux facultés, abstraction faite de leurs objets, et vos leçons ne l'offrant pas, je la demandai à Reid, à Stewart, à M. Royer-Colard et à vos Fragments; ce qui m'a engagée dans une suite de lectures dont l'attrait me fit, par moment, oublier le point de départ, et négliger le but, pour le plaisir seul du raisonnement et de la pensée. En ce qui regarde la sensation et la perception, je m'aperçus avec étonnement que j'étais, sous quelques rapports, condillacienne sans le savoir, et pour vous en donner une preuve bien forte, je n'avais, par exemple, jamais soupçonné que la sensation ne fût pas cause de la perception : ce fut pour moi un trait de vive lumière quand je vis Reid les séparer ; Stewart, ensuite, donner pour résultat de l'opinion de Reid « qu'il serait bien possible que nos sensations ne fussent que les occasions et non les causes des perceptions qui leur correspondent, » et enfin, M. R. Collard affirmer nettement « que la sensation ne cause ni ne constitue la perception, que nous ne passons de l'une à l'autre par le secours d'aucune analogie. »

« Ici, se découvrit à moi tout un nouvel ordre d'idées, j'entrai dans le spiritualisme scientifique. Un premier aperçu me conduisit immédiatement à d'autres, et j'explorai ainsi toute la théorie des idées dans Reid et les fragments de M. R. C.

« Je n'ai pas lu avec moins d'intérêt ensuite tout ce que vous dites des idées de corps et d'espace. La différence des caractères que vous leur assignez étant la même qui se retrouve entre toutes les idées nécessaires et contingentes, on a déjà, je crois, quand on l'a bien comprise, fait un peu de chemin dans le rationalisme. Toutefois, en commençant, je n'avançai pas vite ; j'avais peine à comprendre que l'idée d'espace ne fût pas induite de l'idée des corps par le simple raisonnement, d'après des données sensibles, telles, par exemple, que la distance entre deux corps, qui me paraissait figurer l'espace d'une manière sensible. Mais si, sur un seul point, je voulais vous faire l'historique de mes tâtonnements, de mes incertitudes, avant d'être arrivée à quelque conviction, je n'en aurais jamais fini.

« J'abrège donc, et je viens à votre distinction entre l'ordre logique et l'ordre chronologique. Elle me parut d'abord plus subtile que solide, plusieurs fois je crus la saisir et je la laissai échapper. Lorsque je la possédai bien, je lui trouvai une grande simplicité ; et frappée du jour qu'elle répand sur la source la plus élevée et la plus pure de nos idées, je reconnus qu'il faut l'admettre ou nier la puissance de la raison. En avançant, je rencontrai d'autres problèmes qui se multiplièrent dans ma pensée. A la superficie, tous me semblaient faciles ; mais à une certaine profondeur, ils se compliquaient, s'enlaçaient de telle sorte que je ne pouvais plus les séparer, ni les unir méthodiquement. Pourtant, je l'essayai avec ma plume. Dans ce travail où j'observais l'ordre de vos leçons, depuis la 16ᵉ jusqu'à la 25ᵉ, je prenais aussi, contre vous, la défense de Locke, non quant au fond de ses doctrines, mais sur quelques-unes des conséquences que vous en tirez. Ainsi, je suivais deux fils à la fois, les idées de Locke et les miennes, à mesure que celles-ci sortaient du chaos.

« Ce thème était trop fort pour moi, et je réussis mal dans la composition que je vous destinais d'abord, mais que j'ai trouvée, en la revoyant, si ennuyeuse à lire, si longue, quoique trop courte (car ce n'était rien moins qu'une philosophie tout entière et Dieu sait quelle philosophie !) qu'heureusement je me suis décidée à vous en faire grâce. Et puis, mes idées s'étant modifiées et simplifiées chaque jour, pendant et après ce travail, il n'en serait plus aujourd'hui le tableau fidèle. Tout bien considéré, d'ailleurs, je pense qu'il vaut mieux que je vous présente le produit net de mes études, dans mes jugements même sur telle ou telle question, que d'abuser de votre complaisance en recommençant ces études, en quelque sorte sous vos yeux, dans un récit. Quant à Locke, ne l'ayant pas lu, puisque vous m'avez dit que c'était inutile, je ne connais de lui que les passages que vous citez, et quoiqu'ils soient très décisifs, je ne sais s'ils peuvent me suffire pour raisonner sur leur auteur en parfaite connaissance de cause. Ainsi, Monsieur, j'abandonne Locke pour aujourd'hui, sauf à lui revenir plus tard, si vous m'y renvoyez ; et je vais vous faire part de mes observations sur la théorie de M. de Biran, telle qu'elle est adoptée et développée par vous et par M. R. Collard.

« C'est ici que commence le compte un peu sérieux de mes études. Ce qui précède n'est qu'une introduction, dans laquelle j'ai voulu vous montrer en même temps, et le point d'où je suis partie, et la route que j'ai parcourue, pour arriver au résultat que j'ai à vous soumettre.

« Comme la question des origines des idées de durée et de cause n'implique rien moins que le moi tout entier, je toucherai, en la traitant, à presque toutes les facultés du moi, et vous donnerai ainsi la mesure de mon petit savoir psychologique. Vous commencez par établir, Monsieur, que la condition de l'idée de temps est l'idée de succession. Sans adopter d'abord, ni rejeter cette opinion, je consignerai ici une remarque ; c'est qu'en cela, vous différez avec M. R. Collard, qui, dans son morceau sur la durée (auquel vous renvoyez pourtant sans notifier cette différence), affirme très positivement que la notion de la durée n'est nullement due à la succession. En quoi M. Damiron s'est tout à fait mépris lorsqu'il a imprimé que, selon M. R. C., « l'âme comprend la durée d'après la succession de ses actions, et qu'elle comprend, en général, la durée par la succession. » M. R. C., tout au contraire, écarte avec grand soin la succession comme condition de l'idée de durée. « L'âme, dit-il, comprend la durée dans la continuité de l'action ; or, la continuité exclut la succession. » Enfin, M. R. C. s'explique si nettement à ce sujet qu'il va jusqu'à dire : « La notion de la durée a précédé la notion de la succession », et il ajoute : « Elle en est tout à fait indépendante. »

« Il m'importait de mentionner ici cette opinion, à laquelle tout à l'heure vont se rapporter quelques-unes de mes objections contre l'origine que vous assignez à l'idée de temps. Vous dites avec M. R. C. et avec M. de Biran que l'idée de durée nous est donnée en nous-mêmes, et que *notre durée est la seule que nous concevions primitivement*. Ce serait de ma part le comble de l'impertinence que de prétendre sérieusement combattre une théorie qui compte en sa faveur de telles autorités ; je veux seulement vous avouer qu'après six mois d'efforts et de bonne volonté, j'ai le malheur de ne pouvoir pas l'adopter encore ; et pour ce crime intellectuel, je me traduis moi-même à votre tribunal, me chargeant de vous présenter l'accusation et la défense qui ne font qu'une, et que voici : Croyant m'appuyer sur vos principes mêmes, lorsque vous demandez « si la première idée de succession nous est donnée dans le spectacle des événements extérieurs, ou dans la conscience des événements qui se passent en nous, » je réponds intrépidement qu'elle nous est donnée à la fois et au dedans, et au dehors de nous, puisque le moi et le non-moi nous sont donnés simultanément. « L'homme, avez-vous dit bien souvent, ne se trouve qu'en trouvant quelque chose qui l'environne... se distinguer de quelque chose, c'est supposer que ce dont on se distingue existe, etc. » Moi j'ajoute : Supposer que quelque chose existe, n'est-ce pas, l'instant d'après, supposer qu'il dure ? L'existence du monde extérieur, donnée et acceptée irrésistiblement avec la nôtre, sa durée n'est-elle pas, comme celle de l'espace, une conception nécessaire de la raison ? Pouvons-nous, pendant une seconde, croire plus facilement à l'existence d'un monde qui ne durerait pas, qu'à celle d'un monde qui ne serait dans aucun lieu ? Supposons un corps, un univers qui s'évanouisse à peine conçu dans la pensée, toujours aurait-il duré le temps nécessaire à cette conception.

« Donc, selon moi, l'idée de la durée est inhérente à celle de l'existence, et notre raison place les existences dans la durée aussi impérieusement que dans l'espace. Ce n'est point que je méconnaisse une différence très essentielle entre les idées d'espace et de temps. Je comprends bien qu'on ait pu dire que, si nous ne sortions jamais de nous-mêmes, nous n'aurions jamais l'idée de l'espace, et que nous aurions l'idée de durée prise dans le sentiment de notre durée propre. Mais, d'abord, si jamais nous n'étions sortis de nous-mêmes, serions-nous pour nous-mêmes, puisque nous ne nous connaissons qu'en nous distinguant de quelque autre chose ? Quoi qu'il en soit, j'accorde la durée en nous et j'en exclus l'espace ; mais je demande ensuite, si, de ce que la durée nous est donnée en nous-mêmes dans la continuité de notre existence, attestée par la conscience et la mémoire, c'est bien une raison pour qu'elle ne nous soit pas donnée aussi dans la continuité de ce quelque chose dont nous nous distinguons ? « La durée, dit M. R. C., ne sort pas plus du moi que l'étendue ne peut y entrer. » Je crois bien, en effet, que l'étendue ne peut entrer dans le moi ; mais je ne crois pas, d'un autre côté, que la durée extérieure puisse en sortir ; elle m'en paraît aussi indépendante que l'étendue même.

« Peut-être, Monsieur, que je commets là une grande hérésie, et ce qui est pire, une absurdité, en accordant deux origines à l'idée de temps. Que voulez-vous? Moi, qui n'ai pas de système que cela puisse contrarier, je reconnais des origines partout où je crois en apercevoir, et il me paraît qu'en même temps que nous concevons l'idée de notre durée, nous concevons aussi celle de ce monde extérieur que l'œil de la raison voit, dès le premier jour, exister parallèlement avec nous.

« L'idée de durée m'apparaît comme une conception à double face, dont l'une regarde le moi ou l'identité personnelle, l'autre le non-moi et le moi. Voilà pour le fini, et quand naît l'infini dans notre pensée, le côté qui regarde le monde extérieur grandit sous la figure du Temps, et alors embrasse le non-moi et le moi lui-même. Le moi, cependant, subsiste toujours, mais réduit à l'identité, et se reconnaissant pour ce qu'il est, faible, borné, fini, dans cette immensité du temps. Ne pas affranchir ainsi, par sa naissance même, l'idée de temps des liens du moi, c'est, à mon sens, lui enlever son caractère de nécessité et d'universalité, c'est la rétrécir, la subjectiver, et tomber même dans une sorte d'idéalisme.

« Sans doute, Monsieur, notre durée est bien pour nous l'indispensable condition de toute connaissance de durée, mais notre durée est une chose et l'idée de notre durée est une autre chose. Vous dites : « Nous ne pouvons avoir l'idée, ni d'une succession, ni d'une durée extérieure qu'après avoir eu la conscience et la mémoire de quelques phénomènes intérieurs, et par conséquent, de notre durée propre. » Moi je change un mot, et je dis : « Nous ne pouvons avoir l'idée, ni d'une succession, ni d'une durée extérieure, qu'après avoir eu la conscience et la mémoire de quelques phénomènes intérieurs, et par conséquent, de notre durée propre. » Et alors, je crois avoir fait un raisonnement juste mais par trop naïf, car il ne renferme autre chose, sinon que c'est à l'occasion et à la condition de notre durée en ce monde que nous concevons la durée de ce monde lui-même. La proposition me paraît se réduire à cela.

« Je ne reconnais pas moins volontiers que, si la succession est la condition de l'idée de temps, c'est en nous qu'il faut la chercher, puisqu'elle est due à la mémoire, et que la mémoire répète la conscience, comme la conscience répète ou réfléchit ce qui se passe en nous. A ce compte, il est vrai de dire, allant plus loin que vous encore, que non seulement la première, mais la seule succession qui nous soit donnée est celle de nos idées. Maintenant, si dès le premier jour, la succession de nos idées n'implique pas celle de leurs objets, si ces deux successions ne nous apparaissant pas ensemble l'une dans l'autre, je ne vois pas comment nous serons plus heureux à la seconde, à la troisième, à la quatrième succession, comment, enfin, nous parviendrons à transporter la succession dans le monde extérieur, sans le secours d'une induction qui subjectiverait cette idée, et de laquelle, d'ailleurs, vous ne voulez pas. Mais nos idées nous sont données avec tout le cortége de leurs objets ; l'âme peut les distinguer, non les séparer. Nous ne saurions nous souvenir de deux opérations de notre esprit, sans nous rappeler leurs objets, avec une invincible foi à leur existence, sans croire qu'ils se sont succédé dans le temps et l'espace. Donc, la succession des objets est contemporaine, inséparable, dans notre esprit, de la succession des idées.

« Ici, Monsieur, oserai-je appuyer mes faibles arguments d'une grande autorité, en vous transcrivant un passage dans lequel, battant en ruine l'idée de succession comme condition de la durée, M. R. C. s'exprime ainsi ? « Toutes les pensées ont un objet intérieur ou extérieur, réel ou imaginaire, offert par la nature, ou créé par l'entendement ; je ne pense point sans penser à quelque chose. Toutes les fois qu'une pensée succède à une autre, un objet succède aussi à un autre. Il n'y a rien au monde de plus distinct qu'une opération de l'esprit, et l'objet de cette même opération ; mais quand il ne s'agit que de leur succession, on peut et on doit même les confondre. Il se succède précisément autant d'objets que d'opérations, puisque la succession des opérations est, avec celle des objets, une seule et même succession, un seul et même ordre, un seul et même nombre ; et si la notion de la durée dérivait uniquement de la succession, il serait indifférent de dire que c'est de la succession de nos pensées ou de la succession des objets de nos pensées. » Et plus loin : « Quand nous parlerons de la succession que le moi observe en lui-même, cette succession sera tout à la fois celle de nos pensées et celle des objets de nos pensées ; et si l'on veut appeler idées, soit les pensées, soit leurs objets, soit les pensées et les objets ensemble, comme le font souvent Locke et Condillac, la succession est toujours la même. » Que pourrais-je ajouter de plus contre l'idée de succession, comme condition de l'idée de notre durée seule ? Rien assurément. Du reste, si j'ai combattu avec les armes de M. R. C., ce n'était point à son profit ; car je ne consens pas non plus à lui accorder, à d'autres conditions, que notre durée soit la seule que nous connaissions primitivement. Je conviens avec lui que notre durée seule nous peut être donnée dans le sentiment de notre identité continue ; mais je lui demande si, la première fois que ce sentiment nous atteste notre durée, l'œil de notre raison ne voit pas en même temps la durée du monde extérieur, de ce monde que la sensation et la perception révèlent au moi en l'éveillant, et si, par conséquent, l'idée de la durée extérieure n'est pas indépendante de l'idée ou du sentiment de notre identité continue, et de notre durée. « La durée, dit M. R. C. est un fleuve qui passe en nous, et que nous ne pouvons observer qu'en nous-même. » Oui, ce fleuve passe en nous ; mais, en même temps, nous le voyons et nous l'observons hors de nous, nous le concevons infini de même que l'espace.

« En résumé, je pense que nous concevons une durée et une cause, absolue et universelle, non pas parce que nous avons ou l'idée ou le sentiment de notre identité continue, et de la cause que nous sommes, mais parce que notre raison est, dans les limites de l'humanité, l'intelligence même de l'univers.

Je vous rends très mal mes idées, Monsieur, parce qu'elles dépassent de beaucoup mon talent pour les exprimer, et ma science acquise en philosophie. Si j'étais plus habile, j'entreprendrais plus. J'essaierais de mettre en question, non seulement si la notion abstraite du moi, ou de sa durée seule, ce qui revient au même, peut se rencontrer dans la pensée à son début, mais, si dans le premier essor de ses facultés, l'homme, entraîné par elles vers les objets extérieurs, n'est pas, en quelque sorte, plus occupé de ces objets que de son individualité, tel que serait un fleuve, un miroir, qui doué de sentiment et de connaissance n'éprouverait ces sentiments, ne recevrait cette connaissance que par l'impression que lui causeraient les objets qui se réfléchissent en lui, et qui d'abord, charmé de ces images, s'absorberait en elles pour ainsi dire, et s'oublierait dans la jouissance de leur possession. Ainsi, se montre à moi l'enfant qui se livre avec tant d'ardeur aux objets qui le sollicitent, ou pour mieux dire, qui est saisi par eux si soudainement. Son esprit n'est-il pas plus attaché au papillon, à l'oiseau qu'il poursuit qu'à l'opération qui se fait alors en lui-même ? et la durée de ces objets où il met toute sa petite âme, apparaît-elle à sa raison naissante moins distinctement que sa durée propre ? Ne le voyons-nous pas, dans toutes ses actions, croire instinctivement à cette durée ? Dès qu'il peut se mouvoir, s'il aperçoit, à quelques pas de lui, un jouet, un bonbon, il ne doute nullement (car nous ne débutons pas par le doute) que ce jouet, que ce bonbon ne doive durer pendant le temps qu'il emploiera à franchir la distance pour s'en approcher.

Peut-être, Monsieur, je m'égare ; peut-être aussi, ai-je pris trop à la lettre ou mal interprété les principes généraux de votre Introduction de 1828. Quoi qu'il en soit, telle que je l'ai comprise, elle est si bien en possession de mon esprit, que, malgré toutes mes prétentions à l'indépendance, je ne puis m'empêcher d'y puiser et d'y rapporter tous mes raisonnements, comme à mon évangile en philosophie. Il y a, par exemple, un passage de la septième leçon qui pourrait fort bien m'avoir inspiré tout ce qui précède. Dans cette leçon, Monsieur, vous posez en principe que c'est l'idée de l'infini qui la première doit préoccuper l'humanité, et en développant cette opinion vous dites : « Qu'est-ce que le moi ? L'action volontaire et libre ; or, le moi, ou la liberté, a besoin d'un long exercice pour s'émanciper des liens du non-moi, et du monde extérieur. L'homme n'est pas, et ne peut être, aux premiers regards mal assurés de l'homme, l'objet principal et exclusif de la réflexion naissante.... Entendons-nous bien : si la liberté, si le moi, n'était pas dans la conscience, s'il n'y jouait pas un certain rôle, la réflexion n'apercevrait rien ;

mais il ne s'agit pas ici des éléments qui subsistent inévitablement sous la réflexion, subordonnés et négligés, mais de celui qui doit y prédominer; et, cela bien établi, il est clair que ce ne peut être le moi, le moi faible, borné, limité, même dans le plus haut degré de la réflexion, et qui, à son début, est plutôt une condition et un témoin qu'un acteur dans le premier fait de réflexion. »

« Ayez, Monsieur, la complaisance de tirer de ces paragraphes toutes les conclusions qu'ils peuvent renfermer en faveur de ma manière de voir, et vous aurez ainsi ma pensée plus complète que je ne puis vous la donner moi-même. Pourtant, je veux vous dire que mes jugements à postériori se trouvent d'accord avec mes jugements à priori. J'ai vu naître un enfant, il y a seize mois, et mes observations m'ont convaincue qu'incontestablement la première sensation éveille, avec le moi, un sentiment confus de l'extériorité. A peine au jour, l'enfant est affecté de la sensation du froid, il pleure; voilà bien le moi s'éveillant avec la première sensation, et répondant en quelque sorte, par un cri involontaire, mais déjà libre, à ce monde extérieur qui se révèle à lui. Sans doute, l'enfant ne se distingue qu'à peine de sa première sensation; il ne connaît pas ce qui agit sur lui; mais il ne se connaît pas mieux lui-même. Rien, donc, de plus obscur que cette première révélation de l'existence intérieure et extérieure; néanmoins, ces deux existences nous sont révélées dans le même instant, et coexistent sans interruption dans notre conscience. Comment donc l'enfant pourrait-il jamais les séparer dans sa pensée autrement que par l'abstraction? Et lorsque sa raison concevra la durée, comment encore, sans le même procédé, pourra-t-il séparer la sienne de celle de ce monde qu'il connaît, depuis qu'il se connaît lui-même? L'homme, en naissant, est si bien averti de quelque chose d'extérieur, que son premier acte est de demander à la nature ce qu'il a droit d'attendre d'elle. L'enfant que j'ai vu naître, à peine au monde, cherchait et saisissait avec la bouche tout ce qu'il pouvait rencontrer. Comment supposer que plus tard, lorsque lui vint l'idée de la durée, il ait compris sa durée propre avant celle du sein qui le nourrissait ? N'y avait-il pas eu dans cet instinct tout animal qui le lui fit chercher la première fois, une connaissance confuse et comme innée du monde extérieur, et même une sorte de croyance en sa durée ? C'est qu'en naissant, nous ne sommes pas tellement détachés de ce monde sensible, que nous ne soyons encore un peu lui, et que par conséquent nous n'ayons en nous-mêmes toutes ses lois, et ne les suivions par une impulsion naturelle. Bientôt naît et grandit le moi moral ; la raison, alors, fera-t-elle moins pour lui, sera-t-elle moins universelle dans ses révélations que ne le fut la sensibilité ?

« J'insisterais en vain, Monsieur ; je ne ferais, si je m'égare, que m'égarer de plus en plus, que reproduire sous toutes leurs faces les mêmes idées. C'est ce qui déjà vient de m'arriver pendant deux ou trois pages, et je ne sais vraiment, si, en métaphysique, c'est un tort qu'on puisse éviter, soit que l'on raisonne ou qu'on déraisonne. J'en ai commis de bien plus graves sans doute, pendant tout le cours de cette discussion ; je ne suis pas au bout, si vous me laissez faire ; car, jusqu'à présent, je n'ai tourmenté que ces deux idées : « Quelle est la condition de l'idée de temps ? Quelle est la première durée qui nous soit donnée ? » Après les avoir résolues, vous demandez encore : Quelle est la première succession qui nous est donnée en nous-mêmes ? Vous répondez que c'est la succession de nos actes volontaires. De son côté, M. R. C. affirme que nous devons notre identité continue à notre activité continue et volontaire. Ainsi, en dernière analyse, vous arrivez tous deux à cette opinion de M. de Biran : que la volonté est l'élément de la durée. Là commence un ordre différent d'idées où se rencontrent les problèmes les plus importants qu'on puisse élever sur l'âme humaine. J'y ai appliqué toutes mes facultés ; et aujourd'hui, en me mettant à vous écrire, j'avais l'intention de vous rendre compte de mes méditations et sur ces problèmes, et sur les idées de cause et de substance, où ils se reproduisent. Mais, cette lettre déjà si longue, deviendrait un volume ; et puis, pour ressaisir tous les rapports de mes idées entre elles, il me faudrait recommencer quelques lectures, revoir mes notes, enfin, retarder de plusieurs jours encore le plaisir de fermer cette lettre, et d'attendre une réponse. Il y a si longtemps que je n'ai eu de vos nouvelles que je ne saurais me résoudre à m'en priver volontairement une semaine de plus. D'ailleurs, si, comme je le crains fort, mes raisonnements n'ont pas le sens commun, autant vaut-il que je vous en épargne les trois quarts. Ce commencement sera donc un ballon d'essai ; si vous le condamnez sans restriction, je m'en tiendrai là de cette expérience, et je tâcherai de refaire mon esprit avant que d'en tenter une autre ; si, au contraire, vous voulez bien connaître la suite, et la conclusion, je vous l'enverrai le plus tôt possible.

« En tous cas, Monsieur, je vous supplie de me parler avec la plus entière franchise. En fait de science et d'idées profondes, on traite un peu les femmes comme les enfants, vous le savez ; et vous savez aussi que je n'entends pas la plaisanterie... Traitez-moi donc en écolier plutôt qu'en écolière ; je veux être battue ; je le veux tout en le craignant, si je le mérite, parce que j'ai besoin de vérité. J'ai besoin aussi d'apprendre de vous où j'en suis et ce que je puis ; car je l'ignore entièrement.

« Quand je prends dans la controverse un ton affirmatif, c'est pour m'enhardir et m'étourdir en quelque sorte ; mais de sang-froid, je suis bien loin de me fier à mon intelligence et à mes jugements. Cette incertitude de moi-même est ce qui me retient de vous communiquer plus souvent mes pensées. Si j'avais été moins craintive ou un peu plus avant dans votre connaissance, je vous aurais écrit, il y a trois semaines, sur un autre sujet que la métaphysique. J'étais plus inquiète alors de ce que faisait et pensait M. R. Collard, que curieuse de connaître à fond ce qu'il enseignait, il y a quinze ans, sur la succession et sur la durée. J'ai prédit sa neutralité, j'ai compris, je crois, son silence. Mais, néanmoins, réduite aux conjectures sous bien d'autres rapports, sans communications intéressantes avec Paris, j'aurais eu beaucoup de questions à vous adresser sur les personnes et sur les choses. J'eusse aimé aussi à vous dire ma philosophie de cette histoire vivante ; mais j'ai senti que vous aviez, dans un pareil moment, un peu mieux à faire qu'à vous occuper de ma politique. Du moins, au milieu de ces événements, je vous ai cherché et suivi, à la municipalité du onzième arrondissement, à l'instruction publique, et même dans le sanctuaire de vos pensées. Il n'est pas surprenant, Monsieur, que les miennes se tournent si souvent vers vous : vous êtes le seul lien par lequel je tienne à un monde où je vis moralement. Et ce lien, je l'aurais choisi entre tous ; il les représente, les réunit tous, je n'en veux pas d'autres ; aussi m'est-il si cher et si précieux que je crains toujours d'y toucher.

« Mes craintes, cependant, ne doivent pas m'empêcher de rendre un service. Le jeune homme de Lille dont je vous ai parlé et qui se nomme Pecqueur, est en ce moment à Paris, où il voudrait se placer dans l'Instruction publique. Il a d'assez bonnes recommandations, entre autres celle de notre député. Toutefois ses amis pensent, avec raison, que la vôtre serait la meilleure de toutes. On m'avait demandé en sa faveur une lettre qu'il vous eût remise ; j'ai préféré vous en parler avant qu'il se présente chez vous. Il s'y rendra dans peu de jours, avec un simple mot de moi. Ce qui m'a enhardie, Monsieur, à vous l'adresser, c'est son amour pour la philosophie, qui me semble être un titre à votre intérêt. Sa traduction manquait d'élégance et de grâce, mais n'était point absolument mauvaise ; il y avait même des endroits fort bien. On dit qu'il est fort en mathématiques et qu'il a fait de bonnes études. Il a remporté un prix à l'Académie d'Arras ; mais l'Académie d'Arras n'est pas difficile. C'est tout ce que je puis vous dire de ce jeune homme, que je n'ai jamais vu, mais qui est estimé de ceux qui le connaissent, et très lié avec la personne qui me le recommande, et dont l'amitié seule fait son éloge. La fortune ne lui sourit pas, il est sans carrière ; l'aider à s'en faire une serait un bienfait capital.

« J'ai reçu il y a longtemps l'article d'Édimbourg, je l'ai lu plusieurs fois ; j'aurais beaucoup de choses à vous dire.

« La traduction de Marc Aurèle dont vous m'aviez parlé, tarde bien à paraître, ainsi que l'Introduction de M. Jouffroy aux œuvres de Reid.

« Mais adieu, Monsieur, il est temps que je vous délivre, et aussi que je prenne un peu de repos ; car il est dix heures du soir ; j'ai passé la journée à vous écrire. La fin de ma lettre se ressent d'un peu de fatigue, vous excuserez. Adieu, songez que je me fais une fête de recevoir de vos nouvelles ; dites-moi si vous vous portez bien et si vous êtes heureux ; j'ai quelque droit de le savoir, moi qui le désire tant.

« CAROLINE ANGEBERT. »

Dunkerque, 22 août 1830.

« A neuf heures du matin. En relisant ma lettre, je trouve que cette première partie perd beaucoup à vous être envoyée seule. Il me semble aussi que j'ai oublié mes meilleurs arguments. Sans M. Pecqueur, je ferais de tout ce fatras des papillotes ; mais je me dévoue. »

La lettre que nous avons donnée, tome I, page 363, a été une sorte de rupture. Il y a bien eu encore quelques billets fort courts jusqu'en 1834 : mais ils étaient presque sans conséquences. Nous ne savons ce qu'est devenue Mme Caroline Angebert. Nous aurions été heureux de le savoir : mais les lettres dues à cette dame suffisent à conserver sa mémoire. Elle ne prétendait même pas à un souvenir : mais la philosophie se doit à elle-même de ne pas l'oublier.

SIR WILLIAM HAMILTON

1788-1856

(Voir plus haut, tome I, page 298).

On sait comment M. Cousin était entré en relations avec M. Hamilton. Un article avait paru dans la Revue d'Édimbourg, anonyme selon l'habitude de toutes les revues anglaises. Cet article jugeait les leçons de 1828 avec grande admiration; mais en même temps, il combattait l'idée fondamentale du système; et il déclarait que l'infini était inaccessible et incompréhensible à l'esprit humain. M. Cousin avait été frappé de cette critique, et il y avait discerné le mérite d'un métaphysicien de premier ordre. Quel était l'auteur? Il le sut bientôt par M. et Mme Austin, qui connaissaient le rédacteur en chef de la Revue. Mme Austin avait transmis à M. W. Hamilton les compliments de M. V. Cousin; et de là, une première lettre de M. Hamilton. Le philosophe écossais se trouvait très flatté de l'approbation du philosophe français, et ce fut le commencement de la correspondance, qui a duré, toujours active et très affectueuse, pendant vingt-cinq ans. M. Hamilton écrit en anglais.

M. W. Hamilton à Mme S. Austin.
Traduction.

Édimbourg, 18 mars 1830.

« Madame,

« Par suite d'une absence de quelques jours, je n'ai reçu votre lettre que la nuit dernière. Je n'ai pas besoin de vous dire combien j'ai été flatté de ce qu'elle contient ; il n'y a personne dont j'ambitionne l'approbation plus que celle de M. Cousin. Si quelque chose pouvait accroître mon admiration pour lui, ce serait l'éloge généreux dont il a bien voulu honorer une critique où les idées ont dû lui paraître bien fausses. Je dois certainement être fier de penser que je puis avoir réellement quelque titre à la louange qu'il m'adresse si libéralement. Mon unique mérite, malheureusement pour moi, c'est d'avoir tâché de résumer loyalement une doctrine philosophique, et je suis heureux d'apprendre que M. Cousin aussi pense que je ne me suis pas trompé à cet égard. Mais j'ai la conscience que c'est là presque mon seul mérite, et je crains que M. Cousin n'ait étendu à l'exécution l'assentiment qui n'est dû qu'à la bonne intention.

« J'ai bien des motifs pour réclamer l'indulgence. Les leçons de M. Cousin m'avaient été communiquées par mon ami, M. le professeur Napier, avec la prière, dont la forme me rendait tout refus impossible, d'écrire un article pour le premier numéro de la Revue, dont il est l'éditeur. D'autres occupations m'ont retardé ; l'article a néanmoins été finalement écrit, mais en grande hâte ; et quand j'en ai eu les épreuves, il s'est trouvé qu'il était trop long. En mon absence, on l'a raccourci sur l'épreuve, de manière que certaines omissions y ont laissé des passages obscurs, faute de transitions. Dans ces conditions, j'aurais préféré que mon nom ne transpirât pas. Quand l'article parut, on le trouva généralement inintelligible. Mais aujourd'hui cependant, je suis porté à en être un peu moins honteux, en voyant que l'opinion du juge le plus compétent lui est si favorable, et j'en serai d'autant plus flatté si M. Cousin continue à penser que ce travail n'est pas indigne de son attention.

« Quant à moi, je n'ai rien à dire si ce n'est que je suis un gradué d'Oxford et un membre du barreau d'Écosse ; et pour ce que demande M. Cousin de mes ouvrages, je dois avouer que jusqu'à cette heure, je n'ai presque rien écrit. On vous aura mal informée sur d'autres articles qui seraient de moi. Je n'ai à répondre de quoi que ce soit dans aucune revue anglaise ; et les morceaux insignifiants dont j'ai pu par hasard me rendre coupable, ne sont pas de nature à intéresser M. Cousin ; je n'ai aucun embarras à m'en confesser. A ce propos, je puis vous dire, puisque vous paraissez douter de cette affirmation, qu'un des amis de l'auteur m'a dit, dans le temps, que la personne qui avait rendu compte des Fragments philosophiques de M. Cousin, dans le premier ou le second numéro de la Revue trimestrielle étrangère, était le docteur Ferguson. Je n'ai pas entendu parler d'aucun autre article sur la philosophie de M. Cousin, soit dans ce recueil, soit dans tout autre recueil anglais.

« Je suis très impatient de connaître les leçons de M. Cousin en 1829. Je suis sûr que, si un livre de métaphysique peut actuellement réussir en Angleterre, c'est une traduction des leçons de M. Cousin sur Locke. Mais en réalité, il n'y a, pour le présent, dans ce pays aucun goût pour la spéculation abstraite, et il n'y a pas absolument dans toute l'Europe une nation qui se soucie de Locke moins que ses compatriotes. Si l'Angleterre peut être portée à lire un livre quelconque de philosophie, c'est précisément M. Cousin qui est placé pour exciter quelque zèle en cette étude ; mais je le dis avec tristesse, je crains bien qu'adressée à un public anglais, toute son éloquence ne soit que la voix « Clamantis in deserto. »

« Je regrette que vous ayez cru nécessaire de vous excuser de vous être adressée à moi pour les détails que vous désiriez. Tout au contraire, j'ai à vous remercier de l'occasion que votre lettre m'a heureusement offerte, et je serais heureux de faire personnellement la connaissance d'une dame que M. Cousin considère. J'aurai peut-être le bonheur de vous rencontrer à Londres, et d'obtenir l'honneur de vous écrire. S'il y a dans cette lettre quelque chose qui vous semble pouvoir intéresser

M. Cousin, je vous serai fort obligé de vouloir bien le lui communiquer ; et je suis avec le plus grand respect votre très reconnaissant,

« W. HAMILTON. »

« P.S. Si, par hasard, M. Cousin a l'intention de traduire mon article, je serais heureux qu'il me permît de faire quelques corrections, purement verbales, qui affectent le sens. »

(Suivent quatorze ou quinze corrections qui, sans être très graves, améliorent cependant le texte.)

L'article de M. W. Hamilton a été traduit dix ans plus tard, en 1840, non par M. Cousin, mais par M. Louis Peisse, qui y a joint d'autres travaux du philosophe d'Édimbourg. Cette publication a fait connaître M. W. Hamilton à la France, mieux peut-être qu'il n'était connu dans son propre pays. M. W. Hamilton a déploré plusieurs fois l'indifférence de ses compatriotes écossais et anglais pour les spéculations métaphysiques. En France, cette indifférence, naturelle à la foule, n'était pas poussée aussi loin : et grâce à M. Cousin, la philosophie avait trouvé bien des partisans parmi les esprits les plus sérieux. En Écosse et en Angleterre, les circonstances avaient été beaucoup moins favorables. Il est vrai que le xviiie siècle y avait été très fécond : et l'école Écossaise, en particulier, avait dignement soutenu l'honneur des deux pays. Condillac en France était bien loin de valoir Hutcheson et Reid, sans parler d'Adam Smith et de tant d'autres. La remarque de M. W. Hamilton n'en est pas moins juste ; mais il n'y a pas à s'étonner de la stérilité qu'il signale et qu'il regrette.

Voici le premier billet de M. Cousin à M. Hamilton :

« J'envoye à sir William Hamilton cette réfutation de Locke,
« comme un témoignage de ma haute estime pour l'excellent
« article du numéro 99 de l'Édimbourg Review, sur mes
« leçons de 1828. J'ignorais qu'il y eût en Écosse un aussi
« digne héritier de D. Stewart. Si, à Paris, je pouvais lui
« être bon à quelque chose, je le prie de disposer de moi, et
« je recevrais de sa part, avec une reconnaissance infinie, tout
« ce qu'il lui plairait de me communiquer sur l'état de la philo-
« sophie dans la Grande-Bretagne.
   « V. Cousin. »
16 Mai 1830.

La réfutation de Locke avait été le sujet des leçons de M. V. Cousin dans le second semestre de 1829 : elle était ainsi toute récente, quand il l'offrait à M. Hamilton. Cet ouvrage peut, à juste titre, compter parmi les chefs-d'œuvre de polémique philosophique : et il serait même difficile de citer aucun livre de ce genre qui l'égale. M. W. Hamilton le trouvait admirable. C'était aussi l'avis de M. Royer-Collard. Il est certain que le sensualisme de Locke, père de celui de Condillac, ne peut pas se relever des coups qui lui ont été portés. Le sensualisme n'en aura pas moins toujours des adeptes; mais ils ne peuvent pas répondre victorieusement à des objections si décisives.

Traduction. Lettre de M. Hamilton :

Édimbourg, 23 octobre 1830.

« Monsieur,

« Par suite de quelque retard dans la transmission, je n'ai reçu votre note, avec un exemplaire de votre réfutation de Locke, qu'il y a quelques jours seulement ; et je n'ai pu vous en accuser plus tôt réception, parce que M. Powlet Thomson, qui avait eu la bonté de m'annoncer dix jours à l'avance l'arrivée du paquet, a été forcé de partir précipitamment pour Paris, la semaine suivante. Mais, comme il n'y a personne dont j'admire davantage le caractère et le génie, je n'ai pas besoin de vous dire combien j'ai été flatté par l'expression de votre estime, et combien je désirerais y avoir plus de droits que des productions imparfaites et hâtives. En retour de votre admirable ouvrage, cuivre pour or, j'ai la présomption de vous adresser un exemplaire de mon article qui a paru dans le dernier numéro de la Revue d'Édimbourg. Il était si long que j'ai cru devoir en retrancher quelques parties, qui n'étaient pas essentielles absolument. Il manque aussi de développement en quelques points, et l'introduction, où je m'appuyais sur votre autorité, est un peu trop brusque. Je vous en envoie les épreuves telles qu'elles devaient paraître ; et je regrette les retranchements qui y ont été faits. Je joins à cet envoi deux exemplaires que je vous prie d'offrir, si vous le jugez bon, à M. Royer-Collard et à M. Jouffroy. J'ai la hardiesse de les présenter à ces Messieurs en mon propre nom.

« Quant à votre question sur l'état actuel de la métaphysique et de la philosophie en ce pays, ma réponse est simple : nous n'avons presque rien. Les ouvrages publiés récemment en Angleterre sur cette matière sont trop insignifiants pour qu'on en parle, si j'en excepte les derniers volumes de M. Stewart et une dissertation de Sir James Mackintosh. Mais j'avoue que je ne suis guère au courant de ce genre de publications. Si cependant vous désirez savoir jusqu'à quel point le pays est stérile, j'aurai grand plaisir à recueillir pour vous quelques renseignements autant que je le pourrai.

« Avec mes sentiments de grand respect, j'ai l'honneur, Monsieur, d'être votre très obéissant serviteur.

« W. Hamilton. »

La réponse de M. Cousin s'est fait attendre, puisqu'elle n'est venue qu'après quatre mois : mais ce retard a une excuse évidente. La Révolution de 1830 avait appelé M. Cousin à des fonctions très importantes ; mais, de plus, il avait joint à ses devoirs officiels le dévouement le plus actif à la question de l'instruction populaire. Il préparait alors ses labeurs sur ce sujet, qui était de la plus urgente importance. En même temps, il devait lire son discours sur M. Fourier, à l'Académie française, dont la séance publique n'eut lieu qu'en mai 1831. Occupé comme il l'était, on ne pouvait lui reprocher ce long et involontaire silence.

Lettre de M. V. Cousin :

A Monsieur W. Hamilton, à Édimbourg.

« Monsieur,

« Étant un peu malade, et pourtant ne voulant pas différer
« de vous répondre, je vous demande la permission de ne pas
« vous écrire de ma main.

« Oui, Monsieur, un de mes amis avait traduit votre article
« sur mes leçons et se proposait de le donner au public fran-
« çais. C'était un jeune homme de la plus grande espérance,
« auteur d'une excellente traduction, ou plutôt d'une réduc-
« tion du second volume un peu diffus de Dugald Stewart.
« Vous n'apprendrez pas sans affliction que mon pauvre ami a
« été tué le 29 Juillet à la prise des Tuileries (voir plus haut
« tome I, page 327). C'est une perte que seul je puis apprécier,
« parce que seul j'avais le secret de son talent et de ses desseins.
« Je ne vous parle point de votre article sur Reid ; j'at-
« tends le second, que vous promettez. Il est évident qu'il y a
« en vous un métaphysicien, à Édimbourg. J'ai remis les deux
« exemplaires de votre article à M. Royer-Collard et à
« M. Jouffroy, qui vous en font leurs remerciements.
« Les événements politiques étouffent tout intérêt général
« pour les discussions philosophiques, et je dois maintenant
« me résigner à travailler en silence. Il est tout naturel que la

« situation des affaires préoccupe tous les esprits : elle me
« frappe puissamment moi-même et me tire souvent de mon
« cabinet. Cependant, j'espère et je veux trouver toujours du
« temps pour nos études chéries. A propos de mon volume
« sur Locke, savez-vous ce que c'est qu'un recueil de lettres
« originales de Locke, de Sidney et de Shaftesbury, qui vient,
« dit-on, d'être publié à Londres par un nommé Forster, avec
« une analyse des opinions de Locke ? Qu'a de commun ce
« recueil avec l'ouvrage de lord King ? On dit ici qu'on va
« élever par souscription à Londres une statue en l'honneur
« de Locke : je souscrirai de grand cœur, comme je l'ai fait
« pour le buste ou la médaille de Dugald Stewart, dont je
« n'ai plus entendu parler. Vous serait-il possible de me pro-
« curer les notices biographiques qui ont été faites sur Brown
« et Dugald Stewart ? Je sais qu'il a paru dans l'Annual bio-
« graphy de Longman pour 1829, une notice sur Dugald Ste-
« wart ; mais je ne sais comment avoir cette notice.

« J'ai bien envie, Monsieur, de vous traiter comme un an-
« cien ami, et de vous prier de vouloir bien me signaler tout
« ce qui paraîtra chez vous d'un peu important pour la philo-
« sophie ou pour l'histoire de la philosophie. En fait d'his-
« toire, il faut tout avoir, et il n'y a pas de détails insignifiants.
« Quoique pauvre, j'achète tout ce qui paraît en ce genre. Je
« suis un grand curieux de faits, et le bonheur de ma vie se-
« rait d'avoir, dans chaque coin du monde, un correspondant
« qui me tînt au courant des moindres phénomènes philoso-
« phiques, et me ruinât en m'achetant les moindres baga-
« telles. Soyez, Monsieur, mon correspondant pour l'Écosse.
« MM. Treutel et Wurtz, à Londres, ont l'ordre de me
« faire tenir tout ce qui peut intéresser l'histoire de la philo-
« sophie ; mais ils ne sont au fait de rien, et votre Angleterre
« ne m'a pas ruiné, je vous assure.

« L'histoire de la philosophie morale au XVIIIe siècle par
« M. Mackintosh, quoiqu'un peu superficielle, est un livre
« utile, et qui peut populariser bien des vérités philoso-
« phiques auprès des gens du monde. Savez-vous si l'histoire
« des sciences physiques et mathématiques par M. Leslie

« a paru et s'il serait possible de se procurer un exemplaire
« de ce morceau, comme M. Mackintosh avait fait tirer à
« part quelques exemplaires du sien ?

« M. Napier s'occupe donc aussi de métaphysique ?
« Puissiez-vous tous deux réunis soutenir, en Écosse, une
« science à laquelle votre pays doit une partie de la gloire
« dont il jouit en Europe! Pour moi, j'espère vous envoyer
« bientôt deux nouveaux volumes de Platon.

« Victor Cousin. »

Paris, le 20 février 1831.

P. S. — « On me dit qu'il y a à Montrose un recteur nommé...
« moitié théologien, moitié philosophe, moitié mystique, moitié
« rationaliste, dont un de mes amis me dit assez de bien. »

Lettre de M. Hamilton :

Édimbourg, 15 novembre 1831.

« Mon cher Monsieur,

« J'ai tardé à répondre à votre dernière lettre jusqu'à ce que je me fusse procuré les ouvrages que vous désirez. Leslie avait quitté la ville, pour tout l'été, avant que j'eusse pu obtenir un exemplaire de sa dissertation pour vous. Je vous l'envoie maintenant par M. d'Eichthal, votre très aimable et très intelligent compatriote. Mais j'ai été désappointé en cherchant à ce moment un exemplaire de la courte notice nécrologique sur Stewart, par son fils le colonel Stewart, à laquelle vous faisiez allusion ; mais j'espère bien pouvoir, dans peu de temps, vous l'adresser avec une autre notice par Brown.

« Quant aux lettres de Locke, Shaftesbury et Sidney, je n'ai rien appris de cette publication, ni d'une statue à élever en l'honneur de Locke; ce qui serait fort désirable. Le monument que l'on consacre à M. Stewart s'élève actuellement à Calton Hill, sous la forme d'un tombeau architectural. J'ai eu quelques renseignements sur M. Nichol par un habitant intelligent de Montrose. J'ai appris qu'il jouit d'une bonne réputation d'homme de talent, bien qu'il n'ait rien écrit. Son nom est à peu près inconnu hors des murs de cette petite ville.

« J'ai grand désir de voir votre Rapport sur l'état de l'instruction en Allemagne. Je prends grand intérêt aux progrès de la pédagogie ; et un Rapport de vous sur le pays qui en Europe est le plus avancé dans cette voie, excite une curiosité d'autant plus vive. Mais je ne sais pas si ce Rapport a été publié sous une forme qui vous permette de me satisfaire. Ou, pourriez-vous me dire où je devrais en demander quelques exemplaires ? Ou pourriez-vous du moins m'en donner un ? M. d'Eichthal a eu la bonté de me promettre de m'envoyer un ou deux exemplaires des petits traités ; et si vous pouvez me faire la faveur de m'adresser votre Rapport, il le mettra dans son envoi.

« Il y a quelque temps que j'ai vu votre prospectus de la publication des œuvres de M. de Biran. Peut-on espérer que vous ferez bientôt cette publication ? Je suis effrayé de voir que la politique et la philosophie ne sont pas plus amies qu'elles ne le sont en Angleterre et en Allemagne. Je ne vois pas dans notre pays un seul ouvrage de philosophie que je puisse vous citer. Vous excuserez ces lignes écrites à la hâte, et que j'achève au plus vite, parce que M. d'Eichthal vient prendre congé de nous. J'ai été heureux de voir que l'Institut vous a fait l'honneur de vous appeler parmi ses membres.

« Croyez, mon cher Monsieur, à la haute estime et au profond respect avec lesquels je suis votre bien dévoué,

« W. Hamilton. »

Lettre de M. Hamilton à Mme Austin :

Édimbourg, 6 mai 1833.

« Chère Madame (Mme Sarah Austin),

« J'ai à vous adresser tous mes remerciements pour la peine que vous avez bien voulu prendre de me transmettre les deux brochures de M. Cousin, et pour l'offre que vous me faites de m'envoyer son Rapport. J'aurais accepté votre bienveillance pour ce dernier ; mais M. Cousin a eu la bonté de m'envoyer lui-même un exemplaire des deux différentes éditions de cet excellent document. Je l'ai accepté, parce que je croyais que ce Rapport, bien que publié, ne devait pas être mis en vente.

Je me suis procuré la traduction allemande avec notes, qui ne me semblent pas de grande importance. Je n'ai pas encore lu le Rapport ; mais je pense le lire bientôt, parce que le sujet m'intéresse vivement. J'ai toute une bibliothèque de publications sur les Universités et les écoles allemandes. Le zèle et l'intelligence des gouvernements et du peuple de l'Empire pour les progrès de l'instruction finiront par secouer notre indifférence, et éclairer l'ignorance qui redouble l'erreur. L'Angleterre et l'Écosse sont, à différents titres, également mal. Quant à envoyer à M. Cousin des détails sur notre législation, je ne sais pas, non plus que vous, où je pourrais les trouver. Ne voudriez-vous pas lui écrire de m'accorder un peu de temps pour me les procurer ? Et permettez-moi de vous prier de lui transmettre tous mes remerciements pour la bonté qu'il a eue de m'envoyer ses divers ouvrages. Je le ferai moi-même quand j'en trouverai l'occasion, en lui envoyant un livre qu'il désirait se procurer ici.

« Je compte avoir bientôt votre traduction de Falk et la correspondance de Goëthe et de Schelling. Avez-vous vu un petit livre de Fr.-V. Müller sur Goëthe, à un point de vue pratique ? Si l'on en croit les journaux allemands, cet ouvrage doit avoir quelque valeur, et il est peut-être digne d'être attribué à M. Falk, au moins en partie.

« J'ai l'honneur, chère Madame, d'être votre très respectueusement dévoué

« W. Hamilton. »

Pour M. Müller, on peut voir plus haut (tome I, page 383.)

Lettre de M. Cousin :

Paris, 24 juin 1833.

« Voilà bien longtemps que je ne vous ai pas écrit, mon cher
« Monsieur, et je crains bien que vous ne m'ayez oublié. Ce-
« pendant, je vous ai donné plus d'un signe de vie. Je vous
« ai envoyé successivement mes deux Rapports in-4° sur l'état
« de l'instruction publique en Allemagne et surtout en Prusse.

« Je vous ai aussi fait passer la seconde édition in-8°, avec
« une petite brochure, qui expose rapidement, mais exacte-
« ment, l'état de l'instruction primaire en Prusse, à la fin de
« 1831. Avez-vous reçu ces divers envois ?

« Notre session est terminée. Je vous transmets ceux de
« mes travaux parlementaires qui peuvent vous intéresser,
« savoir : la loi sur l'instruction primaire et l'exposé des mo-
« tifs, dont l'esprit éclectique vous fera deviner l'auteur ; et
« mes deux Rapports à la Chambre des Pairs. Maintenant, je
« m'occupe de l'exécution de la loi, qui me donnera des peines
« infinies ; aussi, je ne crois pas qu'il y ait pour un philo-
« sophe de plus digne occupation que l'éducation du peuple.
« Si cela pouvait vous intéresser, je vous enverrais les mesures
« les plus importantes qui seraient adoptées sur ce grand sujet.

« Maintenant, je m'adresse à vous pour avoir tous les do-
« cuments possibles sur l'instruction primaire en Écosse :

« 1° Y a-t-il une loi à cet égard, et où la trouver ? Peut-on
« s'en procurer un exemplaire ?

« 2° Y a-t-il eu des Rapports sur l'état de l'instruction pri-
« maire en Écosse ?

« Ayez la bonté de m'indiquer les sources où je pourrais pui-
« ser une connaissance réelle de l'état de votre pays sous ce
« rapport. Pour l'Angleterre, proprement dite, j'en sais assez
« par les Rapports de 1818. L'Angleterre est au-dessous de la
« France elle-même. Mais vos écoles paroissiales, instituées
« par le Parlement presbytérien, ont une grande renommée.
« J'en voudrais connaître l'organisation, et vous prie de
« prendre un peu de peine pour me fournir des documents
« authentiques.

« Et la philosophie ? Chez nous, elle est dans un état très
« satisfaisant. En 1828 et 1829, elle excitait un intérêt plus
« vif et plus populaire. Aujourd'hui, elle a moins de puis-
« sance ; mais elle est plus sérieusement étudiée, et le niveau
« de l'enseignement philosophique s'est partout élevé dans
« toutes les provinces. C'est le département dont je suis par-
« ticulièrement chargé ; et vous concevez que je m'en occupe
« avec soin.

« Vous n'avez pas vu ma traduction des Lois. Mais, dans
« quelques jours, je vous ferai passer une nouvelle édition que
« je publie de mes Fragments, avec une nouvelle préface, qui
« est un des morceaux de métaphysique les plus importants
« que j'aie écrits. Il y a un mot sur vous. Je vous prie de me
« lire avec attention.

« Comme je ne connais pas de moyen plus sûr que la poste,
« je me sers de celui-là pour vous écrire, et je vous prie de
« vous en servir aussi.

« Adieu, mon cher Monsieur, recevez tous mes compli-
« ments.

« V. Cousin. »

24 juin. Rue Madame, 13.

L'auteur de la loi sur l'instruction primaire et de l'exposé des motifs, c'est M. Cousin lui-même ; nous l'avons appris déjà par d'autres confidences venues de lui (plus haut, tome I, page 379.) Voici un nouvel aveu à M. Hamilton. Nous croyons devoir répéter que ce désintéressement de M. Cousin est infiniment louable. C'est à la fois de la modestie et du patriotisme : il ne pense qu'à servir la grande cause à laquelle il se dévoue. Il ne lui importe pas que la loi, à laquelle il tient par-dessus tout, soit attribuée à un autre. Le ministre y met son nom, le seul qui puisse figurer dans un document officiel ; c'est tout simple, et le nom du véritable « auteur » doit rester dans l'ombre ; mais nous croyons qu'il y a peu d'exemples d'une telle abnégation.

Édimbourg, 6 mai 1833.

Lettre de M. Hamilton à Mme (Austin ?) sur l'envoi de quelques ouvrages de M. Cousin.

Lettre de M. Hamilton à M. Cousin :

Porter Cross, 1er août 1833.

« Mon cher Monsieur,

« Quand j'ai reçu votre lettre, il y a environ un mois, je me suis reproché d'avoir été si longtemps à vous remercier de vos deux éditions de votre Rapport, etc. C'est néanmoins votre lettre qui est cause que j'ai différé à vous répondre, jusqu'à ce que j'eusse les documents qui pourraient vous offrir les informations que vous désirez, sur les écoles de paroisses en Écosse. Je les ai envoyés depuis quinze jours à Mme Austin, qui vous les fera tenir par votre ambassadeur, ou par tout autre moyen qu'elle jugerait préférable. Je l'ai fait au moment où j'allais partir de la ville ; et j'ai remis à vous en informer jusqu'à ce que je fusse à la campagne. Je crains que vous ne trouviez ces renseignements bien incomplets, et que nos écoles aient été bien surfaites. Le système Écossais d'instruction pour le peuple est seul recommandable, en opposition à celui de l'Angleterre. J'espère que l'exemple de la France, dû surtout à vous, fera honte à notre gouvernement de sa négligence. J'ai été, en attendant, fort heureux de vous voir obtenir une si grande et si juste influence dans les conseils de votre pays. Et ce n'est pas tant pour vous, bien que je m'intéresse à tout ce qui touche votre honneur, que pour l'accroissement de prospérité qu'elle apporte à la France et à l'Europe.

« Dans votre lettre, vous parlez de votre Rapport sur l'instruction populaire en Prusse ; je ne l'ai pas reçu, et je le regrette, parce que je me figure que j'aurais pu en faire quelque élégant résumé, plutôt qu'un article tout à fait indigne du sujet, dans le dernier numéro de la Revue d'Édimbourg. N'en accusez que moi ; mais j'ai dû, par des causes inévitables, retarder presque jusqu'au moment de la publication, et écrire alors à contre-temps.

« Je suis heureux d'apprendre que la philosophie est si prospère en France, sous vos auspices. J'attends avec impatience la nouvelle édition de vos Fragments et de votre préface. Je serai certainement très flatté en voyant ce que vous dites de moi, quelque peu digne que je sois de cet honneur. Rien n'est plus triste que l'état de la philosophie parmi nous. Deux articles de moi ont paru dans la Revue d'Édimbourg sur l'ouvrage (Grundriss) de Tennemann, et sur les récentes publications de logique en Angleterre. Puissent mes efforts avoir apporté quelque lumière sur ce sujet !

« Y a-t-il quelque espérance que le reste de votre Rapport sur l'instruction en Prusse puisse paraître bientôt ? J'ai promis un article pour le prochain numéro de la Revue d'Édimbourg sur les gymnases et les universités allemandes; je voudrais prendre votre Rapport pour base de ce travail.

« Je vous ai envoyé l'année dernière la Dissertation de Leslie; j'espère que vous l'avez reçue. Je suis fâché d'avoir attendu si longtemps l'exemplaire que Mme Stewart m'avait promis de la notice sur son mari. Je tâcherai de me procurer, si je le puis, le volume de nécrologie où cette notice a paru. J'ai mis, dans mon dernier envoi pour vous, un exemplaire des voyages de mon frère dans l'Amérique du Nord, qui viennent de paraître. Je souhaite que ce sujet vous intéresse. C'est un littérateur soldat.

« Croyez-moi, cher Monsieur, avec un profond respect, votre bien dévoué,

« W. Hamilton. »

Réponse de M. Cousin :

Paris. 28 décembre 1833.

« Mon cher Monsieur,

« J'attendais pour répondre à votre lettre du 1er août 1833,
« que j'eusse reçu les papiers que vous m'annonciez sur l'édu-
« cation populaire en Écosse, et le livre de M. votre frère.
« Mme Austin, qui est venue nous faire une petite visite
« avec son mari, n'avait rien reçu. Je regrette vivement que
« ce paquet se soit égaré. M. Mallac diminuera mes regrets,
« j'espère, en nous apportant une ample moisson de documents
« de toute espèce. Il me tarde de causer avec lui de l'Écosse, de
« l'Inst. populaire et de vous. Mais voulez-vous me permettre
« de vous dire que je ne vous tiens pas quitte du présent que

« vous me destiniez du livre de M. votre frère et du numéro
« du Nécrologe qui contient la notice sur D. Stewart ? De tous
« les moyens de correspondance, le moins mal sûr est encore
« la poste pour les lettres, et le commerce pour les paquets.

« Savez-vous bien que vous m'avez gâté dans l'Édimbourg
« Review, 116 ? Je vous remercie, non pour les éloges qui
« ne devaient pas me faire plaisir, quoiqu'ils m'en fissent,
« mais pour la bonne cause de l'éducation du peuple. Mᵐᵉ Aus-
« tin m'a dit que c'était votre article qui avait donné l'impul-
« sion, qui a suivi, et qu'il faut entretenir, mon cher Monsieur.
« Pour y concourir, j'extrais en ce moment d'un long Rap-
« port sur l'instruction secondaire en Prusse, qui ne peut être
« imprimé en ce moment, les faits les plus importants relatifs
« à l'année 1831 ; et je les publie immédiatement, pour faire
« suite à la brochure qui ne vous est pas arrivée, et que je
« vous enverrai avec l'autre. Je désire vivement que vous ne
« soyez pas trop mécontent de ce petit morceau, dont le but
« est de frapper l'attention de nos législateurs, qui ne lisent
« pas les in-4°.

« La pédagogie est ma philosophie pratique ; mais je suis
« loin d'oublier la philosophie spéculative. Ma nouvelle pré-
« face ne vous aura pas converti ; mais je désire que vous y
« voyiez que j'ai fait attention à vos critiques. J'imprime en
« ce moment un manuscrit philosophique posthume de
« M. Maine de Biran, qui paraîtra à la fin de l'hiver, et qui
« accroîtra parmi nous le goût d'une philosophie un peu meil-
« leure que celle de Condillac et de Cabanis. Je m'empres-
« serai de vous l'envoyer dès qu'il aura paru. Vous verrez
« quel penseur c'était que M. de Biran.

« La philosophie va très bien ici. Si je ne craignais de vous
« fatiguer, non de la philosophie, mais de la France et de
« moi, je vous exposerais le plan que je suis avec persévé-
« rance dans la direction des études philosophiques, qui m'est
« confiée, dans le sein du Conseil de l'instruction publique. Sa-
« chez du moins que maintenant il n'y a presque pas un col-
« lège royal en France où on n'enseigne Reid et D. Stewart.
« C'est une excellente préparation à une philosophie plus éle-

« vée, qui peut être celle de quelques hommes, mais non de
« toute la jeunesse. Il m'a fallu bien des peines pour en arriver
« là ; et un jour peut-être, on me rendra cette justice de re-
« connaître que la Révolution de Juillet m'ayant porté
« comme à la dictature des études philosophiques, le premier
« usage que j'ai fait de mon crédit, a été de protéger, de ré-
« pandre, de développer avec des soins infinis cette noble et
« sage philosophie qui, pourtant, n'est pas absolument la
« mienne, parce qu'elle convient mieux à la jeunesse, et à
« l'état des esprits en France.

« Je vous envoie la traduction de Mackintosh. Il n'y a
« rien là de fort remarquable ; mais je vous dois la copie, à
« vous qui m'avez donné l'original.

« Si vous rencontrez M. le docteur Chalmers, qui ne me
« connaît pas, mais qui m'est bien cher sans qu'il s'en doute,
« veuillez lui dire que j'espère avoir l'honneur d'être son col-
« lègue dans huit jours à notre Académie des Sciences morales
« et politiques, avec MM. Malthus, Brougham, Mill, Maccu-
« lock, Hallam. Il faudra bien qu'un jour vous soyez aussi des
« nôtres.

« Tout à vous,

« V. Cousin. »

Réponse de M. Hamilton :

Édimbourg, 10 février 1834.

« Mon cher Monsieur,

« Une occasion tout à fait inopinée de vous envoyer quelque
chose se présentant, je vous écris en hâte pour vous remercier
de votre lettre du 28 décembre, et pour la nouvelle édition de
vos Fragments. Je regrette de ne pouvoir vous envoyer actuellement le volume où est retracée la vie de M. D. Stewart,
parce qu'on ne saurait en trouver un exemplaire à Édimbourg ;
j'en ferai demander un par mon libraire à l'éditeur de Londres;
il l'enverra à Mme Austin, qui aura sans doute quelque occasion de vous le faire parvenir assez promptement. Le paquet
de livres et de journaux que je vous avais envoyé l'été dernier,
paraît maintenant perdu définitivement. Mme Austin et moi

nous avons fait toutes les recherches possibles, mais bien vainement. Je regrette toutefois cette perte ; car M. Mallac a recueilli tous les renseignements possibles dans ce pays ; et de mon côté, je lui ai fourni la liste de tous les ouvrages que je vous envoyais ; mais il y avait des manuscrits que je ne puis remplacer. Je vous adresse un exemplaire du dernier acte de notre Parlement sur les écoles de paroisses. Les autres plus anciens que j'avais extraits de mon exemplaire des actes écossais avec ceux de l'Assemblée, et les notes explicatives, étaient dans le paquet qui a été perdu.

« J'ai à vous féliciter du grand succès de votre Rapport et de vos travaux sur l'instruction publique. Ce ne sera pas seulement la France qui vous sera obligée, ce sera aussi l'Angleterre, surtout en ce qui regarde les écoles du peuple. Nous imitons en Angleterre tout ce que vous faites en France. J'attends avec impatience votre Rapport sur l'instruction secondaire, que vous annoncez sous presse. Depuis l'année dernière, l'opinion publique a fait beaucoup de progrès dans notre pays; et je suis sûr que la traduction de votre premier Rapport par Mme Austin a puissamment contribué à créer et à accélérer ce mouvement.

« J'ai lu avec grand profit et grande admiration votre nouvelle préface à vos Fragments. Mais je n'en suis pas moins effrayé de la figure que la philosophie de l'absolu doit faire devant le profanum vulgus. J'ai été fort heureux d'apprendre que nous allions avoir de votre main les ouvrages de M. Maine de Biran. J'ai toujours admiré son talent de métaphysicien. J'ai recommandé vivement une traduction de vos arguments à plusieurs dialogues de Platon. Ce serait fort désirable ; mais, à mon grand déplaisir, la philosophie de Platon est trop peu étudiée en Angleterre, à présent, pour être bien comprise...

« Croyez-moi, cher Monsieur, avec un profond respect, votre dévoué.

« W. Hamilton. »

Réponse de M. Cousin :

« Mon très cher Monsieur,

« Votre lettre me donne les plus vifs regrets de la perte du

« paquet précieux qui s'est égaré d'Édimbourg à Londres.
« Pour éviter le même accident, je vous prie de vouloir bien
« m'envoyer ce que vous auriez la bonté de me destiner, non
« par Mme Austin, dont les occupations variées sont presque
« incompatibles avec l'exactitude, mais par M. Pawlett Thomp-
« son, Board of Trade. Je vous remercie de l'acte de 1803 ; il
« est très bon pour le temps ; mais aujourd'hui il me paraît
« insuffisant. Le livre de M. votre frère est charmant. Le
« chapitre IV (Seminary of Education) m'a particulièrement
« intéressé, et je l'aurais désiré plus long et plus détaillé ;
« bien entendu que ce vœu n'est pas une critique, mais l'ex-
« pression d'un besoin ardent d'avoir des détails sur l'ins-
« truction primaire en Amérique. A propos d'instruction pri-
« maire, je me réjouis fort d'avoir pu être utile à la cause
« sacrée de l'éducation du peuple en Angleterre. Je vois en
« effet que plusieurs personnes ont été frappées de mon Rap-
« port, et ont le désir de prendre en main cette importante
« affaire. Ici, je ne rencontre pas une fois milord Greville
« sans lui en parler avec force. Espérons donc, mais surtout
« courage et constance.

« Vous devez avoir maintenant entre les mains mon Mé-
« moire sur l'instruction secondaire. Il est trop court pour
« être bien intelligible à la foule ; c'est que je le destinais à
« produire tout son effet sur le gouvernement français, et
« particulièrement sur notre ministre, qui, après s'être assez
« bien trouvé, je crois, de mes conseils relativement à l'ins-
« truction primaire, allait m'échapper et se jeter dans
« une route mauvaise, quant à l'instruction secondaire, et
« présenter aux Chambres un projet indigne de son aîné.
« L'effet de ce Mémoire sur l'élite du gouvernement a été
« prompt et sûr. Le projet ne sera pas présenté cette année,
« et ce serait peut-être un service à rendre à la cause de l'ins-
« truction publique que de donner à ce petit travail une
« publicité convenable.

« Je m'attendais bien que la nouvelle préface des Frag-
« ments ne vous convertirait pas ; mais je me permets d'ap-
« peler votre attention sur la théorie de la raison ; et vous

« prie de la bien méditer avant que de la rejeter définitive-
« ment ; car toute la question du scepticisme y est engagée, et
« je crois que, si je vous tenais là, je vous prouverais que
« vous êtes sur la route du scepticisme. Il ne faut pas avoir
« peur du mot d'absolu. Admet-on ou n'admet-on pas de la
« vérité, c'est-à-dire de la vérité absolue, et sur quel fonde-
« ment ? On ne le peut que sur la foi de quelque chose en nous
« qui soit objectif, comme son objet même, et ce quelque
« chose, c'est la raison.

« Au reste, je vous envoie aujourd'hui-même par M. Paw-
« lett Thompson le volume de M. de Biran, auquel j'ai mis une
« introduction purement psychologique, et sans aucune con-
« clusion ontologique et systématique, mais où vous aperce-
« vrez pourtant la base d'un système entier. Cette introduc-
« tion se lie à celle des Fragments et toutes deux s'éclairent
« réciproquement. Mais voilà bien des personnalités, quand
« je n'aurais dû vous parler que de M. de Biran.

« Le dessein que vous aviez de traduire mes arguments de
« Platon m'a touché véritablement ; mais il est sage de l'ajour-
« ner, tout au moins jusqu'à ce que j'aie fini ou presque fini
« cette traduction. La mort de Schleiermacher me prive d'un
« guide utile et que nul autre ne peut remplacer. C'était avec
« Hegel mon meilleur ami de Berlin ; il ne me reste plus en
« Allemagne que Schelling, dont la santé est loin d'être bonne.

« Je reçois en ce moment la 7ᵉ édition de Brown. Bon dieu !
« Luttez, mon cher Monsieur, luttez sans cesse contre cette
« funeste popularité. En vous, sont toutes mes espérances pour
« la philosophie en Angleterre. Dieu donc vous soit en aide
« et vous donne ce que je souhaite à tous mes amis et à moi-
« même, courage et constance ! C'est mon éternel refrain.

« Mille amitiés bien sincères.
                              « V. Cousin. »
20 mars 1834, rue Madame, 13.

Nous ne connaissons pas ce projet sur l'instruction
secondaire, dont M. Cousin semble faire si peu de cas ;
mais on peut s'en rapporter à lui, puisqu'il a persuadé

le Gouvernement d'alors, et que le projet n'a pas été présenté aux Chambres. Il a fallu attendre dix ans pour qu'un nouveau projet leur fût soumis, en 1844. On a vu quelle a été la discussion à la Chambre des Pairs, et quelle part y a prise M. Cousin (tome I, page 445). Ce second projet ne valait pas beaucoup mieux que les précédents, et le cabinet y avait fait des concessions inconcevables au clergé. M. Cousin ne pouvait l'accepter : et de fait, il s'est montré, dans ces ardentes controverses, le seul homme d'État vraiment compétent. Il n'était pas seulement le défenseur de l'Université ; il était le défenseur de la société, en soutenant les principes qui assurent son avenir par l'éducation de la jeunesse. Sa voix fut méconnue ; mais il a fait tout ce qui dépendait de lui pour qu'elle fût entendue.

« Mon cher Monsieur Hamilton,

« Je ne veux pas écrire à Édimbourg sans vous écrire aussi.
« J'ai été bien charmé de faire la connaissance de votre digne
« collègue et ami, M. le professeur Pillans, qui me paraît
« homme à vous seconder puissamment dans vos honorables
« efforts pour l'instruction publique. Je lui envoie deux pièces
« importantes sur l'instruction secondaire, qu'il aura la bonté
« de vous communiquer. Vous devez avoir reçu maintenant depuis longtemps mon Mémoire sur l'instruction
« secondaire en Prusse et en France ; je mets un grand
« prix à ce que vous ne soyez pas mécontent de ce petit
« écrit, lequel, répandu seulement à un très petit nombre
« d'exemplaires, a arrêté l'hiver dernier la présentation d'une
« loi plus que médiocre sur notre instruction secondaire.
« M. Pillans vous dira à cet égard bien des choses qu'il est
« mieux de ne pas confier au papier.

« Avez-vous enfin reçu M. de Biran ? et que vous semble

« de mes éloges et de mes critiques ? Ma préface vient au se-
« cours de celle de mes Fragments, qui ne vous a point con-
« verti, et je crains bien que celle-ci ne vous convertisse pas
« davantage. Cependant, plus je vais, plus je réfléchis et
« plus je m'attache à ma théorie de la raison, et comme étant
« l'expression la plus vraie de ce qui se passe dans l'esprit
« humain, dans l'acquisition de toute vérité, et comme étant
« le seul moyen d'échapper au scepticisme.

« Prenez garde, je vous prie, de ne pas laisser dégénérer la
« philosophie Écossaise dans un scepticisme nouveau qui ne
« vaudrait guère mieux que l'ancien. Que la philosophie
« Écossaise soit circonspecte dès qu'il s'agit d'ontologie, à la
« bonne heure ; mais en psychologie, elle ne veut pas se pro-
« noncer sur le caractère de la faculté qui nous découvre la
« vérité. Si cette faculté est purement subjective, alors re-
« viennent les objections de Kant, contre lesquelles l'expé-
« dient de M. Schelling et de M. Hegel, à savoir de placer la
« perception ou instruction de l'être hors de la conscience,
« est à mon sens une hypothèse inintelligible, et en opposition
« avec la condition de toute vraie connaissance, d'être accom-
« pagnée de la conscience. Entre Kant et la Philosophie de la
« nature, je ne vois de salut que dans la théorie de la raison
« subjective et objective tout ensemble. Quant à Fichte, je
« crois l'avoir assez bien réfuté dans la personne de M. de Bi-
« ran, et j'appelle votre attention sur cette partie de ma pré-
« face. Mais c'est assez vous occuper de moi.

« Parlez-moi de vos projets et de la philosophie en Écosse.
« J'ai conçu, avec M. Pillans, l'espérance que vous serez
« bientôt professeur de philosophie à la place du bon M. Da-
« vid Ritchie. O utinam! Dites-moi de qui est l'article du
« dernier numéro d'Édimbourg Review sur mon compte ; je
« crois que l'auteur m'accuse à tort d'avoir mésinterprété les
« opinions de Locke ; si vous le connaissez, dites-lui que ce
« n'est pas moi, un Français, mais Reid lui-même, qui a con-
« vaincu Locke d'avoir trop assimilé l'espace et le corps.
« On m'apporte à l'instant une traduction anglaise, que l'in-
« fatigable Thomas Taylor a publiée à Londres, 1833, de deux

« écrits de Proclus sur la Providence et sur la Nature humaine,
« dont le texte grec a péri, et dont j'ai, le premier, publié la
« traduction latine un peu barbare, faite par Guillaume de
« Morbéka.

« Au revoir. Je vous quitte pour aller présider le concours
« d'agrégation pour la philosophie.

« Mille amitiés bien sincères.

« V. Cousin. »

24 août 1834.

« P.S. Envoyez-moi, si vous pouvez le trouver, le discours
« de M. D. Stewart sur l'histoire de la philosophie. Je ne
« puis me le procurer. »

28 septembre 1834.

« Mon cher Monsieur,

« Je vous ai écrit dernièrement un billet renfermé dans une
« lettre à M. Pillans, avec un petit paquet de pièces relatives
« à l'instruction secondaire en France, le tout par l'intermé-
« diaire de M. P. Thompson. Cela vous est-il arrivé?

« Maintenant, je vous envoie, par la même voie, un écrit que
« je recommande à toute votre attention et à votre critique,
« à savoir, une traduction allemande de la préface de mes
« Fragments, avec une Introduction de M. Schelling. Dans
« cette Introduction, vous trouverez discutée la grande ques-
« tion de la méthode philosophique, et les points qui nous
« divisent M. Schelling et moi, malgré l'autorité que ses vues
« générales exercent sur mon esprit. Je désirerais bien savoir
« votre avis sur cette polémique, où se trouvent engagés les
« rapports et les différences de la nouvelle philosophie fran-
« çaise avec la philosophie allemande.

« Mille amitiés.

« V. Cousin. »

Réponse de M. Hamilton :

Édimbourg, 14 novembre 1834.

« Mon cher Monsieur,

« Je dois compter beaucoup sur votre bienveillante indulgence pour m'excuser d'avoir tant tardé à vous remercier de vos bonnes lettres, et de quelques volumes qui ont aggravé le tort de mon retard. J'ai voyagé presque tout l'été, et pendant ces deux derniers mois. Je n'ai pas pu, durant tout ce temps, vous envoyer un exemplaire de la dissertation de Stewart que vous désiriez. Je n'ai pas encore pu me le procurer. Les propriétaires de l'Encyclopédie britannique, en tête de laquelle cette dissertation est placée, ne l'ont pas laissé publier séparément ; et les quelques exemplaires tirés à part ont été donnés à M. Stewart et distribués par lui à ses amis. J'aurais bien voulu vous envoyer mon propre exemplaire ; mais je n'en ai que la seconde partie, et totalement gâtée par des notes marginales. Je n'ai pu me procurer la première partie que dans une traduction française. Je compte néanmoins être bientôt plus heureux dans mes recherches.

« J'ai reçu votre édition de Maine de Biran, et je ne sais ce que je dois le plus admirer, ou l'originalité de l'auteur, ou le talent universel de l'éditeur. J'ai été heureux de voir que vous estimez Brown à sa valeur propre. J'ai reçu aussi récemment la traduction de votre nouvelle Préface, que j'avais fait venir d'Allemagne ; mais je n'ai pas encore reçu votre traité sur l'instruction secondaire, dont vous m'avez annoncé l'envoi par M. P. Thompson. Je l'attends avec impatience. Je vous prie de vouloir bien offrir tous mes remerciements à M. Pont pour sa traduction de sir James Mackintosh ; j'ai eu grand plaisir à lire son excellente préface. Votre lettre ayant été gardée par M. Pillans, je ne la recevrai que longtemps après son retour.

« Vous me demandez quel est l'auteur dans la Revue d'Édimbourg du dernier article sur votre philosophie. L'article en lui-même n'est qu'une production vraiment méprisable. L'éditeur, M. Napier, en est vraiment honteux. Il a été écrit, me dit-il, par un Anglais dont le nom est absolument inconnu, le gendre d'un de ses amis, auquel il avait assez légèrement promis l'insertion de l'article avant de l'avoir vu, et qui est mort dans l'intervalle. Il a cru sincèrement qu'il ne pouvait pas supprimer absolument cet article. Il l'a d'ailleurs, me dit-il, beaucoup abrégé. J'ai proposé à Napier de faire un article sur votre préface et sur les remarques de Schelling. En tant qu'éditeur d'un journal populaire, il a une horreur personnelle de l'absolu ; et en cela, il n'est peut-être pas à blâmer ; car je ne crois pas que, parmi les lecteurs éclairés de la Revue, il y en ait qui puissent comprendre quelque chose de plus que la psychologie superficielle dont on se contente ici, sous le nom de métaphysique, et qui apprécient le mérite de votre philosophie et de celle de Schelling. M. Napier a néanmoins accepté un article pour le prochain numéro de la Revue, et le numéro prochain est celui de juillet. Personnellement, je suis en face de difficultés plus grandes ; car je suis forcé de me mettre en opposition contre les doctrines de quelqu'un que j'admire et que je respecte sincèrement, et qui est un philosophe auquel on doit tant de déférence. Et cependant, plus j'y réfléchis, plus je suis porté à croire que l'esprit humain est incapable de se former une conception rationnelle de l'inconditionnel ; et je ne vois pas, en supposant que cela se pût, comment cette notion subjective de l'absolu donnerait une connaissance réelle de l'ὄντως ὄν.

« D'un côté, je ne suis pas en état de la rejeter, ni de la dépasser ; et d'autre côté, je ne peux pas passer outre avec Hegel, sur les contradictions qui se trouvent dans toute philosophie de l'absolu. Je ne parle pas du principe de contradiction et du medii exclusi. Sur ce point, je trouve que la grande loi, celle qui est concevable, est toujours placée entre deux extrêmes qui sont également incompréhensibles, et dont l'un contredit l'autre. Ceci mène à une solution, la plus simple qui ait été jusqu'ici proposée de ces problèmes les plus difficiles et les plus importants de la philosophie de l'esprit, à savoir les lois de causalité et de substance. Je crois bien que cette doctrine n'est pas μάλιστα κατ' εὐχήν (la plus satisfaisante), et elle admet un véritable scepticisme sur la possibilité de l'ontologie.

« Mais je ne puis pas l'éviter. Je m'y arrête uniquement pour répondre à votre désir de discuter ce sujet, et d'exposer vos dissentiments avec Schelling. Donc, je tenterai d'écrire un article de ce genre. Je voudrais et je tâcherai de n'y rien mêler qui vînt de moi, en traitant de votre philosophie, en contraste avec celle de l'Allemagne. Peut-être me direz-vous ce que vous en pensez.

« J'espère bien que votre changement de ministère ne privera pas la France et l'Europe de vos inappréciables services à la grande cause de la civilisation ! Que ce changement vous mette à même de réaliser d'autant plus complètement vos projets bienfaisants autant qu'éclairés. Je compte vous voir bientôt nommé ministre de l'Instruction publique, et en état d'appliquer vos plans au lieu de les écrire ! J'ai probablement oublié une partie de ce que je voulais vous dire ; mais je vous écrirai bientôt une autre lettre.

« Croyez-moi, mon cher Monsieur, etc. Votre dévoué
« W. HAMILTON. »

Tout en correspondant avec M. Cousin, M. W. Hamilton correspondait aussi avec Mme Austin. Elle ne s'occupait pas de philosophie, bien qu'elle eût été très capable de le faire ; mais par son intelligence, son activité et par ses relations dans le monde littéraire, elle était à même de se rendre fort utile. Son caractère la portait à cette complaisance, et M. Hamilton n'oubliait pas que c'était grâce à elle qu'il avait été mis en rapport avec le philosophe qu'il admirait si vivement. Nous donnons la lettre suivante que M. Hamilton lui adressait :

M. Hamilton à Mme Sarah Austin :

Édimbourg, 26 novembre 1834.

« Chère Madame (Mme Sarah Austin),

« Je dois m'en rapporter à toute votre indulgence pour me pardonner d'avoir tant tardé à répondre à vos lettres ; car j'en ai reçu deux. Je n'essaierai pas de m'excuser... Quant à la préface de M. Cousin et à la prépréface de M. Schelling, que j'ai reçues tout à la fois de M. Cousin et d'Allemagne, j'ai été bien embarrassé. Rien ne me plairait autant que de pouvoir contribuer à faire connaître à ce pays cette production, ou tout autre du même auteur. Je serais fort aise de la traduire ; mais ainsi que vous le remarquez, nous n'avons pas chez nous de journal philosophique où on pourrait l'insérer ; et quant à une publication indépendante, vous pourriez bien l'imprimer ; mais qui lirait un ouvrage de cette espèce ? Je ne crois pas du tout exagérer ; quand j'ai voulu faire paraître un article critique dans la Revue d'Édimbourg, les difficultés n'ont pas été moins fortes. Pour moi, personnellement, je serais fort empêché de contredire M. Cousin ; et vraiment je ne pourrais pas essayer de juger les documents sans exprimer une opinion. M. Napier, l'éditeur, qui ne connaît absolument rien à la philosophie allemande, si ce n'est que son public la connaît et s'en occupe encore moins, est naturellement hostile au projet ; et en même temps, il a été si bien tourmenté pour un méprisable article sur le cours de M. Cousin, qui a paru dans l'avant-dernier numéro, qu'il est désireux de faire amende honorable par une critique plus favorable. Quant à moi, je déteste les vulgarités autant que personne. Dans les limites d'un article, vous devez supposer que le lecteur a les connaissances nécessaires pour le comprendre. Vous ne pouvez les lui donner. Je ne pense pas qu'il y ait en Angleterre cinq individus en état de comprendre la Préface en question, et encore moins, une analyse sommaire de ce qu'elle contient. Je me contente cependant d'être inintelligible, si je puis attester par là mon estime pour M. Cousin. Je lui ai écrit que je tenterais de faire un article, non dans le prochain numéro de la Revue d'Édimbourg, qui est déjà plein, mais dans le suivant. Je ne sais pas encore si je réussirai.

« Je suis charmé d'apprendre de toutes parts, le bien qu'a produit votre traduction du Rapport, et qu'elle continue de produire. J'ignore si parfaitement les ouvrages de pédagogie qu'on peut publier chez vous, que je n'ai jamais rien su du magasin dont vous me parlez, ni de M. Lévêque (?) Je suis heureux qu'on vous ait donné de si bons renseignements sur lui.

« Qu'advient-il de la nouvelle revue? Je suis effrayé quand je songe combien de temps il faudra attendre le succès d'un recueil périodique, qui sera fondé sur le même plan que toutes les autres revues, quoique sur des principes différents. Je suis très flatté qu'on m'ait jugé digne d'être un des collaborateurs. Mais je ne peux pas promettre d'être autre chose qu'un allié d'occasion, qui ne serait pas toujours en harmonie avec les autres. Je suis trop occupé de questions qui sont très loin d'être populaires, et j'ai dans la Revue d'Édimbourg un moyen plus que suffisant pour écouler le surplus d'énergie que je puis conserver.

« Je crois avoir renfermé dans une de mes lettres, une lettre pour notre ami M. Carlyle; j'ai égaré celle où il me donnait son adresse à Londres; mais comme je trouve que j'en ai déjà assez pour la poste, je n'y confierai ma lettre que dans un ou deux jours, et je prendrai la liberté de vous prier de la faire parvenir. Que de talent le monde perd en lui, parce que son public et lui ne s'entendent pas! J'ai l'honneur de présenter mes meilleurs hommages à M. le professeur Austin. Je suis, chère Madame, avec un profond respect, votre bien dévoué,

« W. HAMILTON. »

Lettres de M. Cousin à M. Hamilton :

« J'envoie à M. Hamilton :
« 1° Un nouveau mémoire de M. de Biran, que j'ai sauvé
« du naufrage;
« 2° Un article de M. Wendt, sur mes Fragments.
« Ce petit paquet lui sera transmis par la légation anglaise
« de Paris, laquelle se chargera de me faire passer tout ce
« qu'on m'adressera par l'intermédiaire de M. Austin, au
« bureau des affaires étrangères, à Londres.
« Cet intermédiaire est encore plus sûr que celui de
« M. Pawlett Thompson.

« V. COUSIN. »

12 janvier 1835.

15 juin 1835,

« Cher Monsieur Hamilton,

« Je ne vous écris aujourd'hui qu'un mot pour vous pré-
« venir que j'envoie à lord Grenville un petit paquet que
« M. Thompson se chargera de vous transmettre. Si vous ne
« le recevez pas, ayez la bonté de le réclamer au Bureau du
« Commerce. Déjà, il y a quatre ou cinq mois, je vous ai
« adressé quelques brochures par le Foreighn office; j'ignore
« si vous les avez reçues. Il y avait, entre autres papiers, un
« mémoire posthume de M. de Biran sur le sommeil, les
« songes et le somnambulisme, et un mémoire de moi sur un
« commentaire inédit d'Olympiodore sur le Phédon, et un
« article de M. Wendt sur mes Fragments. Le paquet d'au-
« jourd'hui contient : 1° un second mémoire sur un nouveau
« man. d'Olympiodore; 2° un petit discours académique sur
« la théorie mathématique de la chaleur; 3° un écrit sur la
« métaphysique d'Aristote. C'est ce dernier morceau que je
« vous recommande. J'ai bien pensé à vous en m'occupant
« de ce travail épineux, et vous en êtes le seul juge en Angle-
« terre; car le bon vieux Thomas Taylor manque par trop de
« critique pour pouvoir se mesurer sérieusement avec Aris-
« tote. Je ne connais pas sa traduction de la Métaphysique,
« qu'il m'a été impossible de me procurer. Mandez-moi ce
« que j'en dois penser; car si vous en faites cas, je me déci-
« derai à acheter sa traduction complète d'Aristote, qui est
« pourtant bien chère. Vous n'apprendrez pas sans plaisir que
« l'Académie des sciences morales et politiques vient, sur
« une proposition, de mettre en concours l'Organon. Dans
« quelques années, Aristote sera rentré dans le commerce des
« esprits. Mon cours à l'École normale a été suivi avec un
« zèle et une persévérance qui me donnent les plus grandes
« espérances pour l'avenir de la philosophie en France.

« Dans un mois, j'espère pouvoir vous envoyer une traduc-
« tion qu'un de mes amis a faite de la belle préface de
« M. Schelling. Peut-être, à cette nouvelle occasion, pourrez-

« vous vaincre la répugnance de l'éditeur de l'Édimbourg
« Review. En tout cas, croyez bien à ma haute estime et à
« mon sincère attachement.

« Tout à vous de cœur,

« V. Cousin. »

M. Hamilton à M. V. Cousin :

Édimbourg, 23 mai 1836.

« Cher Monsieur,

« J'ai à vous écrire une lettre bien longue de remerciements, d'excuses et d'explications, surtout pour me justifier de n'avoir pas encore tenu ma promesse de rendre compte de votre préface et de celle de M. de Schelling ; mais quand vous saurez dans quels embarras je me suis trouvé, je suis assuré que vous ne me reprocherez plus ma faute. Pour le moment, cependant, je n'écris que pour un sujet qui m'est tout à fait personnel ; et je me hâte de le faire en quelques mots et promptement, afin de pouvoir faire partir cette lettre sans retard d'une poste et de deux jours. Le temps est de la plus grande importance en cette affaire. J'aborde immédiatement la question.

« Comme cette communication a paru plus convenable venant d'une autre personne que moi, M. le professeur Pillans a dû vous écrire, pour vous prier de vouloir bien exprimer par écrit votre opinion sur les titres que je puis avoir à la chaire de logique et de métaphysique, actuellement vacante dans notre Université, et pour laquelle je me suis présenté. Le paquet qui contenait sa lettre et d'autres documents généraux, vous a été envoyé par l'intermédiaire de M. Pawlett Thompson. Comme il s'est écoulé beaucoup de temps, nous craignons que le paquet ne vous ait pas été remis. Il est peut-être resté à l'ambassade anglaise à Paris. M. Pawlett m'apprend que le paquet a été envoyé de Londres. Au cas où il aurait été perdu, je tiens à vous dire qu'un témoignage venant d'une autorité telle que la vôtre aurait la plus haute influence en ma faveur. Cependant, il peut sembler qu'un tel témoignage de votre part est inutile, après l'expression trop flatteuse de votre opinion sur moi, dans une conversation de vous avec le professeur Pillans, qui a bien voulu en prendre note. Mais mes amis pensent que votre opinion écrite par vous-même serait d'un plus grand poids, et d'une authenticité plus manifeste. En même temps, il serait mieux de ne pas faire allusion à l'obscurité de mes articles, qui ne vient, à ce que je crois, que de la nature abstraite du sujet, et de l'espace limité qu'on peut y donner dans un journal comme la Revue d'Édimbourg. Cette obscurité de mes écrits est la seule objection de quelque valeur qu'on puisse faire à ma candidature. Je sais que c'est votre pensée, par la réponse que vous avez faite à M. Pillans, qui n'était peut-être pas préparé à la bien comprendre. Je ne sais pas si vous connaissez mon article sur la logique dans le n° 115 de la Revue d'Édimbourg. Il y en a un autre dans le n° 126 sur l'étude des mathématiques, où vous m'aurez trouvé, je le crains, bien hérétique. Il y a aussi d'autres articles qu'il est inutile de vous signaler.

« Parmi les compétiteurs, il n'y en a pas un dont j'aie à craindre quelque connaissance sérieuse de l'objet de la chaire. Mais comme les électeurs, qui sont la municipalité de la ville, au nombre de 33, sont en grande partie sous l'influence du clergé, et que le parti fanatique désire toujours avoir un des siens, et que tout récemment j'ai irrité la « bourgeoisie » de la municipalité par un article de la Revue d'Édimbourg, n° 119, sur le patronage des Universités, et dans mes dépositions devant une commission parlementaire, j'ai traité leur capacité d'électeurs académiques avec le mépris qu'ils méritent, je vous serai très reconnaissant de tout ce que vous pourrez dire sincèrement de ma candidature. Si vous pouviez demander la même attestation à quelques-uns de vos philosophes distingués, vous ajouteriez beaucoup de force à mon obligation; car notre honnête magistrature compte les votes aussi bien qu'elle les pèse. M. Royer-Collard et M. Jouffroy ont-ils lu mon article sur la philosophie de la perception, que je leur ai envoyé; et peut-être pourront-ils en dire quelques mots favorables.

« Mais c'est vous qui êtes le meilleur juge, cher Monsieur, et je vous demande toute votre indulgence pour cette lettre, pleine d'égoïsme, comme pour d'autres peccata, et je m'empresse de me dire, avec un profond respect, mon cher Monsieur, votre tout dévoué.

« W. Hamilton. »

M. Cousin n'hésita pas à donner son appui à la candidature de M. Hamilton ; c'était un acte de justice plus que d'amitié.

Les deux articles sur la logique et sur les mathématiques ont été traduits par M. L. Peisse, dans le livre que nous avons cité.

M. Hamilton à M. V. Cousin :

Édimbourg, 19 juillet 1836.

« Mon cher Monsieur,

« J'ai attendu pour vous écrire que l'élection pour la chaire de logique fût terminée. M. Pillans aura dû vous informer qu'elle avait été en ma faveur ; et maintenant que je vous écris, je me sens absolument incapable de vous exprimer mes sentiments à votre égard. Je ne saurais vous dire à vous ce qu'il me serait si facile de dire de vous à un autre. Vous m'avez tellement comblé d'honneur, et dans un si noble esprit, que si je n'étais convaincu que mon éloge tient plutôt à une généreuse illusion de votre part qu'à mon mérite personnel, je n'en devrais pas moins être le plus fier des mortels. Un tel témoignage venant d'un tel juge, comme celui que vous m'avez donné en cette occasion, ne pouvait pas manquer d'assurer le succès, même dans ce pays, auprès d'un corps électoral comme celui d'Édimbourg. Mais l'accident du succès n'est rien à mes yeux en comparaison de l'honneur d'être recommandé par vous, et je ne serais pas moins heureux de votre opinion et également heureux que vous l'eussiez exprimée, quand même le résultat eût été différent de ce qu'il est.

« Je vous envoie une copie de mes Testimonials ; vous

vous y trouverez en compagnie d'une foule de personnes distinguées ; mais tout en étant flatté de la recommandation des autres, je n'apprécie le témoignage de qui que ce soit autant que le vôtre. Pourtant, je dois avouer que je tiens encore moins de compte de son autorité supérieure, de son talent consommé et aussi de sa louange si haute que de la bonté avec laquelle vous me l'avez envoyé de votre lit de malade.

« Je suis, en attendant, fort désireux d'apprendre que vous êtes tout à fait remis de votre indisposition. Je saisis cette occasion de vous envoyer ma lettre par un de mes excellents amis, qui se rend à Paris, et qui m'a demandé de l'introduire auprès de vous. J'y ai consenti pour qu'il puisse me donner des nouvelles plus particulières de votre santé. Je dois ajouter qu'il est un légiste distingué de notre barreau d'Écosse ; et de plus, il est professeur de rhétorique à notre Université. Il compte en outre parmi les écrivains les plus habiles et les plus élégants d'Angleterre, en prose et en vers. Il a fait les meilleurs articles sur divers sujets, mais spécialement sur les belles-lettres, soit dans la Revue d'Édimbourg, soit dans d'autres recueils. Il a une rare connaissance de la littérature moderne. Son désir d'être présenté à une personne qu'il admire si profondément sous tous les rapports, m'a décidé à l'introduire auprès de vous. C'est une liberté que votre indulgence me pardonnera, j'en suis sûr. Mais je m'aperçois que j'oublie de vous dire son nom : il s'appelle Muir. Il se rend à Paris, en qualité de commissaire de notre cour suprême pour témoigner dans une cause importante. Sa tournure personnelle est la moindre de ses recommandations.

« Outre sa visite, vous recevrez deux ouvrages. L'un est une édition complète récemment publiée des Dissertations de Stewart, Mackintosch, Playfair et Leslie ; l'autre est une traduction de la Métaphysique des mœurs de Kant. M. Temple, le traducteur, est, comme vous le verrez sans peine, un pur Kantien, et n'a pas les connaissances nécessaires pour bien traiter son sujet, ni le goût requis pour obtenir le moindre succès dans ce pays. C'est, autrement, un homme habile et fort estimable. Je vous envoie sa traduction, parce que je sais que vous vous intéressez, en vrai cosmopolite, à tout ce qui touche aux progrès de la philosophie.

« J'ai bien des remerciements à vous faire pour quelques livres que vous avez bien voulu m'envoyer, et spécialement pour les vôtres. Je suis heureux de voir qu'Aristote a déjà reçu en partie, et recevra bientôt complètement, le bienfait de votre génie et de votre érudition. J'admire votre Rapport sur le concours comme un modèle achevé de ce genre. Au milieu de tant de diversions récentes, je n'ai pas encore eu le temps d'étudier votre cours par M. Garnier, qui me semble un élève non indigne du maître. Outre les ouvrages que vous m'envoyez, je me suis fait une collection de tout ce qui a paru en Allemagne sur votre préface et celle de Schelling, par Krug, Marbach et J.-H. Fichte. Pour tenir ma promesse, j'ai essayé, il y a quinze mois, de faire un article sur la question pendante entre vous et la philosophie allemande. Mais je me suis aperçu que tel que je l'avais écrit, il dépasserait de beaucoup l'intelligence de notre public. J'ai été empêché de le recommencer par une violente attaque de rhumatisme et de fièvre, qui m'a tenu trois mois dans mon lit. Depuis lors, une chose ou une autre m'a toujours empêché de renouveler cet essai. Cependant, je suis maintenant dans une situation où ce sera mon devoir, tout autant que mon désir, de faire mieux connaître à la nation anglaise vos œuvres philosophiques ; et j'espère le faire mieux que par des revues. Il y a bien longtemps que je dois me consacrer tout entier au travail qu'exige mon nouveau cours. Ce n'est pas une tâche aisée que d'écrire une centaine de leçons, pour lesquelles on était si peu préparé.

« Croyez-moi, mon cher Monsieur, votre respectueusement et sincèrement dévoué.

« W. Hamilton. »

29 juillet.

« *P. S.* A mon retour en ville, après une absence de quelques jours, je vois qu'on a dû retarder de quelque temps le départ de M. Muir, et qu'il est même possible qu'on ne l'envoie pas à Paris. Je vous fais donc parvenir cette lettre par la poste, et je vous enverrai le reste de mon paquet, soit par M. Muir, ou par toute autre personne.

« J'ai trouvé aussi à mon arrivée votre Introduction aux ouvrages inédits d'Abélard. J'en avais entendu parler, voilà déjà quelque temps ; mais je suis charmé que vous trouviez Abélard aussi conceptualiste qu'Occam. J'admire votre activité non moins que votre génie. Ce ne serait pas juste qu'Abélard tombât dans d'autres mains que les vôtres, vous l'Abélard moderne. »

M. V. Cousin à M. Hamilton :

« Cher Monsieur Hamilton,

« Je vous assure que j'ai été sur les épines, avant de rece-
« voir la bonne nouvelle que contient votre dernière lettre. Je
« me reprochais de n'avoir point écrit à M. Brougham et à
« M. Lansdowne. Mais, grâce à Dieu, vous êtes nommé ; vous
« voilà à votre place et dans votre élément. Une immense
« carrière d'utilité publique est devant vous, et je serais heu-
« reux de pouvoir penser que mon témoignage a contribué en
« quelque chose à vous l'ouvrir. Ayez la bonté, je vous en prie,
« de me mander si vous avez ouvert votre cours, quel audi-
« toire vous avez, quelle marche vous suivez, sur quel auteur
« vous vous appuyez et quels succès vous obtenez. Vos leçons
« doivent sans doute absorber tout votre temps. Trouvez
« pourtant quelques heures pour penser à moi et pour m'écrire.

« Je vous ménage une ovation, et une ovation à mes dé-
« pens. Je fais traduire quatre de vos articles par un de mes
« amis, homme très capable, excellent logicien, écrivain
« habile, auquel j'ai fait faire votre connaissance, et dont
« vous avez fait la conquête, au point qu'il ne veut plus me
« suivre dans l'ontologie par la psychologie. Vous avez en lui
« un admirateur fervent, un disciple, et je vous assure que
« ce disciple-là, à lui tout seul, en vaut cent autres. Bref,
« M. Peisse vous a traduit, il vous commente, et il va bientôt
« vous publier. Je ne manquerai pas d'en envoyer un exem-
« plaire au très honorable lord maire de la ville d'Édimburgh,

« et aux dignes marchands, entre les mains desquels est placé
« le sort de la philosophie en Écosse. Entre nous, si votre
« nouvel article inédit sur M. Schelling et moi était à peu
« près fini, vous seriez bien aimable de m'en envoyer une
« copie. M. Peisse le traduirait et ajouterait cette pièce aux
« quatre autres. Ce serait un grand ornement pour son recueil,
« et nous vous serions tous deux très obligés.

« Je vous remercie beaucoup du volume des Introductions
« à l'Encyclopédie d'Édimbourg. Il m'est fort agréable de
« posséder cette collection. Je mets de côté la traduction de
« M. Temple pour m'en servir dans l'occasion. Mais je n'ai
« pas vu M. Muir, et je le regrette, d'après tout ce que vous
« m'avez dit.

« Voulez-vous bien prendre la peine de vous informer si
« l'Académie d'Édimbourg a reçu mon gros in-4° sur Abélard ?
« Je n'ai demandé au gouvernement pour tout salaire de ce
« long travail que d'en envoyer un exemplaire aux Académies
« qui ont eu la bonté de m'admettre dans leur sein. J'aurais
« bien voulu vous donner le volume entier ; mais j'ai craint
« en vérité, de vous ennuyer de mes pédanteries de bénédictin.

« D'ici à quelques mois, je quitte la philosophie pour l'Ins-
« truction publique. Pour me délasser de mes travaux sur la
« Scholastique, je suis allé en Hollande, et j'en rapporte une
« moisson pour M. Pillans et pour moi. Oh les belles écoles de
« village ! C'est tout aussi beau qu'en Prusse. Ce voyage m'a
« bien fatigué ; mais il m'a fait aussi grand plaisir et j'espère
« que vous ne serez pas fâché, mes très chers amis, de voir
« mes descriptions, malheureusement faites à la hâte, mais
« fidèles et impartiales. Si Édimburgh n'était pas si loin et si
« j'étais plus jeune, j'irais causer avec vous. Nous verrons.
« En attendant, je vous fais à tous deux mes compliments.

« Je vous envoie cette lettre, par la poste, faute d'occasion.
« Pour les paquets, la légation anglaise à Paris m'offre ses
« services, et nous pouvons nous en servir.

« A vous de cœur,
« V. COUSIN. »

7 novembre 1836.

M. Hamilton à M. V. Cousin :

Édimbourg, 6 mars 1837.

« Mon cher Monsieur,

« Permettez-moi d'introduire auprès de vous M. Bache, président du Grand collège de Philadelphie. Il se rend en Europe pour y faire des recherches sur l'instruction populaire ; et sa mission serait incomplète s'il retournait en Amérique sans vous avoir consulté. Ses qualités personnelles lui mériteraient toujours l'attention ; mais l'objet de ses recherches et même son titre d'Américain seront, j'en suis sûr, un surcroît de recommandation à vos yeux. Avant de recevoir ce billet, vous aurez reçu la réponse à votre dernière lettre, à laquelle j'ai trop tardé à répondre.

« Croyez-moi, mon cher Monsieur, avec un profond respect, votre sincèrement dévoué.

« W. HAMILTON. »

Lettre de M. V. Cousin à M. Hamilton :

19 avril 1837.

« Cher Monsieur Hamilton,

« Je vous ai écrit et envoyé bien des petites choses depuis
« quelques mois, sans vous arracher un mot de réponse. Pour
« vous pousser à bout et vous faire honte, je vous envoie par
« M. Thompson une traduction de la Politique d'Aristote
« d'un de mes amis, M. Saint-Hilaire. Elle est faite avec
« soin.

« Adieu, dans une quinzaine de jours, je vous enverrai une
« collection de pièces relatives à l'École normale, pour M. Pil-
« lans et pour vous.

« Tout à vous de cœur.

« V. COUSIN. »

M. Hamilton à M. V. Cousin :

Édimbourg, 21 mai 1837.

« Mon cher Monsieur,

« Je suis tout honteux d'avoir été si longtemps sans répondre à votre excellente lettre, que j'ai reçue au début de l'hiver. Mais pendant cinq mois, j'ai été tout occupé à écrire mes leçons jour par jour, et mon indisposition m'a empêché de faire autre chose jusqu'à ces derniers temps. J'ai donc dû retarder cette réponse et bien d'autres devoirs. J'allais vous écrire, il y a une dizaine de jours, à propos de ma nomination, quand j'ai appris par M. Thompson qu'il avait reçu de vous un paquet pour moi; mais comme son bagage qui devait le suivre de Londres y avait été laissé, je ne l'ai reçu qu'hier. J'ai également reçu de M. Pillans vos brochures sur votre voyage en Hollande. Je l'avais antérieurement lu dans la Revue des Deux Mondes; je n'ai pas besoin de dire combien je m'y suis intéressé, ainsi qu'aux observations plus détaillées que vous donnez sur l'instruction dans ce pays. M. Pillans m'a encore apporté votre Rapport sur l'instruction secondaire, 2me édition, dont je vous remercie vivement, ainsi que pour la très intéressante notice sur vous, extraite du Biographe. J'ai lu la préface de M. Saint-Hilaire à sa traduction de la Politique d'Aristote et une partie de la traduction et des notes. Il me semble qu'il y a là beaucoup de travail et de talent, et cette publication contribue à faire apprécier tous les efforts du même genre faits dans ce pays. Je ne pense pas néanmoins que cette traduction de M. Saint-Hilaire doive vous détourner de votre ouvrage à moitié promis sur l'Organon et la Métaphysique d'Aristote. Ce serait une grande déception pour moi. Dans ma collection relative à Aristote, j'ai une édition avec notes manuscrites et collations d'Isaac Casaubon, contenues dans son édition des Œuvres d'Aristote, et aussi des notes et collations du manuscrit de Strasbourg de la Rhétorique d'Aristote par Franciscus et Æmylius Portus, qui ne se trouvent pas dans leur édition de cet ouvrage. Si cela pouvait avoir quelque intérêt pour vous ou pour M. Saint-Hilaire, je me ferais un plaisir de vous les envoyer. En passant, je puis noter ce qui a été échappé à toute édition, c'est que, sur les marges de la première édition de l'Organum de Pacius (Lyon, 1584), il y a la collation d'un manuscrit, tandis que dans l'édition suivante, on n'a pas donné de variantes, malgré la collation de cinq manuscrits. La première édition est fort rare ; mais vous devez l'avoir dans les bibliothèques de Paris; autrement, mon exemplaire serait à votre disposition. Buhle n'avait pas pu se la procurer, et les académiciens de Berlin n'ont pas fait usage de ces variantes.

« Pouvez-vous répondre aux questions suivantes sans que cela vous dérange en rien, quand vous me ferez le plaisir de m'écrire? 1° Je désire savoir si les vers grecs correspondants à Barbara, Celarent, etc., c'est-à-dire l'γράμματα ἔγραψε κ.τ.λ. se rencontrent dans quelque logicien grec antérieur à Psellus, qui, dans sa Synopsis organi, publiée en 1597 à Édimbourg, à ce que je suppose. car je n'ai pas pu me procurer l'ouvrage et c'est de là que Pierre d'Espagne qui a emprunté ses Summulæ presque entièrement à la Synopsis de Psellus, a pris l'occasion de perfectionner Barbara, Celarent, etc. Ces vers, à ce que je crois, ne se trouvent pas dans Alexandre d'Aphrodise, bien qu'ils lui soient couramment attribués par Nunnesius et par quelques autres commentateurs grecs de l'Organon, Ammonius, Philopon, Magentinus, etc., jusqu'à Psellus.

2° Les diagrammes qui expliquent le syllogisme se trouvent-ils avant Lefebvre d'Étaples? Y en a-t-il trace dans les commentateurs grecs antérieurs à la fin du xve siècle ?

« Je ne voudrais pas vous avoir soumis ces doutes s'ils devaient vous causer le plus léger dérangement ; je regretterais de vous prendre la moindre parcelle de votre temps si précieux ; mais il est probable que vous pourrez me satisfaire, grâce à ce que vous savez sur ce sujet, sans avoir à faire aucune recherche; et c'est ce qui m'enhardit à vous demander une solution.

« J'ai l'intention de faire un recueil des œuvres de Reid plus complet que ce qui a été fait jusqu'à présent, et j'y ajouterai des notes. Si l'ouvrage n'est pas indigne de votre attention, et je ne le crois pas autant que je puis voir, je me serais permis de vous demander de vous le dédier. J'ai fini mon premier cours, non sans une certaine satisfaction ; et je suis heureux de voir que bien que je n'aie pas donné une idée trop élémentaire de la philosophie de l'esprit humain, mes auditeurs ne m'ont pas trouvé inintelligible. Je saisirai l'occasion de remercier M. Saint-Hilaire de son beau présent. En attendant, je vous prie de lui exprimer ma gratitude et mon admiration pour sa science et son talent, et toute ma sympathie pour sa grande entreprise. Est-ce qu'il est fils du célèbre M. Geoffroy Saint-Hilaire ? J'attendrai avec grande impatience son nouvel ouvrage sur l'Organon.

Je suis très heureux d'apprendre que vous êtes occupé d'une profonde étude sur la philosophie scholastique. Ce que vous avez déjà fait sur ce sujet ne fait que redoubler le désir de tous ceux qui vous admirent. L'extraction de l'or de ce fumier exige un ouvrier tel que vous. Je suis effrayé de la peine que vous aurez à déchiffrer mon exécrable écriture, malgré toute votre patience. Je m'arrête donc ici.

« Vous avez la bonté de me demander le plan de mes leçons. Je ne me suis occupé que de psychologie. Au prochain cours, je commencerai la logique proprement dite. Le cours contiendra de la psychologie, de la logique, de la métaphysique et de l'esthétique. Je pense avoir pour texte un livre qui est déjà écrit dans certaines parties. Je vous en enverrai un exemplaire quand il sera imprimé.

« Croyez-moi, mon cher Monsieur, avec la plus haute considération, votre tout dévoué.

« W. Hamilton. »

L'édition des Œuvres complètes de Thomas Reid, D. D. a paru à Édimbourg en 1846. Elle forme un volume in-8° de plus de 900 pages, sur deux colonnes, en caractères très fins. Elle est précédée de la Biographie de Reid par Dugald Stewart. Cette édition est dédiée par sir William Hamilton à M. Cousin : nous traduisons cette dédicace :

A
VICTOR COUSIN,
PAIR DE FRANCE, ANCIEN MINISTRE DE L'INSTRUCTION PUBLIQUE,
MEMBRE DE L'INSTITUT, PROFESSEUR DE PHILOSOPHIE,
ETC. ETC.
CETTE ÉDITION DES ŒUVRES DE REID
EST DÉDIÉE
NON SEULEMENT
COMME GAGE DE L'ADMIRATION DE L'ÉDITEUR
POUR
LE PREMIER PHILOSOPHE DE FRANCE
MAIS
COMME UN HOMMAGE DÛ JUSTEMENT ET ÉMINEMMENT
A
L'HOMME D'ÉTAT
GRÂCE A QUI
L'ÉCOSSE A ÉTÉ UNIE DE NOUVEAU INTELLECTUELLEMENT
A SA VIEILLE ALLIÉE POLITIQUE
ET
LES OUVRAGES DE L'AUTEUR
QUI SONT LE RÉSULTAT LE MEILLEUR DE LA SPÉCULATION ÉCOSSAISE
SONT DEVENUS LA BASE DE L'ENSEIGNEMENT ACADÉMIQUE DE LA
PHILOSOPHIE CHEZ LA NATION QUI EST LE CENTRE DE L'EUROPE.

Nous ne doutons pas que cette dédicace n'ait causé le plus grand plaisir à M. Cousin. Les éloges qu'on lui adressait, au nom de l'Écosse reconnaissante, étaient justifiés. Personne n'avait fait, des philosophes écossais, une étude aussi profonde ; personne n'avait aussi bien compris et exposé tous leurs mérites. Avant les leçons de M. Cousin, qui savait en France ce que c'étaient qu'Hutcheson et Reid ? Qui leur rendait la justice qui leur est due ? L'école Écossaise s'est trompée en voulant faire de la philosophie une science naturelle,

(Voir plus haut, tome I, page 41). Mais par quelle admirable psychologie n'a-t-elle pas racheté cette erreur? Quelles analyses de l'esprit humain ont été plus consciencieuses que les siennes? Quelle méthode! que de bon sens! que de droiture! C'étaient des trésors que l'Europe n'appréciait pas assez.

M. Cousin à M. Hamilton :

« Cher Monsieur Hamilton,

« Il y a longtemps que j'aurais dû répondre à votre lettre
« du 20 mai dernier. Mais j'en ai été empêché par mille occu-
« pations, dont la plus pressante était la publication du livre
« sur la Hollande. L'avez-vous reçu, ainsi que mon École nor-
« male? Je vous ai fait passer ces deux ouvrages par des
« voies si peu sûres que je ne sais s'il vous sont parvenus; et
« je le désire beaucoup; car vous êtes du petit nombre de ceux
« auxquels je pense en écrivant, et il m'importe que vous
« preniez la peine de me lire. Mandez-moi donc si vous avez
« reçu ces deux écrits. Me trompé-je? Mais il me semble que
« l'inspection primaire en Hollande est un chef-d'œuvre, et
« que c'est l'institution par laquelle il faut tout commencer.
« Je me suis efforcé de mettre dans tout son jour cette judi-
« cieuse institution, qui pourrait être transportée ailleurs qu'en
« Hollande. M. Pillans sera peut-être choqué de me trouver
« si peu d'enthousiasme pour l'enseignement mutuel; mais
« j'aime à croire que vous serez plus indulgent que lui, ou
« même aussi coupable que moi. On me mande déjà que mes
« analyses et mes vues sur les Universités de Hollande, ne
« plaisent guère à Oxford et à Cambridge; et M. Horner, qui
« me fait l'honneur de vouloir traduire mon livre, écrit qu'il
« devra se renfermer dans l'instruction primaire. Il a raison,
« et je l'engage fort à ménager les préjugés existants, pour en
« obtenir la permission de faire impunément un peu de bien.
« Pour ma très chère École normale, il n'y faut pas penser en

« Angleterre, où l'instruction secondaire est, à ce qu'on m'a
« dit, encore plus livrée au hasard que l'instruction du peuple.

« J'ai déploré que le bill présenté par M. Brougham n'ait
« pas eu un meilleur sort. Du moins, il instituait un Conseil
« de l'Instruction publique, et c'est là le commencement de
« tout. Il faut revenir à la charge, et s'efforcer d'obtenir
« quelque chose.

« Parlons maintenant de philosophie. Combien je suis ravi
« du succès de votre cours, et combien j'en approuve les divi-
« sions ! Vous commencez donc aussi par la psychologie.
« Dans ce cas, je suis impatient de voir quelle valeur vous
« attribuez aux lois de la logique. Si elles sont purement rela-
« tives, vous aurez affaire à Aristote ; si vous les croyez et les
« établissez comme vraies en elles-mêmes, et non pas seule-
« ment par rapport à nous, il vous faudra bien revenir à une
« philosophie quelconque de l'absolu, sauf le mot que je vous
« abandonne. Enfin, vous préparez un manuel ; je le lirai avec
« la plus grande attention.

« Vous êtes fort aimable de m'offrir votre nouvelle édition
« de Reid. Je l'accepte volontiers ; car je respecte infiniment
« Reid, auquel je dois beaucoup ; et je compte bien l'appeler
« à mon secours contre le scepticisme, qui commence à sortir
« de tous côtés de notre chère philosophie écossaise. Est-ce
« là ce qu'avait voulu Reid, et la philosophie du sens commun ?
« Ou il n'a pas compris la portée de ses principes, ou vous
« leur donnez, mes très chers amis, une signification qu'ils
« n'ont point. Vous voyez que je suis fort entêté de ma philo-
« sophie. Mais, je vous l'avoue, autant le doute, en beaucoup
« de points, me paraît sage et forcé, autant le scepticisme
« général sur la raison et les réalités qu'elle nous découvre, me
« semble, plus j'y réfléchis, arbitraire, artificiel et dangereux.

« Je suis bien aise que vous estimiez le travail de M. Saint-
« Hilaire. Il vient de remporter le prix de notre Académie
« sur l'Organon. Il n'a rien à voir avec la famille de notre
« célèbre zoologiste. Il vous écrira lui-même pour vous
« remercier de vos aimables propositions. Nous avons causé
« ensemble de vos questions, et voilà notre commune ré-

« ponse. 1. Les mots techniques γρ. συρ. ne sont, ni dans
« aucun logicien grec avant Psellus, ni dans Psellus lui-même.
« Avant Pierre d'Espagne, on ne les trouve que dans Nicé-
« phore Blemmidas, abrégé de l'Organon. S'ils remontent
« plus haut, toute trace est perdue ; et jusqu'à nouvelle décou-
« verte, on peut très bien les considérer comme un fruit de la
« Scholastique constantinopolitaine. 2. Les figures explicatives
« O, Δ, K, n'appartiennent point à la Scholastique latine ; ce
« sont de petites inventions grecques du Bas-Empire. Ils
« sont d'un usage général dans les ms. du XIIIe siècle, et ils
« doivent remonter plus haut, peut-être même à l'ancienne
« école péripatéticienne, dont le chef a joint plus d'une fois
« des dessins explicatifs à son texte. Ce n'est là qu'une con-
« jecture probable. Le certain est qu'on rencontre ces figures
« à chaque pas dans les manuscrits grecs, antérieurs à la
« grande Scholastique latine.

« Adieu, mille amitiés,
« V. Cousin. »

15 septembre 1837.

Autre lettre de M. Cousin :

10 février 1838.

« Eh bien, mon cher Monsieur, que faites-vous et où en
« êtes-vous ? Je n'ai plus de nouvelles d'Écosse, et l'Édim-
« burgh Review ne m'apporte aucun article de philosophie
« qui trahisse la main de M. Hamilton. Songez donc que pour
« moi la philosophie de la Grande-Bretagne, c'est vous, et
« que je ne sais plus rien dès que vous vous taisez.

« Sans cesse, je vous demanderai des nouvelles de votre
« cours, de votre futur Manuel, et de votre édition de Reid.

« Savez-vous que M. Horner a traduit en partie ma Hol-
« lande, avec des observations préliminaires, qui sont fort
« bonnes ? En vérité, j'espère que cette traduction, jointe à
« celle de Mme Austin, servira chez vous la cause de l'éduca-
« tion du peuple. Je vois que M. Horner entend fort bien ces
« matières, et je désire qu'il ait de l'influence sur la loi que
« votre gouvernement prépare.

« Pour moi, je veux ajourner le travail dont j'avais été
« chercher les éléments en Prusse, l'automne dernier, et je
« suis cette année tout entier à Aristote et surtout à Platon.
« Voici une nouvelle édition de ma Métaphysique d'Aristote,
« avec le 12ᵉ livre de plus. Je ne compte pas pousser plus loin
« cette traduction. L'étude d'Aristote est, grâce à Dieu, enra-
« cinée parmi nous; elle peut se passer de moi désormais, et
« il est temps que je revienne à Platon et termine toute la
« traduction. Les arguments, l'introduction, mes propres
« idées viendront après, si elles viennent. Mais d'abord Platon,
« et Platon lui seul.

« Adieu, pour cette fois. Ici, la philosophie marche à grands
« pas, et je vous envoie de la part de M. Saint-Hilaire, qui
« vient d'être nommé professeur, son discours d'ouverture
« où vous reconnaîtrez un enthousiasme pour Aristote bien
« digne d'être encouragé et soutenu. Dans quelques mois,
« vous recevrez son mémoire sur l'Organum.

« Avez-vous en Écosse quelque bon portrait de Dugald
« Stewart?

« Encore une fois, adieu.

          « V. Cousin. »

Nouvelle lettre de M. Cousin :

          24 mai 1838.

  « Mon cher Monsieur,

« Avez-vous reçu ma seconde édition de la Métaphysique
« d'Aristote, avec un billet où je vous demandais, avec mon
« importunité ordinaire, si vous possédiez à Édimbourg
« quelque bon portrait de D. Stewart et de Reid? En atten-
« dant votre réponse, voici un nouvel ouvrage de M. Saint-
« Hilaire, qui vous prouvera que nous avons à Paris une école
« péripatéticienne.

« Je travaille en ce moment à une troisième édition de mes
« Fragments philosophiques.

        « Mille compliments.
         « V. Cousin. »

M. Cousin à M. Hamilton :

« Voici, mon cher Monsieur, une troisième édition de mes
« Fragments. Le libraire m'a fait violence pour donner cette
« édition ; j'ai cédé à regret, n'y pouvant mettre qu'un mot
« d'avertissement, où vous jouez un rôle que j'aurais fort
« agrandi, si l'espace ne m'eût manqué. Je n'espère pas vous
« convertir; mais je désire ardemment, et j'espère bien, n'avoir
« pas dit un seul mot qui vous puisse choquer. Soyez assez
« bon pour me répondre à cet égard.

« Cette année, je vous ai écrit quelques lignes, en février,
« avec une nouvelle édition de ma Métaphysique d'Aristote,
« et en mai, avec le Mémoire de M. Saint-Hilaire sur la
« logique de ce même Aristote, qui commence à être étudié
« sérieusement parmi nous.

« Avez-vous reçu ces deux ouvrages ? J'ai besoin de le
« savoir pour juger si la voie par laquelle je vous les ai fait
« parvenir est bonne, celle de notre Institut, qui, dit-on,
« communique par la Société Royale avec votre Académie.

« Vous savez sans doute que l'Académie des Sciences
« morales et politiques a mis au concours la philosophie alle-
« mande. Nous verrons, le 1er janvier 1839, ce que ce concours
« aura produit. En attendant, j'ai pu mettre au concours la
« philosophie Cartésienne, avec un programme que je vous
« envoie. Ces divers concours donnent un assez bel élan aux
« études philosophiques.

« Mais votre cours ? Grâce à Dieu, j'en ai des nouvelles et
« d'excellentes par M. Horner, qui est ici, et avec lequel je
« cause beaucoup de notre cher professeur de logique de
« l'Université d'Édimburgh. Il est certain que vos leçons
« sont suivies et goûtées, et je m'en réjouis comme d'un évé-
« nement très heureux pour la philosophie. Toutefois, comme
« je suis très exigeant, je me permets de désirer aussi que les
« succès du professeur ne nous privent pas des articles de
« l'écrivain.

« A propos d'articles, je vous avais annoncé qu'un de mes
« amis, M. Peisse, dont vous verrez le nom dans mon aver-

« tissement, avait traduit plusieurs articles sortis de votre
« plume. Il se décide enfin à les publier, à mon instante
« prière. Je ne crois pas qu'à aucune époque, depuis la vogue
« de la philosophie de Condillac, il y ait eu en France autant
« de zèle sincère et sérieux pour nos chères études. Le cours
« de M. Saint-Hilaire est suivi de peu d'auditeurs ; mais par
« des auditeurs choisis et laborieux. Celui de M. Damiron
« sur la philosophie moderne a un succès plus brillant ; et si
« la santé de M. Jouffroy lui interdit à peu près l'enseigne-
« ment, ses écrits lui font partout un nombreux auditoire.
« Son Introduction à Reid serait très bonne sans cette
« fâcheuse tendance au scepticisme, que Reid n'approuverait
« guère, et que je vous reproche à vous aussi, mon très cher
« Monsieur. Dans ce siècle de faibles croyances, est-il digne
« de vous d'avoir l'air de favoriser le moins du monde un
« scepticisme que ses conséquences me feraient redouter,
« quand ses principes me tenteraient ?

« Vous voyez avec quelle franchise je vous parle ; c'est la
« mesure de la haute estime que je professe pour vous et de
« l'affection que je vous porte, à travers les deux cents lieues
« et plus qui nous séparent.

« Si la Revue Française parvient jusqu'à Édimbourg, vous
« y trouverez des fragments d'une course que je fis en Alle-
« magne dans ma jeunesse. Ce sont des Juvenilia, que je re-
« commande à votre indulgence.

« V. Cousin. »

A la Sorbonne, 30 juillet 1838.

« P.-S. Ne manquez pas de me tenir au courant de tout
« ce qui se fait d'un peu important en Écosse, en philosophie
« et en pédagogie. Rappelez-moi à notre excellent ami,
« M. Pillans. »

M. Hamilton à M. Cousin :

Édimbourg, 18 septembre 1839.

« Mon cher Monsieur,

« Puis-je espérer que vous me pardonnerez de répondre

par l'expression de ma reconnaissance pour tant d'aimables communications, et pour l'extrême honneur que vous m'avez fait? Je me fie à votre bienveillance pour m'excuser plus qu'à tout ce que je dirais pour me justifier. J'ai différé pendant ces quelques mois à vous écrire, en espérant de semaine en semaine découvrir quelqu'un qui irait à Paris, et qui voudrait bien se charger de diverses choses assez pesantes. J'ai à vous envoyer entre autres un portrait et un buste de Stewart. Le premier remonte à 1808 ; c'est une gravure aujourd'hui fort rare. L'autre a été fait peu de temps avant sa mort. Il n'y a pas d'autre image de lui qui mérite attention. Il n'y a pas de buste de Reid, ni de gravure de lui, que la mauvaise gravure mise en tête de l'édition posthume de ses Essais, que cependant j'y mettrai aussi.

« Comme je vous l'ai dit, j'ai attendu longtemps l'occasion de vous les envoyer, ainsi que d'autres publications ; et ce retard m'a peu à peu amené, par le temps ainsi perdu, à être honteux de voir quel était cet intervalle écoulé depuis l'instant où j'aurais dû vous assurer que je n'étais pas insensible à votre extrême bonté. Je puis dire cependant que les envois qui contenaient la nouvelle édition de vos Fragments et l'ouvrage de M. Saint-Hilaire sur l'Organon, ne m'étaient parvenus qu'un an après la date de vos lettres qui les accompagnaient. C'est la Société Royale qui me les a fait tenir.

« En me reportant à la préface de la 3ᵉ édition de vos Fragments, je suis réellement dans une impuissance absolue de vous parler du panégyrique que vous y avez fait de moi. Hélas ! je suis si peu digne d'une telle louange et d'une telle attention ! Mais ce n'est pas la première fois que vous m'avez fait sentir mon humilité, par le contraste de votre estime et de mon mérite. Mais comme je ne saurais rêver que rien de tout cela me soit dû, je n'en suis que d'autant plus reconnaissant, bien que la plus sincère modestie puisse en être exaltée, en le recevant comme la preuve de votre partialité amicale. Mais c'est assez parler de moi.

« J'ai lu avec le plus grand intérêt, et je n'ai que faire d'ajouter avec admiration, les documents que je ne connaissais pas encore et qui paraissent pour la première fois dans la nouvelle édition des Fragments. Voulez-vous bien me permettre de répondre à une question que vous posez en note, page 297 du second volume ? C'est sur les Opera Varia de Jean-Michel Brutus, dont parle Leibniz, et l'éditeur de l'édition de Berlin de 1698, que j'ai. Quoique son nom ne soit pas donné, c'était Jean-Frédéric Cramer, comme on le voit par l'article Brutus du Lexique de Zeller.

Je m'imagine que vous n'abandonnerez pas vos travaux sur Aristote, quoique Platon puisse réclamer quelque temps votre attention, et parce qu'une nouvelle école de Péripatéticiens serait née sous vos auspices. J'ai l'intention, que j'espère réaliser bientôt, d'essayer un article sur les ouvrages récents qui concernent les philosophes de l'Antiquité en France, en Allemagne et en Hollande. C'est vous et vos élèves qui formez le groupe central. Je me réjouis de ce que vous m'apprenez de la situation prospère de la philosophie dans votre pays. L'intention de M. Peisse de traduire quelques-uns de mes écrits me flatte beaucoup ; mais s'il exécute ce dessein, je désirerais corriger auparavant quelques erreurs dans l'original. A côté de la réputation de M. Peisse, j'avais lu l'histoire de M. Damiron, avant que vous n'en eussiez parlé dans vos lettres et dans votre préface. Je vois qu'il a combattu la doctrine de Gall dans une habile polémique. J'avais fait une longue série d'expériences en rapport avec cette doctrine, et j'en ai réuni les propositions essentielles, que j'ai discutées, voilà plus de dix ans, et que j'ai presque oubliées. Vous me faites grand plaisir en m'apprenant le succès de M. Saint-Hilaire, comme professeur.

Je m'assure que votre santé est à cette heure tout à fait rétablie ; ce que j'étais plus anxieux d'apprendre, c'était si elle n'aurait pu vous permettre d'accepter les fonctions plus fatigantes de ministre de l'Instruction publique. Vous avez employé vos étés à voyager en Suisse et en Hollande. Ne penserez-vous pas aussi à visiter nos lointaines contrées ? Je puis vous promettre que personne n'y serait reçu avec plus d'honneurs, et que rien ne pourrait me satisfaire personnellement plus que votre visite ; pensez-y et figurez-vous tous les objets intéressants que nous pourrions vous offrir, pour provoquer en vous cette tentation.

« Je suis honteux de parler de Reid. L'ouvrage est à peu près achevé depuis dix-huit mois ; mais ayant été forcé de changer d'éditeur, j'ai permis d'ajourner la publication, sans de bons motifs, un peu plus qu'il ne fallait. Je pense bien finir dans quelques jours, et en être tout à fait quitte dans quelques six semaines, où je soumettrai l'œuvre à votre indulgente critique. Je ne puis pas demander votre approbation pour un travail de ce genre. Je saisis cette occasion pour remercier M. Saint-Hilaire de son estimable ouvrage sur l'Organon. J'ai reçu de Mme Austin une lettre très vive et un blâme bien mérité, pour avoir commis tant de négligences épistolaires. J'ai été heureux d'apprendre qu'elle allait bien.

« Croyez-moi, mon cher Monsieur, avec la plus haute considération,

« Votre bien dévoué,

« W. Hamilton. »

Billet de M. Cousin à M. Hamilton :

« Mon cher Monsieur,

« Je m'empresse de vous annoncer que, sur ma proposition,
« la Section de philosophie de l'Académie des sciences mo-
« rales et politiques vous a présenté, et l'Académie vous a
« nommé aujourd'hui-même, 25 janvier, correspondant de
« l'Académie pour la section de philosophie.

« Je vous annonce en même temps que la traduction de vos
« beaux articles de l'Edimb. Rew. par M. Peisse, avec une
« très excellente préface, a paru depuis quelques jours. Je vous
« l'enverrai par la première occasion.

« A vous de cœur.

« V. Cousin. »
De l'Académie.

25 janvier 1840.

M. Hamilton à M. Cousin :

Édimbourg, 7 avril 1840.

« Mon cher Monsieur,

« Je suis assuré que vous me pardonnerez le long retard que j'ai mis à vous remercier du nouveau témoignage de votre bonté, quand vous en saurez la cause. Peu de jours après que j'avais reçu votre lettre, un cher fils était atteint de la fièvre ; et après une lutte douloureuse et accablante, il nous a été ravi. J'ai eu à peine la force pour remplir les devoirs les plus urgents et les plus agréables. Voici la première lettre que j'ai écrite après cette affliction. J'ai été touché plus que je ne pourrais l'exprimer du grand honneur que vous avez bien voulu m'apprendre par votre lettre, et que je ne dois pas moins à votre amicale influence qu'à mes propres mérites. Je n'en ai pas le moindre doute.

« Mais pour passer d'un mince sujet à un grand, je puis à peine vous féliciter de votre nomination au ministère, en tant que ce serait un honneur et un avantage personnels ; mais je ne doute pas que ce ne soit là un événement que tous les amis de l'instruction et tous les partisans de la philosophie accueilleront comme étant du plus haut intérêt, non pas seulement pour la France, mais pour l'Europe. Puissent votre santé et vos forces ne pas souffrir de vos nouvelles occupations ! Ce serait attendre trop que d'espérer que vos travaux et vos ouvrages philosophiques ne vont pas être arrêtés ; mais « Patiantur aquilæ dum pascuntur columbæ ».

« Je viens de me procurer l'ouvrage de M. Peisse, et je lui écrirai dans quelques jours. J'ai reçu aussi dernièrement le diplôme officiel signé de M. Mignet ; je ne tarderai pas à le remercier. J'espère avoir bientôt l'occasion de vous envoyer tout ce que j'ai mis de côté pour vous.

« Croyez-moi, mon cher Monsieur, avec un sincère respect, votre bien dévoué,

« W. Hamilton. »

« P.S. J'ai lu avec la plus grande admiration votre travail sur Kant, et j'espère que vous n'oublierez pas ce qui doit suivre, au milieu de tous les embarras de vos fonctions nouvelles. »

Les espérances de M. W. Hamilton ne se sont pas réalisées, et M. Cousin n'a pas pu compléter ses études sur Kant. Quant à l'ouvrage de M. L. Peisse, il paraissait dans les premiers jours de 1840. Nous en avons déjà signalé tout le mérite. M. W. Hamilton ne pouvait qu'être très flatté d'avoir été traduit par une telle plume.

M. Cousin à M. Hamilton :

Paris, 26 juin 1840.

« Mon cher Monsieur,

« Voici quelques exemplaires des ordonnances, règlements
« et programmes que j'ai rédigés depuis le 1ᵉʳ mars pour le
« perfectionnement des études supérieures. Je vous prie de
« les méditer et de m'en dire votre avis. Je serais même fort
« aise que vous pussiez en dire un mot (je dis : un mot) dans
« l'Edimburg's Review. Croyez que tout ce que j'ai demandé
« dans mes ouvrages, je l'accomplirai peu à peu.

« Je vous enverrai successivement les principaux de mes
« actes. Soutenez-moi de vos vœux, et considérez-moi comme
« un soldat qui combat, en ce moment, pour la bonne cause.

« Remettez les deux exemplaires ci-joints, avec mes com-
« pliments, à M. Pillans et à M. Napier.

« A vous de cœur.

« V. Cousin. »

« Mille remerciments du buste et du portrait de M. D.
« Stewart.

« V. C.

« A Sir William Hamilton, Baronnet, Professeur de logique
« à l'Université d'Édimbourg. »

M. Hamilton à M. Cousin :

Édimbourg, 27 novembre 1840.

« Mon cher Monsieur,

« En remplissant la très agréable tâche de rendre compte de toutes les améliorations que vous avez apportées dans le système académique de la France, je trouve qu'on ne peut le faire d'une manière suffisante qu'en faisant précéder ce travail d'une vue générale du développement et de l'état antérieur des universités et des collèges, dans leurs relations mutuelles pour tout le royaume. Actuellement, je ne sais où trouver des informations récentes sur ce sujet. Je connais les ouvrages français plus anciens, et j'ai l'ouvrage assez léger de Kruse sur les écoles de France en 1832. Je vous prie de vouloir bien m'indiquer les quelques ouvrages qui ont paru depuis dix ou quinze ans, et que je pourrais utilement consulter. Ne pensez pas d'ailleurs à me les envoyer ; les titres me suffiront, et je les ferai venir de Paris, s'ils sont dans le commerce. Je vous serais fort obligé de me donner quelques renseignements de vos projets, en dehors de l'agrégation, etc. J'ai vu dans un journal que vous aviez songé à établir une Université à Arles.

« J'espère que la France ne sera pas longtemps privée de vos services, comme ministre, quoique les étrangers puissent profiter à ce que vous soyez délivré de vos fonctions officielles.

« Vous recevrez Reid dans quelques semaines.

« Croyez-moi, mon cher Monsieur, avec le plus profond respect, votre bien sincèrement dévoué.

« W. Hamilton. »

Les prévisions de M. Hamilton ne se sont pas réalisées, et M. Cousin n'est pas redevenu ministre. C'était fort regrettable pour l'Université et pour toute l'instruction publique. Mais si M. Hamilton avait été mieux informé des affaires de France, il n'aurait pas conçu cet espoir. La politique avait alors des aveuglements et des exigences dont il ne pouvait se rendre compte, à distance, et qui, dans le pays même, étaient généralement mal compris. M. Cousin ne pouvait se prêter à des faiblesses qui compromettaient la monarchie. La grande discussion de 1844 en fut bien la preuve. Le vœu de M. Hamilton était à la fois amical et très sensé; mais il était impraticable. Il n'y a pas à en plaindre M. Cousin; mais on peut plaindre un cabinet assez peu clairvoyant pour adopter une politique rétrograde et dangereuse. La monarchie y a succombé.

Lettre de M. Cousin à M. Hamilton :

15 septembre 1841.

« Mon cher Monsieur,

« Dans le mois de février dernier, je vous ai adressé un
« billet, avec mon livre contenant les actes de mon ministère.
« Je suis fort en peine si vous avez reçu l'un et l'autre. Faute
« de réponse, je ne vous ai plus écrit ni rien envoyé. J'avais
« pourtant à vous adresser trois nouveaux volumes de M. de
« Biran, qui, joints à celui que je vous ai envoyé autrefois,
« auraient mis sous vos yeux, et vous auraient permis de juger,
« toute la carrière de ce grand métaphysicien.

« Aujourd'hui, voici le début de ma propre carrière, mes
« leçons de 1815-1816 et 1816-1817. En jetant les yeux sur
« celles de 1815 et 1816, vous m'y trouverez tout écossais ; et
« il y avait alors quelque mérite à cela ; car on ne connaissait
« presque pas en France vos excellents auteurs; et après
« M. R. Collard, je me suis efforcé de les faire connaître. Dans
« l'année 1817, j'aborde la philosophie de Kant. Dieu sait si
« ces cahiers de mes anciens écoliers ont besoin de votre in-
« dulgence!

« Vous devez avoir maintenant toute la première époque

« de mon enseignement, 1816, 1817, 1818, 1819 (deux vol.,
« école Sensualiste, école Écossaise) en tout 4 vol.; reste en-
« core à publier l'année 1820. Je le ferai moi-même et assez
« promptement. Totus in hoc sum. Mais je vous parlerai une
« autre fois de mes travaux, quand vous m'aurez répondu,
« quand je saurai que vous avez reçu mes envois et mes let-
« tres. La voie que j'emploie est celle du consul général de
« France à Édimburgh, M. Angrand, par M. Guizot, ministre
« des affaires étrangères, sous le couvert duquel vous pouvez
« m'adresser lettres et paquets. Si nous pouvions rendre cette
« voie sûre et prompte, elle nous serait fort commode à l'un
« et à l'autre.

« Répondez-moi au plus tôt, je vous prie. Voici quelques
« questions : 1° l'Académie d'Édimburgh, dont, grâce à vous,
« je suis membre, publie-t-elle des Mémoires, comme la So-
« ciété royale de Londres? Et n'ai-je pas droit à recevoir ces
« Mémoires, comme vous avez le droit d'avoir les Mémoires
« de notre Académie, dont vous êtes le correspondant? Dans
« ce cas, je réclame mes droits, et vous ferez fort bien d'user
« des vôtres.

« 2° J'ai l'Almanach de l'Université d'Édimburgh pour 1833.
« En a-t-il paru un plus récent? et pourriez-vous me le faire
« passer? L'Université de Glasgow et celle de Saint-André ont-
« elles de pareils almanachs? Je voudrais bien en posséder
« quelques-uns.

« Depuis qu'on ne réimprime plus ici l'Édimburgh Review,
« je ne sais plus guère si l'on s'occupe toujours de philoso-
« phie. Donnez-m'en des nouvelles, et croyez-moi toujours
« votre dévoué

« V. Cousin. »

« P. S. J'attends pour vous faire passer les œuvres de
« M. de Biran, de savoir si mes envois vous parviennent. »

Billet de M. Cousin à M. Hamilton :

20 mars 1842.

« Voici le premier volume de mes vieilles leçons sur Kant,

« mon cher Monsieur. C'est à proprement parler une Cri-
« tique de la Critique de la Raison pure. J'ai fait ici pour
« Kant ce qu'à une autre époque j'ai fait pour Locke. Puissé-
« je vous avoir convaincu !

« Je joins ici mon discours aux funérailles de M. Jouffroi.
« Quelle perte ! Je suis persuadé que vous la ressentirez comme
« moi.

« Lisez-vous dans les journaux la croisade du clergé contre
« la philosophie ? Je garde le silence pour ne pas accroître le
« scandale.

« J'ai soif de nouvelles philosophiques anglaises. Chez nous,
« je vous signale les Essais de philosophie de M. de Rémusat,
« l'Histoire du Cartésianisme de M. Bouillier, Études sur le
« Timée de M. Martin, et une traduction du Proslogium et
« du Monologium de saint Anselme, par Bouchitté, etc.

« Mille amitiés.

« V. Cousin. »

M. Hamilton à M. Cousin :

Édimbourg, 1er juillet 1843.

« Mon cher Monsieur,

« Je suis si honteux de n'avoir pas fait encore depuis si longtemps ce que j'avais promis de faire, que j'aurais été tenté de tarder à vous écrire jusqu'à ce que je pusse accomplir mon désir, si un de mes amis, M. le comte Davidoff, un noble russe, fort distingué, l'héritier de la famille Orloff, ne m'eût demandé de l'introduire auprès de vous, pour qui, comme le reste du monde, il a la plus haute admiration. Je pouvais d'autant moins m'y refuser que je suis sûr que vous le trouverez tout à fait digne de vous être présenté. Il a habité notre ville durant quelques années, pour son éducation. Il y a laissé les souvenirs les plus sympathiques de ses excellentes qualités, et il les a réveillés par une visite récente à ses anciens amis.

« Comme je vous l'ai dit : je suis resté longtemps sans pouvoir remplir l'obligation que j'avais dû négliger. Je pense à mettre vos plus récents ouvrages sous les yeux du public anglais dans la Revue d'Édimbourg. Quand j'ai parlé à M. Napier, l'éditeur, d'un article sur les actes de votre ministère, il a pensé, et j'en suis tombé d'accord avec lui, qu'il vaudrait mieux faire une étude plus étendue ; et je suis convenu avec lui que le premier article que j'écrirais pour la Revue d'Édimbourg, où je n'ai rien mis depuis quatre ou cinq ans, serait consacré à un examen de l'influence que vos écrits ont exercée sur l'état actuel de la philosophie en France. Ce travail demandera de nombreuses lectures ; et je ne pourrai pas l'entreprendre d'ici à quelques mois.

« Mais auparavant, j'espère vous envoyer les ouvrages de Reid, qui ont dormi entre mes mains depuis si longtemps. J'aurai soin de vous envoyer aussi le volume des Transactions de la Société royale ; vous le trouverez, j'en suis sûr, bien peu intéressant pour un philosophe. J'ai reçu le premier volume de vos leçons sur Kant ; c'est l'exposition la meilleure qui ait été faite de sa philosophie, et que je connaisse. Je l'ai donnée en sujet de prix, durant les vacances du présent été, à mes élèves, comme je l'ai fait souvent de vos ouvrages. Je ne sais pas si le second volume a paru. Je n'ai pas encore votre Pascal ; mais j'ai lu ce qui en a été dit dans le Journal des Savants. Mais je dois terminer ici cette lettre.

« Croyez-moi, mon cher Monsieur, avec une haute considération, votre tout dévoué,

« W. Hamilton. »

Lettre de M. Cousin :

28 septembre 1843.

« Cher Monsieur Hamilton,

« J'ai reçu par M. Davidof un billet de vous, auquel je
« réponds avec empressement, pour vous prouver le prix que
« j'attache à une correspondance beaucoup trop interrompue.
« M. Davidof m'a dit que vous aviez publié récemment sur
« vos affaires religieuses une brochure qui avait eu un
« immense succès. Vous êtes un méchant homme de ne pas
« me l'avoir envoyée. Je lis avec le plus grand intérêt tout ce

« qui sort de votre plume, et je ne vous tiens pas quitte de
« cette brochure. J'ai d'ailleurs grand besoin moi-même de
« votre indulgence ; car depuis mon volume sur Kant, je ne
« vous ai rien adressé, faute de temps, d'occasions, et aussi
« parce que mes divers écrits se rapportaient plus ou moins
« aux circonstances dans lesquelles se trouve chez nous la
« philosophie. Comme je vous écris de Boulogne, je ne puis
« encore que vous donner ici les titres de ces écrits :

« I. Des Pensées de Pascal. — Sans doute, mes articles du
« Journal des Savants composent le fond de ce livre ; mais il y a
« beaucoup d'autres choses, entre autres une introduction,
« qui, bien à tort, selon moi, a porté jusqu'à la fureur la mau-
« vaise humeur du clergé contre moi.

« J'y ajoute de nouveaux éclaircissements sur mon prétendu
« panthéisme, à ceux que j'avais déjà donnés dans la 3ᵉ édition
« de mes Fragments, en 1838.

« II. — J'ai recueilli, sous le nom de Fragments littéraires,
« des morceaux divers, parus dans le Journal des Savants ou
« la Revue des Deux-Mondes.

« III. — Peut-être n'ignorez-vous pas que mes amis et moi
« nous avons publié une Bibliothèque philosophique à très
« bon marché pour balancer l'influence de la propagande
« radicale et de la propagande ultrapapiste. 18 volumes ont
« paru. J'ai donné dans cette bibliothèque les Œuvres du P.
« André, jésuite, cartésien, avec une longue introduction, qui
« jette de la lumière sur l'histoire philosophique de la Société
« de Jésus.

« IV. — Quand je consentis, il y a un an, à rentrer au Con-
« seil de l'Instruction publique, pour y défendre la philosophie,
« je mis pour condition à ma rentrée que le ministère actuel
« maintiendrait une de mes institutions à laquelle j'attache le
« plus grand prix, celle des agrégés auprès des Facultés,
« comme nous avons depuis longtemps des agrégés auprès des
« collèges. C'est l'excellente institution des Privat-docenten
« de l'Allemagne.

« Et j'ai voulu présider moi-même le concours d'après
« lequel sont nommés ces agrégés, pour ce qui regarde spécia-

« lement la philosophie. Déjà, sous mon ministère, en 1840,
« un premier concours, présidé par M. Jouffroy, avait donné
« de bons résultats. Cette année, un second concours a fondé
« à jamais cette institution. Je vous recommande de lire le
« Rapport que j'ai adressé au ministre, comme président de
« ces épreuves vraiment intéressantes pour tous les amis de la
« philosophie. Vous y verrez que la philosophie a fait des pro-
« grès immenses en France, et qu'elle n'y a rien à craindre, mal-
« gré les fureurs de notre clergé et la faiblesse du ministère.

« On songe à Paris à fonder une Revue philosophique ;
« mais le libraire hésite beaucoup. Pourrait-on avoir quelques
« souscriptions en Écosse ? Il faut que, d'un bout de l'Europe
« à l'autre, tous les amis de la bonne philosophie, indépen-
« dante à la fois et vraiment morale et religieuse, se soutiennent,
« et forment un certain ensemble devant des attaques aussi
« concertées que celles de plusieurs clergés. Pensez à cela,
« mon très cher confrère. Notre Académie des sciences morales
« et politiques résistera ; et moi je ne me rendrai pas. La
« bonne philosophie du xixe siècle ne peut-elle donc pas
« s'entendre pour se défendre légitimement, comme la mau-
« vaise philosophie du xviiie siècle s'est entendue pour atta-
« quer ? Le temps est venu de chercher nos ressemblances
« plus que nos différences. Vous verrez comme dans mon
« Rapport je parle de la philosophie Écossaise. Peu à peu, je
« me dégage davantage de la philosophie Allemande, et je
« m'enfonce de plus en plus dans la psychologie. Vous
« raccommodez-vous un peu avec l'Éclectisme, comme méthode
« historique ? Enfin, aimons et servons la philosophie selon
« nos convictions, qui, sans se confondre, peuvent se rappro-
« cher. Surtout, écrivez-moi, par la poste ; et donnez-moi de
« longs détails sur l'état de la philosophie dans cette Écosse,
« que j'aime infiniment et que je voudrais bien voir.

« Mille amitiés sincères et profondes.

« V. Cousin. »

« P. S. — Une dame anglaise, qui part pour Londres, veut
« bien se charger d'y jeter cette lettre, pour vous, à la poste. »

On voit qu'en 1843 M. V. Cousin ne considérait plus l'Éclectisme que comme une méthode historique, et non comme la philosophie même. Nous ne revenons pas sur cette distinction que nous avons exposée déjà plusieurs fois. On concevait l'erreur dans les premières années du professorat ; elle ne pouvait pas subsister longtemps dans un esprit aussi juste que celui de M. Cousin ; mais, autour de lui, bien des gens la partageaient.

Lettre de M. Hamilton :

« Édimbourg, 16 mai 1845.

« Mon cher Monsieur,

« Le porteur du présent, M. Ulcoq, m'a demandé une lettre d'introduction auprès de vous. C'est un jeune Français de l'île Maurice, qui, après avoir pris son grade de bachelier ès lettres à Paris, a étudié ici pendant plusieurs années, et qui a été récemment admis au barreau d'Écosse pour se préparer à être avocat dans son île. Comme c'est la loi française qui y règne, il pense que, sans que ce soit exigé, il fera bien, dans son intérêt, de passer un examen légal en France, à Paris. Un mot de vous, à ce qu'il me dit, pourrait lui faire obtenir la dispense des premières études dans les écoles de droit de ce pays. C'est dans cette vue que je prends la liberté de l'introduire auprès de vous. Je ne prétends pas d'ailleurs vous demander de rien faire pour lui qui ne soit d'une complète régularité. Je puis ajouter que ce jeune homme mérite toute bienveillance, en une matière dont il vous expliquera lui-même la nature.

« Je lis avec grand intérêt et grande admiration votre discours à la Chambre des Pairs sur l'instruction publique, que vous avez eu la bonté de m'envoyer. J'aurais dû vous en remercier avant d'écrire cette lettre ; mais j'en ai été empêché par la maladie, qui m'a ôté l'usage de ma main droite.

« Je suis, mon cher Monsieur, avec grande considération, votre sincèrement dévoué,

« W. Hamilton. »

En effet, cette lettre est écrite d'une autre main, et M. W. Hamilton s'est contenté de signer. Les lettres de son nom sont penchées à gauche, ainsi qu'il arrive souvent à ceux qui, comme lui, doivent inopinément écrire de la main gauche, sans préparation suffisante.

Dans une lettre de M. James Pillans à M. Cousin, 12 juin 1842, se trouve ce passage :

« Vous serez heureux d'apprendre que sir William Hamilton a pu, malgré le triste effet de l'attaque de paralysie dont il souffre, s'occuper de son cours pendant la session qui vient de finir. Son cours, cependant, verra probablement diminuer ses élèves, et par suite ses revenus, attendu qu'on vient de nommer un professeur de logique au nouveau collège, que le soi-disant corps des Dissidents, l'Église libre, vient de fonder et de doter au préjudice de l'Université. »

Lettre de M. Cousin :

26 mars 1846.

« Mon très cher confrère,

« Je vous adresse par M. Ulcoq les trois premiers volumes
« de la 1re série de mes cours de 1815 à 1820, en vous priant
« de détruire les volumes correspondants de la 1re édition,
« qui n'a pas été donnée par moi, et qui est très défectueuse.
« Je prends la liberté de signaler à votre attention la 2e et la
« 3e partie du second volume.

« Je me réjouis d'apprendre que votre convalescence se
« soutient et s'accroît, et que vous avez pu reprendre vos le-

« cous. Ménagez-vous, et pourtant mettez à exécution l'idée
« d'une édition complète et définitive de Reid. Je m'occupe
« de lui en ce moment ; et je vous prie de m'adresser une note
« de ce que doit contenir d'inédit ou de peu connu votre édi-
« tion. Que sont devenus les documents qui avaient été four-
« nis à M. Dugald Steward, et qu'il aurait bien dû donner en
« appendice, à la suite de son excellente notice ? Plus je vais,
« plus je fais cas de Reid. Si vous possédez quelque écrit sur
« la vie de D. Stewart, envoyez-le moi. Je tâcherai d'en faire
« un bon usage. Je n'ai rien sur Ferguson.

« M. Ulcoq me dit que vous avez un digne élève dans la per-
« sonne de M. Ferrier, qui passe professeur à l'Université de
« Saint-André. Puisse-t-il y ranimer le goût de la philoso-
« phie !

« Quel dommage que M. Macaulay n'ait pas plus de con-
« naissance, avec un style aussi brillant ! Poussez-le, puisqu'il
« est le représentant d'Édimburg, à étudier davantage la
« philosophie Écossaise.

« Mille compliments et mille vœux.

« V. Cousin. »

« P.S. Avez-vous reçu par M. Ulcoq mes Fragments de phi-
« losophie Cartésienne ? Répondez-moi par la poste.

« Vous avez certainement la traduction de Reid par Jouf-
« froy. Il y a au tome 1er une liste des professeurs de philoso-
« phie en Écosse, et même des écrivains philosophiques
« Écossais ; soyez assez bon pour jeter sur un papier quelques
« additions et rectifications à cette liste ; et ces indications
« bibliographiques, mettez-les à la poste, à mon adresse, à la
« Sorbonne. Je vous demande sérieusement ce petit service...

« V. C. »

Lettre de M. Cousin :

20 septembre 1846.

« Mon très cher confrère,

« M. Ulcoq m'avait écrit, il y a près de deux mois, de votre
« part, pour m'annoncer un beau cadeau de votre nouvelle

« édition des œuvres complètes de Reid. Je l'attendais avec
« grande impatience ; car je m'occupe moi-même de Reid en
« ce moment.

« Je publie, dans le Journal des Savants, une suite d'articles
« sur l'école Écossaise. Il en a déjà paru plusieurs, un,
« très général, dans le numéro du mois de juillet, et deux
« autres sur Hutcheson, dans les mois d'août et de septembre.
« Je vous les indique pour que vous puissiez y jeter les yeux,
« si l'intérêt du sujet vous touche ; car, pour la manière de
« le traiter, elle est très au-dessous de ce qu'on sait en Écosse,
« et surtout de ce que vous savez. Du moins, vous y recon-
« naîtrez une haute estime pour l'Écosse et pour la philoso-
« phie qui en est sortie. Je désire infiniment que l'Académie,
« qui m'a fait l'honneur de me nommer un de ses membres,
« sache que j'ai songé par là à lui témoigner ma reconnais-
« sance ; et même je ne serais pas fâché que le Lord Provost
« de la ville d'Édimburg connût mon zèle pour la gloire de
« sa patrie ; car, entre nous, je médite un voyage en Écosse,
« et j'aurai besoin des hautes autorités du pays pour atteindre
« le but que je me propose. Je vous prie donc de remettre à
« l'Académie et au Lord Provost (si vous le jugez convenable)
« les premières feuilles, non encore tirées et définitivement
« corrigées, de mon ouvrage sur la philosophie Écossaise. Il ne
« comprendra que Hutcheson, Smith et Reid ; mais il en trai-
« tera avec étendue.

« Soyez assez bon pour m'accuser réception de ce billet et
« de ce petit envoi ; car je serais en peine d'ignorer s'il vous
« est arrivé. Je me flatte que votre santé est bien remise, et
« que vous poursuivez le cours de vos excellents travaux.

« Bien à vous de cœur.

« V. Cousin. »

Lettre de M. Cousin :

1er décembre 1846.

« Mon cher Monsieur,

« Vous faites mieux que me répondre ; vous m'envoyez
« un cadeau inappréciable dans votre édition de Reid. Je l'ai

« reçu le jour même où je corrigeais mes dernières épreuves.
« C'est un grand travail, et j'ai bien regretté de ne l'avoir pas
« eu sous les yeux, en corrigeant la première et défectueuse
« édition de mes leçons sur la philosophie Écossaise. Les voici
« moins indignes de vous être offertes. J'avais bien envie d'en
« adresser un exemplaire à l'Académie et un autre au lord
« Provost de la ville d'Édimburgh : mais j'ai craint le ridi-
« cule. Soyez assez bon pour me guider en quelques mots à
« cet égard. Je vous confie le désir d'être lu et bien accueilli
« en Écosse. Peut-être devrais-je adresser un volume à l'Édim-
« burg-Review. Mais j'ignore les usages, et je m'en remets à
« mon livre lui-même.

« Puisse votre santé être enfin rétablie entièrement et vous
« permettre de me donner de vos chères nouvelles !

« Mille amitiés bien sincères,

« V. Cousin. »

Réponse de M. Hamilton :

Édimbourg, 16 décembre 1846.

« Mon cher Monsieur,

« Je ne sais vraiment vous écrire après le long retard que j'ai mis à répondre à vos deux lettres, et je dois beaucoup compter sur votre indulgence pour m'excuser. J'ai reçu votre lettre par M. Ulcoq, avant d'aller à la campagne ; et l'autre lettre m'y est arrivée. Une fois loin de la ville, j'ai vu qu'il y avait dans vos lettres bien des choses que je ne pouvais déchiffrer, et je n'avais auprès de moi personne qui pût m'y aider. Je m'aperçois maintenant qu'il y a bien des choses auxquelles j'aurais dû faire une réponse immédiate. Si je l'avais su, je n'aurais pas tardé comme je l'ai fait. Je parlerai d'abord de ces choses-là.

« Pour ce qui regarde la vie de M. Stewart, je ne l'ai pas complète. Son fils, le colonel Stewart, qui, entre nous, est excentrique jusqu'à la folie, malgré de grands talents, a brûlé une biographie qu'il avait préparée, parce qu'il n'a pas trouvé que les éditeurs eussent pour son ouvrage autant d'estime qu'il en avait lui-même. Auparavant, il avait publié une courte notice sur son père, dans le Nécrologiste annuel, je crois. Le meilleur document que je connaisse, est celui qui forme la préface de la sixième édition des « Principes de philosophie morale, 1837 », que je vous enverrai. Il doit y avoir, bien que je ne l'ai pas vue, une vie de Stewart dans la nouvelle édition de l'Encyclopedia Britannica, où l'on trouvera, si non ailleurs, un travail sur Ferguson. Si ce livre n'est pas à la Bibliothèque royale de Paris, je demanderai à l'éditeur les feuilles de ces deux biographies, et je vous les enverrai.

« M. Lecoq m'a exprimé toute sa reconnaissance pour la bonté que vous avez eue d'aplanir toutes les difficultés pour qu'il puisse être admis avant le terme à l'examen légal ; et pour ma part, je dois ajouter que je regarde comme une obligation personnelle les bons offices qu'il a reçus de vous.

« Mais j'oublie de vous parler des additions que vous désirez à la liste de Jouffroy. Ce point, avec vos demandes sur Stewart et Ferguson, était une partie de votre lettre que je n'avais point lue. Quant à faire moi-même quelques additions à cette liste, elle m'a appris l'existence de quelques philosophes dont je ne savais rien, non plus que le public écossais ; noms inconnus de la renommée, gens qui n'ont rien écrit, ou auteurs qui ne méritent pas qu'on les lise. Peu à peu, vous avez trouvé que j'étais bien en retard à vous signaler les livres de philosophie qui avaient paru en ce pays ; mais vraiment, je n'y suis pour rien. Ou il n'y a pas de livres dont on puisse parler, ou ils sont si médiocres que je regretterais d'y appeler votre attention. Par exception, comme ouvrage de mérite, bien que vous deviez y trouver beaucoup d'ignorance philosophique, je puis citer la vie de Hume, récemment publiée par Burton. Si vous ne l'avez pas, j'aurai grand plaisir à vous l'envoyer.

« Permettez-moi de vous offrir tous mes remerciements pour les volumes de la nouvelle édition de vos œuvres. J'ai lu avec autant d'intérêt que d'admiration votre discours à la Chambre des Pairs relative au nouvelle loi sur le Conseil de l'Instruction publique. J'ai été désappointé en lisant dans le

Journal des Savants vos articles sur ce que les Français appellent la philosophie Écossaise. J'ai relu d'ailleurs avec plaisir ce que vous dites de nous autres Écossais, dans les bonnes feuilles que vous avez eu la bonté de m'envoyer du 4ᵉ volume de vos œuvres. Je les ai envoyées là où vous les adressiez. Mais que de choses vous savez de ce coin obscur de l'Europe ! La seule faute que j'y aie découverte, c'est votre orthographe du nom de Shaftesbury, que vous écrivez comme les Allemands, Schaftesbury. Ce n'est pas l'orthographe anglaise.

« Je serais bien heureux de vous voir réaliser votre intention de visiter l'Écosse, quoique malheureusement je fusse aujourd'hui bien embarrassé de vous offrir les services que j'aurais été si aise de vous rendre en qualité de cicérone ; je suis trop faible. Mais je vous réponds que pas un homme public de France ne serait mieux accueilli que vous en ce pays; il n'y en a pas qui soit aussi généralement et aussi hautement admiré.

« Comme je n'ai pas encore eu le bonheur de vous voir en personne, j'ai tâché de suppléer à ce désavantage par un portrait ; c'est une lithographie de Delpech, d'après un tableau de Maurer. L'image est fort agréable : mais s'il y en a une plus ressemblante, vous m'obligeriez beaucoup de me le dire.

« Après avoir vu M. Ulcoq, à son retour de Paris, j'ai donné ordre aux imprimeurs de tirer à part les feuilles de la dissertation préliminaire, en tête de mon édition de Reid, aussitôt qu'elles seraient stéréotypées, afin que l'ouvrage vous fût envoyé aussitôt que possible. Grâce à la négligence de l'imprimeur, les feuilles ont beaucoup tardé à être complètes : et par suite, on n'a pu les remettre au bureau du Consulat qu'au milieu de septembre. J'espère que le tout vous est parvenu en bon état. Plus tard, je me suis décidé à publier les œuvres de Reid, quoique incomplètes, en ce que ma Dissertation et la Préface y manquent. J'ai cependant fait quelques additions à ce que je vous avais envoyé d'abord. Il y a une semaine que je les ai remises au Révérend M. Mitchell pour qu'il vous les fît tenir. Il sera très prochainement à Paris, en route pour Bombay, où il est missionnaire ; et il a l'ambition de vous voir.

Vous trouverez en lui un bon spécimen de la classe de nos missionnaires, curieux de philosophie et surtout de philosophie orientale. J'espère que vous excuserez la liberté que j'ai prise de l'autoriser à vous rendre visite.

« En concluant, j'ai à vous demander de me permettre de vous adresser les exemplaires des œuvres de Reid, que je me propose d'offrir à plusieurs philosophes de Paris et à plusieurs de vos amis, par l'intermédiaire du Consulat français. Si le paquet est trop fort pour que le Consul puisse s'en charger, je trouverai quelque moyen, mais sans doute avec quelque retard.

« Je suis, mon cher Monsieur, avec le plus profond respect, votre tout dévoué,

« W. HAMILTON. »

« P. S. Parmi vos ouvrages de moindre étendue, il en est que je n'ai pas, et comme je tiendrais beaucoup à les recevoir de l'auteur, vous m'excuserez d'espérer que vous me les donnerez. J'en mettrai la liste dans ma prochaine lettre.

« Je voudrais bien savoir ce que vous pensez des corrections que j'ai proposées au texte d'Aristote sur le traité de la Mémoire et dans la Dissertation D.

« Ce que je vous envoie par M. Mitchell a été endommagé par l'imprimeur. Je vous adresserai donc, dans le paquet, un exemplaire complet des feuilles supplémentaires de Reid. »

Cette lettre aussi est écrite par une main étrangère, et sir W. Hamilton n'a fait que signer.

Lettre de M. Cousin :

Sorbonne, 14 février 1847.

« Cher Monsieur,

« J'espère que vous avez reçu, dans le temps, le volume IV°
« et le volume V° de la première série de mes cours de philo-
« sophie ; en tout, cinq volumes. Vous avez donc sous les
« yeux la première partie de ma carrière de professeur. Je ne
« reconnais d'autre édition authentique que celle-là ; et vous
« pouvez mettre de côté les publications faites par MM. Gar-

« nier, Vacherot et Danton. Je souhaite vivement que le
« volume IV°, consacré exclusivement à la philosophie de
« votre pays, vous ait agréé.

« De mon côté, j'ai reçu votre excellente lettre du 16 dé-
« cembre 1846, et un peu auparavant, les épreuves de votre
« édition de Reid, où il ne manque qu'une préface et une fin.
« Je me suis plongé dans vos notes et vos dissertations; et j'y
« ai trouvé mille choses dont j'aurais fait mon profit si je les
« eusse connues plus tôt. Il est impossible d'accumuler dans
« un moindre espace plus de connaissances exactes et pro-
« fondes. Je vous relirai quand j'aurai reçu votre ouvrage des
« mains de M. Mitchell. Le mieux peut-être serait de me
« l'envoyer par la voie du Consulat.

« Je lis dans le dernier numéro de l'Edimburgh Review un
« article sur Pascal, dont l'auteur n'est pas un ami de la
« philosophie. Je doute que M. Dugald Stewart et vous vous
« eussiez accueilli ainsi mes travaux sur Pascal. Je trouve cet
« article bien plus digne d'une Revue Tory que d'une revue
« Whig. En revanche, j'ai reçu un article d'une revue
« Écossaise qui m'était inconnue, sur un ouvrage que je ne
« connaissais pas non plus, d'un M. Morell, où il y a de l'in-
« dulgence pour nous deux. L'auteur de l'article est sans
« doute M. Chalmers, ou du moins l'envoi m'a été fait par
« M. Chalmers, qui s'occupe un peu, à ce qu'il paraît, de
« philosophie. On veut bien y déclarer que je ne suis pas tout
« à fait désespéré, un hopefull. De la part d'un homme aussi
« rigide que M. Chalmers, cela m'a touché et fait plaisir.
« J'avoue, entre nous, que je serais bien aise que M. Napier,
« ou quelque autre écrivain, voulût bien annoncer mon
« ouvrage sur la philosophie Écossaise. Lord Lansdowne
« m'en a écrit une lettre très aimable. Il me parle de D. Ste-
« wart avec l'estime et l'affection que vous pourriez montrer
« vous-même.

« J'ai remarqué que, parmi les lettres de Reid que vous
« publiez, il n'y en a aucune de Ferguson, ni même de D.
« Stewart, avec lequel il était en correspondance, puisque
« D. Stewart, dans sa vie de Reid, a donné des fragments de

« plusieurs lettres à lui adressées par le vieux philosophe.
« Dieu veuille que le colonel Stewart ne perde pas ces lettres
« précieuses ! Dieu veuille que, dans la vie de son père, il
« n'omette aucun détail et fasse ce que M. Burton a fait pour
« Hume ! Je souhaite bien que M. Lee fasse la même chose
« pour Ferguson ! Il faut vous confesser que je suis un ama-
« teur passionné de correspondances inédites de philosophes.

« Je m'occupe maintenant de la deuxième série de mes
« cours. J'aurais bien des corrections à y faire, et pourtant j'en
« ferai très peu. Ce n'est pas que je fisse difficulté de convenir
« de mes fautes ; mais dans le combat violent, acharné, que
« je soutiens ici contre le parti dévot exalté, je ne puis, je ne
« dois pas paraître lui faire aucune concession. Je suis affligé
« de ne pouvoir améliorer, comme je l'aurais désiré, ces leçons
« improvisées, et publiées presque sans avoir été revues par
« moi, et pleines, par conséquent, de toutes les vivacités, et
« quelquefois, dans le premier volume, des exagérations d'une
« conversation animée. Vous recevrez bientôt cette nouvelle
« édition. Soyez persuadé que je désire que vous teniez de
« moi tous mes écrits, comme un gage de ma profonde estime.
« Je vous envoye cette lettre par la poste ; mais j'espère avoir
« bientôt l'occasion de vous adresser, par une voie sûre, diffé-
« rents écrits de M. Saint-Hilaire, entre autres sa traduction
« de la Logique d'Aristote. Il m'a emprunté vos épreuves de
« Reid, de sorte que je ne puis vous parler de vos corrections
« sur le texte du περὶ μνήμης. Mais mon ami travaille en ce
« moment sur ce petit traité.

« Adieu, soignez bien votre santé, écrivez-moi le plus sou-
« vent possible, et aimez-moi un peu, pour toute l'affection que
« je vous ai vouée.

                                        « V. Cousin. »

Réponse de M. Hamilton (?) :

                                Édimbourg, 22 février 1847.

« Cette lettre vous aurait été envoyée, il y a deux mois ;
mais par suite de la maladie, sir William Hamilton, qui a

beaucoup souffert d'inflammation interne, a été hors d'état de donner les indications nécessaires. Il est maintenant un peu mieux ; mais il est toujours bien faible, et il ne peut quitter le lit. C'est ce qui l'a empêché de répondre aux deux lettres de M. Cousin, qu'il a dernièrement reçues. Sir William désire néanmoins que M. Cousin sache qu'il pense qu'il n'y aurait aucun inconvénient à offrir un exemplaire de votre 4ᵉ volume au Lord Provost. Il serait fort bien aussi d'en envoyer un exemplaire à la Société royale, et un autre exemplaire à l'Université, en en ajoutant un pour le très révérend John Lee, le principal du collége d'Édimbourg.

« M. Napier, l'éditeur de la Revue d'Édimbourg, est mort récemment ; et, jusqu'à cette heure, il n'y a point d'éditeur nouveau.

« Comme M. Cousin ne paraît pas avoir reçu l'addition qui lui avait été envoyée en épreuves par M. Mitchell, sir William Hamilton lui adresse un double des dissertations, avec un exemplaire des Œuvres de Reid, qui viennent d'être publiées. Il lui adresse aussi l'édition des Esquisses de Dugald Stewart, où se trouve un résumé de la vie de l'auteur. »

Ce billet est de la même main étrangère, sans signature.

Lettre de M. Hamilton :

Édimbourg, 26 mai 1847.

« Mon cher Monsieur,

« Hier, j'ai reçu votre lettre avec le dernier volume de vos cours, les deux premiers m'ayant été donnés par M. le baron de Maussion, dont j'ai été fort heureux de faire la connaissance. Le même jour, j'ai reçu de Londres, par la poste, le dernier volume de l'Organon de M. Saint-Hilaire. Vous avez bien voulu me le transmettre ; mais à en juger par la date de la lettre qui l'accompagnait, il a dû rester à l'ambassade depuis le mois d'octobre. Je parle de ce retard, parce qu'il y en a eu d'autres à plusieurs reprises ; et comme dans votre lettre vous n'avez rien dit de la réception d'un paquet qui vous avait été adressé des Œuvres de Reid, d'abord pour vous, M. de Rémusat, M. Saint-Hilaire, M. Ravaisson, M. Garnier et M. Peisse, et qui aurait dû vous être remis par le Consul, il y a plus de deux mois, je crains qu'il ne vous soit pas parvenu. En demandant des renseignements à M. Dufour, le consul par intérim, il me montra le récépissé qu'il avait reçu du Consul de France, attestant l'arrivée du paquet à Londres. Il pense qu'une réclamation venue de vous serait fort efficace, non seulement pour faire retrouver le paquet en question, mais en outre pour empêcher à l'avenir de pareilles négligences. J'espère que, grâce à ces recherches, les exemplaires de Reid seront bientôt entre vos mains; je vous les aurais envoyés beaucoup plus tôt; mais depuis deux mois, j'ai été retenu au lit par une attaque de fièvre inflammatoire, qui m'a interdit de faire quoi que ce fût, et qui m'a laissé encore bien faible. Dans peu de jours, je vous enverrai, par l'ambassade, un pamphlet que j'ai été forcé de publier.

« J'ai appris avec grand plaisir par M. de Maussion que vous pensiez à exécuter votre projet de visiter l'Écosse; je n'ai pas besoin de vous dire que votre visite me ferait une joie bien vive; mais seulement, je regrette de n'être pas en état comme naguère, de contribuer à vous servir de guide.

« Croyez-moi, mon cher Monsieur, avec un profond respect, votre sincèrement dévoué,

« W. Hamilton »

Même remarque que pour les lettres précédentes.

Lettre de M. Cousin :

7 décembre 1847.

« Mon cher Monsieur,

« Il paraît en ce moment la 3ᵉ série de mes ouvrages, com-
« posée des anciens Fragments, augmentés et classés dans un
« meilleur ordre. J'ai remis, pour vous, il y a quinze jours,
« les deux derniers volumes de cette série, aux Affaires étran-
« gères, et ils ont dû être adressés à notre Consul à Édim-
« burgh, M. le baron de Maussion, qui a dû vous les faire

« parvenir. Dans quelques jours, les deux premiers volumes
« suivront la même voie. Ainsi, cette 3ᵉ série sera tout en-
« tière sous vos yeux. Je m'arrêterai là quelque temps, avant
« de commencer l'impression de la 4ᵉ série, consacrée à la
« littérature.

« Nous sommes ici dans la plus vive admiration de votre
« édition de Reid. Exactitude, sagesse, profondeur, tout y
« est. Aussi, nous soupirons après la fin de ce grand travail,
« qui mériterait vos préférences. Le monument que vous éle-
« vez à Reid portera à jamais votre nom. Je conçois votre
« prédilection pour la logique. Mais passez-moi la mienne
« pour la psychologie.

« M. Ferrier réussit-il à Saint-Andrews? Quel est le philo-
« sophe de l'Université libre et méthodiste qui s'élève en face
« de votre vieille Université? Comment l'Edimburgh Review
« abandonne-t-elle la philosophie?

« A propos, connaissez-vous une Histoire de la philosophie
« spéculative au xixᵉ siècle, par M. le Dʳ Morell? Je l'ai reçu
« avec une lettre de l'auteur; et à la première vue, j'en ai été
« très content. Il va, m'écrit-il, faire des cours à Glascow et
« à Edimburgh. Il ira certainement vous voir. Encouragez-le,
« il me paraît digne de recevoir vos conseils. Ce serait, à mon
« gré, une bien bonne acquisition pour quelque Université
« Écossaise.

« Seriez-vous assez bon pour dicter à votre loisir quelques
« lignes, où je désire ardemment que vous m'appreniez que
« vous allez mieux. Je vous en serais reconnaissant.

« Votre bien dévoué,

« V. Cousin. »

Lettre de M. Hamilton :

Édimbourg, 15 mars 1851

« Mon cher Monsieur,

« Je me suis reproché, depuis un an à peu près, de ne vous
avoir pas écrit pour vous remercier de tous les volumes de
la nouvelle édition de vos œuvres. J'ai différé, de semaine en

semaine de le faire ; mais hélas ! Mais ce retard est devenu une sorte de maladie en moi, et j'ai laissé accumuler mes dettes épistolaires envers vous, et envers tous mes correspondants. J'aurais à vous parler de bien des choses ; mais, comme dans quelques semaines j'aurai une collection de mes articles de Revues, que je fais actuellement réimprimer, je retarderai jusqu'à ce que je puisse écrire plus à l'aise. Pour le moment, je ne m'adresse à vous que pour vous demander de permettre qu'un ouvrage vous soit dédié, par un de vos plus ardents admirateurs dans cette ville. C'est un artiste des plus respectables, et son livre traite des principes de la beauté dans le corps humain. L'auteur songe à publier son livre en français, à Paris, et sous une forme très agréable, je n'en doute pas. Son nom est M. Hay. Je vous aurais écrit depuis quelques semaines ; mais, selon mon habitude, j'ai trop tardé. Il m'est donc nécessaire, bien que ce soit contre mon gré, de vous demander en deux mots votre permission, sans perdre de temps davantage et bien inutilement. La publication n'attend que votre autorisation, qui permettra de vous la dédier.

« Selon mon habitude, j'ai différé de recueillir mes articles de revues, et un des principaux motifs qui m'en ont détourné, c'est que j'y dois de nouveau contredire un homme dont j'admire si vivement le génie. Je puis aussi bien mettre, dans cette lettre, la feuille où se trouve ma préface à l'étude que j'ai consacrée à vos cours.

« Croyez-moi, mon cher Monsieur, votre toujours bien dévoué,

« W. Hamilton. »

Même main étrangère : même signature de M. Hamilton.

Réponse de M. Cousin :

25 mars 1851.

« Cher confrère et ami,

« Je ne puis vous dire combien j'ai eu de satisfaction en

« recevant un mot de vous. Je demandais de vos nouvelles
« au ciel et à la terre. Vous avez raison de recueillir vos ar-
« ticles de l'Edimburgh Rewiew ; et peut-être feriez-vous bien
« d'y joindre quelques mémoires insérés dans la collection de
« l'Académie Royale d'Édimburg. Vous pourriez les mettre
« en appendice, si la place manque dans le texte. Songez que
« bien peu de personnes possèdent les collections acadé-
« miques. Je vous remercie de l'obligeante note à ce fameux
« article qui devait nous brouiller, et qui nous a rapprochés.
« J'ai vu, avec une vraie reconnaissance, que vous y citez la
« seule édition authentique de mes ouvrages.

« Ceci m'amène à vous dire qu'il m'a été pénible de rece-
« voir, il y a quelques années, une traduction anglaise de mes
« idées sur le Beau, faite sur la déplorable rédaction de
« M. Garnier. J'en ai été confus. Je désire que M. Hay m'ait
« lu autre part que dans la traduction anglaise. Je sens qu'il
« y a bien de la puérilité dans l'aveu que je vous fais ; mais
« je me montre à vous tel que je suis. D'ailleurs, j'accepte de
« grand cœur la dédicace de votre compatriote, et je lirai
« avec soin son ouvrage. La matière m'en plaît fort, et j'y re-
« viens bien souvent. Si M. Hay vient à Paris, j'aurai grand
« plaisir à faire sa connaissance.

« Vous avez dû recevoir, il y a quelques mois, la 5me série
« de mes écrits, qui contient trois volumes sur l'Instruction
« publique. C'est la partie française. Quant à la Hollande et à
« l'Allemagne, vous les avez déjà, et j'hésite à les réimprimer,
« ayant trop peu à y changer.

« Qu'avez-vous dit en voyant Abelardi opera? Je me suis
« fait moine ou bénédictin, pendant les premiers temps de
« cette triste révolution, qu'il eût été si facile de prévenir.
« Mais depuis quelques jours, je suis sorti du XIIe siècle, et je
« vais reparaître sur la scène politique. Je recueille mes Dis-
« cours politiques de la Chambre des Pairs, et j'y mets une
« Introduction, où je m'explique sur l'état de mon pays et sur
« celui de l'Europe. Je défends, sous la République, votre admi-
« rable monarchie constitutionnelle, que nous avons laissée
« périr ici, faute de savoir la pratiquer. Cette Introduction

« paraîtra le 1er avril prochain dans la Revue des Deux
« Mondes. Je plairai à très peu de personnes. Mais j'ambi-
« tionne le suffrage de l'Angleterre, et en particulier du parti
« Whig, auquel j'appartiens de cœur et d'âme. Lisez-moi, si
« vous rencontrez la Revue des Deux Mondes, et vous verrez
« que cette révolution ne m'a point abattu.

« Je vous quitte pour corriger mes épreuves. Remerciez de
« ma part M. Hay. Un de mes amis d'Angleterre, M. Ellis,
« est parti pour l'Écosse, l'autre jour. J'aurais bien voulu
« partir avec lui.

« A vous for ever,

« Victor Cousin. »

Lettre de M. Hamilton :

Édimbourg, 25 mai 1852.

« Mon cher Monsieur,

« Je suis tout honteux, comme d'habitude, d'avoir tant tardé
à vous remercier de la bonté que vous avez eue de m'envoyer
la suite de vos ouvrages et le volume d'Abélard, qui, outre
leur valeur propre, ont cette inestimable valeur de venir de
vous.

« J'ai été désappointé de voir que, par suite de mon absence,
l'automne dernier, j'ai manqué le plaisir de voir M. Barthélemy Saint-Hilaire, qui est la personne que j'ai le plus grand
désir de connaître, vous seul excepté. Je n'ai pas besoin de
vous dire quelle sympathie on a pour vous dans ce pays et pour
M. Saint-Hilaire, et les autres chefs de la philosophie et de la
littérature dans le temps actuel.

« Il y a déjà quelques semaines que j'ai chargé MM. Longman, les éditeurs de Londres, d'envoyer à vous, à MM. Saint-
Hilaire, Peisse, Ravaisson et le duc de Caraman, des recueils
de mes revues. L'envoi a été confié aux soins de M. Klinck-
sieck, libraire à Paris. J'espère que ces livres vous auront été
remis. Dans un jour ou deux, je prendrai la liberté de vous
adresser, sous votre couvert, les lettres pour ces messieurs,
en vous priant de vouloir bien y ajouter leur adresse.

« Si vous pouvez dire quelque chose de mon ami Ferrier, actuellement professeur de philosophie morale à Saint-André, grand admirateur de vos livres, et qui est candidat pour la chaire de philosophie morale à notre Université, par suite de la retraite de son beau-père, M. Wilson, j'en serais fort heureux. Je crois que M. Ferrier a dû vous écrire directement ; et comme l'élection a lieu le 8 du mois prochain, il n'y a pas à perdre de temps. Avec le mode d'élection qu'a malheureusement cette Université, votre nom et votre autorité seraient d'un grand poids. Je présume que Ferrier vous a mis au courant de ses publications philosophiques.

« Croyez-moi, mon cher Monsieur, avec la plus haute considération, votre sincèrement dévoué,

« W. Hamilton. »

Même remarque que pour les lettres précédentes.

Lettre de M. Cousin :

Sorbonne, 12 août 1852.

« Mon cher confrère et ami,

« Il y a longtemps que je n'ai causé avec vous, et je crains
« de vous paraître ingrat de n'avoir pas répondu plus tôt à
« votre dernière lettre et à votre précieux cadeau. Votre livre
« n'est pas une simple réimpression de vos articles de l'Edim-
« burg Review : vous y avez ajouté des trésors d'érudition
« en tout genre, et il n'y a guère de problème philosophique
« sur lequel vous ne répandiez d'abondantes lumières. A vous
« voir travailler ainsi, j'en conclus que votre santé se soutient,
« et personne ne s'en réjouit plus que moi.

« Il faut que je vous donne une petite explication sur une
« chose que vous m'aviez demandée, et qu'à mon grand
« regret je n'ai pu faire. Quand la chaire de philosophie
« morale de votre Université devint vacante, M. Morell, que
« vous connaissez et qui m'avait constamment traité avec les
« politesses les plus flatteuses, me demanda d'écrire en sa

« faveur, comme je l'avais fait, il y a bien des années, dans une
« autre occasion. Ce n'était pas du tout la même chose, et je
« gardai le silence, ce qui, je crois, a un peu déplu à M. Mo-
« rell. C'est sur ces entrefaites que je reçus la lettre de
« M. Ferrier. Me taire sur l'un et parler sur l'autre était im-
« possible ; leur donner à tous les deux une marque d'estime
« était bien banal et inutile. Je me décidai donc à rester
« neutre et à attendre la décision, ne pouvant pas être pour
« votre candidat et ne voulant pas être contre lui. J'ai pensé
« aussi qu'il ne me convenait pas de sortir de ma solitude
« et de ma réserve, dans les affaires de votre Université et de
« votre chère Écosse, que bien rarement, et lorsque j'avais
« une conviction personnelle arrêtée.

« Je dois à votre vieille amitié de vous dire un mot de moi,
« et de ce que je suis devenu. J'avais subi la République,
« parce qu'elle m'avait subi et ne m'avait demandé aucun
« serment. Le gouvernement impérial m'a demandé des ser-
« ments que je n'ai pas dû prêter. J'ai donc perdu succes-
« sivement ma place de membre du Conseil supérieur d'ins-
« truction publique, et de professeur de philosophie ; et je ne
« suis plus rien qu'académicien. J'ai regretté ma chaire de
« philosophie ; j'allais y remonter, l'affiche était imprimée,
« mon sujet arrêté, Histoire des principaux systèmes de
« théodicée anciens et modernes. Me voilà donc réduit à ma
« plume, ainsi que M. Saint-Hilaire, qui, pour d'autres
« motifs, a suivi la même conduite que moi. Dans ma jeu-
« nesse, j'ai été six ou sept ans en disgrâce. Aujourd'hui, je
« le suis pour toujours, et je m'y résigne, ne demandant qu'un
« peu de santé et de force pour poursuivre la carrière que
« personne ne me peut enlever.

« A ces disgrâces, j'en ai joint une autre, la perte de mon
« frère, le seul débris de ma famille ; en sorte que je suis seul,
« attendant l'heure du départ.

« Dans les premiers moments, je me suis amusé à écrire
« dans la Revue des Deux Mondes, quelques articles sur le
« xviie siècle et Mme de Longueville. Les articles ont eu quel-
« que succès, et je les ai recueillis dans un volume, que je

« prends la liberté d'adresser à lady Hamilton. Enfin, pour
« soutenir la philosophie et répondre aux désirs de mes amis,
« je publie en ce moment un résumé de toute ma doctrine,
« à savoir, le second volume de la 1re série, avec des chan-
« gements et des additions qui en font presque un livre nou-
« veau. Je vous envoie et vous recommande cet ouvrage, qui
« contient mon premier et aussi mon dernier mot. Je vous
« supplie de me lire et de me dire votre avis bien sincèrement;
« car je puis profiter de vos conseils, cet ouvrage, si j'en juge
« par la première vogue, étant destiné à avoir bientôt une
« nouvelle édition. C'est pour cette nouvelle édition que je
« réclame, avec instance, vos observations. Puisque le
« libraire Clarke veut faire traduire quelque chose de moi,
« c'est ce livre qui se prêterait le moins mal à ce dessein.

« Adieu, mille sincères amitiés.

« V. COUSIN. »

Lettre de M. Cousin :

8 juillet 1855.

« Cher confrère et ami,

« Il y a longtemps que je ne vous ai donné signe de vie.
« J'ai reçu avec bien de la reconnaissance les beaux cadeaux
« que vous m'avez envoyés, et j'y réponds bien mal en vous
« offrant les deux volumes ci-joints, qui seront bientôt suivis
« de trois autres volumes qui compléteront la nouvelle édi-
« tion de la 1re série de mes ouvrages, avec des titres un
« peu nouveaux et distincts, qui permettent d'acheter chaque
« volume séparément. Si vous y jetez les yeux, vous verrez
« que plus je vais, plus je m'éloigne de la philosophie alle-
« mande, et me rapproche de Reid, de M. Royer-Collard et
« de vous. En vieillissant, le nouveau me paraît bien peu de
« chose auprès du solide, et loin de perdre l'enthousiasme
« de ma jeunesse pour la grandeur morale des doctrines, c'est
« sur cette mesure-là que je les apprécie.

« Quelques personnes autour de moi demeurent fidèles à

« cette façon de considérer les choses, et la philosophie me
« semble ici dans une assez bonne route.

« La personne qui vous remettra ce billet et ces deux vo-
« lumes, est un jeune Américain, qui a étudié en Allemagne
« et qui veut faire connaître la philosophie allemande à l'Amé-
« rique. L'entreprise est délicate. Je ne voudrais, ni la favo-
« riser, ni encore bien moins m'y opposer. M. Iung désire vous
« entretenir de ses projets et me demande un mot d'introduc-
« tion pour vous. Je le lui donne ; mais je vous supplie de ne
« faire que ce qui vous paraîtra utile à la cause d'une saine
« philosophie, étant bien décidé à ne pas aller plus loin que
« vous.

« Soyez assez bon pour me donner de temps en temps de
« vos chères nouvelles et de celles de la philosophie en
« Écosse.

« Bien à vous de cœur,

« V. Cousin. »

Lettre de Lady William Hamilton sur la mort de son mari.

« Édimbourg, 9 mai 1857.

« Mon cher Monsieur,

« J'ai été fort reconnaissante de recevoir, l'automne dernier, par M. le professeur Pillans, l'assurance de votre sincère
sympathie et vos condoléances pour les douloureuses épreuves
que mes enfants et moi nous avons subies, en même temps
que j'apprenais votre propre affliction pour la mort d'un ami
pour qui vous aviez tant d'estime, mon défunt mari, Sir
William Hamilton.

« Plus récemment, M. le professeur Fraser m'a communiqué une demande d'information, et l'expression d'un sincère
intérêt pour lequel je ne puis me refuser la satisfaction de
vous adresser mes meilleurs remerciements. Mais vous n'avez
pas seulement attesté par là l'estime particulière et l'admiration que vous aviez pour Sir William ; mais vous en avez fait,
et je suis heureuse de l'apprendre, le même éloge public dans

votre préface à la nouvelle édition de vos œuvres ; et bien que vous ayez uniquement ajouté cet autre témoignage à tous ceux dont vous avez honoré le philosophe vivant, j'ai à peine besoin de dire que cette preuve renouvelée a très particulièrement touché sa famille, maintenant que la haute valeur qui s'attache à ses opinions et à ses travaux philosophiques est, vous pouvez le croire, la partie la plus précieuse de son héritage.

« Je m'assure que vous serez heureux d'apprendre que les leçons de Sir William vont être prochainement publiées par le Rév. M. Mansel, d'Oxford, assisté de M. Veitch, élève qui s'est distingué dans la classe de logique et de métaphysique, il y a quelques années. Quand les volumes seront publiés, dans un an d'ici au plus tôt, à ce que je pense, je me ferai le plaisir de vous les offrir. En même temps, j'espère que vous me ferez l'honneur d'accepter un exemplaire de la gravure qui vient d'être faite, d'après le seul bon portrait que nous ayons de Sir William. J'ai eu toujours l'intention de vous l'offrir, et je le fais avec d'autant plus de plaisir que vous avez exprimé le désir, je le sais, d'avoir le portrait de votre ami.

« Avec le plus grand respect, je suis, cher Monsieur, votre sincèrement dévouée,

« J. HAMILTON. »

Cette lettre de lady W. Hamilton montre que dans les lettres antérieures, la main étrangère était la sienne. Lady William était le digne secrétaire de son mari.

PILLANS

(CORRESPONDANCE DE 1834-1836)

Lettre de M. V. Cousin à M. Pillans.

Paris, 24 août 1834.

« Mon cher Monsieur Pillans,

« Avant de vous remercier de tout ce qu'il y a d'aimable
« pour moi dans votre lettre, et de vos précieux envois, per-
« mettez-moi de vous gronder un peu de ne me donner au-
« cune nouvelle de notre excellent ami Sir William Hamilton,
« pour lequel vous connaissez ma haute estime et mon bien
« sincère attachement. Ayez la bonté de lui dire mille choses
« de ma part, et priez-le de me tenir au courant de ses pro-
« jets philosophiques et pédagogiques.

« J'ai fait toutes vos commissions ; vos paquets ont été
« remis à leur adresse, votre note, envoyée au libraire
« Levrault.

« J'ai lu avec soin les divers écrits que vous m'avez fait
« passer, et j'ai bien réfléchi à la grande question agitée dans
« les différents « Speechs on the subject of Irish education »;
« et je vous scandaliserai peut-être en vous avouant que je
« ne puis être de votre avis, mes honorés amis, et que je
« regarde les mesures adoptées par le gouvernement et pro-
« posées, ou exécutées par les bureaux d'éducation d'Irlande,

« comme les plus pernicieuses qui aient pu être imaginées
« pour la propagation de l'instruction primaire dans cette
« malheureuse contrée. En philosophie, il y a une religion
« universelle ; mais en théologie, il n'y a que des religions
« particulières. Un livre de religion qui, à proprement parler,
« n'est fait, ni pour des catholiques, ni pour des protestants,
« s'adresse à des philosophes et non pas à des enfants, les-
« quels doivent être élevés selon les principes de la commu-
« nion positive de leurs parents. C'est leur droit que nul gou-
« vernement au monde ne peut violer, sans exciter des
« troubles déplorables. Je ne connais pas un pays en Europe,
« soit même la Société de Genève, qui ait osé faire une si
« énorme entreprise. En Allemagne, où l'esprit de tolérance
« est si répandu, les catholiques et les protestants ont des
« livres distincts pour l'instruction religieuse. Les protestants
« emploient, outre certains livres spéciaux, la Bible de Luther
« abrégée. Croyez-vous que les catholiques s'arrangeassent de
« voir ces mêmes extraits entre les mains de leurs enfants ? Et
« certes, ni les uns, ni les autres, ne se résigneraient à de
« simples extraits de passages insignifiants, qui ne seraient, ni
« protestants, ni catholiques. La concorde est au prix de la
« liberté. En France, quelques beaux-esprits avaient bien
« l'idée de faire des livres d'instruction morale et religieuse
« qui pussent être communs aux protestants et aux catholi-
« ques. Pour moi, de bonne heure, je me suis opposé dans le
« Conseil à toutes ces tentatives ; et il a été fait deux livres
« distincts d'instruction religieuse, l'un pour les protestants
« par un protestant, l'autre pour les catholiques par un ca-
« tholique. Ce dernier même, quoique d'une orthodoxie sé-
« vère, n'ayant pas été fait par un prêtre et n'émanant pas de
« l'autorité religieuse, n'a pas encore tout le succès que je
« lui souhaite. Vous l'avez entre les mains ; et je vous envoie
« la 2ᵉ édition, qui est très améliorée, et que je vous prie
« d'examiner sérieusement sur le point de vue en question.
« Les choses se passent de même en Suisse et dans le canton
« de Genève. Je ne connais pas la Grande-Bretagne ; mais j'ai
« été confondu d'apprendre que le gouvernement ait tenté de

« faire en Irlande, c'est-à-dire, dans un pays où les deux
« religions se détestent et se battent, ce qu'il eût été extra-
« vagant d'entreprendre en Prusse ou en France. Heureuse
« contrée que l'Irlande, si en effet elle peut se prêter à une
« pareille entreprise ! Mais elle ne peut s'y prêter, elle ne
« s'y prêtera pas. Le clergé protestant n'adoptera pas un livre
« qui ne sera pas protestant ; et les catholiques éprouveront
« une aversion plus vive encore pour tous extraits des Saintes
« Écritures qui ne contiendraient pas les passages formels sur
« lesquels repose leur foi. Je m'étonne qu'un homme d'État
« comme M. Stanley ait pu tomber dans une pareille erreur,
« et que des hommes aussi sages, aussi expérimentés et con-
« naissant aussi bien la nature humaine que vous et M. Ha-
« milton, ayez pu la partager. La conduite des deux arche-
« vêques, protestant et catholique de Dublin, m'est incompré-
« hensible, ainsi que celle du bureau d'éducation. Le système
« coërcitif (compulsory), ainsi exécuté, serait la tyrannie la
« plus dure qui ait jamais pesé sur un peuple. Heureusement,
« cette tyrannie est impraticable, ou l'Irlande est devenue
« semblable à la Chine. Selon moi, un homme expérimenté,
« par deux ou trois mesures très simples, pacifierait l'Irlande,
« en ce qui concerne l'instruction religieuse et rallierait tout
« le monde à la bonne cause de l'instruction populaire.

« Vous me trouverez un peu vif sur ce point ; mais c'est
« qu'il est fondamental. Je me dédommage en vous exprimant
« toute ma satisfaction sans réserve de votre article sur les
« [Seminaries for teachers]. Vous avez été un peu indulgent
« pour nos deux écoles normales primaires de Rennes et de
« Versailles, probablement parce que vous avez pensé que
« l'indulgence était justice envers des établissements qui n'ont
« pas deux ans d'existence ; mais je sais tout ce qui leur
« manque, et combien ils sont loin de ce qu'ils doivent être.
« Aussi malgré toutes mes occupations, je viens de consentir
« à prendre la haute direction de l'École normale primaire de
« Versailles ; et je me flatte que, si dans un an, vous revenez
« la voir, vous la trouverez améliorée.

« Savez-vous bien qu'il me faudrait un volume pour ré-

« pondre aux questions que vous me faites? Et malheureu-
« sement en ce moment, je suis enfoncé dans les examens de
« fin d'année, qui ne me laissent pas un instant pour respirer.
« Au premier moment de loisir, je rassemblerai et vous en-
« verrai quelques pièces qui éclaireront vos doutes. En atten-
« dant, je vous envoie notre règlement sur l'agrégation, qui
« vous donnera une idée précise de cette excellente institu-
« tion, ainsi que le règlement de l'École normale.

« Ce n'est pas pour la satisfaction de mon amour-propre,
« c'est pour un motif tout autrement sérieux que j'apprends
« avec plaisir votre intention de rendre compte de mon mé-
« moire sur l'instruction secondaire en Prusse et en France.
« Un article de l'Edimbourg Review ne peut manquer d'être
« lu parmi vous et d'y faire une impression utile. Sous ce
« rapport, je vous prie d'insister : 1° sur cette absurde ma-
« nière d'entendre la liberté d'enseignement qui consisterait à
« conférer le droit d'enseigner, dans le degré secondaire, à qui-
« conque n'aurait pas subi les épreuves convenables ; 2° sur
« l'excellence du concours d'agrégation pour représenter ces
« épreuves ; 3° sur la folie de trop multiplier les collèges, au
« lieu d'en avoir moins, et de meilleurs ; 4° enfin, sur la né-
« cessité d'une forte épreuve au passage de l'instruction
« secondaire à l'instruction supérieure des Universités, c'est-
« à-dire, sur la réforme du baccalauréat ès lettres. Ce sont là
« les points les plus importants. Au reste, tout ce que vous
« ferez sera bien fait. Seulement, je vous recommande nos
« deux grandes institutions de l'agrégation et de l'École nor-
« male, institutions originales, propres à la France, et qui fini-
« ront par y élever l'instruction secondaire au rang qui lui
« appartient.

« Je vous prie de renouveler mes hommages à Mme et
« Mlle Dugald Stewart. L'article du colonel Stewart sur son
« illustre père est insuffisant. Il faudrait y joindre une foule
« de détails, et surtout une partie de sa correspondance,
« comme lord King a fait pour sa nouvelle vie de Locke. Je
« recommande ce dernier point à Mlle Dugald Stewart, qui,
« je le sais, serait fort en état d'aider ou même de suppléer

« son frère, dans un pareil travail. Bien certainement, je m'em-
« presserais de le faire traduire en français, et je me ferais un
« honneur d'ajouter quelque chose qui témoigne de ma haute
« estime pour les ouvrages de l'illustre défunt. Dites à ces
« dames, dites à notre ami Hamilton que, dans tous nos col-
« lèges royaux, j'ai fait en sorte que l'enseignement philoso-
« phique fût fondé sur Reid et Dugald Stewart. Le nom de
« ces deux excellents hommes retentit dans toutes nos écoles.
« Il faudra quelques années avant que je ne songe à y intro-
« duire, à dose convenable et avec une grande circonspection,
« quelques parties de la philosophie de Kant.

« J'allais oublier de vous prier de vouloir bien faire tous
« mes remerciements à M. Gordon, secrétaire du Comité de
« l'Assemblée générale de l'Église presbytérienne de l'Écosse,
« pour les rapports qu'il a eu la bonté de m'envoyer. Un
« pareil travail et l'entreprise à laquelle il se lie, font un
« honneur infini au clergé écossais, déjà si renommé par son
« patriotisme et ses lumières.

« Mille compliments.

« V. Cousin. »

M. Cousin à M. Pillans :

Paris, 1er juin 1836.

« Mon cher Monsieur Pillans,

« Une forte indisposition, qui m'a quelque temps retenu au
« lit, m'a forcé de ne pas vous répondre aussi vite que je
« l'aurais désiré, surtout dans la circonstance dont il s'agit.
« Mon premier soin est de le faire, dès que je me trouve en
« état de tenir une plume.

« Je reconnais parfaitement, dans l'écrit joint à votre lettre,
« le résumé d'une conversation que nous avons eue ensemble,
« il y a deux ans, devant votre jeune ami. Il a rendu très
« fidèlement ma pensée et l'a même plutôt affaiblie qu'exa-
« gérée en ce qui regarde le mérite de M. Hamilton. Tout à
« l'heure, je reviendrai sur les points où il me semble que
« l'exactitude de votre ami est un peu en défaut ; mais

« permettez-moi d'abord de vous rappeler ma propre situa-
« tion dans cette affaire. Puisqu'on a la bonté d'attacher le
« moindre prix à mon témoignage, il faut savoir dans quelle
« disposition je suis et ce qui détermine mon opinion.

« Je n'ai aucune liaison personnelle avec M. Hamilton ;
« vous êtes la seule personne que j'ai vue qui le connaisse ;
« c'est en lisant un article du numéro 99, octobre 1829, de la
« Revue d'Édimburg que j'ai voulu savoir quel en était l'au-
« teur ; et c'est M. Austin, le savant et profond jurisconsulte,
« qui m'apprit le nom de M. Hamilton. Au fond, l'article
« auquel je fais allusion, quoique poli dans la forme, était très
« sévère, et il a servi de base à toutes les objections qui depuis
« ont été faites contre ce qu'on appelle ma philosophie, en
« Amérique et même en France. Cet article demeure ce qui a
« été écrit de plus grave sur mon compte. En lisant tout ce
« qu'a fait M. Hamilton, je me suis convaincu que nous
« n'étions parfaitement d'accord qu'en matière d'instruction
« publique, et qu'en philosophie, sous beaucoup de ressem-
« blances, il y a entre nous des différences fondamentales.

« Vous voyez donc bien, mon cher Monsieur, que mon estime
« pour M. Hamilton est bien désintéressée. Ce n'est point un
« partisan que je viens soutenir ; non, c'est un adversaire de
« l'ordre le plus élevé, auquel je rends loyalement hommage.

« Quel est donc le dissentiment entre M. Hamilton et moi ?
« Sans vous faire ici de métaphysique, je vous dirai seulement
« que, tout en professant la plus haute estime et la recon-
« naissance la plus profonde pour la philosophie Écossaise,
« de laquelle la nouvelle philosophie Française est sortie,
« sans être infidèle aux principes de cette excellente philoso-
« phie, j'ai cru pouvoir leur donner un développement qui
« dépasse un peu la limite que Reid et Dugald Stewart ont
« assignée à la raison humaine. Le développement est-il légi-
« time ? Ou la circonspection de vos illustres compatriotes
« n'est-elle pas préférable ? « It is the question, dear Sir. »
« Or, sur cette question, M. Hamilton est l'homme qui, devant
« toute l'Europe, dans l'Edimburgh Review, a défendu la
« philosophie Écossaise et s'en est porté le représentant. Sous

« ce rapport, les différents articles qu'il a écrits dans l'Edim-
« burgh Review sont d'un prix infini; et ce n'est pas moi qui
« devrais féliciter l'Écosse pour M. Hamilton ; c'est l'Écosse
« elle-même qui devrait honorer de ses suffrages celui qui,
« depuis Stewart, la représenta seul en Europe.

« En effet, ce qui caractérise M. Hamilton, c'est précisément
« l'esprit Écossais, et il n'est si attaché à la philosophie de
« Reid et de D. Stewart que parce que cette philosophie est
« l'esprit Écossais lui-même, appliqué à la métaphysique.

« M. Hamilton ne s'écarte jamais de la grande école du sens
« commun, et en même temps il a beaucoup d'esprit et de
« sagacité : et je vous assure, je le sais par expérience, que sa
« dialectique n'est nullement commode à ses adversaires.
« Inférieur à Reid pour l'invention et l'originalité, et à
« Dugald Stewart pour la grâce et la délicatesse, il est peut-
« être supérieur à l'un et à l'autre, et certainement au second,
« par la vigueur de la dialectique, j'ajoute et par l'étendue de
« l'érudition. M. Hamilton connaît tous les systèmes anciens
« et nouveaux, et il les examine à la critique de l'esprit
« Écossais. Son indépendance est égale à sa science. Il est sur-
« tout éminent en logique. Je vous parlerai ici en homme du
« métier. Sachez que M. Hamilton est celui de tous vos
« compatriotes qui connaît le mieux Aristote ; et s'il y a dans
« les trois royaumes de Sa Majesté britannique une chaire de
« logique vacante, n'hésitez pas, hâtez-vous, donnez-la à
« M. Hamilton.

« Sérieusement, mon cher Monsieur, ma reconnaissance
« envers l'Écosse, reconnaissance qui s'augmente encore par
« le titre honorable que votre savante Académie a bien voulu
« me conférer, me donne un vif désir de voir l'Écosse repré-
« sentée de nouveau dans le congrès des philosophes euro-
« péens. Si vous le jugiez à propos, j'en écrirais à Milord
« Lansdowne, que j'ai l'honneur de connaître un peu. Si
« M. Jouffroy était ici, il s'empresserait de joindre son témoi-
« gnage au mien ; mais M. Jouffroy est en Italie pour sa
« santé ; et M. Royer-Collard part en ce moment pour la cam-
« pagne. N'avez-vous pas le suffrage de M. Royer-Collard ?

« Mon illustre maître est tout Écossais ; c'est Reid et Dugald
« Stewart en chair et en os. Or Reid et D. Stewart, s'ils
« étaient électeurs, choisiraient M. Hamilton.

« Voici les deux points où l'exactitude de votre jeune ami
« aurait pu être plus grande : 1° que M. Hamilton a peut-être
« moins d'originalité que Reid et Dugald Stewart et Brown.
« M. Hamilton est fort supérieur à Brown, surtout comme
« logicien. Si l'on recueillait les articles de M. Hamilton, on
« aurait un livre infiniment plus distingué que les écrits très
« brillants, mais superficiels et diffus, de Brown. M. Hamilton
« n'a pas même la plus petite apparence d'obscurité. Son style
» est substantiel et sévère, pour quiconque connaît ces ma-
« tières et est capable d'attention. Personne n'est plus opposé
« et étranger que M. Hamilton au vague et à l'obscurité de la
« philosophie allemande, dans quelques-uns de ses plus célèbres
« auteurs. Pour être d'une clarté populaire, il ne manque à
« M. Hamilton que de l'espace pour se bien développer ; et
« cet espace on ne l'a pas dans une revue ; on ne l'a bien que
« dans un cours.

« Enfin, mon cher Monsieur Pillans, s'il n'y a pas de ma
« part trop de prétention et d'arrogance dans cette demande,
« je vous supplie de dire en mon nom à celui, ou à ceux de
« qui dépend cette nomination, qu'ils tiennent peut-être dans
« leurs mains l'avenir philosophique de l'Écosse, et que c'est
« un étranger, exempt de tout esprit de parti ou de coterie,
« qui les conjure de se souvenir qu'il s'agit de donner un
« successeur à Reid et à D. Stewart. Qu'ils consultent l'opi-
« nion de l'Europe. Quelques-uns des articles de M. Hamilton,
« trois entre autres, n° 99, n° 103, n° 115, ont fait la plus
« forte impression sur tous les hommes du métier. Je reçois
« en ce moment d'Amérique un ouvrage de M. Henry, inti-
« tulé : « Elements of Psychology. » Voici ce que dit cet auteur
« recommandable de l'article de l'Edimburgh Review n° 103 :
« By whose vho are acquainted with the articles referred to,
« remarkable alike for philosophical learning and ability of
« the first order, a higher autority cannot be imagined. »
« J'ignore quels sont les concurrents de M. Hamilton ; mais je

« souhaite pour l'Écosse qu'il y en ait un parmi eux qui ait
« reçu de pareils éloges publics, d'étrangers désintéressés et
« versés dans ces matières.

« Adieu, mon cher Monsieur ; dès qu'il y aura quelque
« chose de décidé, ne manquez pas de m'en informer, et
« croyez-moi toujours votre bien dévoué.

« V. Cousin ».

SAVIGNY

1779-1861

M. Savigny descendait d'une famille française de Metz, et ses ancêtres étaient probablement des réfugiés sortis de France lors de la révocation de l'Édit de Nantes. En 1817, M. Cousin, allant à Berlin, n'y avait pas vu « le grand jurisconsulte, » qui était en voyage. Nous ne savons pas à quel moment il l'a rencontré plus tard et s'est lié avec lui. Est-ce peut-être en 1824? Les trois lettres que nous donnons sont les seules qu'ait conservées M. Cousin, qui n'a rien gardé de ses propres réponses. La liaison a été fort cordiale, quoique sans doute la correspondance n'ait pas dû être fort active. M. Savigny s'est illustré par deux grands ouvrages sur le droit Romain, qui a été l'objet presque unique de ses études, (1826-1831, 1840-1849). Professeur de droit à Landshut, il avait été appelé dès 1810 à l'Université de Berlin, qui se fondait. Fameux par ses travaux d'érudition, aussi étendus que solides, il entrait dans l'administration en 1816, comme conseiller d'État.

En 1842, il devenait ministre de la justice, et il remplissait ces fonctions jusqu'en 1848. Assez ému de ces événements, dont il prévoyait les conséquences, il se réfugiait désormais dans la vie privée, qu'il avait quittée malgré ses goûts. M. Savigny a toujours été du parti conservateur, avec intelligence sans doute, mais aussi avec obstination. Il est certainement un des hommes qui ont fait le plus d'honneur à l'Allemagne. M. Cousin avait conçu pour lui une estime toute particulière, et bien que leurs labeurs fussent très différents, il y avait de grandes affinités entre ces deux esprits supérieurs. M. Cousin, plus jeune que M. Savigny, devait joindre beaucoup de respect à son affection. C'étaient là, d'ailleurs, des sentiments que partageaient tous les juristes européens. M. Savigny a été Associé étranger de l'Académie des sciences morales et politiques, membre de notre Institut.

M. Savigny à M. V. Cousin :

Berlin, 12 novembre 1831.

« Permettez-moi, mon cher ami, de vous rappeler mon souvenir par mon second fils, porteur de cette lettre. Il va faire quelque séjour à Paris, avant que de commencer ses études de droit sous ma direction. Je le recommande à vos bontés et à vos conseils, et je vous prie de le laisser participer à la bienveillance que vous avez souvent marquée à son père.

« Peu à peu, le ciel politique commence à s'éclaircir; il en est bien temps; car le monde civilisé, et votre patrie surtout, a grand besoin d'une existence stable, qui lui rende possible de regagner la noble carrière d'une émulation paisible et amicale, dont toutes les nations se réjouissaient pendant assez longtemps, et qui, je l'espère, finira par éteindre de nouveau les jalousies et les méfiances qui ne peuvent pas manquer de désoler quiconque porte au cœur les grand intérêts de l'humanité.

« Agréez, mon cher ami, l'assurance réitérée de l'estime sincère et du dévouement avec lequel j'ai l'honneur de me signer.

« Savigny. »

Cette première lettre montre une vraie cordialité, et beaucoup de confiance dans la bonté de M. Cousin.

Berlin, 31 octobre 1833.

« Mon cher ami,

« De retour d'un voyage de trois mois que je viens de faire, en Italie, j'ai trouvé votre lettre du 1er septembre, qui m'annonce l'honneur inattendu que Sa Majesté a daigné me conférer, ainsi que les lettres officielles du ministre et du chancelier de l'Ordre. Comme nos règlements défendent d'accepter des décorations étrangères sans l'autorisation expresse de notre gouvernement, je n'attends que cette autorisation pour exprimer ma respectueuse reconnaissance de cet honneur.

« Mais je ne puis pas attendre de vous témoigner ma reconnaissance personnelle, de l'intérêt amical que vous venez de me prouver en cette occasion, et de l'empressement que vous avez mis à m'en donner la première nouvelle. Je n'ai pas besoin de vous assurer que nous sommes parfaitement d'accord dans le vœu de voir se multiplier, de jour en jour, les liaisons entre nos nations, destinées à s'enrichir mutuellement par une émulation pleine d'estime et d'amitié.

« Je vous salue de tout mon cœur,

« Savigny. »

Cette seconde lettre n'est qu'un remerciment pour

la décoration de la Légion d'honneur, que M. Cousin avait fait décerner à M. Savigny, et dont il avait été le premier à lui donner la nouvelle. M. Cousin n'était alors que Conseiller de l'Instruction publique, mais il exerçait déjà une influence considérable; et la part qu'il venait de prendre à la loi de 1833 sur l'instruction primaire avait encore accru sa légitime autorité. La distinction attribuée à M. Savigny était si bien justifiée qu'elle ne devait soulever aucune objection.

Les sentiments de sympathie que M. Savigny exprimait pour la France répondaient tout ensemble à l'intérêt des deux peuples et de la civilisation. Depuis lors, les destins en ont décidé autrement: mais ces hautes espérances étaient dignes des deux nobles cœurs qui les échangeaient.

Dernière lettre de M. Savigny.

Berlin, 24 avril 1834.

« Permettez-moi, mon digne ami, de vous présenter un jeune homme très distingué qui se rend à Paris, principalement dans l'intention de connaître la manière dont se traitent en France les affaires du barreau. C'est M. Herbkam, juge de notre Cour royale (Kammergericht) et neveu de notre excellent M. Eichhorn, directeur dans le ministère des affaires étrangères. Si vous voulez accorder à ce brave homme la faveur de votre connaissance, ainsi que l'avantage des conseils que vous pourrez lui donner mieux que tout autre, vous ajouterez une nouvelle obligation à celles que je dois déjà à votre amitié.

« Vous aurez connu par les feuilles publiques la mort de M. Schleiermacher; cette mort a été digne de sa vie: elle a eu un caractère tellement sublime que, même dans sa famille et parmi ses amis, la grandeur de cette impression a balancé la douleur de sa perte. Aussi, je n'ai jamais observé une sensation si profonde et si générale dans notre ville que celle causée par cette mort incomparable. Notre public, de toutes les classes, ordinairement froid et indifférent, était pénétré d'un sentiment commun dans ce jour mémorable, et il paraissait comme électrisé.

« Nos vœux sincères vous accompagnent dans la crise sérieuse à laquelle votre gouvernement est venu. Le bien-être et le repos de la France en dépendent, et l'Europe est si liée entre elle, que le nôtre ne peut pas en être séparé.

« Si vous voyez M. Rossi, je vous prie de lui demander s'il a reçu l'année dernière ma lettre écrite aux bords du lac de Côme, et à laquelle je serais charmé de recevoir une réponse.

« Je vous demande la continuation de votre bienveillance.

« Savigny. »

Le peu de mots que dit M. Savigny sur la mort de M. Schleiermacher attestent l'admiration qu'il professait pour lui, comme toute l'Allemagne. Nous en avons déjà parlé tome I, pages 193 et 201, et tome II, page 443. Nous n'avons pas à insister : un témoignage si sérieux doit suffire. La science de Schleiermacher, et surtout son caractère, avaient inspiré à l'opinion publique, sans distinction de nationalités, de religions, de sectes, une vénération sincère et profonde. De là, l'unanimité des regrets qui accompagna sa mort.

Ce dernier billet de M. Savigny est de 1834 ; nous n'avons rien trouvé de date plus récente. Il est bien probable cependant que la correspondance a dû continuer, puisque M. Savigny n'est mort qu'en 1861. Il ne nous semble pas qu'aucun incident ait pu altérer les rapports de deux esprits si bien faits pour s'entendre. Les opinions de M. V. Cousin après 1848 et sous le second Empire ont-elles pu déplaire à M. Savigny? Nous ne le savons pas ; mais un dissentiment politique de cet ordre ne pouvait rompre une amitié qui s'appuyait sur des motifs aussi naturels. La sympathie que M. Savigny ressentait pour la France devait plutôt s'accroître avec nos malheurs et notre humiliation.

LE Dʳ F. SCHULZE

1785-18..

Qui était M. le Dʳ F. Schulze, à Berlin ? Nous ne saurions le dire. D'après ses lettres, que M. Cousin avait conservées, sans avoir le même soin pour les réponses qu'il a dû faire, M. le Dʳ Schulze paraît un employé supérieur du ministère de l'Instruction publique. Sous les ordres de M. d'Altenstein, il est chargé de fonctions importantes. Il rédige les statuts, les règlements, les circulaires et tous les documents administratifs concernant les universités, les gymnases, les écoles de tous les degrés. Il possède à fond ces matières compliquées et délicates. Autant qu'on en peut juger, il a toute la confiance de ses chefs ; et certainement il la mérite par son dévouement et par ses connaissances spéciales.

Il est assez probable que M. Cousin s'était lié avec lui dès 1824, pendant la demi-liberté dont il jouissait dans le troisième mois de sa détention. La première lettre que nous donnons ici est de 1831 ; et elle constate une cordialité de sentiments qui ne pouvait pas être récente. La liaison ne datait pas seulement du voyage que M. Cousin fit en cette dernière année, à Berlin, pour y remplir la mission que lui avait confiée M. de Montalivet. Mais ces conjectures n'importent guère. La correspondance a duré longtemps, sans interruption sérieuse. Elle a fourni à M. Cousin d'utiles matériaux sur l'état des études scholaires chez nos voisins.

M. le Dr F. Schulze est un admirateur sincère du talent de M. Cousin ; il l'aime autant qu'il l'admire, et il exprime son enthousiasme chaque fois qu'il en trouve l'occasion. M. Cousin lui offre ses ouvrages ; et les remerciements sont aussi fréquents que sincères.

En Allemagne, le nom de Schulze n'a rien de bien particulier : plusieurs littérateurs, économistes, romanciers, etc., l'ont porté et honoré, en même temps que M. le Dr F. Schulze. Mais il ne faudrait pas le confondre avec M. Ernest Schulze, le célèbre auteur de l'Ænésidémus. En 1817, M. Cousin avait rencontré, à Gottingue, M. Ernest Schulze, dont le scepticisme lui était bien connu, puisque l'Ænésidémus est de 1792. Il n'avait pu avoir avec lui presque aucun entretien, parce que l'un ignorait le français et que l'autre ne possédait pas l'allemand. M. Ernest Schulze est mort en 1833, âgé de 66 ans.

Quant à M. le Dr Schulze, il nous apprend, dans une de ses lettres, qu'en 1840, il était âgé de 55 ans. Il était donc né en 1785. Il n'écrit qu'en allemand, et nous le traduisons. D'ailleurs, son style est remarquablement clair.

Berlin, 20 janvier 1832.

« Mon cher ami,

« Votre aimable lettre du 3/14 d. c. m. fait que je m'empresse d'y répondre, dans le premier moment de loisir que je trouve. L'extrait de vos cinq lettres à M. de Montalivet, sur l'état de l'instruction publique en Allemagne, est à la disposition de M. Philipps Born, qui est provisoirement le rédacteur en chef de la Gazette d'État; cet extrait a été imprimé dans cette feuille, et a été, autant que j'ai pu m'en apercevoir, reçu de tout côté avec toute la reconnaissance qu'il mérite. Je n'ai pas vu de faute grave dans aucune des cinq lettres, et je ne me rappelle pas avoir lu dans aucune feuille publique une appréciation plus sage.

« Ce que vous dites de l'inappréciable mérite de la traduction allemande de la Bible, par notre saint docteur, Martin Luther, est aussi vrai que frappant ; et nous ne saurions trop honorer notre grand réformateur, qui, il y a plus de trois siècles, a reconnu les besoins essentiels du peuple allemand, et en particulier, les besoins des pauvres, auxquels avant tout l'Évangile doit être prêché, et qui, à toutes les richesses déjà si immenses des chansons populaires pleines d'âme et de profondeur dont nous avions hérité, a su faire de la Bible un livre essentiellement populaire.

« Mes remarques sur le projet de loi soumis à vos Chambres pour l'instruction élémentaire, vous seront communiquées par moi dans un moment plus propice ; peut-être les ferais-je aussi imprimer.

« C'est avec un bien vif intérêt que je lirai votre Rapport sur l'instruction élémentaire avant la publication officielle ; et je vous promets de l'examiner avec le plus grand soin ; et en toute liberté, que je n'ai jamais refusée à mes amis ; je vous signalerai tous les passages de votre Rapport qui pourraient ne pas répondre tout à fait à l'état vrai de l'instruction élémentaire chez nous. Pour ma part, je suis tout disposé à entreprendre un travail qui pourrait conduire à mieux faire apprécier nos institutions, et qui pourrait être utile à la France dans son état actuel. Ce qu'il y a de plus essentiel, c'est-à-dire ce qui concerne les écoles réelles que vous avez à visiter, se trouve dans le programme de M. Spiellecke de 1822, concernant les écoles bourgeoises, et dans le programme de 1823, sur la direction présente des écoles réelles; les deux programmes se trouvent dans les écrits de M. Spiellecke, Berlin, 1824, pages 67 à 118 et pages 173 à 208. Sur ma demande, M. Spiellecke a dû vous en envoyer un exemplaire, qui plus tard, et comme annexe au gymnase Frédéric-Guillaume, a été imprimé. M. Spiellecke y a joint quelques remarques de peu d'importance; elles concernent plus particulièrement le rapport de l'année 1829, que je joins à cette lettre, et qui depuis six ans ne contient aucun changement essentiel du plan d'études; vous possédez déjà tout ce qu'on peut désirer sur les écoles réelles.

Outre ces écoles, il y a encore ici, sous les ordres du directeur, M. Auguste, un gymnase réel, où je n'ai rien introduit, attendu que l'établissement a été constitué par les magistrats, et qu'il a été très bien accueilli; ce gymnase n'a cependant pas encore grande importance, et jusqu'à présent, ce n'est rien de plus qu'une expérience pédagogique dont il faut attendre le résultat.

Sur le but, la direction et le plan d'études de ce prétendu gymnase, la fondation contient ce qu'il y a de plus essentiel, et je remarque seulement encore que jusqu'à ce jour, cette expérience n'a pas trop répondu à ce qu'on attendait. Les étudiants qui, jusqu'à présent, sont dans cet établissement, laissent à désirer sous le rapport de leur instruction intellectuelle, aussi bien que sous le rapport de leurs connaissances que nos gymnases ordinaires donnent beaucoup mieux. On a imprimé les rapports sur la direction des instituteurs des écoles élémentaires, à Potsdam, Neuzelle, Mœurs, Brülhe, Posen, Homberg, Stettin et Magdebourg; mais on ne les trouve plus dans le commerce. Désirez-vous que je vous envoie d'exactes copies des rapports qui se trouvent dans nos actes ministériels? Si vous les voulez, je vous les ferai préparer le plus vite possible. Conformément à ma proposition, tous les séminaires seront tenus d'envoyer tous les ans leur programme, imprimé sous une disposition uniforme, ainsi que le font les gymnases; je pourrais avec grand plaisir vous faire tenir tous ces programmes, si vous y attachez la moindre importance. Outre mes occupations courantes, je m'occupe de la rédaction d'un nouveau règlement pour les examens dans les gymnases, en même temps que d'un règlement pour une école polytechnique, dont le roi a bien voulu déjà autoriser la fondation ; cet institut doit avoir surtout pour objet de former des professeurs de mathématiques, de physique et de chimie pour tous les établissements de l'instruction publique; ils pourront rendre de grands services à nos universités, à nos gymnases et à nos écoles bourgeoises; ici, un nombre considérable de mathématiciens de physiciens et de chimistes distingués pourront se réunir.

La veuve de Hegel, qui sait supporter si dignement une si grande perte, se rappelle à votre bienveillant souvenir ; j'ai eu le triste avantage d'assister à l'agonie de notre ami ; j'ai en lui, et dans le recteur Lange de Pforta, que vous avez aussi connu, perdu mes meilleurs amis. Sed omnes manet una nox. Je m'occupe à ouvrir une souscription pour les œuvres de Hegel; peut-être pourrez-vous, de votre côté, en France, trouver des souscripteurs.

Mon honoré chef, le ministre d'État d'Altenstein vous renouvelle ses compliments les plus affectueux; je vous prie de présenter mes salutations à M. le Ministre, comte de Montalivet. Je vous envoie ces lignes écrites à la hâte sous son couvert; et je vous fais remarquer de nouveau que toutes les lettres que vous m'enverrez, avec l'adresse de l'instruction publique, doivent être affranchies dans l'intérieur des frontières du royaume de Prusse.

Agréez, bien que de loin, mon souvenir amical, de même que je ne cesserai pas d'être avec un sincère dévouement,

Votre ami,

Le docteur F. Schulze. Burgstrasse, 20.

On se rappelle que M. Cousin avait été chargé en 1831, par M. de Montalivet, d'aller en Allemagne étudier l'état des écoles, et spécialement l'état de l'instruction primaire. Il avait fait cette étude dans les mois de juin et de juillet. Ses lettres, rendant compte au ministre de sa mission, avaient successivement paru avant la fin de l'année, et elles avaient produit une impression extraordinaire, non pas seulement en France, mais dans toute l'Europe. Presque tous les pays souffraient du même mal que nous; et ce qui promettait à nos écoles populaires une meilleure organisation, intéressait le reste du monde. Les détails que nous avons donnés dans le 1er volume, pages 377 et suivantes, montrent assez où nous en étions, où en était l'Angleterre elle-même, et les États-Unis de l'Amérique du Nord. M. le docteur Schulze avait été émerveillé du travail de M. Cousin, bien qu'il fût lui-même un juge des plus compétents. Cependant, tout en louant l'ensemble, il présentait, avec pleine indépendance, quelques observation pratiques, auxquelles M. Cousin a fait droit, sans doute, parce qu'elles étaient bien fondées.

Deuxième lettre de M. Schulze ;

Berlin, 6 avril 1832.

« Mon cher ami,

J'ai reçu, vers la fin du mois dernier, votre lettre si affectueuse du 15 février, et j'ai reçu, en outre, les exemplaires de votre admirable Rapport, que j'ai demandé d'après vos indications. Je vous en ai exprimé toute ma gratitude par mes annonces de votre Rapport dans les Annales pour la critique scientifique; ce n'est pas sans hésitation que je me suis résolu à faire ces annonces dans le moment actuel, où de pressantes affaires officielles prennent tout mon temps. Comme MM. de Henning, Gans et de Warnhagen n'ont pas été en mesure de faire les annonces de votre Rapport, je leur envoie deux de mes exemplaires, et je laisse à leur jugement bienveillant de prendre la peine, s'ils le trouvent bon, de l'envoyer à votre ministre, M. le comte de Montalivet, comme un faible témoignage de mon respect. La traduction allemande de votre Rapport que M. Krœger, de Hambourg, a fait imprimer, vous est peut-être déjà connue; il y a sans doute, dans beaucoup d'endroits, des fautes qui dénaturent votre pensée; et ce qui manque, c'est une connaissance suffisante de la langue française.

Pendant la dernière semaine, j'ai été tout occupé à préparer un plan pour le séminaire polytechnique, qui doit former des professeurs de mathématiques, de physique et de chimie; nous espérons que l'établissement pourra s'ouvrir dans le courant de cette année. Dans le rapport que j'ai présenté à notre roi, sur votre présence ici, j'ai rappelé que vous aviez exprimé votre regret que nous n'eussions pas un tel établissement; le roi a donc ordonné au ministre de hâter la fondation, et il a promis tous les fonds nécessaires.

Pour répondre à l'intérêt de tous les travaux consacrés à l'histoire de la philosophie grecque, je vous signale l'ouvrage: Hermippi Smyrnaei fragmenta edd. Adolph Lozynski, Bonn, 1832, in-8°.

On s'est déjà occupé des deux fils de notre Hegel, pour reconnaître les grands mérites de leur père et les services qu'il a rendus à la science; le roi leur a accordé une indemnité de 300 thalers pendant leurs études et pendant les années préparatoires au service de l'État; les fonds sont pris sur notre ministère. Pour les œuvres de Hegel, nous avons déjà reçu plus de 600 souscriptions.

M. le professeur Gans se rappelle à votre souvenir; mais, comme il le dit, c'est de mauvaise grâce, parce que vous l'avez laissé jusqu'à présent sans réponse.

M. Dérichlet va se marier avec la fille de Mendelssohn; le

mariage aura lieu dans quelques jours. La place de Hegel sera sans doute donnée à M. Gabler, de Bayreuth; je ne connais pas de candidat plus digne que lui; son jugement sur l'édition nouvelle de l'Encyclopédie de Hegel ne vous déplaira pas.

« Avec une sincère affection et dévouement, votre ami,

« Le docteur,

« F. Schulze. »

L'indication que M. Schulze donne sur le roi de Prusse mérite d'être remarquée. Il paraît bien que le roi s'occupait personnellement et activement de tout ce qui concernait l'instruction publique. S'il s'était fait présenter un rapport spécial sur le voyage de M. Cousin, c'est qu'il avait voulu savoir par lui-même ce que le professeur Français pensait des écoles allemandes. Cette sollicitude du chef de l'État montre que la visite de M. Cousin, quelque rapide qu'elle eût été, avait provoqué une sérieuse émotion et qu'on attachait une grande importance à son jugement.

Hegel était mort à la fin de 1831; son successeur, tout désigné dès lors, était M. Schelling; mais il fallut encore dix ans pour que l'Université de Berlin le reçût dans ses rangs.

Troisième lettre de M. Schulze :

Berlin, 3 novembre 1832.

« Je vous remercie bien vivement, mon honorable ami, pour les communications que vous avez bien voulu me faire de votre remarquable Rapport sur l'instruction élémentaire, et sur l'organisation des autorités qui, en Prusse, dirigent l'instruction publique. Vous avez su parfaitement représenter un tableau exact de notre situation ; aussi, M. le ministre d'Altenstein vous exprime, par mon entremise, sa gratitude pour l'honneur que vous lui avez fait en lui communiquant votre excellent Rapport. J'ai fait parvenir les autres exemplaires à leurs différentes adresses. Je souhaite vivement que le but d'utilité générale que vous poursuivez en publiant vos Rapports soit atteint, et que votre patrie puisse bientôt profiter des fruits de tous vos efforts. Si ma coopération n'était pas actuellement fort gênée par la revision de la Phénoménologie de l'esprit de Hegel, qui doit paraître dans quelques semaines et figurer dans la nouvelle édition dont je suis chargé, et qui ne doit pas être indigne du monde savant, je n'aurais pas manqué de mettre une annonce de votre Rapport dans les Annales pour la critique scientifique ; mais j'espère qu'après la Noël je pourrai trouver le temps nécessaire pour m'en occuper.

« La revue statistique de l'état de nos écoles élémentaires, dont vous avez parlé dans votre lettre du 15 mai, pourra être donnée tous les quatre ou cinq ans par le bureau de statistique, qui est placé sous la direction de M. Hoffmann, conseiller d'État et professeur. M. Hoffmann est actuellement occupé du recueil de ces revues toutes officielles ; ce travail n'est pas facile ; mais M. Hoffmann espère néanmoins le terminer dans quelques semaines ; il m'en communiquera une épreuve, que je m'empresserai de vous envoyer ; j'en enverrai aussi un exemplaire à M. le comte Emmanuel de Las Cases, et j'espère répondre par là aux questions qu'il m'avait fait adresser, de Leipzig, par M. le professeur Grossmann, sur l'état de nos écoles élémentaires ; je vous prie d'être assez bon pour l'en avertir ; plusieurs des questions qu'il m'avait adressées avaient été résolues par votre Rapport, que M. le comte de Las Cases me paraît n'avoir pas lu.

Quant à l'intérêt que vous portez à l'histoire de la philosophie, je vous signale le premier cahier qui vient de paraître des études philosophiques et historiques de M. Petersen, auteur des Monuments de la philosophie de Chrysippe ; il s'y trouve un traité remarquable sur le développement successif de la philosophie grecque depuis Thalès jusqu'à Socrate ; il y a aussi une dissertation en latin sur Alcméon de Crotone, et les fragments par A. Unna, et une collection faite avec le plus grand soin des fragments sur la vie de Protagore par M. Herbst.

« M. Artaud, qui a la bonté de vous transmettre ces lignes, écrites à la hâte, m'a charmé par sa conversation simple et sensée ; il ne paraît pas mécontent de sa situation actuelle. Je voudrais, si l'on ne peut pas bientôt donner une place à M. de Sinner à Paris, lui trouver ici une occupation convenable, au Gymnase français ou au Gymnase de Cologne et peut-être plus tard dans l'Université. Par ses leçons préparatoires au Gymnase de Cologne, il a montré qu'il pourrait nous être extrêmement utile par sa connaissance profonde du français, qu'il joint à des connaissances générales très solides.

« Portez-vous bien, continuez à m'aimer un peu. Quant à moi, je ne cesserai pas d'être votre ami.

« Docteur SCHULZE. »

Quatrième lettre de M. Schulze.

Berlin, 18 février 1833.

« Conformément à votre désir, je vous envoie, mon cher ami, l'état de toutes les paroisses et de toutes les écoles du royaume de Prusse, en 1831, et aussi un extrait de la publication de M. le professeur Hoffmann, donnant la statistique comparée du nombre des élèves moins âgés que quatorze ans. M. Hoffmann a eu la bonté de me communiquer cet état comparatif, avant même qu'il ne fût imprimé, pour que je pusse vous le faire tenir, et je me plais à espérer que vous pourriez lui adressser quelques lignes de remerciement. En jetant un simple coup d'œil sur cette comparaison, vous pourrez vous convaincre que l'inspection des écoles est très régulière dans tout l'État. Quoique, d'après notre législation, nous puissions contraindre les parents qui ont le tort de négliger leur devoir, à envoyer leurs enfants à l'école, cette rigueur est actuellement peu appliquée, parce que les parents sont assez intelligents pour ne pas provoquer cette mesure.

« Je vous remercie cordialement de l'envoi de votre projet de loi sur vos écoles primaires. Je le connaissais déjà par les journaux. Autant que je puis juger de la situation en France, vous avez rendu par ce projet un grand service à votre pays; vous avez évité les écueils avec beaucoup de prudence; et le projet tout entier aurait pu s'y briser. J'ai beaucoup réfléchi aux articles 1 et 2. Il me semble que, soit dans les comités d'arrondissement, soit dans les comités communaux, les membres sont trop nombreux. En fin de compte, vous n'avez pas pu vous empêcher de nommer dans chaque département un ou deux conseils scholaires, qui, comme chez nous, n'ont exclusivement que cette fonction, et qui ont déjà leurs organes naturels dans les inspecteurs des écoles et dans les ecclésiastiques de la localité. Si je m'en rapporte à mon expérience, la πολυκοιρανίη n'est jamais bonne pour les écoles.

« Mais quoi qu'on puisse dire sur quelques points du projet de loi, on doit y trouver un progrès considérable, et il sera extrêmement utile à la France, quand il aura été mis à exécution. A mon avis, on peut faire beaucoup de bien aux écoles avec un petit nombre de lois, pourvu qu'on apporte le dévouement le plus pur, de la régularité et de la constance. Là, où manquent ces qualités essentielles, les lois les meilleures ne peuvent rien. En Bavière, une bonne loi succède à une autre ; mais les fruits auxquels on devrait reconnaître l'arbre ne sont pas venus, parce qu'il n'y avait aucun accord entre les autorités et qu'on n'avait pas pris le moyen de faire concorder ces lois. Chez nous, et durant ces derniers mois, le trésor de l'État a montré beaucoup de faveur à nos écoles. Par exemple, le roi a donné à Posen 21,000 thalers par an, rien que pour l'amélioration des écoles élémentaires, quoique dans les dernières années on eût donné à Posen, pour aider quelques communes, 20,000 thalers, et pour construire quelques maisons d'écoles.

« Mon ministre vous remercie de votre envoi. J'ai fait remettre aux personnes que vous aviez désignées les exemplaires du projet de loi qui étaient joints à votre lettre.

« Ayez la bonté de me rappeler au souvenir de M. Guizot;

et je désire que, dans l'intérêt de l'instruction publique, il en reste le ministre encore pendant vingt ans.

« Portez-vous bien, et pensez avec affection à votre ami,

« Le Dr F. Schulze. »

M. Schulze avait parfaitement compris l'excellence de la loi de 1833 ; on l'apprécia plus tard à l'étranger presque aussi complètement qu'en France. La seule objection que fasse M. Schulze est contre la multiplicité des autorités préposées à l'instruction primaire ; elle peut être juste en elle-même ; mais elle l'est beaucoup moins pour la France que pour la Prusse. Dans une démocratie, le pouvoir ne peut pas être aussi concentré que dans une monarchie. Sauf cette seule critique, l'approbation de M. Schulze est entière ; comme l'a été celle de notre Chambre des députés et de notre Chambre des Pairs. Mais il ignorait que M. Cousin fût l'auteur de cette loi, et qu'il en eût fait le libellé et l'exposé des motifs. La modestie de M. Cousin le portait à garder le silence, en même temps que son respect des convenances. C'est à peine s'il en a parlé à ses amis, dans ses lettres intimes. Nous-même nous ne l'avons appris que fort tard et presque par hasard. Plus haut, tome I, page 379, nous sommes entrés à ce sujet dans des détails démonstratifs. Mais nous aimons à voir que, même parmi les étrangers, il s'est trouvé, avant le vote de cette loi, des gens capables d'en apprécier toute la portée. M. Schulze devait, grâce à sa longue expérience, être un des premiers à se prononcer. Depuis soixante ans, l'opinion n'a pas changé, et la loi de 1833 est toujours regardée comme la Charte de l'instruction primaire.

Cinquième lettre de M. Schulze :

Berlin, 24 novembre 1833.

Un voyage qui a duré deux mois, et, à mon retour, des travaux accablants m'ont empêché jusqu'ici, mon honorable ami, de répondre à vos aimables lettres du 1er juillet et du 1er septembre, et de vous exprimer ma cordiale reconnaissance pour le cadeau que vous m'avez fait de vos Fragments philosophiques et de la seconde édition de votre Rapport sur l'état de l'instruction publique en Allemagne. J'ai suivi avec le plus grand intérêt les discussions de vos Chambres sur le projet de loi que vous avez élaboré, qui justifie bien l'importance qu'on attache à ce sujet, et je me suis vivement réjoui de ce que vos projets étaient enfin mis à exécution; il faudrait être de bien mauvaise volonté pour méconnaître les services qui, non seulement, peuvent être rendus à la France, mais qui encore peuvent être utiles au reste de l'Europe.

Ce qui importe maintenant, c'est que les dispositions de la loi soient exécutées avec constance et une complète rigueur, aussi bien qu'avec un amour vraiment chrétien, pour qu'elles atteignent leur but. Je souhaite au pays qui les a produites, beaucoup d'hommes qui se dévouent à l'éducation du peuple, et à l'instruction de la jeunesse, qui sachent s'élever au-dessus de l'intérêt du moment et de l'approbation de leurs temps, qui se dévouent tout entiers à ce qui est éternel, et qui ne vivent que dans cette pensée. La génération présente me semble, à beaucoup d'égards, bien disposée en France à obéir à la loi et à la faire vivre de son mieux. Si vous, mon cher ami, vous obtenez ce succès, vous laisserez, même si vous mourez sans laisser de chers enfants, une pièce immortelle qui témoignera perpétuellement en votre faveur, comme les victoires de Leuctres et de Mantinée témoignent pour Épaminondas.

« Il y a eu dans ces dernières années beaucoup d'ouvrages sur les écoles bourgeoises, par suite des mesures qui ont été prises à ce sujet par notre ministère ; cependant, aucun de ces écrits ne me satisfait complètement ; les écoles bourgeoises sont encore trop peu avancées, et l'idée n'en est pas encore assez bien déterminée, pour qu'on puisse, dès à présent, en rien dire de définitif. Parmi tant d'écrits, je ne vous en nomme que quelques-uns que j'ai déjà en mains : Harnisch, l'École bourgeoise allemande, Halle, 1830, in-8º — Korn, la Destination des écoles bourgeoises, Berlin, 1828, in-8º — Holer, Albert, les Hautes Écoles bourgeoises, Kœnisberg, 1833, in-8º. — Bergmann Karl, le Gymnase et l'école bourgeoise. — Fischer, E. G. sur la direction qu'on doit donner aux établissements pour l'instruction des classes supérieures, Berlin, 1806, in-8º. — Dikemann Jean, l'Idée d'une haute école de ville, Königstein, 1819, in-8º. — Spillecke, Aug. Écrits concernant les écoles. Berlin, 1825, in-8º. — Zerrenner, De la direction à donner aux écoles dans les petites villes, Magdebourg, 1832, in-8º.

Je vous conseille particulièrement de lire les ouvrages de Harnisch, de Dickman et de Zerrenner.

Dans ces derniers mois, j'ai achevé notre nouveau règlement pour les examens des étudiants qui passent des gymnases aux universités, et également les nouveaux statuts de l'Université de Kœnigsberg. Je m'occupe maintenant de nos statuts pour les facultés particulières de nos universités ; j'espère pouvoir vous envoyer très prochainement le règlement dont je viens de vous parler, qui concerne l'éducation du pays tout entier ; il est maintenant soumis à l'approbation du roi ; très prochainement aussi, je dois élaborer quelques propositions concernant les écoles dans notre province de Silésie, qui s'éloignent des principes trop étroits de notre projet, et qui mérite par cela même une rectification importante.

« Je n'ai pas pu jusqu'à présent exprimer dans une lettre officielle ma reconnaissance pour la distinction dont m'a honoré Sa Majesté le Roi des Français, sur la proposition de M. Guizot, et par votre bienveillante entremise, parce que je n'ai pas eu encore la décision de notre Roi, que je dois respectueusement attendre. D'après notre constitution, il n'est permis à aucun employé de l'État d'accepter un ordre étranger sans la permission expresse du Roi, et particulièrement, si la classe de l'ordre qui lui est accordé par un souverain étranger ne correspond pas à la classe de l'ordre qu'il possède déjà de la part de son souverain. Je me trouve dans ce cas, et j'attends d'autant plus tranquillement la décision de mon Roi, que, pendant mes fonctions officielles qui remontent à tant d'années, je n'ai jamais rien fait pour obtenir une distinction étrangère; puissé-je du moins trouver souvent, mon respectable ami, l'occasion de vous être utile dans vos efforts en faveur de l'instruction publique en France, et pouvoir vous témoigner la vivacité de mes souhaits pour votre réussite et mon respect pour M. le ministre Guizot, auquel je vous prie de présenter tous mes respects, pour la grâce qu'a bien voulu me faire Sa Majesté le Roi des Français.

« En terminant cette lettre, je me permets de vous recommander l'excellente édition que notre ami Trendelenbourg vient de donner du traité de l'Ame d'Aristote, de même que son ouvrage sur les Catégories. Je vous signale également le traité du professeur Starcke : De Aristotelis intelligentia sive mente sententia, et du jeune M. Ideler, ses Prolégomènes à la Météorologie d'Aristote ; prochainement, je vous dirai plus encore sur les ouvrages relatifs à l'histoire de la philosophie dans l'Antiquité.

« Conservez-moi un peu de votre affection ; quant à moi je ne cesserai pas d'être

« Votre ami,
« Dr Schulze, Kupfergraben, n° 6. »

« P. S. Encore une bonne nouvelle à vous apprendre : notre roi a sur un de mes Rapports accordé 25,000 thalers pour acheter la collection des livres laissés par notre Rudolphi, et qui surpasse celle de Cuvier. »

Dès la fin de novembre 1833, la loi sur l'instruction primaire commençait à faire sentir ses heureux effets. Elle avait été accueillie dans toute la France avec une reconnaissance unanime. Il ne restait plus qu'à l'exécuter, avec la constance indispensable pour lui faire porter tous ses fruits. Le vœu de M. Schulze était fort sage; mais malheureusement l'instruction primaire n'a pas été à l'abri des révolutions qui ont bouleversé le pays. La seconde République n'a pas duré assez longtemps, et peut-être aussi n'eût-elle pas eu la capacité nécessaire; elle a essayé quelques innovations impuissantes. En 1850, le prince Président n'a pas hésité à livrer l'éducation du peuple au clergé. Pendant tout le second Empire, le pouvoir a fait de l'instruction primaire un instrument politique. La troisième République a été fort généreuse pour les écoles; elle l'a même été trop, puisqu'elle a dû s'arrêter dans ses libéralités. Quel est le résultat réel de ses efforts, et qu'a-t-elle obtenu pour prix de tant de sacrifices? Il n'est pas possible de le savoir dès à présent, et la question reste obscure. L'intelligence populaire, et surtout la moralité ont-elles fait les progrès qu'on attendait? C'est l'avenir seul qui nous l'apprendra.

C'était M. Cousin qui avait fait décerner à M. Schulze, la croix de la Légion d'honneur.

Sixième lettre de M. Schulze.

Berlin, 27 avril 1834.

« Accablé d'occupations personnelles, ce n'est qu'aujourd'hui, mon cher ami, que je puis répondre à vos deux dernières lettres. Votre récent ouvrage sur nos gymnases est une preuve nouvelle de votre talent à tout comprendre et que vous avez toujours eu vue les résultats les plus importants qui peuvent être utiles à votre pays dans sa situation actuelle. Mon ministre me charge de vous remercier d'avoir bien voulu lui faire part de cet ouvrage.

« Les observations suivantes vous montreront avec quelle attention j'ai lu votre livre. Je les ai recueillies en vous lisant, et je n'en ai pas gardé copie. Dès que je pourrai trouver quelques moments de loisir, je ferai une annonce de votre travail pour nos Annales; et j'espère que cette notice ne sera pas indigne de vous. Ne considérez les remarques suivantes dans leur forme, ainsi que dans leur fond, que comme le témoignage d'un ami qui reconnaît les services considérables que vous avez rendus, d'après l'expérience personnelle qu'il a lui-même acquise.

« L'exemplaire qui vous était destiné de la revue de nos établissements d'instruction publique, vous sera adressé, grâce à la bonté de M. Guizot, auquel je me rappelle respectueusement. L'extrait n° IV doit se composer, l'année prochaine, de deux parties et indiquer le nombre des écoles bourgeoises ou moyennes qu'il y a dans chaque province, dans chaque cercle, etc. Comme les notices manquent, les écoles élémentaires n'ont pas pu, pour cette fois, être comparées aux écoles bourgeoises.

« Malgré toutes mes recherches, je n'ai pas encore pu réunir les programmes que vous désirez de nos gymnases de 1820 à 1825. On n'a pas pu s'en procurer d'exemplaires. Il n'y a qu'un seul exemplaire de ces programmes dans la bibliothèque de notre ministère; et on ne peut pas le prêter. Je pourrai, au contraire, par l'intermédiaire de M. de Werther, très prochainement vous faire tenir un certain nombre de programmes que j'ai réunis à votre intention. Le recueil de toutes les ordonnances, circulaires, règlements, etc., relatifs aux gymnases est déjà en partie entre vos mains. Je vous en ai donné une grande quantité, dans votre dernière visite à Berlin. Comme la plupart de ces circulaires et de ces documents n'ont pas été imprimés, je dois les faire copier pour vous; je m'en occuperai avec plaisir, et sans qu'il vous en coûte rien. Mais je désirerais bien savoir ce que vous souhaitez plus spécialement;

car la masse de documents que j'amasse depuis seize ans, formerait bien un énorme in-f°. Il n'y a pas un objet d'enseignement dans les gymnases, sur lequel il n'y ait plusieurs circulaires, instructions, etc. Il y en a également sur la discipline, sur les directeurs, sur les maîtres et les sous-maîtres, les méthodes, les finances, tous sujets qui concernent les gymnases. Dans le cours de cette année, il paraîtra vraisemblablement un recueil imprimé de tout cela, qui contiendra en extrait tout ce qu'il y a de plus essentiel.

« Vos fragments qui ont été dans leur genre si instructifs pour moi devaient être annoncés dans nos Annales de critique scientifique par M. Heinrichs, de Halle ; mais le travail qu'il nous a remis ne m'a paru, ni pour le fond, ni pour la forme, assez convenable, ni assez digne de vous ; et la Société en a ajourné l'adoption. Si M. Heinrichs veut bien revoir son travail de manière à le rendre acceptable, nous l'attendrons.

« J'ai envoyé l'un des exemplaires des Nouvelles considérations de M. de Biran, à M. Wilken pour qu'il le présente à l'Académie ; j'enverrai à M. Ancillon l'autre exemplaire, qui lui est destiné, dès qu'il sera revenu de Vienne.

« Si vous connaissez M. Brunet, ou si vous le voyez, remerciez-le en mon nom de l'instruction que j'ai tirée de ses Nouvelles recherches bibliographiques. Sous le rapport de la philologie classique, il manque beaucoup de choses à ce livre ; et l'on y rencontre même des choses tout à fait ridicules ; par exemple, tome I, p. 420, les Orationes Philippicæ in Antonium, éd. Wornsdorf, sont à l'article Démosthène, comme si Démosthène en était l'auteur. Néanmoins, le livre de M. Brunet est fort utile, et je souhaite seulement que les contrefacteurs de Belgique, et particulièrement à Bruxelles, n'en fassent pas de reproches à l'excellent libraire M. Silvestre.

« Votre ami,
« Le Dr F. Schulze, Kupfergraben, n° 6. »

Cette lettre montre bien quel était le but que M. Cousin poursuivait dans ses nombreuses correspondances : c'était avant tout des documents qu'il désirait obtenir. C'était à lui ensuite de les étudier et d'en juger la valeur pratique, si l'application en était possible pour la France. A cet égard, la coopération de M. Schulze devait lui être précieuse. M. Schulze, par sa position au ministère de l'instruction publique, était à la source; et son dévouement égalait son expérience. Il était en outre au courant de toutes les publications sur l'instruction publique en Allemagne. Sans être lui-même occupé de philosophie, il n'ignorait rien de ce qui pouvait la concerner.

La critique qu'il fait de M. Brunet est juste, et la méprise qu'il signale est réelle; mais en même temps, il est trop équitable pour ne pas reconnaître le mérite de M. Brunet et l'utilité de ses travaux bibliographiques.

Septième lettre de M. Schulze :

Berlin, 8 mai 1834.

« Je tiens ma promesse en vous envoyant, mon très honorable ami, quelques ouvrages qui sont venus pour vous ; désirant que ce qu'ils contiennent puisse vous intéresser, j'espère pouvoir bientôt vous en envoyer davantage. J'ai bien des choses sur le cœur que je voudrais vous confier, comme à mon plus cher ami ; mais le temps me manque aujourd'hui ; que Dieu assure à vos efforts si méritants un heureux succès, et vous permette d'assurer à votre loi sur l'instruction publique une exécution complète en poursuivant ce noble but ! Vous avez déjà fait tant de bien qu'il faut être aveugle ou de bien mauvaise volonté pour pouvoir méconnaître ces services indiscutables.

« Avec une sincère affection,

« Votre ami,

« Le Dr F. Schulze. »

Huitième lettre de M. Schulze :

Berlin, 29 mai 1834.

« Mon cher ami,

« Le ministère des Affaires étrangères n'envoie plus actuellement des courriers directs d'ici à Paris ; voilà pourquoi j'ai dû différer jusqu'à une autre occasion de vous envoyer le paquet que vous allez recevoir maintenant, par un jeune homme, qui, quoiqu'il porte mon nom, n'est pas mon parent, il m'est recommandé vivement par le professeur de Bohlen, de Kœnigsberg ; c'est un orientaliste distingué, et il désire, avec les moyens qui se trouvent à Paris, travailler à une édition du Coran. Il est le fils d'un ecclésiastique peu fortuné ; notre ministère lui a assuré, pour son voyage à Paris, un subside de 100 thalers, indépendamment d'une indemnité de 120 thalers pour le voyage. On ne peut pas faire davantage actuellement, faute de fonds. Je crains que ce jeune homme ne soit fort embarrassé à Paris, dans une situation insuffisante, s'il ne peut pas trouver à donner des leçons d'allemand, d'hébreu ou d'autres langues, qu'il comprend, ou en faisant quelques traductions. Enfin, je me permets de le recommander très vivement à votre bienveillance, si l'occasion se présente ; peut-être pourrez-vous lui être de quelque utilité, soit par vos conseils, soit par votre bienveillance.

« Avec une affection toute dévouée,

« Votre ami,

« F. Schulze. »

Neuvième lettre de M. Schulze :

Berlin, 29 octobre 1834.

« Je vous envoie, mon très honorable ami, selon le désir de M. Neigebauer, la collection qu'il a faite, avec le secours de notre ministre, de toutes les ordonnances relatives aux écoles populaires en Prusse. Un second et troisième volumes comprendront les gymnases et les universités. En même temps, je me permets de vous envoyer le règlement que je viens d'achever pour l'examen des écoliers qui passent aux universités, en désirant qu'il puisse recevoir votre approbation ; il a été bien reçu dans toute l'Allemagne. Je vous prie de remettre à M. le ministre Guizot un second exemplaire qui lui est destiné, et je le prie de le recevoir comme un témoignage de ma profonde considération ; je ne voudrais pas, pour cela, l'importuner par une lettre particulière.

« Faites que j'aie bientôt des nouvelles de vous, et soyez assuré de la cordiale amitié et du dévouement fidèle avec lequel je suis et demeure votre ami,

« Le Dr F. Schulze. »

M. Guizot, qui avait succédé à M. Girod, de l'Ain, le 11 octobre 1832, a été ministre de l'instruction publique, pendant plus de trois ans, jusqu'au premier cabinet de M. Thiers, le 22 février 1836.

Dixième lettre de M. Schulze :

Berlin, 30 juillet 1835.

« Ces quelques lignes écrites en hâte, ont pour but, mon très honorable ami, de me rappeler à votre souvenir, et en même temps de recommander à toute votre bienveillance M. le Dr Rosenberg, précepteur du jeune Beer, qui a déjà fait de bonnes études de philosophie et de philologie. Son Introduction à la grammaire allemande, ainsi que sa Dissertatio de Eleaticæ philosophiæ primordiis, ne manqueront pas de vous frapper.

« L'année dernière, je vous ai envoyé ainsi qu'à M. le ministre Guizot, à qui je présente tous mes respects, le nouveau règlement que j'ai rédigé pour nos examens de passage. Vous avez dû aussi le recevoir officiellement. Quant aux motifs qui m'ont déterminé pour certains articles de ce règlement, je pourrais bien m'en expliquer de vive voix avec vous. En Allemagne, et notamment de la part des hommes d'école, l'utilité de ce règlement a été reconnue, et j'espère qu'il obtiendra d'aussi bons résultats pour l'éducation de notre jeunesse. Dans ces dernières semaines, j'ai été occupé à rédiger un règlement pour les écoles privées, pour les établissements d'éducation spéciale, pour les instituteurs privés et de famille, de tous les degrés. Ce règlement est maintenant soumis à l'approbation ministérielle. Je compte bien vous l'envoyer dans le cours de cette année. Vous recevrez bientôt aussi de ma part les statuts des cinq Facultés de Bonn. Je vous ai déjà fait tenir les statuts de l'Université elle-même du 18 septembre 1827.

« Je me permets de vous adresser la Dissertation de mon fils, qui, au jugement des gens les plus compétents, est un très bon travail, et qui contient beaucoup de vues nouvelles. Les recherches microscopiques nécessaires pour cette dissertation l'ont occupé presque toute une année, sans interruption. Peut-être voudrez-vous bien prendre la peine de communiquer à quelque professeur d'anatomie ou de physiologie, cette dissertation, qui a peu d'intérêt pour vous. L'année prochaine, j'enverrai mon fils, après Prague et Vienne, à Paris, et de là à Édimbourg, pour lui permettre de connaître l'état des études de chirurgie et de médecine, et les établissements de clinique, à l'étranger.

« L'instruction publique ferait chez nous plus de progrès si les finances de notre gouvernement nous permettaient d'accroître les fonds consacrés à ce ministère. Il faut faire partout des économies et rogner le plus possible, bien content même quand il n'y a pas de réduction et de suppression. Les finances de l'État ont beaucoup souffert par suite du Zollverein, et perdu presque deux millions de thalers par an; mais je le regarde comme de la plus haute importance pour l'avenir de l'Allemagne. Cependant, cette année et la précédente, on a beaucoup fait pour l'instruction publique. L'Université de Halle a fait construire un grand bâtiment à son usage; l'Université de Breslau en a fait autant pour les cours d'anatomie. Berlin a élevé un nouvel observatoire, aussi complet que possible, un nouveau local pour son Académie, qui n'a pas de pareil au monde. Graifswald a construit un Institut d'économie politique. A Berlin, on vient d'accepter un plan pour une nouvelle bibliothèque.

« Dans la prochaine livraison des œuvres de Hegel, où il parle bien souvent de vous et de Paris, je vous signale les travaux suivants : celui de M. Otho sur les leçons d'Esthétique, qui est vraiment magistral. Gabler a obtenu ici un grand succès. Le jugement qu'Hegel a porté sur lui dans le 17e volume de ses œuvres est aussi favorable

« Cette année Michaëlis fera paraître un journal philosophique, qui ne contiendra que des articles de lui.

« Portez-vous bien, mon très honorable ami, et agréez mon souvenir bien cordial.

« Votre tout dévoué,
« Dr F. SCHULZE. »

Le jugement de M. Schulze sur le Zollverein a quelque chose de prophétique. Il est certain que, si cet acte a été d'abord peu favorable aux finances de la Prusse, il a contribué puissamment à préparer son avenir. Beaucoup d'hommes d'État s'y sont trompés ; et ils n'ont pas vu tout ce que recélait cette initiative hardie. Il n'y avait d'abord qu'un petit nombre d'adhérents parmi les gouvernements allemands ; mais la Prusse avait la direction de l'œuvre commune. L'Allemagne commençait à se grouper autour d'elle, et dès lors la reconnaissait presque pour son chef. C'était un échec pour l'Autriche, qui portait la couronne de l'empire d'Allemagne, mais qui ne devait pas la garder encore plus de trente ans. Sadowa et les événements de 1870 ont transféré l'hégémonie germanique à des rivaux plus prévoyants et plus énergiques.

Onzième lettre de M. Schulze :

Berlin, 24 janvier 1837.

« Mon très honorable ami,

« Je m'empresse de répondre par la première poste à votre aimable lettre du 1 d. c. m.; je ne l'ai reçue qu'hier. J'ai réussi à trouver un traducteur habile, et bien connu, pour votre voyage pédagogique en Hollande. M. Kroeger, de Hambourg, que je connais personnellement, n'est pas de force, et il m'a paru que pour la diffusion de votre ouvrage, il faut trouver un homme considéré et célèbre; M. Frédéric Lange, conseiller du gouvernement et des écoles, membre du collège de cette province, qui s'est fait un nom par une excellente traduction d'Hérodote, et qui, tout récemment, à l'occasion de la fête du couronnement, a obtenu la quatrième classe de l'ordre de l'Aigle rouge, est tout désigné pour traduire votre ouvrage; vous ne pourriez pas trouver aisément quelqu'un de plus capable et de plus intelligent. Je vous laisse à décider, et d'envoyer à M. Lange les premières feuilles de votre ouvrage; vous les lui feriez parvenir sous bande par les voies ordinaires de la poste, ou par le moyen des courriers de notre légation. M. Lange se mettrait de suite au travail, de façon que la traduction allemande de votre ouvrage pût paraître en même temps que l'original français. Je vous prie aussi d'indiquer à M. Lange, avec le premier envoi, quel sera à peu près le nombre de feuilles que votre ouvrage pourra former, et le temps auquel il sera complètement fait; ces indications seront indispensables pour trouver un éditeur, dès que ce sera arrangé.

« J'ai consacré la nuit dernière à lire la seconde édition de votre Mémoire que vous avez bien voulu m'envoyer, et dont je vous remercie; mon opinion est qu'en général cet excellent travail est une image fidèle de nos gymnases, et la franchise avec laquelle vous jugez vos compatriotes en leur exposant le bien que vous reconnaissez chez nous, vous fait honneur, ainsi que l'expression de vos vues profondes montre votre coup d'œil sagace, et l'intérêt que vous portez à toutes les questions d'instruction publique.

« Je ne puis pas aujourd'hui vous communiquer quelques

remarques de détails, parce que je n'ai pas le temps nécessaire ; elles porteraient principalement sur la discipline de nos gymnases, où les écoliers se distinguent sérieusement par leur bonne volonté, par leur zèle et leur obéissance ; elles portent aussi sur le changement apporté dans les programmes de presque tous les gymnases, non pas seulement de la Prusse, mais encore dans tout le reste de l'Allemagne.

« Je vous signale aussi les bonnes conséquences déjà sensibles du nouveau règlement ; il y a bien d'autres sujets qui ne sont guère moins importants. Différence essentielle de ce nouveau règlement de ce qui est actuellement, le témoignage nécessaire pour attester qu'on est en état de suivre les études de l'Université est exigé, tandis que, d'après l'ancien règlement, les élèves qui n'étaient pas encore suffisamment préparés pour les facultés de théologie, de droit et de médecine, pouvaient être inscrits ; mais tout cela sera bientôt expliqué plus au long.

« Avez-vous déjà reçu le second volume de M. Neigebauer, qui traite des gymnases et de hautes écoles bourgeoises ? Dans le troisième volume, qui traite des Universités, il y aura un nouveau règlement, rédigé par moi, sur les écoles privées ; il est maintenant soumis à l'approbation du ministre.

« Le docteur Haupt, à Kœnisgberg, m'a donné pour vous la première partie de sa nouvelle édition de l'Orestie d'Eschyle ; comment dois-je vous l'envoyer ? Elle n'est pas très importante.

« Je cherche un directeur pour notre gymnase français, où je voudrais bien voir la délicatesse de l'esprit français s'associer à la solidité allemande ; dites-moi franchement si vous croyez que M. Eichhoff, que je connais personnellement, serait convenable pour cette fonction. Je cherche par tous les moyens possibles à faire entrer dans nos gymnases la connaissance de la langue française, et l'habileté pratique à la bien parler à nos élèves ; nos professeurs enseignent très bien le français grammatical, mais beaucoup manquent encore d'habileté à l'écrire et à le parler. De là, le projet d'exiger des candidats à la direction des écoles, de prouver qu'ils sont en état de le bien enseigner, et on leur accordera une indemnité de 400 thalers par an; et pour achever de les former à bien parler le français, on les enverrait à Paris.

« Depuis quatre mois, mon fils, docteur en médecine et en chirurgie, Louis Bœhm, est dans votre ville, quai Saint-Michel, 13, à l'Étoile du Nord: il étudie déjà depuis presque un an; il a obtenu le premier numéro dans la promotion aussi bien que dans tous les examens officiels; il s'est fait connaître par son ouvrage intitulé : De glandularum intestinalium structura penitiori (Berlin, 1835, in-4°). Toutes les gazettes, tous les journaux, non seulement d'Allemagne, mais d'Angleterre, ont regardé ce livre comme un travail plein de sagacité et de nouveauté. Il est très modeste; mais il a un jugement sûr; il pourra peut-être vous donner des détails qui ne laisseront pas que de vous intéresser sur les études médicales en France, comparées à celles de l'Allemagne et de la Suisse, dont il a visité à peu près tous les établissements. Je désire que vous ayez la bonté de faire présenter son ouvrage à l'Académie de médecine et aux autres sociétés savantes; pour ne pas vous paraître indiscret, il n'a pas osé vous faire part de son désir.

« Je lis avec beaucoup d'intérêt votre journal de l'Instruction publique, et je ne puis que louer votre Rapport sur l'École normale; puisse Dieu bénir votre entreprise! Je vous prie de présenter tous mes respects à M. Guizot, que j'estime extrêmement et que je désirerais bien connaître personnellement; son attitude m'en dit plus que le talent de M. Thiers, qui, à côté de lui, me semble bien superficiel.

« Ayez la bonté de me faire avoir bientôt quelques lignes de votre main, qui me disent que vous vous portez bien, et que vous êtes satisfait de tout ce que vous pouvez faire.

« Avec une sincère affection, votre ami,

« Docteur Schulze. »

Le Rapport sur l'École normale, auquel M. Schulze fait allusion, est le recueil des règlements dont cette grande institution avait été l'objet pendant ses vingt-sept années d'existence. C'est M. Cousin, directeur de l'École, qui en 1837 avait fait imprimer ce recueil indispensable. L'organisation de l'École, sa discipline intérieure, ses cours de lettres et de sciences, la durée des études, les programmes, etc., tout y figurait; et cet ensemble d'informations pouvait être utile à l'étranger aussi bien qu'à nous. Peut-être serait-il opportun de réimprimer ce règlement, après plus d'un demi-siècle. Dans cet intervalle, il y a eu quelques changements, dont la connaissance importe au public français et au public européen. L'École normale tient une place trop importante dans l'instruction publique pour rester ignorée dans les moindres détails qui la concernent. Former des maîtres de l'enseignement secondaire est une fonction sociale de la plus haute utilité. Il n'y a pas d'établissement scholaire qui mérite plus de sollicitude ; celui-là n'a rien à craindre de la publicité la plus large.

Douzième lettre de M. Schulze :

Berlin, 9 mars 1837.

« Vous recevrez, mon très honorable ami, ces lignes tracées à la hâte, en même temps que le volume qui vous est offert par l'éditeur; c'est l'ouvrage de M. le docteur Wendt, d'ici, que je recommande à votre bon accueil. Il est fort instruit dans la haute littérature, et il a un talent d'exposition peu ordinaire. Il est très spirituel, fort gai et d'un excellent caractère. En un mot, il mérite de vous être connu.

« J'ai reçu, avec une vive reconnaissance, vos fragments tirés de votre Rapport sur la Hollande ; et je les ai lus avec très grand intérêt, et je crois pouvoir vous prédire qu'ils seront parfaitement reçus. Je suis absolument de votre avis sur l'établissement d'écoles mutuelles. Il y a 18 ans, quand on a voulu faire ici un essai de ce genre d'instruction, je l'ai déjà jugée de même. Il n'y a ici personne si peu au courant des choses de l'instruction publique qui puisse espérer la moindre utilité de l'enseignement mutuel. Mon premier jugement a été confirmé par l'expérience de mon voyage de l'année dernière, dans le Holstein et le Danemarck.

« L'article du Journal de l'Instruction publique, n° 15, sur le budget de 1838, a été fort intéressant pour moi. L'allocation de 100,000 francs pour l'inspection des écoles primaires produira d'excellents fruits, si l'on fait nommer pour inspecteurs des hommes habiles, animés de bons sentiments, et peu empressés à montrer leur zèle. La somme de 419,000 francs, pour le Muséum d'histoire naturelle, de même que les 274,000 francs pour la Bibliothèque nationale me semblent hors de toute proportion, et je voudrais bien connaître la situation du Muséum et celle de la Bibliothèque.

« Je vous prie de vouloir bien présenter à M. Guizot toutes mes doléances pour la perte douloureuse que vient de lui infliger une puissance supérieure à toutes les nôtres. Il faut être père soi-même pour pouvoir mesurer toute l'étendue de sa douleur.

« Si, selon ce que disent les journaux, doit avoir lieu le mariage de S. A. R. le duc d'Orléans avec la princesse Hélène de Mecklembourg-Schvérin, la France compterait une bien noble femme de plus. La mère de la princesse est fille de mon ancien maître, le grand-duc de Weimar; j'ai eu souvent le bonheur de causer avec elle; et jusqu'à sa mort, j'ai entretenu avec elle une correspondance. Je connais aussi la princesse Hélène personnellement. Elle est très sensée, d'une tenue aussi simple que digne, fort instruite et d'un extérieur des plus agréables. Elle a tout l'esprit de sa noble mère, qui a été ensevelie bien prématurément dans mon pays de Mecklembourg.

« Dites-moi, mon très honorable ami, comment il se fait que le discours de M. Guizot sur la philosophie du xviiie siècle a pu obtenir une approbation si générale. J'ai lu ce discours en français, et dans une traduction allemande, je l'ai relu; et malgré toute la meilleure volonté du monde, je ne trouve pas que M. Guizot ait, ni approfondi, ni épuisé son sujet. Il est peut-être impossible de parler d'une manière suffisante de la philosophie du xviii° siècle, quand on ne jette son coup d'œil que sur la France et sur l'Écosse. Mais, Sapienti sat!

« Ne me laissez pas trop longtemps sans me donner de vos nouvelles, ou plutôt faites-vous nommer ici à la place de M. Bresson, afin que je puisse vous dire de vive voix combien je vous suis sincèrement et complètement dévoué.

« Votre ami,

« D' F. Schulze. »

L'enseignement mutuel avait été essayé en France longtemps avant de l'être en Allemagne; il n'y avait pas réussi, et il avait été généralement condamné, comme le fait M. Schulze. Il est probable que ce devait être là aussi l'opinion de M. Cousin. Cette méthode avait joui d'une vogue assez grande, parce que chez nous les passions politiques s'en étaient fait une arme. Mais à la pratique, cette vogue n'avait pu durer; et l'enseignement était resté dans ses voies ordinaires. On avait renoncé à faire des maîtres avec des élèves qui, loin de pouvoir instruire leurs camarades, avaient à faire d'abord leur propre instruction.

L'opinion que M. Schulze exprime sur la princesse Hélène a été celle de la France, quand la princesse est devenue duchesse d'Orléans. M°° Sarah Austin, qui avait l'honneur d'être liée avec elle, a écrit sur la princesse une excellente notice.

Treizième lettre de M. Schulze :

Berlin, 16 juin 1837.

« Très honorable ami,

« Vous recevrez cette lettre par M. le professeur Dr Conrad, maître au gymnase de Joachimsthal, que je recommande à toute votre bienveillance. Dans l'intérêt de ses études, il compte faire un long séjour à Paris. Il s'est formé ici dans le séminaire pour les écoles savantes, sous la direction du professeur Solger, et il s'est distingué surtout par son aptitude pour les mathématiques. Je désirerais bien qu'il eût entrée dans votre École normale, et qu'il pût y suivre les cours, à titre étranger et surtout les conférences. Quant à moi, votre lettre, dont je vous remercie cordialement, m'a donné le désir de faire le plus tôt possible une excursion à Paris, et de compléter par mon observation personnelle l'étude de votre excellent écrit sur votre École normale. Notre séminaire d'ici pour les écoles savantes, aussi bien que tous les établissements de ce genre que nous possédons, ont été profondément troublés par les malheureuses années de guerre. Les ressources fort limitées de l'État n'ont pas permis de les doter mieux, et ils ne répondent plus aux besoins actuels des hautes écoles bourgeoises. Mes démarches pour étendre et améliorer les allocations nécessaires n'ont pu jusqu'à présent aboutir. Nos finances souffrent toujours de l'événement de 1830 et du Zollverein. Manquant absolument d'argent pour l'amélioration de ces séminaires, j'ai conduit les examens aussi bien que la nécessité le permettait pour cette année. J'ai assez bien réussi pour l'instruction des maîtres ; mais je n'ai pas pu faire davantage. Il y a une différence essentielle entre votre École normale et nos séminaires pour les écoles savantes, c'est que les études universitaires sont libres pendant trois ou quatre ans, et que les connaissances scientifiques exigées pour les maîtres dans chaque spécialité de l'instruction publique présupposent que, pour ces connaissances aussi bien que pour l'application méthodique des connaissances déjà acquises, dans les classes diverses du gymnase, nos séminaristes doivent être en relations avec ces écoles pour se préparer pratiquement à leur carrière.

Cette différence essentielle tient à toute l'organisation de notre enseignement supérieur, à laquelle doivent se soumettre tous ceux qui, en Allemagne, se consacrent à l'étude de la science. A la place de ces trois ou quatre années libres d'études universitaires, auxquelles peuvent se soumettre de leur propre choix nos futurs maîtres des gymnases, aussi bien que les professeurs, vouloir mettre une étude d'après un programme et avec la surveillance d'un pensionnat, et pendant ce temps faire subir aux étudiants des examens successifs, serait chose absolument impraticable dans toute l'Allemagne protestante. Au contraire, je regarde un pensionnat comme tout à fait convenable pour nos séminaristes, après qu'ils auraient achevé leurs études à l'université, en supposant toutefois que ce pensionnat serait lié à une école savante, et que dans ce pensionnat les séminaristes ne seraient pas soumis à des obligations aussi spéciales que les élèves de votre École normale.

« Nous avons déjà un pensionnat de ce genre à Stettin et à Vittemberg, dans le séminaire des prédicateurs protestants. Ici, à Kœnisgberg et à Breslau, il a manqué à un établissement de ce genre les bâtiments et les autres ressources. Nos séminaires pour les maîtres élémentaires sont tout à fait différents dans leur destination et leur direction de nos séminaires pour les écoles savantes, dont l'organisation ne leur serait pas du tout applicable. Le règlement pour vos élèves de l'École normale après la troisième année du cours serait tout à fait inutile chez nous, pour les futurs membres de nos séminaires des écoles savantes, qui suivent déjà en partie les cours de l'Université, à laquelle ils se rattachent par leurs études philologiques, historiques, mathématiques et naturelles. Le développement de la capacité pédagogique et des méthodes pour les différents objets d'enseignement, demeurent et sont toujours pour nos séminaires des écoles savantes l'objet essentiel; et voilà pourquoi un séminaire de ce genre est toujours en contact avec des gymnases désignés, où les séminaristes, sous la surveillance et la direction de maîtres exercés, font un apprentissage indispensable.

« Trois années me paraissent trop peu pour les élèves de vos écoles normales, puisque votre École normale ne doit pas être seulement une école d'application, mais qu'elle doit embrasser toute la théorie. J'aurais encore une objection à faire à l'âge de 17 ans pour l'admission. Dans des jeunes gens de cet âge, la maturité de l'esprit n'est pas ordinaire, bien qu'elle soit indispensable pour les études de l'École normale. Chez nous, les jeunes gens ne sont pas admis avant 20 ans pour l'examen de leur capacité à l'Université. Ils étudient même encore trois ou quatre ans, et même jusqu'à 24 ou 25 ans, avant de passer leur premier examen Pro facultate docendi ; et c'est seulement alors qu'ils entrent dans un séminaire.

« Quant à la discipline, il me semble qu'il y a plusieurs prescriptions dans le règlement de votre École normale pour les jeunes gens qui se consacrent aux sciences, qui ne sont pas tout à fait pratiques. Pourquoi imposer de telles limites à leur liberté? Celui qui, après vingt ans passés, a encore besoin de prescriptions si étroites, n'est pas bien préparé pour l'École normale, et pour remplir les devoirs imposés à cette institution. Ne serait-ce pas compléter tout ce que vous avez si dignement fait déjà pour elle que d'y introduire une discipline plus libérale? Je ne fais pas de doute que, si vous tentiez cet essai, il ne fût très profitable aux étudiants français, et qu'il ne vous donnât toute satisfaction. Ma propre expérience m'a prouvé qu'on peut s'en fier aux jeunes gens qui se destinent à la science, pour leur bon sens et leur bonne conduite morale, en leur accordant de la liberté, et qu'on peut par là obtenir bien plus que par la surveillance la plus sévère. Autrement, on ne forme de bons sujets qu'en apparence, et de tels candidats se préparent fort peu à la difficile mission d'instituteur public, où, sans regarder au lucre ni à l'approbation, on ne doit songer qu'à l'accomplissement absolu du devoir et ne trouver de joie que dans les labeurs assidus de la science.

« C'est pour moi ce qu'il y a de plus important dans votre ouvrage sur la section scientifique de l'École normale ; et j'en profiterai pour nos propres écoles. Si les maîtres de conférences ne sont pas encore en état d'être des professeurs adjoints, il me semble qu'un traitement de 3000 francs par an est bien suffisant pour le moment. Je regrette que, parmi les maîtres de conférences des deux sections, il n'y ait pas plusieurs savants célèbres, dont la collaboration serait éminemment utile et désirable. Comment 57 élèves, dont un tiers seulement chaque année passe dans vos collèges et y doivent être professeurs, peuvent-ils suffire aux besoins de la France?

« Quant à votre Rapport sur les écoles de Hollande, je désire avec bon espoir que M. Kröger puisse faire la traduction de manière à vous contenter. Il est tout au moins fort attentif et appliqué. Thiersch à Munich, Kohlrausch à Hanovre, Nitsch à Kiel, Schulze à Dresde, Hassenflug à Cassel, Harnisch à Weissenfels, Zerrener à Magdebourg, Herbert à Göttingue, Hand à Iéna, Osann à Giessen, Koch à Stettin, Gotthold à Kœnigsberg, Menzel à Breslau, Bruggemann à Coblenz, Hoffmeister à Kreusnach, Immanuel à Minden, Kopp à Hamm, Kirchener à Pforta, Niemayer à Halle, Schönborn à Breslau, Schöler à Lissa, Jacob à Lubeck, Weber à Brême, Ulrich à Hambourg, Wagner à Münster, sont des hommes pour qui votre ouvrage sera d'un grand intérêt. Thiersch à Munich me semble, d'après ses récents articles dans la Gazette universelle, un partisan des plus prononcés en votre faveur.

« En voilà assez pour aujourd'hui. Conservez-moi votre affection, et accordez-moi bientôt quelque marque de votre souvenir. Agréez mon dévouement inaltérable.

« Votre ami,

« Dr F. Schulze. »

« P. S. J'ai remis les exemplaires à mon ministre et à M. Bœckh. »

Dans ses observations sur notre École normale, M. Schulze pensait peut-être un peu trop à la jeunesse allemande. Les mœurs françaises ne sont pas celles de nos voisins. Mais M. Cousin, qui est resté directeur de l'École normale jusqu'à son ministère du 1er mars 1840, aura su profiter des indications qu'une longue expérience avait suggérées à son correspondant.

Quatorzième lettre de M. Schulze :

Berlin, 26 avril 1838.

« C'est seulement aujourd'hui, très honorable ami, que je puis vous remercier de l'aimable cadeau que vous avez bien voulu me faire de votre excellent Rapport sur l'instruction publique en Hollande. Aussitôt que je l'ai reçu, je l'ai lu avec la plus grande attention ; mais, accablé d'occupations comme je le suis, je n'ai pu trouver alors le temps de vous remercier aussi de l'accueil que vous avez fait, avec tant de bienveillance, aux observations que je vous ai adressées. Aujourd'hui, après neuf mois, je m'efforce de me rappeler l'impression que m'a faite votre Rapport, et je puis dire que, dans ses parties essentielles, il m'a satisfait autant qu'il m'a réjoui. Votre exposition de l'état d'esprit du peuple en Hollande et des diverses espèces d'écoles est prise sur le vif, et est si fraîche que le Hollandais le plus difficile devrait en être enchanté, et qu'il devrait accepter les observations, à mon avis, fort judicieuses que vous avez faites sur certaines tendances de l'instruction publique. Ce que vous dites, en contredisant MM. van Ende, Prinsen et autres sur les rapports des écoles avec l'Église, de la nécessité d'éléments religieux dans les écoles primaires, de la supériorité de nos séminaires pour les maîtres d'écoles comparativement avec la direction trop peu rigoureuse des écoles hollandaises, sur la direction trop exclusive des gymnases hollandais, etc., etc., je ne puis que partager vos opinions sur tant de points qui intéressent l'instruction publique, parce qu'elles sont en parfait accord avec ce que m'a pu apprendre une expérience de trente années, et me montrer comme la vérité et la pratique indispensable. La remarque que vous faites sur le système hollandais, à savoir que la religion et notamment la confession ecclésiastique forment le caractère essentiel d'une école, se confirme, en général, et d'autant plus que la religion a pénétré davantage dans les mœurs populaires. Pour une direction vraiment scientifique, la séparation de la morale et de l'enseignement religieux est tout à fait à sa place, mais non pour l'enseignement dans les écoles.

Tandis que chez nous, d'après une vue très juste, l'enseignement religieux comprend aussi l'enseignement de la morale, nous assurons à cette dernière un fondement plus profond et plus pratique que ne peuvent le faire les Hollandais.

« Mon cher ami, que d'autres et même de mes compatriotes puissent, en dehors de vues trop étroites et de tendances inacceptables, toujours vous suivre et marcher sur vos traces en ce qui concerne l'instruction publique! Pour moi, ce sera toujours un devoir sacré, non pas seulement envers vous, mais aussi envers le monde, avec une joie profonde, d'honorer les services réels que vous avez rendus par la parole et par l'action, en excitant si vivement le zèle pour l'instruction publique, non pas seulement en France, mais dans l'Europe entière. Vos écrits ont contribué à faire de l'instruction publique une question européenne, et à exciter entre les peuples une émulation qui ne peut que tourner au profit des générations qui s'élèvent, quand même vous et moi nous ne pourrions pas voir ces heureux changements.

« Chaque ligne de vos écrits sur la Hollande atteste votre amour profond pour cette cause, et votre courage à signaler ce qu'il peut y avoir de défectueux dans votre pays, et particulièrement ce qui manque à votre Université. On finira bien par entendre votre voix, et réaliser les améliorations que vous recommandez. On ne peut guère compter sur la reconnaissance des contemporains quand on travaille pour la postérité :

« Serit arbores quæ alteri sæculo prosint ».

Que ce soit cette conviction qui vous suffise, ainsi qu'à tous ceux qui se consacrent à l'éducation de la jeunesse.

« Quant aux détails sur lesquels je ne suis pas tout à fait d'accord avec votre récent ouvrage, je n'ai pas le temps aujourd'hui de vous en parler longuement. Je veux seulement vous dire que votre souvenir sur nos collèges-écoles et sur l'inspection des écoles primaires n'est pas exact. En Prusse, les écoles primaires ne sont pas sous l'autorité des collèges d'écoles provinciaux, mais seulement sous l'autorité des gouverneurs. Dans chaque région, il y a deux conseillers qui, pour les écoles élémentaires et les écoles bourgeoises, sont chargés de les inspecter personnellement; et les conseillers locaux, les surintendants, les Decani rurales, les prédicateurs locaux, les magistrats et toutes les autorités locales leur servent d'organes.

« Vos graves observations sur Spinosa m'ont profondément frappé. Pour vous remercier, je vous citerai un passage des discours de notre Schleiermacher sur la religion, qui concerne Spinosa, et qui mérite d'être connu de vous : « Offrez avec moi
« un hommage aux mânes du saint et honorable Spinosa.
« L'esprit universel l'animait; l'infini était son commencement
« et sa fin, l'universel son seul et unique amour. Plein d'une
« pieuse innocence et d'une profonde humilité, il se contem-
« plait dans le monde éternel, et il s'y regardait lui-même,
« qui en était également le miroir; il était rempli de religion,
« et de l'esprit saint. Il est resté unique et maître incompa-
« rable en son genre, au-dessus des attaches profanes, sans
« successeur, sans patrie. Si les philosophes deviennent reli-
« gieux, et s'ils cherchent Dieu comme Spinosa, s'ils sont de
« pieux artistes et s'ils aiment le Christianisme comme No-
« valis, cette grande résurrection sera fêtée dans les deux
« Mondes. »

« Quant à la circulaire du 24 octobre de l'année dernière, que j'ai rédigée et dont M. Eichhoff a dû vous remettre un exemplaire, avec cette lettre, je remarque qu'elle a été provoquée par un écrit du conseiller médical, M. Lorinser, où il avait prétendu que nos gymnases, surchargés de travaux, et à cause de leurs leçons trop nombreuses chaque semaine, sans compter les travaux trop multipliés dans la famille qu'on impose aux étudiants, étaient funestes pour la santé de la jeunesse. Notre roi qui avait pris connaissance de la brochure du Dr Lorinser a demandé une étude plus complète. Elle est poursuivie par nous ; non seulement tous les collèges d'écoles provinciales, mais aussi les collèges de maîtres de tous les gymnases, ont été chargés de s'en occuper. L'importance du sujet dont il s'agissait a produit plus de 60 ouvrages pour ou contre la doctrine de M. Lorinser. Ce n'a pas été pour moi une besogne fort agréable de classer tous ces écrits, au nombre de plus de

120 et de les lire tous. Dans la circulaire qui en a été la suite, j'ai cherché à bien déterminer l'objet de cette lutte si longue et si vive, et d'en tirer pour nos gymnases plusieurs prescriptions, qui me paraissaient propres à conduire ces établissements à leur vraie destination. A ma grande satisfaction, cette recommandation a été bien accueillie, non pas seulement parmi nos hommes d'école, mais aussi dans toutes les parties de l'Allemagne. Depuis la Noël de cette année, elle est appliquée dans tous les gymnases de Prusse.

« Les statuts que j'ai préparés pour les quatre facultés de notre Université sont actuellement imprimés, et j'espère, mon très honorable ami, pouvoir vous en envoyer un exemplaire par le plus prochain courrier. Ces statuts contiennent une comparaison avec ceux des cinq facultés de l'Université de Bonn ; et l'on y a réalisé plusieurs améliorations. Le règlement pour l'examen des candidats aux classes de maîtres supérieurs a reçu, depuis qu'il a paru, plus d'une addition et correction. L'empressement des jeunes gens à ces places de maîtres supérieurs a permis des exigences plus rigoureuses, en même temps qu'on éloignera des gymnases les candidats de moindre capacité. Une nouvelle impression de ces règlements, avec toutes les additions qui y ont été faites, va paraître et sera bientôt dans vos mains.

« Il y a aussi un recueil des statuts de toutes nos Universités : règlements, instructions, etc., etc., qui est tout prêt. Il formera deux forts volumes, et il paraîtra vers la fin de l'année. Vous trouverez dans ce recueil tous les renseignements que vous pouvez désirer sur l'organisation de nos Universités.

« M. Thiersch vient de publier, en trois parties, son ouvrage sur l'état de l'instruction publique chez les peuples de l'Occident, Allemagne, Hollande, France et Belgique. Ce qu'il dit de l'instruction publique chez les peuples de la Westphalie rhénane est très intéressant pour nous, mais en même temps un peu superficiel et rempli de tant d'erreurs et d'inexactitudes, que je ne croirais pas pouvoir en signaler la légèreté dans un document officiel. Il donne les détails qu'il a pu rassembler en courant, et qu'il offre comme le résultat d'un sérieux examen. Vous pourrez, de votre côté, comparer ce qu'il dit de la Hollande avec votre propre ouvrage. En plusieurs endroits, il montre une assez grande malveillance contre vous ; et il fait comparaître devant son tribunal de juge tout votre avenir officiel. En un mot, tout son livre a un caractère de petitesse, digne d'un maître d'école.

« Mais je puis recommander à votre attention l'ouvrage suivant : Deinhardt Joh. : l'Instruction des Gymnases d'après les besoins du temps, Hambourg, 1827, in-8°. C'est ce qui est sorti de plus utile de la polémique soulevée par le docteur Lorinser. Deinhardt est directeur de notre gymnase à Wittemberg.

« Quant aux dernières publications philosophiques, qui méritent votre attention, je vous signale aussi l'ouvrage de Schuller Jules : La philosophie de notre temps, Leipzig, 1837, in-8° ; et aussi Rosenkranz, C. la Psychologie, Kœnisgberg, 1837, in-8° ; Ruge Arn., Préliminaires de l'esthétique, et les œuvres de Kant publiées par Rosenkranz et Fr. Schubert. Leipzig, 1838, in-8°.

« Dans les derniers numéros des Annales de la revue de critique scientifique, il y a un jugement d'Athanasius Görres qui vous montrera qu'on n'est pas disposé ici, dans la lutte contre l'Église romaine, à abandonner les droits imprescriptibles de l'État.

« Je termine à une heure déjà bien avancée de la nuit en vous assurant de tout mon dévouement.

« Votre ami,

« D' Schulze. »

L'opinion de M. Schleiermacher sur Spinosa peut, au premier coup d'œil, causer quelque surprise ; mais elle est très juste, si l'on sépare la personne de Spinosa de son système. Comme individu, il a montré toute sa vie les vertus les plus rares : résignation, simplicité, modestie, absolue sincérité, conviction inébranlable. Sur ces points, le doute n'est pas possible; il serait une calomnie. Dans toute l'histoire de la philosophie, il n'y a pas de figure supérieure moralement à la sienne. Quant à sa doctrine, il en est autrement. Elle est une pure aberration, conçue et poursuivie avec une constance invincible, à la suite des plus profondes méditations. La rigueur de la forme n'est qu'une apparence, bonne pour séduire des géomètres, mais qui ne peut faire illusion qu'à eux. Dans la pensée de l'auteur, cette doctrine était un hommage rendu à Dieu; en fait, c'était un nouvel athéisme; il n'a pas tardé à sortir de ces formules, qui ne sont pas de mise en philosophie. Immoler, comme le fait Spinosa, le libre arbitre de l'homme, et croire que, dans cet anéantissement de l'être humain, notre raison puisse atteindre encore l'être de Dieu, c'est se tromper. Les disciples n'ont pas hésité un seul instant: ils sont arrivés, dès le premier pas, à la négation la plus dangereuse et la plus insensée. Spinosa n'a pas assez vécu pour voir les conséquences de sa théorie; elles ne l'eussent pas converti. Il n'a pas entendu un seul instant le cri de la conscience, et aujourd'hui même, ses sectateurs ne l'entendent pas plus que lui.

Le roi qui s'occupait si attentivement de l'hygiène des écoles et qui lisait la brochure du docteur Lorinser, était Frédéric Guillaume III, neveu du grand Frédéric, auquel il succéda. On sait quels ont été ses malheurs et ceux de la reine Louise, sa femme. Il est mort en 1840, âgé de 70 ans, laissant son royaume à peu près rétabli des désastres qu'il avait éprouvés.

M. Cousin ne jugeait pas M. Thiersch aussi sévèrement que M. Schulze, et la lettre que nous avons donnée de lui n'a rien de superficiel. On peut en trouver le ton un peu tranchant ; mais elle est pleine d'intelligence et de bon sens. Peut-être M. le Dr Schulze ne jugeait-il pas les choses d'assez haut. M. V. Cousin faisait le plus grand cas des avis de M. Thiersch.

Quinzième lettre de M. Schulze ;

Berlin, 1er juillet 1838.

« Très honorable ami,

Vous allez recevoir l'exemplaire que je vous avais promis des statuts pour les quatre facultés de notre Université, en souhaitant que le contenu et la forme de ces documents puissent ne pas vous déplaire.

« Je me suis fait un devoir de communiquer officieusement à mon ministre votre dernière lettre sans date, avec les remarques et les vœux que mon amitié pour vous me permettait d'autant moins de retenir que je suis convaincu que les reproches que vous me faisiez n'étaient pas justifiés. M. d'Altenstein, qui connaît autant que moi les services éminents que vous avez rendus à l'instruction publique, m'a déclaré qu'il était tout disposé à obtenir du roi pour vous une distinction officielle, et il a ajouté qu'il y a bien des années que cette distinction aurait dû vous être accordée, si quelque malentendu, à l'occasion de la décoration de la Légion d'honneur qui lui avait été accordée, ainsi qu'à moi, ne l'en avait empêché. Je vous ai déjà expliqué ce malentendu, sans en exprimer le moindre déplaisir, d'autant plus que j'étais persuadé, comme je le suis encore, que vous ne l'en avez pas accusé. Ce malentendu ne pouvait venir que d'une autorité qui ne savait pas que M. d'Altenstein est le plus ancien ministre et chevalier de l'ordre de l'Aigle Noir, et que, depuis longtemps, le roi m'avait honoré en me nommant commandeur de l'ordre de l'Aigle

Rouge. Pendant que M. d'Altenstein me remettait votre lettre, avec ses observations si honorables pour vous, je me permettais d'écrire une lettre au ministre des affaires étrangères, M. de Werther, pour l'avertir de son oubli à vous donner connaissance de ce qui s'était passé, et de s'entendre immédiatement avec M. d'Altenstein pour réparer une erreur involontaire. Il y a quelques jours que j'ai fait cette démarche, et j'attends les explications de M. de Werther. Comme je dois m'absenter dans cinq semaines, pour aller prendre les eaux, et que je voudrais vous annoncer que cette affaire est terminée, je vous adresse cette lettre par M. Hahn, directeur de la musique, un de nos meilleurs professeurs de chant, qui, avec la permission du prince royal et de la princesse royale, se rend à Paris pour se perfectionner encore dans son art. Il possède un beau talent ; il est plein d'application et il a un très noble caractère. Peut-être pourrez-vous lui donner quelque bon conseil pour atteindre son but.

« L'ouvrage de M. Thiersch, sur lequel vous vous prononcez à bon droit, rencontre en Allemagne des objections venues de tous côtés et de nombreuses critiques. Il peut s'attendre encore à des jugements sévères. Ma position officielle m'interdit de prendre la parole contre lui. On reconnaît en général qu'il vous a fait tort ; et hier encore j'ai reçu une lettre de M. Friedmann, conseiller des écoles supérieures à Weilberg, qui se prononce de cette façon sur M. Thiersch. Croyez-moi, mon très honorable ami, le livre de M. Thiersch est beaucoup trop faible pour diminuer en quoi que ce soit la haute considération que l'on a, partout en Allemagne, pour vous et votre nom.

« De cœur, votre ami,

« Dr Schulze. »

Nous eussions désiré savoir par les lettres de M. Cousin lui-même ce qu'il pensait des critiques de M. Thiersch. Nous n'avons pas lieu de supposer qu'il en ait été blessé.

Seizième et dernière lettre de M. Schulze :

Berlin, 25 mai 1840.

« Très honorable Monsieur et ami,

« Le dévouement que je vous ai témoigné en tout temps, m'autorise à vous féliciter de la haute position que la confiance de votre roi vient de vous accorder, et à vous offrir tous mes vœux. En Allemagne et notamment en Prusse, votre nomination a été accueillie avec une joie sérieuse, par tous ceux qui portent un véritable intérêt à l'instruction publique. Vous n'aurez pas mal interprété le silence que j'ai gardé jusqu'à présent envers vous. Il m'était trop pénible d'avoir à vous annoncer que le roi, malgré la proposition simultanée de M. d'Altenstein et de M. de Werther, et malgré mon rapport fondé sur les plus solides motifs, avait ajourné, sans en donner aucune raison, la croix de commandeur de l'Aigle rouge, qui vous était si bien due pour les services éminents que vous avez rendus à l'instruction publique. Le rapport que j'avais rédigé moi-même et qui devait être immédiatement publié, je l'ai communiqué à M. Dubois, et je le lui avais traduit, dans sa partie essentielle. Ce rapport était si bien justifié de toutes manières que je ne croyais pas possible qu'on repoussât les propositions de deux ministres. Cependant, à mon grand déplaisir, ce refus bien inattendu a eu lieu; et d'après l'opinion de M. d'Altenstein, ce refus ne s'adresse pas à votre personne; mais il est motivé par des considérations politiques. Cette opinion de M. d'Altenstein se trouve confirmée par l'ordre de Cabinet qui a prononcé l'ajournement, et qui reconnaît vos grands mérites, recommandés par les deux ministres. De temps à autre, j'ai essayé de pousser M. d'Altenstein à une démarche nouvelle; mais jusqu'à présent, la seule réponse que j'ai reçue, c'est que le moment de la faire n'est pas encore venu. Je perdrai d'autant moins de vue cette affaire, que je reconnais plus vivement que vos écrits, si pratiques, ont attiré l'attention de l'étranger sur nos efforts en faveur de l'instruction publique.

« Puissiez-vous, dans votre nouvelle situation, réaliser tout le bien que vous méditez pour l'instruction publique, mettre en œuvre tous les projets que vous avez indiqués dans vos féconds ouvrages, afin que l'exemple donné par la France puisse stimuler encore le zèle de notre gouvernement ! Nous avons besoin de cette impulsion du dehors pour que nous fassions encore plus de progrès que par le passé. Nous ne manquons pas ici de ressources ni de forces ; mais les parties supérieures de la société n'ont pas assez de zèle pour une culture plus complète. Les intérêts matériels se font ici une place de plus en plus grande ; et ils abaissent d'autant plus l'idéal de la vie, que nous avons à soutenir de plus en plus dans les bas-fonds de la population. La génération actuelle a presque uniquement les yeux fixés sur les chemins de fer et les bateaux à vapeur, sur les jouissances de toute sorte ; et l'on néglige tout ce qui ne sert pas directement à atteindre ce but purement terrestre, entre autres la philosophie. De là aussi, cet éloignement de plus en plus prononcé pour les études classiques et les langues anciennes dans nos gymnases. Je ne me laisse pas tromper au bruit du jour, et sans m'inquiéter de l'approbation de la foule, ni du monde soi-disant bien élevé, je poursuis d'un pas ferme ce que je regarde comme essentiel, pour éclairer la nation et pour acquérir véritablement la science. J'ai actuellement 55 ans, dont 33 de service. Je n'ai pas changé depuis 22 ans de ma position actuelle. Je puis le dire en toute vérité ; je n'ai jamais changé de principes, et je poursuis ma besogne de chaque jour jusqu'à ce que la cloche du soir me rappelle et mette un terme à mes travaux.

« Quant à l'écrit de M. Deinhardt, de Wittemberg, intitulé : De l'Instruction des gymnases pour répondre aux besoins du temps, Hambourg, 1837, in-8°, je le signale à votre attention ; il est très sérieux ; et son seul défaut, c'est d'attacher trop d'importance au dessin et au chant, et de ne pas s'astreindre assez à former le sens du beau. L'ouvrage de M. Alexandre Bache sur l'éducation en Europe, Philadelphie, 1839, in-8°, est digne aussi de votre attention.

« Le porteur de cette lettre, M. Alschefsky, de Berlin, s'occupe d'une nouvelle édition de son Tite-Live, dont le texte est encore fort imparfait ; et il le terminera par une comparaison des manuscrits de Paris, de Florence et de Vienne. Grâce à mon intervention, il a pu obtenir une indemnité de voyage de 500 thalers. Il aura l'honneur de vous offrir son spécimen sur le 30ᵉ livre de Tite-Live. Je vous prie de lui faciliter l'entrée des bibliothèques, qui sont l'objet de son voyage.

« Je vous adresse un programme qui ne sera pas sans intérêt pour vous, qui êtes si versé dans l'histoire de la philosophie. Je me permets de vous offrir un récent ouvrage de mon beau-fils, qui de tous les côtés a reçu le meilleur accueil de la part des juges compétents. Mon propre fils, Max, s'applique ardemment à l'étude du droit romain, sous la conduite de Savigny, et il a trouvé un compagnon de travail dans un Français, de Bordeaux, qui est ici depuis six mois. Plus tard, je l'enverrai voyager ; actuellement j'en suis très satisfait.

« Je me rappelle au souvenir de M. Dubois ; je suis très heureux qu'on l'ait choisi pour directeur de l'École normale. Je trouve votre conduite envers M. Villemain, noble et digne de vous. Si vous cessiez jamais d'être ministre, je souhaiterais que vous fussiez ici à la place de M. Bresson ; vous y trouveriez un asyle contre l'inimitié des partis. Quoi que l'avenir puisse nous apporter, ou nous enlever, à vous et à moi, je n'en demeurerai pas moins, dans le mal ou le bien,

« Votre fidèle ami,

« Dʳ F. Schulze. »

Quels motifs le roi de Prusse pouvait-il avoir pour refuser de décorer M. Cousin ? C'est un point qu'il serait difficile d'éclaircir. Mais, tout appliqué que le roi pouvait être à ses devoirs, qu'il accomplissait si sérieusement, il aura suffi de quelque calomnie adroitement insinuée, pour éveiller ses préventions. Elles ne venaient pas de ses ministres; et la conduite de M. d'Altenstein, comme celle de M. de Werther, est d'une sincère bienveillance. Mais dans leurs rapports avec le roi, ils devaient se soumettre et ne pas insister. Le roi de Prusse n'était pas alors un souverain constitutionnel, même dans la mesure restreinte où il l'est devenu plus tard.

On trouvera sans doute que les lettres de M. le Dr F. Schulze n'ont pas beaucoup d'intérêt pour la philosophie; mais l'on n'est pas en droit d'en attendre plus que des renseignements scolaires. M. Cousin ne demandait pas davantage; et pendant dix ans, tout au moins, il a reçu des informations exactes et assez étendues. Si nous avions ses lettres personnelles, nous y trouverions certainement le témoignage de sa satisfaction. Durant tout le temps qu'a duré la correspondance, M. Schulze n'a rien perdu de son enthousiasme pour le philosophe, dévoué autant que lui aux progrès de l'éducation populaire, et les servant avec un incomparable succès. La France, et l'on peut ajouter tous les peuples civilisés, ont tiré le plus réel profit de cette activité si féconde et si pratique.

MICKIEWICZ

1798-1855

La carrière de M. Adam Mickiewicz a été fort orageuse, malgré le génie dont il était doué. Après de sérieuses études à l'Université de Vilna, il était devenu professeur de littérature latine et polonaise à Kowno, et il venait de publier ses premières poésies, lorsque, accusé de conspiration, il fut emprisonné et exilé à Saint-Pétersbourg d'abord, et ensuite en Crimée. Rentré en grâce vers 1828, il voyagea en France; et en 1832, il publiait un de ses principaux ouvrages, traduit par M. de Montalembert : « Le Peuple et les pèlerins polonais. » En 1840, il occupait une chaire de littérature latine à Lausanne, quand M. Cousin, sollicité par le prince Czartoryski, l'appela au Collège de France, en y fondant pour lui une chaire de littérature Slave. En 1848, son cours dut être fermé, parce que le professeur s'y livrait à toutes les fantaisies d'un mysticisme exagéré. Sous Napoléon III, il acceptait une place à la Bibliothèque de l'Arsenal : et, deux ans après, il mourait du choléra à Constantinople, où il s'était fait donner une mission.

Le prince Czartoryski habitait Paris depuis les événements auxquels il avait pris une part courageuse. Il était le chef de l'émigration polonaise en France, et on le considérait comme le futur roi de la Pologne, si elle recouvrait jamais son indépendance. Il était très respecté dans son exil, qu'il subissait sans se plaindre, et il en soulageait l'amertume en secourant ses compatriotes malheureux. Sa protection était pour le poète, et auprès du ministre, un très puissant secours. Malheureusement, Mickiewicz ne répondit pas à tant de bienveillance.

Voici la lettre du prince Czartoryski :

Paris, 5 août 1840.

« Monsieur,

« Mickiewicz, auquel j'avais fait part de la dernière conversation que j'avais eu l'avantage d'avoir avec vous, à son sujet, me confirme, dans une lettre que je viens de recevoir de sa part, ce que je savais du reste, et ce que je m'étais empressé de vous dire, savoir : qu'il parlait le Russe comme le Polonais, et qu'il était parfaitement au fait de la langue et de la littérature Bohême. Il a même fait un voyage et séjourné à Prague, pour y faire une connaissance personnelle avec les littérateurs les plus distingués de la Bohême. Connaissant ces trois dialectes, Mickivwicz approfondira facilement la littérature Servo-illyrienne, dont il s'est déjà occupé.

« Il m'envoie l'article qu'il a publié dans un écrit périodique sur les poésies de Poushkine, et me demande de vous le communiquer. « Non, me dit-il, que cet article n'ait aucucun mé-
« rite littéraire, mais pour faire juger à M. le ministre dans
« quel esprit je donnerais mon cours. » Mickiewicz attend l'invitation officielle que vous vous proposez de lui faire. Les

événements qui viennent de se développer rendent, dans ce moment même, sa nomination encore plus convenable. Je crois pouvoir garantir que, dans aucun cas, vous n'aurez lieu de le regretter.

« Veuillez, M. le Ministre, agréer l'assurance de ma haute considération.

« Czartoryski. »

Lettre de M. Mickiewicz :

Lausanne, 16 août 1840.

« Monsieur le Ministre,

« La chaire de littérature Slave étant établie définitivement, si vous voulez bien, M. le Ministre, donner suite au projet de m'y appeler, vous me trouverez maintenant prêt à me mettre à la disposition du gouvernement. Je vois de nouveaux motifs d'accepter cette place dans l'intérêt que vous daignez, Monsieur le Ministre, prendre à ma nomination, ainsi que dans l'objet de l'enseignement proposé, dont l'importance, vivement sentie par mes compatriotes, commence à être appréciée par les savants de tous les pays.

Vous n'ignorez pas, Monsieur le Ministre, quelle sensation avait produite sur l'étranger votre projet de fonder une chaire de Slave à Paris. Les littérateurs du Nord regardent cette institution comme très importante pour leur pays. Ces pays, d'après les nouvelles que nous en recevons, apprennent avec un vif plaisir que leur idiome est enfin mis au rang des langues savantes, et enseigné dans la plus célèbre des universités de l'Europe. Malgré la diversité des opinions et des intérêts qui divisent nos races, votre création, Monsieur le ministre, grâce à son caractère purement littéraire, répond aux sympathies éclairées des Polonais, aussi bien qu'à celles des Bohêmes et des Russes. Tous les Slaves, en cette occasion, se réunissent, j'en suis sûr, dans un commun sentiment de reconnaissance pour le gouvernement de Sa Majesté.

« Comme Polonais, je suis très flatté d'être appelé le premier au poste de représentant littéraire de nos nationalités, auprès de la jeunesse de Paris. Il me serait doux de pouvoir reprendre les études auxquelles j'avais consacré une partie de ma vie, et qui n'ont jamais cessé de m'occuper. Je serais heureux d'être employé au service d'une nation qui nous est chère, à tant de titres, et de répondre au vœu d'un gouvernement auquel j'ai de grandes obligations personnelles.

« Il m'a fallu des motifs aussi puissants pour me déterminer à abandonner ma position actuelle, avec tous les avantages qui y sont attachés, et que je dois à la bienveillance toute particulière du gouvernement du pays de Vaud. Quant à l'époque de l'ouverture de mon cours, il m'est encore impossible de la préciser. J'aurai à faire un long voyage avec une famille nombreuse. Des obstacles imprévus pourraient retarder mon arrivée à Paris. Dans tous les cas, je serai à mon poste avant le terme fixé par la loi.

« Vous m'excuserez, Monsieur le Ministre, d'être entré dans tous ces détails, qui me sont personnels. J'y ai été encouragé par les termes bienveillants de votre correspondance.

« Veuillez bien, Monsieur le Ministre, agréer les sentiments de ma reconnaissance et l'assurance de ma haute considération.

« Votre très humble et très obéissant serviteur,

« Adam MICKIEWICZ. »

Lausanne, 30 septembre 1840.

« Excellence,

« J'ai reçu la notification de l'arrêté par lequel Votre Excellence m'a chargé de l'enseignement de la littérature Slave au Collège de France. Je sais que c'est à la sollicitude et à la bienveillance que Votre Excellence a montrées à mon égard, que le gouvernement français, en dehors de toute autre considération, a déféré en m'appelant à cet honneur ; et je ne croirais pouvoir mieux témoigner des sentiments de reconnaissance qui me lient à Votre Excellence qu'en me consacrant, dès ce moment, à justifier la protection qu'elle a bien voulu m'accorder, et à en mériter la continuation.

« J'attends seulement que ma démission des fonctions de professeur à Lausanne soit acceptée par le gouvernement du canton de Vaud, pour pouvoir annoncer, dès aujourd'hui, à Votre Excellence que je suis, dès aujourd'hui, aux ordres du gouvernement français, et me hâte de me mettre à la disposition de Votre Excellence.

« J'ai l'honneur d'être, avec la plus haute considération,
« de Votre Excellence,
« Le très humble et très obéissant serviteur,

« Adam Mickiewicz. »

CORRESPONDANCES DIVERSES

E. VISCONTI
En 1821

Lettre à M. V. Cousin :
En français.

Milan, 25 janvier 1821.

« Notre Manzoni m'a fait savoir qu'un de vos amis, partant pour Paris, voudra bien se charger de quelques lettres; j'en profite pour vous écrire deux mots.

« Personne ne m'a parlé du paiement de la copie du manuscrit latin de Proclus, dont nous étions convenus que j'avancerais les frais. Pour voir où nous en étions, j'ai été à l'Ambroisienne parler à M. Bentivoglio. Il m'a dit qu'il ne s'agissait pas de vous envoyer des copies, mais des variantes, qu'on n'avait jamais vu paraître personne pour exécuter ce travail, tandis que, d'après vos intelligences avec M. Mazzuchelli, ils espéraient que vous leur auriez envoyé quelqu'un à cet effet; que M. Mazzuchelli avait commencé lui-même à collationner les deux manuscrits de la Bibliothèque avec votre premier volume, qu'il aurait continué si d'autres occupations ne l'en avaient empêché, qu'à présent M. Mazzuchelli ne voit pas quand il pourrait recommencer ce travail. Après tout ça, M. Bentivoglio a fini par me dire que, si vous étiez tant soit peu pressé, il vous conviendrait de charger quelqu'un de cette besogne, et que les bibliothécaires lui fourniraient tous les moyens et même leur direction, s'il était nécessaire. Voilà où nous en sommes. Écrivez-moi quelque chose là-dessus. Si vous le trouvez bon, je chercherai un copiste ou bien un collationneur, selon que vous me marquerez s'il vous faut des variantes ou des copies. Quant au prix, je le ferai régler par M. Bentivoglio et M. Mazzuchelli.

« Dois-je envisager comme une contrariété, ou comme un avantage pour vous, le changement du substitut à la chaire de M. Royer-Collard ? Il me semble qu'il vous convient d'avoir beaucoup de loisir pour achever votre édition du Proclus, et commencer vos ouvrages historiques sur la philosophie, ou bien la rédaction de votre système. Vous y gagnerez du côté de l'agrément, et même du côté des profits, dans le pays où vous êtes et avec les talents que vous possédez. Si toutefois vous avez éprouvé quelques regrets en quittant vos habitudes de professeur, bien sûr que rien de ce qui vous touche ne saurait m'être indifférent.

« Je n'écris rien à M. Fauriel pour mes deux petites brochures sur le style et sur la poésie, de crainte d'avoir l'air de le presser. Cependant, je serais bien aise de savoir s'il a eu la bonté de se charger de la traduction.

« Donnez-moi surtout de vos nouvelles, dont je manque absolument depuis votre départ. Si vous m'avez écrit, vos lettres ont été perdues. Je me flatte que vous rendrez à présent plus de justice à votre poitrine que vous n'étiez disposé à le faire lors de votre arrivée à Milan. Y pensez-vous avec la nonchalance de M. Locatelli, quand il vous écoutait parler de votre maladie, en vidant deux tasses de café ? Je le voudrais bien, et je l'espère.

« Notre Manzoni travaille à sa tragédie d'Adalgise ; à en juger d'après le premier acte, cet ouvrage sera digne de l'auteur du Carmagnola. A propos du Carmagnola, M. Gœthe en a fait un éloge magnifique et une analyse très détaillée dans son journal Künste und Alterthum. Manzoni en envoie une copie à M. Fauriel.

« Fate i mii complimenti à M. Hase et à M. Fauriel, et souvenez-vous de moi.

« Votre très affectionné,
« E. Visconti. »

Quel est M. E. Visconti ? Appartenait-il à la famille illustrée par le savoir d'Ennius Quirinus ? Et, s'il en faisait partie, quelle place y tenait-il ? Nous ne saurions rien dire de précis à cet égard ; mais les lettres que nous reproduisons prouvent qu'il avait beaucoup de complaisance et qu'il était dévoué à M. Cousin. Il l'avait connu sans doute en 1820, à l'occasion de son voyage à Milan. Quant à Manzoni (Alexandre), on a vu sa correspondance dans le tome I, page 589.

M. E. Visconti est auteur ; et il paraît fort au courant des choses littéraires de son pays, et même de l'Allemagne. Il devait être dans une sorte d'intimité avec M. Fauriel, puisqu'il lui demandait de vouloir bien traduire ses ouvrages en français. Il a raison de conseiller à M. Cousin d'exposer ses propres idées plutôt que de reproduire, en érudit, celles des autres. Mais il a pour l'Antiquité un dédain injustifiable. Il est vrai que de grands esprits ont eu le même tort.

Milan, le 2 novembre 1821.

« Je n'ai reçu que depuis très peu de jours votre lettre du 28 juillet, et les trois premiers volumes du Proclus ; le dernier, on me l'avait rendu quelque temps avant. Presque toujours du grec, à quoi je ne connais rien ; mais n'importe, si ce n'est pas un livre à lire pour moi, c'est un souvenir d'un ami, ce qui vaut mieux. Je me flatte que vous avez reçu les variantes des manuscrits de l'Ambroisienne : je vous les ai envoyées, depuis trois ou quatre mois, par un moyen très sûr, en y joignant une lettre où je vous rendais compte des soins que M. Mazzuchelli avait donnés à ce travail. Le copiste a gardé son brouillon, ad abbondante cautela.

« Vous allez vous occuper encore des philosophes grecs !

Sans doute, ce que vous ferez sera utile à la science; et je tâcherai d'en faire mon profit, bien entendu que ce ne soit pas du griffonnage grec. Mais je vous avoue que j'aurais aimé mieux de vous savoir occupé à nous déchiffrer la philosophie allemande, ou à exposer vos propres idées. Il m'est impossible de partager la haute opinion que vous avez des Anciens et de nos Cinquecentisti e Seicentisti. Ils ont été des grands hommes; à la bonne heure. Peut-être ont-ils deviné des vérités sublimes. Mais, à coup sûr, ils ne les ont pas étayées de preuves solides et évidentes. Ce n'est pas des aperçus et des assertions qu'il nous faut, c'est des arguments clairs et inattaquables. Si les Anciens en avaient trouvé, on ne disputerait plus pour et contre leurs systèmes. Leurs doctrines n'auraient pas été méprisées par des écoles très nombreuses de philosophes. Des arguments tels qu'il nous en faut, si toutefois les hommes en ont trouvé, ne peuvent être prêchés, je pense, que dans les ouvrages des Allemands, encore si modernes et si peu connus en France et en Italie. Voilà pourquoi j'aimerais vous voir exposer Fichte, Schelling, Hegel plutôt que Proclus et Platon. Il vaudrait encore mieux si mon cher ami Cousin nous donnait ses propres théories. Elles, en tout cas, seraient le résultat des pensées d'un philosophe; elles ajouteraient quelque chose à la masse des vérités philosophiques les plus importantes, ou du moins à la masse des efforts qu'on a faits pour atteindre la vérité. Au reste, ce n'est pas à vous qu'on puisse adresser le reproche d'avoir négligé les métaphysiciens allemands.

« Mon travail sur le Beau est achevé; il ne me reste que de le présenter à la censure des livres. Très probablement, je me déciderai à le publier en français, car, en Italie, on ne se soucie point de psychologie; et je n'ai qu'un peu de psychologie à donner. Ce que j'ai écrit remplirait un volume de 300 à 400 pages. Ainsi, il me faudra un traducteur payé, comme il vous a fallu à vous un copiste. Vous voilà menacé de devenir, à votre tour, mon banquier.

« La démangeaison d'écrire est comme l'appétit, qui vient, dit-on, en mangeant. J'ai entrepris de suite de rédiger mes idées sur la philosophie allemande, en commençant par Kant. Mon projet serait d'expliquer les idées de ces Messieurs avec clarté, au point que la lecture en fût si aisée que l'est celle des livres de Condillac. En outre, je voudrais, dans chaque question d'importance majeure, comparer les raisonnements et les résultats des différents systèmes allemands entre eux, et avec ceux des deux écoles française et écossaise. Enfin, dans un dernier volume, il faudrait résumer toutes les vérités éparses dans les théories des trois diverses écoles, y joindre quelque idée que je puis avoir trouvée par moi-même, et en faire un tout. Me voilà donc engagé à un travail de plusieurs années : tant mieux. Les ouvrages de longue haleine font passer agréablement la vie ; car ils nous bercent d'espérances.

« Adieu, mon cher ami, portez-vous bien, songez à votre santé nè pocco, nè troppo. E rammentate mi all' amicizia di M. Fauriel. V' ambraccio di cuore.

« E. Visconti. »

Sans date ; probablement de 1824.

« Mon cher Cousin,

« Vos nerfs étaient bien violemment agacés quand vous nous avez écrit, à Alexandre et à moi ; je vous en plains, mon ami, car je sais ce que c'est que d'avoir des nerfs faibles et facilement irritables. Je me flatte toutefois que les apparences de votre mal soient plus fortes que le mal même ; comme c'est mon cas et celui d'Alexandre, quoi qu'il en pense. Je me tiens à ce que M. Coppi et M. Locatelli vous ont dit, quand vous étiez avec nous. Vos médecins de Paris commencent à se persuader qu'il n'y a rien à craindre pour votre poitrine, comme vous l'avez annoncé à Alexandre : voilà l'essentiel. Quant au reste, il ne vous faut que du régime et du temps. Mon imagination n'est pas facile à se monter ; cependant, je vous avouerai que, dans les commencements, mes irritations nerveuses me faisaient cruellement souffrir. Peu à peu, on s'y accoutume ; et cela finit par ne plus gêner que très peu. Tâchez seulement de vous y habituer ; je n'ajoute pas : ayez du courage ; car sur ce point, je suis bien plus dans le cas de vous parler ainsi, que de vous donner des conseils. Vos idées métaphysiques vous donnent la force, tandis que mes opinions me retiennent bien plus dans la dépendance des objets extérieurs, surtout de ma santé.

« Cet hiver, Alexandre n'a pas été mal, comme vous le craigniez. Sa santé a été un peu dérangée pendant quelques jours; mais il a pu travailler presque sans interruption; ce qui est tout; car nos fibres, à nous autres Italiens, sont faibles. Sitôt que nous ne sommes pas bien, il nous faut du repos, même de l'oisiveté.

« J'espère que vous aurez reçu ma lettre où je vous parlais des manuscrits de l'Ambroisienne. Les collations que vous attendez sont encore à faire. M. Mazzuchelli attend que vous lui envoyiez quelqu'un pour les continuer, ou plutôt pour les entreprendre; car ce que M. Mazzuchelli a fait est fort peu de chose. Si vous voulez m'en charger, je tâcherai de trouver quelque pauvre diable d'érudit qui soit en état d'exécuter ce travail, et j'avancerai les frais comme nous en étions convenus. Je vous dis tout cela de crainte que ma première lettre ne vous soit pas encore parvenue.

« Mme Perrière quitte Milan, dont l'air ne convient pas à sa santé. Elle veut bien se charger de vous porter une brochure de Romagnosi. Depuis votre départ, on n'a rien imprimé de remarquable à Milan, excepté un volume de M. Castiglioni, auquel Cattaneo a fait une préface. Je n'ai lu, ni l'une, ni l'autre; car il s'y agit des médailles Cuphiques du cabinet de Brera. Cattaneo dit que l'ouvrage de M. Castiglioni est excellent. Videat dominus Hase, auquel je vous prie de rappeler mon nom. Adieu.

« Votre très affectionné,

« Visconti. »

Les détails que donne cette lettre sur la santé de M. Cousin devaient être fort exacts. M. Cousin s'exagérait ses maux, quoique très dur à lui-même; mais il ne s'observait pas assez, et il était victime de ses imprudences, que supportait d'ailleurs son vigoureux tempérament.

MAINE DE BIRAN
en 1822

La lettre suivante, signée M. B., nous semble être de M. de Biran; la date en est probablement de 1822. M. de Biran est mort en 1824, âgé de 58 ans. C'est la seule lettre de lui qui se soit conservée dans la correspondance de M. Cousin. Elle ne présente pas grand intérêt; mais la main qui l'a écrite la recommande à notre attention. M. Cousin a toujours tenu en très haute estime le talent psychologique de M. Maine de Biran ; peut-être même a-t il exagéré l'éloge. On ne saurait en blâmer un disciple reconnaissant ; mais on peut ne pas partager son avis. En un autre sens, la critique n'a pas été plus mesurée que l'enthousiasme, et M. de Biran a été traité par M. Taine avec une rudesse qui fait plus de tort à celui qui s'en sert qu'à celui qui en souffre. Nous ne prétendons pas défendre le style de M. de Biran, et l'on fait bien de ne pas l'imiter ; mais ses analyses psychologiques avaient le double mérite d'être très neuves, pour l'époque, et d'être très exactes. L'école matérialiste n'avait rien à y opposer.

22 janvier.

« Il semble, mon cher Monsieur, que nous nous soyons donné le mot (et un mauvais mot), pour être malades et garder la chambre en même temps. Voilà trois jours aussi que je ne sors pas et que la fièvre me travaille toute la nuit. J'ai passé la soirée de hier en tête à tête avec Ampère. Votre lettre a fourni le texte de notre entretien psychologique. Je me suis assuré de plus en plus que des discussions avec vous sur le rapport des vérités nécessaires à la nature de notre esprit, ce n'est, comme vous dites, qu'une dispute de mots. On ne peut s'empêcher de distinguer, ou de reconnaître, un sentiment subjectif de nécessité absolue ou d'impossibilité de concevoir le contraire, qui accompagne invariablement certaines notions intellectuelles. C'est ce sentiment seul qui leur imprime d'abord le caractère de vérités nécessaires universelles et primitives ; puis, l'ordre ontologique auquel la raison s'attache, en partant des notions dont il s'agit, comme de données hors desquelles rien ne peut être conçu, pas même l'être pensant, etc.

« La correspondance, ou l'harmonie parfaite, que notre esprit est nécessité d'admettre entre le monde phénoménal et le monde nominal, celui des substances, des vérités absolues, me semble pouvoir être mise à l'abri de toutes les chances de l'idéalisme et du scepticisme, soit que l'on réunisse les premiers éléments de ces deux mondes dans le fait de conscience, soit qu'on admette un passage de l'un à l'autre, en en dégageant le fait primitif de toute action ou croyance d'être.

« Dans ce dernier point de vue, qui est encore le mien, il n'y a de proprement subjectif que ce qui est dans la conscience ; tout ce qui est conçu ou cru comme absolu, y compris l'âme substance avec toutes les formes qu'on attribue à la nature, est essentiellement objectif. Mais il y a deux sortes d'objectifs, l'un qui est tel originairement et par sa nature. C'est tout ce qui est compris sous les relations de substances et d'attributs. L'autre sorte d'objectif a sa source et sa racine dans le subjectif proprement dit, ou dans la conscience même. C'est tout ce qui est conçu sous la relation de causalité active.

« Voyez comment cette distinction s'applique à votre difficulté avec M. Ampère. Je n'ai pas la force d'aller plus loin, ma tête est fiévreuse.

« Tout à vous,
« M. B. »

« P.S. Faites-moi porter, je vous prie, les mémoires de Berlin, dont vous m'avez parlé. »

Les idées qu'aborde cette lettre sont à peine indiquées, et M. de Biran lui-même paraît bien le comprendre. Son excuse est dans l'indisposition dont il souffre. La fièvre ne lui permet pas de développer sa pensée ; mais on voit que la maladie même n'interrompt pas ses études habituelles.

BÖTTIGER

En 1825

A M. V. Cousin :

Dresde, 21 septembre 1825.

« Mon excellent ami,

« Si le bibliothécaire Ébert, seul et digne directeur de la Bibliothèque royale, à qui vous pouvez vous adresser directement, tient parole, vous aurez ce qui s'est trouvé à la Bibliothèque, après votre douloureux enlèvement, et M. le professeur Eichhof vous le remettra.

« J'ai prié M. E. de se faire donner, à Leipzig, 4 fascicules de la Gazette littéraire, qui se publie chez le libraire Hertal, à Breitkopf (mai-septembre, n°⁸ 214-17), quatre feuilles renfermant une analyse de votre Proclus, faite par le professeur

Schneider, à l'Université de Berlin. Ce n'est pas le grand helléniste et lexicographe ; il est mort ; c'est un jeune professeur, qui dirige là le séminaire philologique. Je ne sais si vous en serez satisfait. Il fait naître quelques soupçons que vous ayez connu aussi les autres volumes de l'édition de Creuzer. Si vous croyez y devoir répondre, vous n'avez qu'à adresser votre réclamation en français à M. le professeur Hermann, à Leipzig, chargé de cette partie de la rédaction.

« Malheureusement, je n'en puis pas juger moi-même, le seul exemplaire de votre Proclus qui me soit accessible à la Bibliothèque royale, ayant été emprunté par un professeur du Collège de Grimma. Mais vous avez fait longtemps votre paix avec le célèbre Creuzer, nommé membre de l'Institut, dernièrement.

« J'ai rétabli mes forces aux eaux de Marienbad, en Bohême, et je commence à travailler de nouveau. Dites à M. Benjamin Constant, que je fais réimprimer maintenant les feuilles gravées de ma Mythologie, suivant les cours que j'ai ouverts autrefois. Je lui en ferai tenir un exemplaire, quand l'ouvrage sera imprimé.

« Mme de Recke se loue infiniment des sources restauratives de Carlsbad et Franzenbrün, et jouit d'une santé que nous avions à peine osé espérer, vu la faiblesse de sa santé avant la cure. Elle me charge de vous réitérer le témoignage de son estime inaltérable. Puissiez-vous venir nous voir encore une fois sous les meilleurs auspices !

« Je vous prie, Monsieur, de me mettre à l'épreuve, si je puis vous être utile en quoi que ce soit, et d'agréer l'assurance d'un attachement sincère que je vous ai voué.

« Charles Böttiger. »

« P. S. M. de Villers se porte parfaitement bien, avec Madame, qu'il soulage et dont il est soulagé, par l'aisance dans laquelle son mariage l'a mis. Il vous remercie de votre souvenir et vous prie de lui conserver votre amitié. »

M. Cousin avait vu M. Böttiger, à Dresde, lors de

son premier voyage de 1817, en Allemagne. Il avait trouvé en lui un archéologue savant et spirituel. Il est probable que la lettre que nous citons n'a pas été la seule ; mais nous n'avons pas trouvé les autres, qui avaient développé, sans doute, les premières et fugitives relations. Le ton de celle-ci est très affectueux.

HOTHO
en 1826

A. M. V. Cousin :
En français.

Berlin, le 1er avril 1826.

« Monsieur !

« C'était la honte la plus juste de ne pas vous avoir écrit pendant trois mois, qui m'empêchait de jour à jour de réparer ma faute. Mais je croyais aujourd'hui qu'il valait mieux de commencer un peu tard que de ne commencer jamais, en espérant en même temps que votre bonté excuserait ce que moi-même je ne saurais excuser. Cependant pourquoi vous entretenir, Monsieur, de mes fautes ? Parlons plutôt de l'objet le plus intéressant pour moi, de vous-même. C'est avec les sentiments de la plus grande reconnaissance que j'ai reçu, par votre bonté, ce neuvième volume des œuvres de Descartes ; car c'était, pour moi, la preuve que vous n'eussiez pas encore oublié votre jeune ami. Nous nous souvenons tous des jours de notre séjour à Paris ; et en retournant dans notre ville, tous nos compatriotes étaient nos ennemis, parce que nous avions espéré de retrouver, à Berlin, une grande ville pleine d'intérêt politique, pleine d'esprit, pleine de goût ; et nous retrouvions une ville de province, pleine seulement d'intérêt pour l'opéra et pour la philosophie ; les premiers jours nous étions désespérés ; car avant d'avoir embrassé de nouveau les anciennes occupations, nous étions ennuyés de tout côté. Votre ami Hegel était le seul qui partageait nos idées ; les autres et principalement M. Henning et M. Forster étaient non seulement trop des Prussiens, mais ce qui est pire encore, des Berlinois. Les premières semaines, je m'occupai à faire des critiques pour les journaux de M. Cotta ; je travaillais dans les arts, dans lesquels je trouve tout le bonheur de ma vie, et auxquels je consacrerai tout mon temps et toutes mes forces. Le mois de février fut bien malheureux pour Berlin, à cause des faillissements, qui s'augmentèrent de jour à jour ; on craignait partout, tout le monde fut effrayé. Maintenant cependant, on s'est calmé.

« Quant à votre ami Hegel, il se porte beaucoup mieux que jamais ; il fait ses cours ; et au soir, il s'amuse en fréquentant et les théâtres et les concerts et les salons. Une petite anecdote vous montrera la différence de votre ministère et du nôtre. Dans son cours de l'histoire de la philosophie, notre ami parle de la philosophie du Moyen-âge et du catholicisme. Il dit que dans le culte catholique Dieu est représenté comme étant présent dans une chose, et qu'ainsi, quand par exemple, une souris mange cette chose, le Dieu est dans la souris et même dans les excréments. Offensés de ces mots, les disciples catholiques se plaignent d'une telle blasphémie au ministère, qui l'annonce à notre ami. Et celui-ci ne fait rien autre chose que de dire que, comme professeur protestant et comme professeur de philosophie, il a eu le droit de parler ainsi, en examinant quelle est la nature du catholicisme, et que les catholiques qui ne voulaient pas entendre de telles choses n'eussent pas besoin de fréquenter ses cours. Il vous écrira en peu de temps. Notre ami Gans est tout à fait changé ; doux, aimable, libéral, sans prétention ; ses amis ne l'ont guère reconnu. Ce sont les fruits du voyage. Il est devenu professeur extraordinaire, pas à Bonn, mais dans notre ville ; et il commencera ses cours en quelques semaines. Il a fait des visites à tous ses collègues, même à Savigny, qui n'était pas chez soi.

« Quant à moi, je m'occupe maintenant de mon examen et de la dissertation du D' Carles, que j'aurai fini, en peu de temps. Si vous le permettez, Monsieur, je la ferais copier pour vous la remettre, parce que l'édition se retardera peut-être jusqu'au mois de septembre. Je dirai peu de choses sur les sciences empiriques, parce que je n'en sais que très peu de choses ; mais pour les matières métaphysiques, je les traiterai avec plus d'exactitude. Je souhaite de tout mon cœur d'être chez vous, Monsieur, pour causer avec vous sur beaucoup de choses, en nous promenant sur le pont des Arts, dans le jardin des Tuileries, ou dans le Palais-Royal. Vos dîners nous manquent presque chaque jour; et au lieu de nos entretiens, il ne nous reste que les journaux que nous lisons tous les jours. M. Göthe fut bien réjoui du Globe ; mais à Berlin on n'en voit rien, quoique on y ait presque tous les autres journaux.

« Vous recevrez, Monsieur, avec cette lettre, la copie de l'article de Leibnitz, quoique dans son cours de l'histoire de la philosophie, notre maître n'entre pas dans beaucoup de détails. Quant au copiste, je ferai mon possible. Hegel essaye de faire copier le cours de l'histoire universelle : mais il n'a pas réussi. Nous verrons.

« M. Henning vous dit ses remerciements pour l'exemplaire du Descartes qu'il a reçu, ainsi que M. Hegel ; mais M. Michelet, qui vous présente aussi ses hommages, n'en a pas reçu.

« Veuillez maintenant, Monsieur, me rétablir dans le souvenir de nos amis et principalement de M. Jourdan, que j'estime et que j'aime de tout mon cœur, ainsi qu'accepter ma vénération et mon amour.

« Je suis, Monsieur, votre très obéissant serviteur,

« Hotho. »

« P. S. Vous excuserez, Monsieur, ce mauvais français, et l'orthographe ; mais je n'ai, ni de dictionnaire, ni de temps. »

Nous avons hésité à publier cette lettre de M. Hotho ; mais après réflexion, nous croyons devoir la donner.

Ainsi que l'avoue l'auteur, la rédaction en est peu correcte; mais les sentiments qu'il exprime sont excellents; et ils attestent la sympathie que M. Cousin avait inspirée à ses amis d'Heidelberg et de Berlin. M. Hotho était un disciple fervent de Hegel, et il devenait professeur à l'Université de Berlin, en 1829. Il s'occupait surtout d'esthétique. Il paraît bien qu'il était venu à Paris, et que M. Cousin lui avait fait une aimable réception, l'admettant à ses promenades. M. Hotho en avait, comme tant d'autres, conservé le souvenir ineffaçable. Il a été un des éditeurs des œuvres complètes de Hegel, son maître. Il avait dix ans de moins que M. Cousin.

BOISSONADE
1774-1857

M. Boissonade comptait parmi les hellénistes les plus savants, non seulement de France, mais d'Europe. Ancien élève du collège d'Harcourt, il occupait la chaire de littérature grecque à la Faculté des Lettres de Paris et au Collège de France; dès 1814, il était membre de l'Académie des Inscriptions. Il n'avait pas appliqué ses travaux aux grands auteurs de l'Antiquité; mais dans les rangs secondaires, il avait fait revivre une foule d'écrivains qui méritaient de ne pas être oubliés tout à fait.

Il s'était presque toujours attaché à des œuvres inédites, qui, sans lui peut-être, seraient restées enfouies et inconnues dans les bas fonds des bibliothèques. M. Cousin avait apprécié un mérite aussi modeste qu'utile; et il ne craignait pas, dans une de ses dédicaces de Proclus, d'associer le nom de Boissonade à ceux de Hegel et de Schelling (voir plus haut, tome I, page 92). Il s'en souvint encore quand il était ministre, et il n'hésita pas à proposer M. Boissonade pour officier de la Légion d'honneur. M. Boissonade parle de « son isolement des hommes et des choses. » Ses amis l'ont souvent déploré; mais c'était en lui une résolution inviolable, et il a religieusement gardé tout son temps pour ses études. Il avait autant d'esprit que de savoir.

D'abord, une longue lettre où M. Boissonade explique qu'il ne peut se charger d'une édition de l'Odyssée, que M. de Corbière lui avait fait proposer par M. Cousin.

Puis, une lettre à M. Cousin, ministre :

Paris, 8 mai 1840.

« Monsieur le Ministre,

« La faveur que vous avez obtenue pour moi de Sa Majesté m'est d'autant plus précieuse et chère que j'en suis redevable uniquement à vous, et qu'elle m'est une grande preuve de votre bon souvenir, et je l'ose dire, de votre amitié. En effet, je ne la sollicitais pas ; j'étais bien loin de l'espérer, et je n'aurais jamais cru que, dans l'isolement où je vis, et des hommes et des choses, une telle distinction pût me parvenir. Pour témoigner ma reconnaissance, je voudrais faire quelque bon et utile volume qui fût digne de vous et de vos études, et que j'ornerais de votre nom. Je deviens un peu vieux ; et, ce qui est pire, avec les années les maux sont arrivés. Toutefois, le courage ne me manque pas encore. Mais hélas ! vous savez quelles décourageantes difficultés mettent ici trop souvent obstacle aux publications érudites.

« Daignez, en attendant, accueillir avec bonté cette faible expression de ma profonde et respectueuse gratitude.

« BOISSONADE. »

J.-G. FARCY
1801-1830

On se rappelle que le 7ᵉ volume de la traduction de Platon, de M. Cousin (1831), est dédié à la mémoire de Farcy, élève de l'École normale et professeur de philosophie, tué le 29 juillet 1830, à la prise des Tuileries. « Après avoir parcouru le monde, dit M. Cousin, « traversé l'Océan, visité l'Amérique, il commençait à « se reposer dans l'étude qui convenait à son talent. « Plus jeune que moi, j'avais mis en lui des espérances « qui n'auraient point été trompées. Il est avec Vanneau « la plus précieuse victime des Trois journées. Que la « Patrie conserve son nom ! » Ce qui conservera surtout son nom, c'est cet hommage d'un ancien maître, servant d'introduction au dialogue des Lois. Nous pensons comme M. Cousin que ses espérances n'eussent pas été trompées, et nous en avons pour garant la lettre que nous publions. Elle porte l'empreinte d'un caractère ferme, d'un esprit déjà mûr, et d'un jugement indépendant et impartial. Quand Farcy écrit cette lettre, il n'a que 26 ans. M. Cousin a eu peu d'élèves, sur lesquels il pût autant compter. Mais le destin est impitoyable : « Victima nil miserantis Orci ».

A M. V. Cousin :

Rome, 7 avril 1827.

« Monsieur,

« Je me suis jusqu'ici acquitté fort fidèlement de vos commissions, et je crains bien, pourtant, que vous n'ayez pris mon silence pour un oubli. Mais mes visites aux personnes que vous m'aviez indiquées et mes recherches aux bibliothèques ont été si infructueuses que je n'ai pu songer à vous en écrire. Quand on parle de si loin, il semble qu'il faut que ce soit pour dire quelque chose. Aujourd'hui, après l'hiver passé à Florence, je puis du moins suppléer à ce que je n'ai pu trouver, par quelques renseignements sur ce que j'ai vu. Même en ceci, j'ai fort peu à dire, ayant vécu seul, à peu près tout le temps. Mais au moins, ma lettre me rappellera à votre souvenir ; pour moi, je parle ici de vous le plus souvent et le mieux que je peux, et je cherche à inspirer à ceux qui s'occupent quelque peu d'études philosophiques, le doute de ce qu'ils croient sûr, et le désir de connaître vos ouvrages.

« A Florence, en parcourant le memorandum que vous m'avez donné, j'y ai bien trouvé quelques noms florentins ; mais n'étant en rien connu d'eux, et n'ayant pas même une lettre à leur présenter, il m'a été impossible d'aller de moi-même frapper à leur porte, et faire auprès d'eux tous les frais de mon introduction. J'aurais pu demander à M. de Lamartine de me faire faire connaissance avec quelques-uns d'entre les savants. Mais M. de Lamartine est gentilhomme, beaucoup plus occupé, je crois, des nobles personnages qui passent par Florence, que de la société plus humble des savants. Je pense qu'il les voit fort peu, et en cérémonie. C'est un homme d'une politesse parfaite, quoique diplomatique et réglée exactement sur le rang et la fortune de qui a affaire à lui. Il a voulu être obligeant pour moi : il m'a présenté dans la société la plus fréquentée de Florence et m'a donné une lettre pour l'ambassade à Rome. Je l'ai trouvé seul un soir, et nous avons parlé une fois à l'aise pendant plusieurs heures. Il a une estime infinie de votre personne ; vous savez combien il aime votre traduction de Platon ; mais il ne me paraît pas avoir beaucoup goûté vos Fragments philosophiques ; il trouve que c'est de la logique. En général, ses jugements sur ce qui n'est pas poésie, et même sur ce point, ne m'ont pas paru fort respectables. Il m'a dit qu'il travaille à une grande composition poétique, qui doit être l'œuvre de sa vie.

« Demeurer à Florence, c'est à peine sortir de Paris ; spectacles, journaux, cafés, bibliothèques, cabinets littéraires fournis des nouveautés, on y retrouve tout ce qu'on a laissé là-bas, jusqu'au dégoût. L'Italie et les Italiens se perdent ; le déluge d'étrangers qui y viennent chercher la vie confortable et qui y vivent entre eux, ne communiquant guère avec les habitants que dans certaines maisons, qui sont là comme un champ neutre, et les Italiens ouvrant beaucoup moins facilement leur intérieur à ceux qui vont et qui viennent par leur pays. En fuyant les Français, j'ai rencontré quelques Italiens instruits, qui ne se trouvaient eux-mêmes à Florence que par accident. Ils connaissent votre nom et rien de vos œuvres. Ils ont entendu parler de la réforme philosophique qui s'essaye chez nous ; et sur le seul soupçon de Platonisme et de spiritualisme, ils la méprisent profondément. J'ai eu occasion de m'apercevoir que la plupart des Italiens en sont à ce point. Le souffle physique a soufflé aussi fort ici que chez nous, et c'est de chez nous qu'il y a pénétré. L'idéologie, la philanthropie et la statistique accomplissent le cercle des connaissances morales et philosophiques ; leur chef et maître, celui qui l'a dit, c'est M. de Tracy ; ils le lisent et s'en nourrissent. Ils parlent aussi de M. de Gérando, mais plutôt par ouï-dire. Ils ne savent de la philosophie Écossaise que le nom, et ne vont pas même jusqu'à M. de Laromiguière. Dans cette connaissance et cette adoration exclusive d'un seul système, ils ne songent seulement pas au doute, commencement de la sagesse. En politique, comme des hommes dont la pratique n'a pas contrarié les systèmes, et à qui ce qu'ils ont devant les yeux donne de l'humeur, je leur ai trouvé à tous les idées abstraites des premiers temps de notre révolution, et le langage d'un peu plus loin. La vraie expression de leur pensée est encore dans les maximes théâtrales d'Alfiéri ; et dernièrement, M. Nicolini, que vous connaissez, a obtenu un succès complet, en chargeant de sentences de ce genre une tragédie de Foscarini, riche de vers, mais dépourvue d'action, et où entraient assez gauchement les innovations qu'on veut introduire sur la scène. La censure a permis la représentation et le grand-duc y a assisté lui-même. Il y avait pourtant dans la tragédie trois fois autant d'audace de paroles qu'il en eût fallu chez nous pour être repoussé invinciblement.

« J'ai connu quelques personnes qui coopèrent à la rédaction de l'Anthologie. La tendance en est tout à fait classique, pour parler le langage reçu. On dit beaucoup de bien de M. Vieusseux, rédacteur en chef, fort instruit, mais opiniâtre dans l'ancien système, et ne voulant entendre à rien de ce qui s'appelle innovation. Les autres sont bien disposés à quelques sacrifices pour renouveler et ranimer un peu les formes extérieures de la poésie, par exemple, qu'ils consentent à trouver usées; mais pour l'esprit de philosophie spiritualiste et religieuse qui s'y introduit, pour les élans un peu hasardés de l'imagination rêveuse, pour cette nouvelle langue poétique plus intime, plus profonde dans le sentiment et souvent moins arrêtée dans l'expression, ils comprennent à peine tout cela, et ce qu'ils en aperçoivent, ils s'en moquent. J'ai vu aussi que c'est pour eux une affaire d'amour-propre national, et qu'ils y voient une autre sorte de conquête des barbares du Nord. Ils gémissent d'apprendre que la France, avec qui ils ont vraiment tous fait amitié du fond du cœur, dont ils reçoivent volontiers les exemples, en se défendant en paroles contre les prétentions qu'ils lui trouvent à l'empire de toutes choses, s'engage dans ces nouveautés, parce qu'ils ne se sentent plus appuyés, et comprennent qu'elle les entraînera malgré eux. M. Manzoni a peu de crédit auprès de pareils juges, et pour parler du genre lyrique, où on le dit supérieur, ils le trouvent souvent incorrect, inintelligible même dans l'expression; d'une harmonie fort grande, sans doute, mais trop facile dans ses moyens, monotone, et très loin de l'harmonie riche et variée des grands maîtres. C'est pour eux un beau talent naturel, perverti par de méchants exemples.

« Je viens de faire visite à M. Mai, et me suis acquitté de votre commission. Comme tous les savants italiens, il m'a paru enchanté qu'on s'occupât de lui en France. Il a votre Proclus; mais il ne lit pas le Journal des Savants, et n'avait pas même entendu dire que vous ayez entrepris une traduction de Platon. Ce que c'est que la gloire! Je l'ai trouvé corrigeant les épreuves de ses extraits d'historiens grecs, auxquels il a à peu près mis la dernière main. Il y joint une traduction latine et des notes; le tout formera un gros volume in-4°, fort bien imprimé, et il lui reste des matériaux pour une autre publication. Ces extraits sont de Diodore, Denys d'Halicarnasse, Polybe, Eunape, le règne de Julien, et quelques autres : parmi ces fragments, il en est de considérables, surtout celui du premier auteur. Je lui ai dit qu'il y a six mois vous m'aviez chargé de lui proposer de rendre compte dans le Journal des Savants de ce qu'il pourrait publier : sur quoi, il m'a répondu que cela pourrait se faire, « pottaba farsi ». M. Mai est un homme de moyen âge, qui s'appelle Monsignor, et a quelque espérance de devenir cardinal. Aussi, sa manière de savant n'est pas simple, ni franche; on trouve chez lui-même, dans les choses les plus indifférentes, ce je ne sais quoi de sinueux, de mielleux et de contrit, qui fait partie obligée du costume. D'après sa réponse, je me suis gardé de lui faire une proposition directe pour le volume qu'il avait entre les mains.

« Il me reste peu de place pour vous parler de mes visites aux bibliothèques. Croyez seulement que j'ai mis tous mes soins à chercher quelque chose dont vous puissiez faire usage. D'ailleurs, en général, les gardiens des manuscrits ne sont pas du tout des dragons de la Toison d'or; s'ils ont des trésors sacrés, c'est bien innocemment. Sans plus parler, voici le résultat de mes recherches :

« A Gênes, rien; à Florence, bibl. Ricardiana. Catalogue

imprimé. Procl. in Timœum Cod. memb. Fol. sæcol. xv pereleganti caractere exaratur, sed in fine mutilus. — Procl. in Platonis Theolog. accedit Lucanus Ocellus de naturâ universi. Cod. chart. in-4°, sæcol. xv. — J'y joins au hasard Ammonii Hermæi enarratio in Organum Aristot. Cod. chart. in-4°, sæcol. xiii. Biblioth. Magliabecchiana, rien autre que : Porphyrii V cl. v, cod. 5. id. V, cl. v. Cod. en 27, 35, 33. J'en ai cherché les sujets que je ne me rappelle plus; mais ils sont sans rapport au Platon. Porphirii quarto libro quem adv. Christum evomuit. V, cl. 8, cod. 4. — Id. Comm. in Hermenia Ptolemaii V, cl. XI, cod. 8, t. II. — Introduct. in Ptolemaii V, cl. XI, cod. 28.

« Je vous donne ces notes pour vous envoyer quelque chose. Si vous aviez intention de me charger de quelques autres commissions, il suffirait de me les adresser à Naples (poste restante), où je compte aller aussitôt après Pâques. Adieu, mon cher maître, conservez-vous en bonne santé; et quand vous verrez Mme de Narischkin, chargez-vous, je vous prie, de lui dire combien de fois je pense à elle avec amour et reconnaissance.

« Tout à vous.

« G. Farcy. »

J.-J. AMPÈRE
1800-1864
(Voir plus haut, tome I, page 298).

A M. V. Cousin :

Instadt, 9 juillet 1827.

« Il y a bien longtemps que j'ai à vous écrire, mon cher maître. Je le voulais à Weimar, je le voulais à Berlin; mais dans les deux villes, mes journées étaient si remplies, j'avais formé tant de relations que j'ai pu trouver à peine le temps d'avertir, de temps en temps, mon père, que je vivais encore; il faut que je vienne en Suède pour avoir du loisir. Vous serez peut-être étonné de cet épisode de mon voyage; mais c'était un épisode nécessaire. A ma grande surprise, j'ai trouvé que l'Allemagne, qui sait tant de choses, ne sait presque rien du Nord. Grimm vit loin de Copenhague, absorbé dans l'ancien allemand. La bonne volonté et l'activité prodigieuse, mais un peu confuse de M. de Hagen, ne peuvent suffire. Du reste, à Berlin, point de ressource pour tout ce qui est au delà de la Baltique; il m'a été impossible d'y trouver un maître de suédois, ni un dictionnaire suédois. Il y a, au contraire, dans ce moment, un grand développement d'activité pour l'étude de l'ancienne poésie du Nord à Copenhague, à la tête duquel est Rash. Stockholm n'y est plus étranger, depuis que Tetzner et Geyer ont donné un grand et nouveau mouvement à ces études. L'impossibilité de pouvoir accomplir à Berlin l'un des buts principaux de mon voyage, l'étude de la poésie scandinave, m'a donné l'idée d'aller à Copenhague. Les bateaux à vapeur et la facilité prodigieuse de voyager en Suède m'ont déterminé à aller les compléter à Stockholm. L'intervalle entre ces deux capitales sera une promenade agréable, grâce aux compagnons de voyage que j'ai rencontrés, et qui viendront dans quinze jours me rejoindre à Copenhague. Ce sont deux jeunes poètes allemands et le cousin d'Albert-Fritz Stapfer, qui étudie à Berlin la jurisprudence. Je ne puis faire aucune étude bien profonde pendant le peu de temps que peut durer le voyage. Mais les jours sont bien employés. La grande affaire pour moi est de rassembler des matériaux et d'emporter des directions. D'après ce que j'ai entrevu du danois et du suédois, je vois qu'il me sera facile d'apprendre à lire assez les deux langues, pour pouvoir profiter des nombreux travaux faits dans les idiomes de ces pays sur l'ancienne poésie islandaise. Enfin, leur littérature plus récente paraît mériter d'être connue; et il est intéressant de retrouver dans Alterborn, à Stockholm, comme dans Manzoni, à Milan, la tendance nouvelle aux prises avec l'ancienne école. Je vous parle tant de ce qui m'occupe maintenant que j'oublie de vous parler du passé. Le résultat est que je vois clair dans toutes les parties de l'étude que j'ai embrassée. Viehartz, Dissen, Welcker et O. Müller m'ont créé le goût de l'Antiquité. Grimm et Benoke m'ont donné d'excellents conseils pour l'étude de l'ancienne poésie française et pour la poésie du Moyen-âge, en général. Schlégel ne m'a appris qu'un peu de sanskrit, qu'il sait fort bien ; sur tout le reste, il radote. Il a entendu Goethe parler sur la poésie, sur lord Byron, sur Schiller, sur lui-même. A Berlin, je me suis mis au courant de la littérature récente. J'ai noué une foule de relations agréables et qui pourraient être utiles, avec les littérateurs, les libraires, les journalistes de Berlin. Pour la philosophie, il m'a été impossible de m'y livrer ; mes études m'absorbaient trop exclusivement. Mais j'ai vu souvent M. Hegel, qui a triomphé d'une prévention par la simplicité et la bonhomie de ses manières, et le bon sens de ses discours. Une nouvelle édition de son Encyclopédie va paraître, toute refondue. M. Panofcka, que j'espère retrouver à Paris cet hiver, vous verra avant moi. Je n'ai pu le voir aussi souvent que je l'aurais voulu ; nous demeurons loin l'un de l'autre ; et Berlin offre tant de choses à voir et surtout tant d'hommes, qu'en ne perdant pas une minute, je ne trouvais pas encore moyen de tout voir comme j'aurais voulu.

« Adieu, tout à vous, si vous voulez m'écrire à Stockholm, je reste...

« J.-J. AMPÈRE. »

EDGAR QUINET

1803-1875

A M. V. Cousin :

Heidelberg, 1er avril 1828.

« Mon très révéré et très cher maître,

« Permettez-moi de croire que vous jugez de mes sentiments immuables pour vous, par toute autre chose que par le nombre de mes lettres. Si j'eusse suivi mon mouvement naturel, il y a longtemps que, du fond de ces montagnes, où je semble enseveli, je vous aurais dit quel bonheur c'est pour moi de recevoir, de loin en loin et indirectement, de vos nouvelles. Mais la pensée ne vous viendra pas que je sois des derniers à me réjouir de la renaissance de la France, à laquelle votre nom est attaché. En arrivant ici, j'ai trouvé tant à faire en moi-même, tant à apprendre, à corriger, à changer qu'au lieu d'y voyager, il a fallu s'y arrêter. Ce repos que chaque objet m'envoie, et que j'avais vainement cherché ailleurs, m'a permis de mieux ordonner mon chaos intérieur, et d'étudier l'Antiquité, que j'avais trop négligée. Après m'être expliqué pourquoi je ne trouvais nulle part que des ébauches à peine indiquées sur la théorie de l'histoire, me voici, malgré mon insuffisance, sérieusement occupé à une suite de réflexions sur l'histoire dans ses rapports avec la métaphysique, la nature, la morale et l'art. Ni Daub ni Creuzer ne me fournissent d'excellentes lumières. Mais combien vos avertissements, qui sont ma vie, sont difficiles à remplacer ! Lorsque je songe que vos cours vont recommencer, et que je n'y serai pas, je tombe dans une profonde tristesse. Une méditation solitaire me semblera stérile ; pourtant, c'est par elle que je me sentirai au milieu de vos élèves, et chaque pensée qui élèvera mon âme me rapprochera de vous.

« J'ose à peine vous parler de cette étude sur Herder que j'ai eu l'honneur de vous envoyer, tant je suis frappé de sa faiblesse; un seul mot de critique de votre main serait pour moi un vrai bienfait. Permettez-moi d'ajouter ceci : dans le cas où l'idée viendrait de joindre à l'expédition préparée pour la Grèce une commission d'antiquités, telle qu'autrefois celle d'Égypte, auriez-vous l'extrême bonté de m'en faire instruire et de me proposer comme prêt à tout endurer dans ce but ? Depuis mon arrivée ici, la direction de mes travaux est tout entière vers l'antiquité Grecque.

« Vous voyez, mon très respecté et très cher maître, que je fais ce que je peux pour être moins indigne de vous. Veuillez disposer de moi et me donner vos ordres; plus mon cœur s'affermit, plus il vous appartient. Ma consolation est de m'entretenir de vous avec M. Creuzer et M. Daub, qui sont l'un et l'autre excellents pour moi. J'ai aussi eu l'honneur de faire à Bonn la connaissance de M. Niebuhr; il me reste à m'acheminer cet été vers la maison de Goethe. Mais toujours c'est vers vous que mes pensées reviennent. Agréez l'hommage de mon plus haut respect et de mon plus profond dévouement.

« Votre très humble élève,

« QUINET. »

« J'ai lu et je relirai plusieurs fois la biographie de Xénophane. Je n'ose pas vous louer. »

Heidelberg, Judengasse, n° 228.

M. Quinet, plein d'un enthousiasme juvénile pour son maître et son ami, venait de traduire le grand ouvrage de Herder (Idées sur la philosophie de l'histoire de l'humanité, 3 vol, in-8, 1827); c'était une œuvre utile; elle faisait honneur au jeune homme qui facilitait à ses compatriotes la connaissance de ce monument. M. Quinet avait mis en tête de son travail une Introduction que lui-même juge insuffisante; mais le service rendu n'en était pas moins réel, et les lecteurs français pouvaient désormais apprécier le génie de Herder, inconnu jusque-là. M. Cousin, dans son cours de 1828, a consacré à Herder une bonne partie de sa 11ᵉ leçon. Il a signalé tous ses mérites, sans rien dissimuler des inévitables lacunes. Depuis l'époque de Herder, beaucoup de matériaux précieux se sont accumulés. Mais quelle main sera capable d'en construire un nouvel édifice?

A M. V. Cousin :

Heidelberg, août 1828.

« Mon très cher et très vénéré maître,

« Permettez-moi de vous témoigner aussi ma reconnaissance pour les belles leçons que vous venez de terminer. Elles m'ont expliqué l'Allemagne, où je suis, et m'ont aidé à me consoler d'être si loin de vous. Tout ce qui était encore vague, indéterminé et seulement pressenti dans mes études, je l'ai trouvé là clairement développé et fortement maîtrisé. Je ne peux douter que la philosophie de notre siècle soit dans cette vaste école, dont vous venez de signaler en France les principales bases.

« De quelque manière que je m'y prenne, ou par la poésie, ou par la politique, ou par l'abstraction, c'est toujours à elle que je suis ramené. Peut-être, mon très cher maître, pour marquer l'intervalle de Kant aux nouvelles doctrines, vous intéresserez-vous à une publication que nous préparons ici de l'un des livres de Fichte et de Schelling. J'ai cherché à envisager leurs rapports avec toute l'histoire germanique, et leur influence sur leurs principaux contemporains ; je poursuis une suite de discours où je cherche à présenter et discuter diverses questions fondamentales, telles que l'Allemagne les a posées. J'y ajoute des notes sur tous les écrivains de ce pays, que j'ai occasion de citer.

Toutefois, mon très cher maître, je n'ai point encore touché le véritable but de cette lettre. Dans la dernière que j'ai eu l'honneur de vous écrire, je vous priais instamment de songer à moi, si l'on venait à ordonner à Paris une Commission d'antiquités pour la Grèce ; en même temps, j'adressais mon plan au ministre de l'Intérieur, qui m'a dit qu'il en ferait, le cas échéant, l'objet d'un sérieux examen. Depuis lors, de nouvelles lettres ont suivi de ma part. Enfin, voici l'expédition et la Commission également certaines ; oserai-je vous supplier de proposer par vous-même, ou par autrui, mon nom à ceux qui formeront cette société ? Mon vrai titre est d'y avoir pensé d'abord ; et puis, j'emporterais les problèmes de l'Allemagne, les instructions de M. Creuzer, et vos ordres. Je crois que je pourrais être utile par là, outre que toutes mes études ont été consacrées à l'Antiquité, depuis mon séjour à Heidelberg. Mes travaux me poussent si bien en Grèce que, depuis longtemps, je serais parti si ma fortune me l'eût permis. Mon très cher maître, excusez-moi de vous importuner de ce soin particulier, en pensant que, depuis que je m'occupe d'humanités, c'est le vœu le plus ardent, le plus constant de mon âme. Une voix me dit que je reviendrai sain et sauf, pour continuer, sous vos ordres, et plus digne de vous, à servir dans vos rangs. Le moindre mot, la moindre démarche en ma faveur, dans cette occasion solennelle pour ma destinée, me seraient d'un prix incalculable. Car pour moi, je ne connais personne, et personne ne me connaît.

« Quoi qu'il arrive, recevez, mon très cher maître, l'hommage de ma reconnaissance et de mes plus profonds sentiments. Il me sera toujours doux de me dire que vous savez du moins que j'ai fait les tentatives qui étaient en mon pouvoir ; si elles restent inutiles, je les remettrai à d'autres temps, où je penserai, mais non sans douleur, qu'il valait mieux pour la science qu'elles fussent exécutées par d'autres que par moi.

« J'ai l'honneur d'être, mon très cher maître, avec tout le respect que je vous dois,

« Un de vos plus dévoués et de vos plus fidèles disciples,

« Ed. Quinet. »
Heidelberg, Judengasse, n° 228.

« L'excellent M. Daub prépare une récension de vos leçons, pour le journal de Berlin. »

M. Ed. Quinet vit son désir accompli, et il fit partie de la Commission de Morée. Arrivé dans le Péloponèse, il écrivit à M. Cousin :

Mavromati, 16 mars 1829.

« C'est des ruines de Messène que je vous écris, mon très cher maître; rien n'égale la beauté douce et champêtre de cette solitude. Les murs d'Épaminondas blanchissent encore sur le haut des collines, à travers les masses d'oliviers; et des débris de temples et de théâtres sont tombés, à mi-côte de l'Ithôme, dans de beaux champs de blé. J'ai déterré déjà plusieurs inscriptions. La chaumière où je suis est couverte de roseaux, mais assez bien fermée pour la nuit. Je trouve partout, au lieu de cette population ennemie dont on nous parlait, des hôtes et des compagnons d'une société et d'une gaieté parfaites. Ma santé est bonne. J'ai du lait de chèvre, des œufs, des moutons en abondance. Les membres de notre Commission sont restés à Modon. J'ai mieux aimé profiter de cette douce saison ; ce qui me ramènera plus tôt vers vous.

« Adieu, mon très cher maître, recevez mes sentiments les plus profonds, et pensez quelquefois à

« Edg. Quinet. »

M. E. Quinet revenait en France en 1830 ; on sait le rôle qu'il y joua, moitié politique, moitié littéraire, sous le règne de Louis-Philippe et sous la seconde République et la troisième. Ses opinions révolutionnaires durent bien souvent déplaire à M. Cousin, qui cependant se porta son défenseur ainsi que de M. Michelet, dans son discours à la Chambre des Pairs (14 avril 1845). Il désapprouvait les théories des deux professeurs ; mais, selon lui, ce n'était pas à une assemblée parlementaire de les juger.

FRANCK-CARRÉ

en 1828

A M. Victor Cousin :

Vendredi, 25 avril 1828.

« Mon cher et illustre maître, vous ne doutez point, j'en suis sûr, du regret profond que j'éprouve de n'avoir point entendu vos premières paroles, après huit années de silence ; malgré l'éloignement, vous m'eussiez vu accourir et mêler mes applaudissements à ceux de l'assemblée, qui vous écoutait, si la plus malencontreuse des fièvres ne m'eût retenu dans mon lit. J'aurais, je crois, maudit ma destinée sans le stoïcisme dont je fais profession. J'ai lu, depuis, cette première leçon, et j'attends les autres avec bien de l'impatience. J'ai retrouvé là, comme vous le dites, le même professeur, le même enseignement, les mêmes principes, et au fond de tout cela, des vues peut-être encore plus larges et plus profondes; mais le geste, mais l'accent, mais cette vie dont toutes vos paroles sont empreintes, voilà ce que la sténographie, avec toute son exactitude, ne peut rendre. Au reste, j'ai recueilli tout ce qui, à ma connaissance, a été dit sur votre premier triomphe de 1828, le Courrier, le petit article des Débats, celui de Damiron dans le Globe, un autre que je crois de M. d'Eckstein dans la Quotidienne ; enfin, j'ai souscrit pour douze leçons chez Pichon et Didier.

« Je me dédommage le plus amplement que je le puis, comme vous le voyez, et je me sens en ce moment animé du plus beau zèle. Je viens même de concevoir, et je vais réaliser ces jours-ci, un projet qui sera, j'espère, de votre goût, et pour l'exécution duquel je réclame tous vos conseils. J'ai promis à plusieurs jeunes gens, au nombre d'environ quinze ou vingt, de leur faire un cours de philosophie ; ces jeunes gens, tous à peu près de mon âge, sont pour la plupart studieux et fort désireux de savoir. Je dois commencer et faire mes premières leçons le samedi, 3 mai prochain; c'est-à-dire de demain en huit. J'ai déjà réfléchi, comme vous pouvez croire, à la marche que je dois suivre; mais il me reste de l'embarras, de l'indécision, et vous me rendriez le calme, si j'avais à cet égard vos idées. Adressez-moi donc quelques lignes d'ici au samedi 3 mai, en réponse à ces questions: Par où dois-je commencer? et quelle forme d'enseignement puis-je et dois-je adopter? Je sais combien sont grandes vos occupations; mais je sais aussi quel est votre zèle philosophique, et je connais d'ailleurs toute l'amitié dont vous voulez bien m'honorer. Je ne demande d'ailleurs à votre charité, que quelques lignes, et je les attends avec espérance et foi.

« Adieu, mon très cher maître et ami, permettez-moi, tout en vous exprimant mon admiration et mon attachement pour vous, de vous embrasser de tout mon cœur.

« F. Carré. »

M. Franck-Carré, magistrat distingué, a été nommé Pair de France en 1841. Sous le second Empire, il a été premier président de la cour de Rouen.

RAYNOUARD
1761-1836
(Voir plus haut, Tome II. page 294).

A M. V. Cousin :

Paris, le 24 janvier 1829.

Le Secrétaire perpétuel honoraire de l'Académie française.

« Mon cher Monsieur,

« Je vous envoie mon Histoire du droit municipal. Veuillez

l'agréer comme un gage des sentiments d'estime et d'affection que je porte depuis longtemps à votre talent et à votre personne.

« RAYNOUARD. »

VALETTE

PROFESSEUR DE PHILOSOPHIE

A M. V. Cousin :

Paris, 15 janvier 1829.

« Monsieur,

« Permettez-moi de vous adresser un exemplaire de mes observations critiques sur quelques-unes de vos leçons. J'ai hésité un moment à vous les offrir ; mais m'étant aperçu que mon hésitation décèlerait, ou la crainte d'y avoir mis autre chose qu'un amour sincère de la vérité, ce dont j'aurais à rougir, ou l'opinion que mes raisons sont sans réplique, ce qui manifesterait une présomption que je n'aime pas plus en moi que dans les autres, je m'empresse de céder à mon premier mouvement.

« J'aime à penser que vous n'y trouverez que la pure expression du désir d'appeler de nouvelles lumières sur des questions qui ne sont pas résolues d'une manière satisfaisante, puisqu'on résiste encore, et que la résistance ne vient pas d'un attachement exclusif et ridicule pour d'anciennes opinions qu'on ait à cœur de défendre, uniquement parce qu'on les a eues, ou qu'elles sont en crédit. La philosophie ne vaut pas une heure de peine, si elle n'est pas même capable d'inspirer à ceux qui la professent l'aveu naïf qu'on a vu, dans un temps, ce qu'on n'a pas même entrevu dans un autre. Si en parlant de vos opinions, Monsieur, il m'était échappé quelques expressions qui ne fussent pas sorties de la nature même des choses, je me hâterais de les désavouer.

« Je vous dirai même franchement, Monsieur, que je me repentirais d'avoir pris la plume, si j'attachais assez d'importance à mes paroles pour croire un instant qu'elles pourraient fournir des armes à la haine et à la calomnie, sous quelque masque qu'elles se produisent.

« Vous avez des ennemis, Monsieur, pour lesquels vous pouvez m'en croire, mon mépris ne serait pas sans quelque énergie, s'ils pouvaient m'inspirer autre chose que de la pitié. Je me dois à moi-même de vous déclarer que je n'ai jamais eu, que je n'ai et n'aurai jamais rien de commun avec quiconque n'aura pas même assez de pudeur pour sentir que, en philosophie surtout, toute attaque dirigée contre les personnes ne déshonore que son auteur; des traits partis de si loin et de si bas ne peuvent pas vous atteindre.

« Vous savez mieux que personne, Monsieur, qu'il faut souvent payer la gloire, et que, si les yeux sont ingrats et jaloux, la mémoire est reconnaissante.

« Je suis, avec la plus parfaite considération, Monsieur, votre dévoué et reconnaissant serviteur,

« A. Valette. »

SIMON KARSTEN

en 1831

(Voir Tome II, page 480).

M. V. Cousin à M. Simon Karsten.

Paris, 20 février 1831.

« Monsieur,

« J'ai reçu, à la fin d'août, votre belle dissertation sur Xéno-
« phane, avec votre aimable billet. Les événements qui se sont

« passés depuis cette époque en France et en Belgique, vous
« expliquent assez mon silence. D'ailleurs, je voulais lire avec
« soin votre dissertation pour vous en dire mon avis. Je suis
« charmé que mon opinion sur le caractère du système de
« Xénophane et son double rapport à l'école Ionienne et à
« l'école Pythagoricienne ait obtenu votre approbation. C'est
« là le point essentiel qui, une fois bien établi, éclaire toute
« l'histoire de l'école Éléatique, et montre le progrès de cette
« école, de Xénophane à Parménide et de Parménide à Zénon.
« Dans les détails, vous pourriez bien avoir souvent raison
« contre moi. Cependant, je persiste dans mon opinion sur l'âge
« de Xénophane; et la contradiction dans laquelle vous
« croyez que je suis tombé en faisant Xénophane antérieur à
« Pythagore, et en rapportant à l'influence de Pythagore une
« partie de la philosophie de Xénophane, est bien plus appa-
« rente que réelle, quand on songe que Xénophane a vécu
« très longtemps, qu'il est venu très tard à Élée, et qu'on
« peut très bien survivre à un homme plus jeune que soi, en
« même temps que l'on peut en subir l'influence.

« J'avais aussi, comme vous, mis à la fin de ma dissertation
« les raisons philologiques de la traduction que j'ai donnée
« des morceaux de Xénophane; mais le libraire a eu peur de
« tant de grec; et j'avais à faire à un si mauvais imprimeur
« que j'ai mieux aimé garder mes notes que de les voir gâtées
« par l'ignorance d'un proto. Il y a déjà trop de fautes dans
« l'impression des nouveaux Fragments. Depuis, j'ai donné ces
« notes à un de mes amis; sans quoi, je vous les aurais en-
« voyées. Dites-moi donc pourquoi vous ne mettez pas Zénon
« parmi les grands philosophes avant Socrate. Sans lui, l'école
« d'Élée n'est pas complètement connue. Je mets un très grand
« prix à ce que vous n'oubliiez pas Zénon, parce que je m'en
« suis beaucoup occupé moi-même, et que je serais fort aise
« d'avoir votre avis sur les passages célèbres d'Aristote. Peut-
« être avez-vous été effrayé d'avoir si peu de morceaux de
« Zénon, tandis que, pour Xénophane et Parménide, vous
« avez entre les mains de nombreux fragments de la plus
« belle poésie. Mais il ne faut pas vous laisser arrêter par cette

« difficulté; et si la place de Zénon est importante dans
« l'école d'Élée, s'il est possible de la bien établir, vous ne
« devez pas reculer devant cette tâche, parce qu'elle est dif-
« ficile. Votre critique aura d'autant plus de mérite. Si vous
« voulez vous engager dans cette entreprise, et que je puisse
« vous y être bon à quelque chose, disposez de moi, je vous
« prie.

« Je vous enverrai dans un ou deux mois un morceau sur
« les Lois de Platon.

« Que devenez-vous dans le bouleversement de votre pays?
« Restez-vous à Bruxelles? Allez-vous en Hollande? Je fais
« les vœux les plus sincères pour que vous soyez toujours
« dans une situation qui vous permette de vous livrer à des
« études où vos premiers pas ont été si heureux.

« Omninò tuus.

« Victor Cousin. »

BALLANCHE

1776-1844

(Voir plus haut, Tome II, page 334).

A M. V. Cousin :

31 octobre 1839.

» Mon très cher et ancien ami,

« M. Auguste Véra, qui vous présentera cette lettre, est
un jeune Italien qui m'a été fort recommandé par un de mes
amis, Romain, qui s'occupe avec fruit de fouilles dans la Sabine.
J'ai d'abord accueilli M. Auguste Véra en raison de la recommandation dont il était porteur; mais je n'ai pas tardé à l'accueillir pour lui-même. Maintenant, je puis le recommander
moi-même, en toute confiance, pour son propre mérite, que j'ai

pu apprécier, et pour ses qualités personnelles, que j'ai été dans le cas de mettre à l'épreuve. M. Auguste Véra s'occupant de philosophie, il était très naturel qu'il désirât être en rapport avec vous. Je m'estime heureux de l'occasion qui m'est offerte de me remettre dans nos anciens rapports, qui n'ont été suspendus que par la différence de nos carrières ; vous, mon très cher ami, vous étant dévoué à la carrière publique, moi, étant resté dans mon coin obscur. Toute l'utilité dont vous pourrez être à M. Auguste Véra, je l'accepterai comme un motif de reconnaissance pour moi.

« Mille vieilles amitiés.

« BALLANCHE. »

A M. V. Cousin :

(1839 ? sans date.)

« Mon bien cher ami,

« Je commence par vous remercier bien vivement de tous vos soins paternels pour M. Véra. Il en est très reconnaissant, ainsi que moi. Vous avez bien senti tout ce que l'on doit à un jeune homme étranger, d'un vrai mérite, et qui n'a rien à attendre que de sa patrie adoptive.

« Je désire qu'il puisse avoir le bonheur de vous voir. Mais je veux dire franchement ce qu'il n'oserait pas vous dire lui-même. Je sais qu'il n'a pas un droit réel à un avancement : mais je sais aussi qu'il en a besoin, parce qu'il était un peu en arrière. C'est un jeune homme fort rangé, qui ne fait aucune dépense inutile. Toutefois ses voyages, l'acquisition de quelques livres indispensables, son entretien, ses grades, tout cela coûte, quelque économie que l'on y mette. Je vous dis là des choses que sans doute il ne vous dirait pas ; mais je les sais.

« Il serait fort touché d'un avancement nominal ; mais en vérité, cela ne lui suffirait pas. Il lui conviendrait encore mieux de prolonger un peu son séjour à Toulon, où il a ses habitudes, ses petites relations, ses moyens de vivre économiquement. Soit dit entre nous, le plus fâcheux de sa situation, c'est le manque de ressources pour ses études.

« Tâchez, mon très cher ami, de prendre en considération ces petits secrets intérieurs, que je confie à votre bienveillance pour lui et à votre amitié pour moi.

« Mille amitiés,

« BALLANCHE. »

Autre billet.

Paris, 9 septembre 1840.

« Mon très cher ami,

« Notre protégé Auguste Véra est en ce moment à Paris. Il aurait le plus grand désir et le plus grand besoin de vous parler de ses affaires. Vous avez été si excellent pour lui qu'il doit d'abord vous dire toute sa reconnaissance. Mais, à présent, il paraît démontré qu'une chaire de philosophie à Mont-de-Marsan n'est point agréée. Il n'en serait point ainsi du professeur, qui a été fort bien accueilli. Il mérite les bontés que vous avez eues pour lui et celles que vous lui réservez. Je m'y intéresse vivement, et je m'estimerais heureux d'une circonstance qui le placerait à Paris.

« Mille tendres amitiés; car ce n'est pas au ministre que je m'adresse.

« BALLANCHE. »

Quelques billets divers sont aussi affectueux que ceux-là. M. Ballanche a été élu à l'Académie française en février 1842. M. Cousin avait appuyé sa candidature.

VAN DE WEYER

1802-1874

(Voir plus haut, Tome II, page 481).

A M. V. Cousin :

Bruxelles, 7 septembre (1831 ?).

« Mon cher maître, M. Prévost, ancien professeur à Valenciennes, et victime d'une injustice, désire rentrer en France, et se vouer de nouveau à l'instruction publique. Sa conduite, pendant son séjour en Belgique, a toujours été très honorable. Je vous écris au milieu du désordre et de la confusion inévitable de tout mouvement progressif. Cependant, nous commençons à voir une issue favorable. Les propositions que nous avons faites au Prince, de séparer le Nord du Midi, a été bien accueillie par le Conseil des ministres. Hier, les troupes ont fait un nouveau pas rétrograde. Nous attendons le Prince aujourd'hui. Dès que mon pays aura conquis son indépendance, je reprendrai mes chères études de philosophie. Je n'oublierai jamais vos conseils et vos bienveillants encouragements. Donnez-nous quelquefois de vos nouvelles et ménagez votre santé et

« Votre Sylvain,
« V. DE WEYER. »

M. Van de Weyer, livré tout entier aux devoirs que lui imposait la confiance de son gouvernement, ne pouvait plus servir la philosophie, comme M. Cousin l'avait espéré. La révolution de Belgique l'avait porté aux affaires et l'y retenait. Mais l'affection ne s'était point refroidie, et ces deux lettres, écrites à dix ans d'intervalle suffisent à le prouver. Quant à M. Hallam, son mérite est bien connu.

A M. Victor Cousin, Pair de France.

Londres, le 25 mai 1842.

« Mon cher maître,

« Si jamais homme en Angleterre a pu se passer d'une lettre d'introduction, c'est, à coup sûr, l'homme distingué qui vous remettra ce billet, M. Hallam, l'historien du Moyen-âge et de la littérature des trois derniers siècles. Admirateur de vos ouvrages, il désire vivement vous connaître en personne; il ne se pardonnerait point de visiter Paris sans vous voir. Son nom est la meilleure introduction dont il puisse être porteur pour vous; et je n'ai cédé à sa modeste demande que parce qu'elle me fournissait l'occasion de me rappeler à votre bon souvenir, et de vous exprimer combien je suis

« Votre dévoué et sincère disciple,
« Sylvain Van de Weyer. »

LE BARON DE WERTHER

A M. V. Cousin :

Paris, le 7 octobre 1831.

« Monsieur,

« Notre Ministre de l'instruction publique a permis à M. le Dr Krure, qui aura l'honneur de vous remettre ces lignes, de venir passer quelques semaines à Paris pour son instruction.

« Il désirerait suivre pendant quelques jours les cours d'un de vos grands collèges. J'ose donc avoir recours à votre extrême obligeance, Monsieur, en vous priant de vouloir bien donner à M. Krure quelques lignes de recommandation à un des directeurs de collège, qui lui faciliterait l'exécution de son projet.

« Veuillez excuser, Monsieur, si je vous importune par cette demande, et agréez l'assurance renouvelée de ma considération la plus distinguée.

« Le Baron de Werther. »

M. le baron de Werther a été ministre de Prusse en France, de 1824 à 1837. Son fils a rempli les mêmes fonctions, trente ans après son père.

Alexandre DE HUMBOLDT
1769-1859

(Voir plus haut, Tome II, page 447).

A M. V. Cousin :

Potsdam, 8 juin 1832.

« Il était bien naturel, mon respectable et illustre ami, que lorsqu'il s'agissait de voir l'Académie fondée par Leibnitz, s'agréger Victor Cousin, la sanction royale ne se ferait pas attendre. Dans le doux espoir que les deux frères vous sont chers, et ne fût-ce que pour la franchise de leurs opinions, au milieu des tristes variations des opinions officielles, je suis heureux de vous offrir en mon nom, et au nom de mon frère, Guillaume de Humboldt, l'expression de nos sentiments les plus affectueux. Nous félicitons l'Académie de Prusse, qui commence à oublier les haines de philosophie dogmatique, d'avoir reconnu en vous la profondeur des pensées, unie à cette élévation de langage, à cette admirable variété de formes, qui répand de la vie dans les solitudes de la haute métaphysique. Je devrais ajouter que nous avions d'autres motifs pour vous donner cette marque publique de reconnaissance. Vos Rapports sur l'éducation en Allemagne sont, il faut le dire, des actes de courage et de générosité; de courage, parce qu'au centre de la civilisation humaine où vous vivez, on n'aime pas plus que dans le céleste Empire de l'Est, qu'on loue les barbares du Nord; de générosité, parce que vous avez voué à l'oubli un événement qui nous a laissé des impressions si douloureuses.

« Je ne vous parle pas de la perte de M. Cuvier, homme d'une capacité prodigieuse, dont je ne partageais guère les opinions sur les institutions humaines, et qui malheureusement n'a pas eu le courage d'entreprendre un de ces grands ouvrages de zoologie générale que lui seul pouvait exécuter.

« La politique extérieure est entièrement pacifique. Le gouvernement a le désir le plus sincère de voir se raffermir la tranquillité intérieure de la France. Vous savez d'ailleurs quelle justice notre gouvernement aime à rendre personnellement au vôtre. Je crains peu les évènements de l'Ouest et ce qui s'y lie. C'est à Paris même qu'existent des préjugés contre la tendance du gouvernement, dont vous connaissez les causes et que l'on parviendra à vaincre progressivement.

« Al. Humboldt. »

Le frère d'Alexandre de Humboldt a vécu trente ans de moins que lui. Guillaume de Humboldt s'est surtout distingué comme philologue, et Alexandre comme voyageur et savant.

A M. V. Cousin :

Paris, 8 novembre 1835.

« Monsieur et illustre confrère,

« Je serais heureux, si ma faible voix, je n'ose dire l'autorité de mon témoignage, pût seconder les démarches généreuses que l'amour des sciences vous engage à faire en faveur de M. Melloni, un des hommes qui, par des découvertes grandes et inattendues, a frayé le chemin et de nouvelles routes dans l'étude de la physique générale. M. Melloni occupe aujourd'hui un des premiers rangs parmi les savants de l'Europe; et l'Académie des sciences, dans un rapport fait par MM. Poisson, Arago et Biot, a désigné les travaux du physicien italien comme les plus beaux et les plus importants des temps modernes, répandant un nouveau jour sur la théorie de la chaleur rayonnante. Il serait d'autant plus à désirer que le gouvernement voulût bien accorder à M. Melloni une distinction honorifique, que la Société Royale de Londres lui a déjà donné le plus grand prix dont elle puisse rémunérer de grandes découvertes.

« Agréez, je vous supplie, l'hommage de la haute et affectueuse considération avec laquelle j'ai l'honneur d'être, Monsieur, votre très humble et très obéissant serviteur.

« Al. Humboldt. »

Melloni, le physicien (1801-1854), exilé d'Italie en 1830, vint en France, et ne rentra dans sa patrie qu'en 1839. (Voir plus haut, tome I, page 702).

LACRETELLE, LE JEUNE
1776-1855

A M. V. Cousin :

(Sans date, probablement de 1843.)

« Avez-vous pu croire, mon cher et illustre confrère, que je serais infidèle à une réciprocité dont je recueille un bénéfice presque usuraire ? Votre cours de philosophie a fait le bonheur de ma retraite, et c'est un bienfait pour ma vieillesse.

« Il y a quelque 60 ans que, dans ma pensée, je soutiens un combat contre des doctrines où j'ai toujours vu la dégradation et la ruine de toute la philosophie. Eh bien ! moi qui soulève avec peine des armes un peu fortes pour ma caducité, je me crois armé par vous de toutes pièces. En entrant dans le riche domaine de vos pensées, je crois m'être établi dans un poste bien fortifié.

« Je vous l'ai déjà dit, et j'éprouve le besoin de vous le redire, je ne sais pas si vous m'avouez, soit pour un disciple, soit pour un vétéran de votre école littéraire, quand vous en énoncez les principes avec tant d'esprit, de grâce et de fécondité, dans nos conférences académiques. Je me fais quelquefois un examen de conscience un peu rigoureux, et je me trouve trop un enfant de ce xviii° siècle, pour lequel vous vous montrez sévère. Je suis obligé d'avouer que chez moi le mot prétentieux remplace trop souvent le mot propre. Heureusement que ce défaut est encore plus saillant dans maint ouvrage du jour.

« Quant au fond des doctrines politiques, et par conséquent

morales, qui m'ont guidé dans cette partie de ma carrière, je suis plus sûr de votre plein assentiment. Vous verrez que, sous le règne du silence commandé par le glaive, j'ai fait parler plus d'une fois des penseurs judicieux et profonds qui s'exprimaient sur les personnages et sur le grand acteur de notre longue, brillante et désastreuse épopée, à peu près comme le faisaient les chœurs dans les tragédies d'Eschyle, de Sophocle et d'Euripide; mais ils ne sont pas restés étrangers à l'action et surtout au dénouement, qu'on peut considérer comme leur ouvrage. Peut-être que nos entretiens de ce temps-là vous reviendront à la mémoire, comme ils se sont souvent reproduits à la mienne. Malgré l'inégalité de l'âge, notre sympathie date de loin, et il m'est doux d'en réveiller et d'en réchauffer les témoignages.

« J'avais voulu, en recourant à mon relieur, entrer tout habillé dans votre belle et savante bibliothèque; mais j'ai craint que ce retard ne vous parût suspect de tiédeur et même d'ingratitude.

« Je vous salue avec la cordialité d'un vieux ami et la ferveur d'un admirateur sincère.

« LACRETELLE. »

GANS
1797-1839
(Voir plus haut, Tome I, page 160).

En français.

Berlin, 10 avril 1833.

« Monsieur,

« J'ai l'honneur de vous annoncer que j'ai reçu de M. Schulze le projet de loi sur l'instruction primaire dont vous êtes l'auteur. Je vous en remercie, et je veux en faire une analyse dans nos Annales, si vous le désirez. Bientôt vous lirez aussi ce que j'ai dit de votre Argument des Lois de Platon. Le porteur de cette lettre, M. Kreiss, de Strasbourg, en Alsace, qui vient de finir ses études à Berlin, et que je recommande à votre bienveillance, est un homme fort aimable et instruit, qui méritera certainement tout ce que vous aurez la bonté de faire pour lui. Il est philologue, et il s'est occupé aussi de philosophie.

« Je suis avec la plus haute considération,
« Votre très dévoué,
« GANS. »

ÉMILE SAISSET
1814-1863

M. Émile Saisset a été un des élèves les plus distingués de l'École normale. Il y était entré à peine âgé de 19 ans, et il en était sorti agrégé de philosophie, après un concours très brillant. Sa thèse de docteur fut un second succès. Elle avait pour sujet Ænésidème : et, à propos du scepticisme grec, le jeune professeur commençait, contre le scepticisme en général, la lutte qu'il a toujours soutenue avec autant de vigueur que de persévérance. Son Introduction aux œuvres de Spinosa, traduites par lui, fut encore plus remarquée. En réfutant le panthéisme, il ajoutait de nouveaux arguments à tous ceux qui ont été produits, depuis deux siècles, contre la doctrine de l'Éthique et du Traité théologico-politique. Résolument spiritualiste, et appuyant ses convictions sur les méditations les plus sérieuses et les plus indépendantes, il pouvait être considéré, non pas seulement comme un disciple, mais comme un collaborateur, dans la grande entreprise qui changeait le caractère de la philosophie en France, et renversait le Sensualisme du siècle dernier. M. Ém. Saisset a coopéré de toutes ses forces à cette révolution bienfaisante.

Malheureusement, la mort est venue trop tôt interrompre des labeurs si utiles. Ce que M. Ém. Saisset a pu faire, dans une existence trop courte, est excellent, et mérite de n'être pas oublié. On attendait de lui bien davantage encore, et l'espoir n'eût pas été trompé. Très laborieux, très ferme en même temps que modéré, fort spirituel et toujours maître de lui, il a soutenu la cause à laquelle il s'était dévoué, pendant une trentaine d'années. Il a été un rédacteur assidu de la Revue des Deux Mondes, et il y a servi la philosophie avec un zèle et une sagesse qui ne se sont jamais démentis. Son style était simple, clair, élégant sans recherche, de la meilleure école, et plein d'énergie quand l'occasion l'exigeait.

Nous avons tenu à donner tout ce qui reste de sa correspondance. Elle montre bien quelles étaient les relations de M. Cousin avec ses disciples, devenus des amis, pour travailler avec lui à la rénovation, tentée malgré tant d'obstacles à peu près insurmontables.

M. Émile Saisset était né à Montpellier, et l'on peut croire que les traditions spiritualistes de la grande École médicale n'ont pas été sans influence sur son esprit. Il avait succédé, en 1856, à M. Damiron, dans la chaire de philosophie à la Sorbonne.

Samedi 4 avril, (1833 ou 1834?)

« Mon cher maître,

« Je vous dois tous mes remerciments pour le précieux volume que vous voulez bien m'envoyer ; tous les amis de la philosophie ont à se réjouir de voir avancer vers son terme la grande entreprise que vous exécutez. Je voudrais bien profiter de votre aimable Rapport pour vous soumettre, ce soir, mes impressions sur le volume que vous m'avez fait l'amitié de me confier. Me trouvant engagé, je compte venir un de ces matins frapper à votre porte, de la rue d'Enfer.

« Agréez, je vous prie, mon cher maître, mes sentiments les plus affectueux,

« Ém. Saisset. »

Cette lettre est sans doute la première que M. Ém. Saisset ait écrite à M. V. Cousin, puisqu'il y parle de la rue d'Enfer, que M. Cousin a quittée en 1834, pour aller loger à la Sorbonne. M. Ém. Saisset sortait à peine de l'École normale, ou plutôt il y était encore élève ; mais, dès ce moment, le maître devait l'avoir en gré et se faire un plaisir de le recevoir.

24 décembre 1843.

« Mon cher maître,

« J'ai réfléchi depuis hier à l'intention, toute obligeante pour moi, où vous m'avez dit que vous étiez de me comprendre dans la liste de candidats proposés par la section de philosophie au choix de l'Académie. Tout bien considéré, j'aime mieux que mon nom ne paraisse pas ; dans l'état présent des candidatures, je crois en effet que j'aurais pu risquer la mienne, sans être taxé d'un trop grand excès de présomption ; mais ayant jugé à propos de rester à l'écart, je dois désirer qu'il ne soit, en aucune façon, question de moi.

« Veuillez croire, mon cher maître, que je ne vous en garde pas moins une juste reconnaissance, pour cette marque d'estime et d'intérêt, ajoutée à beaucoup d'autres.

« Votre élève respectueux et dévoué,

« Ém. Saisset. »

21 juin au soir.

« Mon cher maître,

« Nous viendrons demain matin, Simon, Jacques, Barni et moi, avec quelques-uns de nos bons amis, vous présenter, au nom d'un assez grand nombre de professeurs, une lettre que nous désirons rendre publique. Je suis heureux d'avoir pu recueillir, en si peu de temps, un nombre considérable de signatures.

« Veuillez agréer, mon cher maître, l'assurance de mon sincère dévouement,

« Ém. Saisset. »

Ce billet n'est pas daté : mais le contenu indique à quelle occasion il a été écrit. Évidemment, c'est en 1844, à l'issue de la discussion à la Chambre des Pairs, où M. Cousin s'était montré si supérieur à ses adversaires. Ses élèves principaux, au nombre de quatre, voulaient lui témoigner leur reconnaissance et celle de l'Université, défendue avec tant d'énergie et de compétence. Cette démarche était fort louable : mais M. Cousin s'opposa à la publicité qu'on avait l'intention d'y donner. Nous en avons dit les raisons (tome I, page 450).

(Dimanche matin, 1845).

« Mon cher maître,

« Voici le 14 du mois, et je n'ai encore reçu aucune

épreuve ; quelque obstacle matériel aura sans doute arrêté l'impression.

« On a discuté jeudi, à la Revue, la dernière ordonnance ; je crois avoir laissé M. Buloz convaincu que le coup dont on vient de frapper le Conseil royal, atteint jusqu'au cœur l'Université. Si on ne blâme point, j'espère au moins qu'on se gardera d'approuver.

« N'étant pas sûr d'accepter pour demain votre rendez-vous, je compte venir lundi frapper de bonne heure à votre porte.

« Veuillez me croire toujours

« Votre tout dévoué,

« Ém. Saisset. »

Le coup dont le Conseil royal de l'Instruction publique vient d'être frappé, est l'ordonnance de M. de Salvandy. Nous en avons parlé plus haut (tome I, page 502). Le Conseil royal était en effet détruit, et le ministre restait omnipotent, au grand dommage de l'instruction publique. M. François Buloz avait pris parti pour le Conseil : nous n'en sommes pas étonné. En cela, il était servi, comme dans tout le reste, par son bon sens.

Vendredi 31 janvier (1845 ou 1846).

« Mon cher maître,

« Après avoir causé avec vous du livre de M. Michelet, je l'ai relu, et je me suis décidé à le combattre. Quand vous m'avez conseillé le silence, vous n'aviez pas eu entre les mains ce manifeste violent d'une renaissance voltairienne, que nous ne pouvons nous empêcher de désavouer publiquement. Les inconvénients seront pour moi ; les avantages, pour la bonne cause.

« Si vous portez les yeux sur ma prose, vous me trouverez peut-être, en quelques endroits, un peu téméraire ; mais quand on veut convertir des fous, il ne faut pas être trop sage. Me permettrez-vous de venir, un de ces matins, me faire gronder, et prendre des nouvelles de votre santé ?

« Veuillez croire, mon cher maître, à mon affectueux respect.

« Ém. Saisset. »

Mardi 28 mai (1850).

« Mon cher maître,

« Je reçois à l'instant une lettre de Montpellier qui m'annonce une bien triste nouvelle : ma pauvre vieille mère est en danger de mort. Je pars aujourd'hui même, considérant comme un devoir de lui porter mes soins, et peut-être, hélas ! de lui fermer les yeux. Je n'ai que le temps de voir M. le directeur de l'École normale et M. le doyen, sans pouvoir, comme je l'avais désiré, mon cher maître, venir vous serrer la main.

« Votre dévoué,
« Ém. Saisset. »

Montpellier, le 3 juin 1850.

« Mon cher maître,

« Vous apprendrez, j'en suis sûr, avec une véritable satisfaction que la Providence a détourné le coup dont j'étais menacé. Ma bonne et vénérable mère, après une crise qui semblait devoir être mortelle, est aujourd'hui hors de danger. Délivré de cette cruelle inquiétude, je ne dois plus songer qu'aux devoirs de mon double enseignement. Cette lettre ne me précédera à Paris que de quelques heures. Nos excellents confrères, M. Lordat, M. l'abbé Flottes et Saint-René-Taillandier, me prient de les rappeler à votre bienveillant souvenir. Et moi, mon cher maître, je vous embrasse de tout mon cœur.

« Votre ami dévoué,
« Ém. Saisset. »

Montpellier, le 21 août 1850.

« Mon cher maître,

« Ces lignes vous apprendront le malheur qui vient de me frapper : ce matin même, ma mère a rendu le dernier soupir. Grâce à Dieu, j'ai pu arriver assez à temps pour passer quatre jours auprès de son lit, lui rendre des soins qui lui ont été doux, et lui fermer les yeux.

« Ma perte est immense. Je perds, avec la plus tendre et la plus vénérable des mères, l'amie la plus dévouée, la confidente la plus intime, et la plus sûre conseillère. Elle était toute pénétrée d'un christianisme ardent et profond ; elle me faisait sentir, goûter, aimer la religion. Je suis frappé tout à la fois dans mes affections et dans mes forces morales.

« Vous comprendrez ma peine, mon cher maître, et vous y prendrez part ; cette pensée est une de celles qui me consolent.

« Agréez, je vous prie, en ce jour de douleur cruelle, mes sentiments de respect, de reconnaissance et d'attachement.

« Ém. Saisset. »
Rue des Sœurs-Noires, 3.

Les sentiments qu'exprime cette lettre sont bien naturels ; mais ils étaient dans le cœur de M. É. Saisset aussi profonds que sincères. Il ne s'était pas marié, et il avait pour sa mère un véritable culte.

Saint-Bris, près Montpellier, le 25 septembre 1850.

« Mon cher maître,

« Je vous écris ces quelques lignes, du fond du Languedoc, pour vous supplier de faire une bonne œuvre, c'est-à-dire, de sauver le pauvre Riaux, une seconde fois.

« Je sais tout ce qu'il peut y avoir à dire contre lui ; mais je sais aussi qu'aucun de ses torts n'est de ceux qu'on ne peut réparer; je sais surtout que, depuis dix-sept ans, j'ai toujours trouvé en lui un bon camarade, un ami fidèle et sûr, un homme de cœur et de sens.

« Permettez-moi, mon cher maître, d'espérer que le témoignage, rendu spontanément et en toute sincérité en faveur d'un collègue que j'estime et que j'aime, ne lui sera pas inutile auprès de vous.

« Je suis ici à la campagne, entre ma vieille tante et quelques livres excellents. En me promenant à travers champs, je rêve à mon discours d'ouverture et à mon livre sur le Panthéisme. Je compte être de retour vers le 15 octobre à Paris, où je serai ravi de vous trouver en bonne santé.

« Votre ami dévoué,

« Ém. SAISSET. »

M. Fr. Riaux était professeur de philosophie à Rennes, où il était né en 1810. Élève de l'École normale, il s'était fait connaître par sa thèse pour le doctorat. A la suite d'incidents qui ne touchaient en rien à ses fonctions universitaires, il avait été un instant compromis; et comme nous l'apprend Saisset, il avait été sauvé une première fois par M. Cousin. M. Saisset intervient de nouveau pour protéger un ami et un camarade, tout en reconnaissant ses torts. Cette sympathie lui fait honneur; et il ne craint pas de réclamer l'indulgence du maître, sur laquelle il semble compter. M. Francis Riaux a dû abandonner sa carrière, et il avait pris un rang honorable parmi les journalistes parisiens, défenseurs du parti de l'ordre. Il avait du talent et de la franchise.

Paris, lundi soir, 13 janvier 1862.

« Mon cher maître,

« Nous venons de remplir un devoir bien douloureux, en conduisant au cimetière Montmartre votre fidèle disciple, votre cher camarade et ami, M. Damiron. C'est M. Lélut qui a porté la parole au nom de l'Institut. Désigné tardivement par le doyen, j'ai dû, en quelques heures, me recueillir et tracer à la hâte quelques pages, où il y a un désordre et une émotion trop aisés à expliquer. Que n'étiez-vous là pour rendre à M. Damiron un témoignage digne de lui ! J'en ai exprimé le regret en votre nom, bien sûr de répondre à vos sentiments.

« M. Damiron s'est éteint sans agonie, sans la moindre douleur. Il revenait de l'Académie, où il avait achevé d'une voix assez ferme la lecture de son mémoire sur Condillac. Il rentre chez lui, passe dans son cabinet, et s'y assied un livre à la main. Un quart d'heure après, on frappe à sa porte, on entre, on le trouve sans souffle et sans voix, les mains paisiblement jointes, comme celle d'un homme qui s'est endormi en lisant. Le visage seul portait un caractère extraordinaire. La bouche était très ouverte et tous les traits frappés d'une sorte de décrépitude. On a envoyé chercher un médecin, qui a essayé une saignée ; mais le sang n'a presque pas coulé, et le sentiment n'est pas revenu. On parle d'apoplexie pulmonaire.

« J'ai remarqué, aux obsèques, sans parler de M. Mignet et de M. Lélut, j'ai remarqué M. le duc de Broglie, M. Vitet, M. Villemain, extrêmement abattu ; beaucoup d'autres personnes notables ; tous les visages étaient empreints d'une sincère émotion.

« J'ai eu plusieurs fois de vos nouvelles, mon cher maître, grâce à l'obligeance de l'excellent docteur Bertrand de Saint-Germain. Combien je serais heureux d'apprendre par lui et par vous, que l'air de la Provence a guéri votre gorge et rétabli votre santé !

« Veuillez agréer l'expression de mes sentiments de respect et d'attachement.

« Ém. Saisset. »

Rue de Grenelle-Saint-Germain, 82.

Les détails donnés dans cette lettre sont parfaitement exacts. La mort de M. Damiron a été aussi calme et aussi imprévue que le dit M. É. Saisset. M. Cousin était à Cannes pour sa santé, et s'il eût été présent à Paris, il n'aurait pas laissé à d'autres le soin de louer un de ses amis les plus chers et les plus fidèles, depuis un demi-siècle.

Paris, le 17 janvier 1862

« Mon cher maître,

« Depuis la mort de notre respectable et mille fois regrettable M. Damiron, je n'ai fait aucune démarche, ni prononcé aucune parole qui ait rapport à son héritage académique. Malgré cette réserve toute naturelle, tout indiquée, la méchanceté et la calomnie commencent à aller bon train. On m'accuse, entre autres méfaits, d'avoir publié un Platon en concurrence avec le vôtre, et d'avoir ainsi empêché la réimpression que vous prépariez. Autant de mots, autant de faussetés.

« 1° Je n'ai jamais songé à publier un Platon. Ayant fait mon cours pendant quatre ans sur le platonisme, plusieurs éditeurs m'ont fait à cet égard des propositions que j'ai laissées tomber, sans les prendre au sérieux.

« 2° L'éditeur Charpentier, qui a depuis quinze ans un Platon dans sa collection, s'est avisé de réimprimer les Dialogues, traduits par un M. Schwalbé, et de les faire améliorer par M. Chauvet, professeur de philosophie à la Faculté de Rennes. Du même coup, il a réimprimé les Dialogues traduits par Grou et Dacier, et a chargé mon frère Amédée, professeur à Laval, de corriger les épreuves et de mettre quelques notes. J'ai été informé de tout cela : je n'y ai vu aucun inconvénient. Il ne m'est pas venu à l'esprit qu'on pût m'attribuer un travail de ce genre.

« L'éditeur a-t-il abusé de mon nom ? Je l'ignore et n'ai aucune raison de lui imputer un mensonge, démenti d'ailleurs par le plus rapide regard jeté sur sa publication.

« Voilà les faits, mon cher maître, je ne vous en fatiguerais pas si, ce matin même, deux personnes très honorables et très graves ne m'avaient conseillé de vous avertir.

« J'espère que, depuis trente ans environ que je m'honore d'être votre élève, votre disciple et votre ami, vous me connaissez assez pour penser que, si je vous écris aujourd'hui, ce n'est pas dans un intérêt de candidature ; je vous écris pour vous fixer sur des faits précis, et pour que vous ayez la bonté de me dire si j'ai quelque chose à me reprocher.

« Votre bien dévoué,

« Ém. Saisset. »
Rue de Grenelle-Saint-Germain, 82.

Ce sont les amis de M. Cousin, bien plus que M. Cousin lui-même, qui ont été blessés pour lui de la publication inattendue d'un Platon portant le nom d'un de ses élèves. Ce n'était pas précisément le nom de M. Émile Saisset ; c'était celui de son frère Amédée Saisset, professeur de philosophie ainsi que lui ; mais le public devait presque inévitablement s'y méprendre ; et en effet, il s'y était mépris plus encore que le monde universitaire. Il est singulier que M. Émile Saisset n'ait pas cherché à prévenir une équivoque évidente et fâcheuse. Sa lettre à M. Cousin démontre qu'il ne comprenait pas la faute qu'il avait laissé commettre, bien qu'il eût été à même de l'empêcher. C'est une sorte d'excuse, mais c'était manquer de tact et de convenance. Sans doute, M. V. Cousin n'avait pas le monopole de Platon, et le premier helléniste venu pouvait lui faire concurrence, sans le moindre scrupule ; mais un élève, un ami devait, avant de rien faire, s'en ouvrir à son maître et à son protecteur. Selon toute apparence, M. Cousin aurait très aisément accueilli le projet. Dès cette époque, il avait renoncé, à peu près définitivement, à compléter sa traduction. Livré tout entier, comme il l'était, au xviie siècle, il n'aurait vu qu'avantage à ce travail nouveau. Quoi qu'il en fût, la démarche qui devait le sonder était indispensable; et dans les termes où M. Émile Saisset en était avec lui, elle était bien facile.

Quand il écrivait cette lettre, il était gravement malade d'une affection du foie, dont il était atteint depuis longtemps. Il souffrait beaucoup, et un traitement d'hydrothérapie mal appliqué avait redoublé ses souffrances. M. Mignet et nous, qui retraçons ces douloureux souvenirs, nous allâmes le voir à son lit de mort. Il nous parla de l'incident de Platon, et nous le rassurâmes sur les sentiments de M. Cousin et ceux de ses amis. Il mourait quelques jours après, fort regretté de tous ceux qui l'avaient connu. Sa fin a été prématurée, puisqu'il était à peine âgé de 50 ans, et que son talent grandissait chaque jour.

Mercredi, 9 avril 1862.

« Mon cher maître,

« Je disais, il y a quelque temps, à Charles Lévêque, que vos anciens sentiments pour moi étaient changés. En bon ami, il vous a touché un mot de cela, et je sais aujourd'hui que mes craintes n'étaient pas sans fondement.

« J'ai eu un tort, il est vrai, c'est de n'avoir pas deviné, il y a deux ans, que l'entreprise où mon frère allait s'engager, si petite que fût la part qu'il y devait prendre, pouvait vous causer quelque contrariété. Plus tard, quand je vous ai parlé de cette affaire et que j'ai vu l'effet que vous en éprouviez, il n'était malheureusement plus temps de revenir sur un engagement pris et en cours d'exécution.

« Que vous dirai-je ? L'intérêt que je porte à mon frère m'a complétement fait illusion, voilà mon excuse.

« Soyez assez bon, mon cher maître, pour oublier ce tort presque involontaire, et veuillez m'ouvrir amicalement votre porte, comme vous l'avez fait depuis vingt-six ans.

« Je n'en abuserai pas, je sais que votre gorge est encore un peu délicate ; et d'ailleurs, ma situation de candidat m'impose une réserve dont je vous prie de croire que je saurai ne pas me départir.

« Agréez, je vous en supplie, l'expression sincère de mes anciens sentiments.

« Ém. Saisset. »

Billets sans date :

Samedi.

« Mon cher maître,

« Un engagement qu'il m'est impossible de rompre m'empêchera de me rendre ce soir à votre affectueuse invitation. Je le regrette d'autant plus vivement que les circonstances me paraissent très graves, et qu'il est bien nécessaire que nous nous serrions tous autour du drapeau.

« Veuillez agréer, avec mes sincères excuses, l'expression de mon dévouement.

« Ém. Saisset. »

« Les circonstances très graves » dont il est parlé dans ce billet, sont sans doute les luttes du Conseil royal de l'Instruction publique et de M. de Salvandy ; elles devaient se terminer par la défaite du Conseil, qui était une blessure presque mortelle faite à l'Université. M. Ém. Saisset et ses amis ne pouvaient s'y méprendre, pas plus que M. Cousin, qui était une des principales victimes.

Jeudi.

« Mon cher maître,

« Les vacances de Pâques ont fait de moi un père de famille, c'est-à-dire, un esclave, et m'ont privé du plaisir de vous voir. Ce soir, je ramène mon frère à son institution ; demain, j'ai l'École normale et Henri IV ; ce n'est donc que samedi matin que je pourrai venir frapper à votre porte, et causer avec vous, si vous le voulez bien, de Pascal et de Bruno.

« Votre tout dévoué,

« Ém. Saisset. »

« P. S. Vous avez sans doute retrouvé les feuilles égarées et la lettre de Simon, que vous m'avez lue en effet, mais sans la mettre entre mes mains. »

M. Émile Saisset devait être alors professeur dans les Lycées de Paris, et notamment au Lycée Henri IV, vers 1846 ou 1847.

Vendredi, 14 mars.

« Mon cher maître,

« Vous rencontrerez demain, dans la Revue des Deux-Mondes, un article de moi sur le dernier ouvrage de M. l'Archevêque de Paris. Si vous voulez bien le lire, vous y reconnaîtrez la trace des idées pacifiques et conciliatrices qui ont fait le fonds du récent entretien dont vous m'avez honoré. Dans les endroits même qui paraîtront peut-être hardis à quelques-uns, j'ai la certitude de n'avoir pas été infidèle aux leçons que j'ai reçues de vous.

« Je n'ai pas cru devoir profiter de l'offre si amicale que vous m'avez faite de lire d'avance mon article; vous ne me ferez pas l'injure de croire que je n'attache pas un prix infini à vos conseils ; c'est au contraire parce qu'ils ont trop d'autorité sur moi que je m'en défie en certaines rencontres, mettant également mon honneur à rester votre dévoué disciple et à l'être avec indépendance.

« Veuillez agréer, mon cher maître, la sincère expression de mon affectueux respect.

« Ém. Saisset. »

L'indépendance de M. É. Saisset était complète, comme pouvait l'être celle de tous les disciples de M. Cousin. Le maître n'a jamais usé sur aucun d'eux de cette despotique autorité dont on l'a si légèrement accusé. Nous avons eu déjà plusieurs fois l'occasion de le disculper; et dans la longue intimité où nous avons vécu avec lui, nous n'avons jamais surpris la moindre prétention de ce genre. La déclaration de M. Saisset est décisive; et nous sommes bien assuré que M. Cousin n'en a pas été choqué. Il pouvait donner des conseils quand on lui en demandait; il pouvait même les offrir quand il les jugeait nécessaires; mais il n'a jamais imposé ses opinions à qui que ce soit. Il se rappelait que, dans sa jeunesse, il n'aurait pas souffert cette oppression si peu philosophique ; et dans sa vie entière, il n'a cessé de respecter chez les autres les justes susceptibilités qu'il avait lui-même éprouvées, au temps de la persécution et de la disgrâce.

« Mon cher maître,

« Je ne suis pas libre aujourd'hui, non plus que Labitte, et nous en avons un vif regret. Nous avons comploté de venir de compagnie mercredi, frapper à la porte de votre ermitage.

« Veuillez, mon cher maître, toujours croire à mes sentiments dévoués.

« Ém. SAISSET. »

« M. Buloz vous tient en ce moment. »

2 mai.

« Mon cher maître,

« Je viens de lire les pages que vous avez bien voulu me confier. Signées d'un autre nom que le vôtre, ce qui exciterait une moins grande attente, elles formeraient, à mon avis, pour la Revue des Deux-Mondes, un article plein d'intérêt; mais puisque ce morceau doit porter votre nom, il me semble qu'il vaudrait mieux en user à son égard, comme vous avez fait en janvier pour un morceau analogue. On l'insérerait à titre de fragment, avec un en-tête de quelques lignes.

« Vous voyez, mon cher maître, qu'entre le Journal des Savants et un article proprement dit de la Revue, ce que je vous propose est un mezzo termine.

« Votre ami bien dévoué,
« Ém. SAISSET. »

Voilà une preuve de plus de la modestie de M. Cousin: avant de rien publier, il consultait autour de lui ceux de ses amis, ou de ses élèves, qui pouvaient lui donner un avis utile. M. Ém. Saisset méritait cette confiance, à la fois par son excellent jugement et par sa franchise. La précaution de M. Cousin était très sage, mais cette sincérité envers soi-même est une qualité assez rare.

Samedi.

« Mon cher maître,

« Je vous remercie bien vivement d'être allé au Conseil à mon intention, en même temps que je suis désolé de vous avoir fait prendre cette peine inutilement.

« Une distraction de Danton a causé mon erreur; il s'est trompé de jour, et je n'ose plus vous dire que mon affaire sera décidée mardi prochain sans faute.

« J'hésite entre une note développée de deux ou trois pages et un petit article proprement dit, qui pourrait être d'une demi-feuille. J'en parlerai aujourd'hui à M. Buloz; et nous en causerons ensuite, si vous voulez bien.

« J'apprends avec plaisir que vous avez passé une bonne nuit.

« Agréez, je vous prie, mon cher maître, mes affectueux respects,

« Ém. SAISSET. »

M. J. A. Danton était de même âge et de la même promotion que M. Ém. Saisset à l'École normale. Professeur de philosophie, il était chef du cabinet sous le ministère de M. Villemain, et c'est sans doute en cette qualité qu'il avait commis « la distraction » dont parle M. Ém. Saisset.

Mardi matin.

« Mon cher maître,

« Ne pouvant venir vous voir ce matin, à cause de ma leçon de l'École normale, je vous écris, en deux mots, pour que vous sachiez qu'on désire très vivement à la Revue donner, dans le prochain numéro, les fragments promis. J'ai dit que vous vouliez bien, et que, pour ce qui me regarde, je serais prêt dans deux ou trois jours.

« Agréez, je vous prie, mon affectueux respect,

« Ém. Saisset. »

Brétigny, 16 septembre.

« Mon cher maître,

« Me voici installé depuis deux jours chez l'excellent Jules Marquis, dont la maison de campagne est la plus agréable du monde, et je m'y trouve si parfaitement à souhait pour le travail, comme pour la santé, je me suis si bien disposé à y écrire la fin de l'ouvrage en question, que je cède à de vives instances, et me laisse retenir jusqu'à la fin du mois.

« Excusez de grâce, mon cher maître, mon absence au rendez-vous de samedi, et veuillez trouver bon qu'en ce moment je sacrifie tout à l'espoir de m'acquitter un peu mieux de la tâche où je me suis engagé.

« Mille regrets et souhaits affectueux de votre ami dévoué,

« Ém. Saisset. »

M. Jules Marquis, maire de Brétigny et membre du Conseil général de Seine-et-Oise, a été un de nos amis d'enfance, et notre affection a duré jusqu'à sa mort. Il était digne de l'attachement que M. Ém. Saisset lui témoigne dans ce billet, qui doit être de 1860 ou 1861.

Dimanche matin.

« Mon cher maître,

« Mille remerciements pour votre avertissement amical.

J'ai remis moi-même ma lettre, vendredi matin, à M. Pingard fils, avec recommandation expresse de la faire tenir au secrétaire perpétuel, hier samedi, avant la séance ; me voilà donc en règle. Une chose m'encourage en présence de l'esprit nouveau du champ de bataille, c'est de trouver devant moi un compétiteur plus jeune et dont l'ajournement ne laisserait aucun regret au vainqueur. Mais je ne vous dis pas ce qui m'encourage le plus, c'est la conviction où je suis que, sans m'avoir rien promis, vous désirez fortement mon succès.

« Votre disciple et ami dévoué,

« Ém. Saisset. »

Mercredi matin.

« Mon cher maître,

« Je suis venu, il y a un instant, vous porter quelques renseignements. On me dit que vous êtes occupé ; je n'insiste pas pour vous voir, et je vous écris en gros ce que j'ai pu apprendre.

« Les conservateurs ont eu une réunion ; ils ont décidé qu'ils concentreraient leurs voix sur un seul et même candidat, soit M. Garnier, soit M. Saisset. Un très grand nombre, et des plus notables, estiment que M. Saisset aura une plus grande majorité. On prendra un parti définitif après la séance de samedi ; ces messieurs se croient certains d'emporter le vote au premier tour de scrutin, à une majorité de 20 à 22 voix.

« Pardon de mes importunités, mon cher maître, et veuillez me croire,

« Votre dévoué disciple et ami,

« Ém. Saisset. »

Il s'agit probablement d'une candidature à l'Académie des Sciences morales et politiques, en 1860 : ce fut M. Adolphe Garnier qui l'emporta.

Vendredi soir.

« Mon cher maître,

« J'ai porté ce soir à M. Buloz trois ou quatre pages, qui l'ont mis en goût d'en avoir une douzaine ; je ne demande pas mieux ; ce sera donc pour mardi, au lieu de demain.

« Veuillez être assuré de tout mon zèle pour Jacqueline Pascal et de mon dévouement pour vous.

« Ém. Saisset. »

Dernier Billet :

« Je pars pour la Bourgogne, où les médecins m'envoient guérir ma fièvre et prendre un peu de repos. Je compte rester une quinzaine de jours auprès de ma tante à la campagne, à Gevray. Je regrette, mon cher maître, de n'avoir pu vous serrer la main.

« Émile Saisset. »

L'intimité était assez grande pour que M. Ém. Saisset se crût tenu à prendre congé, même pour une très courte absence.

Gevray, où il allait chez sa tante, est, dans la Côte-d'Or, un chef-lieu d'arrondissement, où se trouve le fameux clos de Chambertin.

La santé de M. Émile Saisset n'avait jamais été bien robuste ; et elle l'obligeait à de fréquents repos. L'affection dont il est mort prématurément, l'avait tourmenté de fort bonne heure.

J. WILM
1835

A M. V. Cousin :

Strasbourg, 17 novembre 1835.

« Monsieur le Conseiller,

« Voici enfin la traduction de la Préface de M. de Schelling ; elle arrive un peu tard, je le sais ; mais il m'a été impossible de la livrer plus tôt au public. La traduction elle-même était prête depuis longtemps ; mais l'essai que je tenais à y joindre en a retardé la publication. Je m'étais proposé d'abord d'accompagner le jugement de Schelling d'une réfutation ; mais je m'aperçus un peu tard qu'un travail de ce genre ne pouvait guère se renfermer dans les bornes étroites d'une brochure. J'y renonçai dans l'espoir qu'une main plus habile s'en chargerait. On me dit en même temps que vous songiez vous-même à vous acquitter de ce soin ; et en effet, le système attaqué ne sera dignement défendu que par son illustre auteur. Je pensai alors qu'un essai sur la nationalité des philosophes serait parfaitement placé en tête d'une pièce qui témoigne si hautement de la tendance actuelle des deux nations les plus cultivées du continent, à s'entendre et à se rapprocher. Puisse cet Essai, auquel j'ai mis quelque soin obtenir, si ce n'est votre approbation, du moins votre indulgence !

« J'ai l'honneur de vous envoyer en même temps mon éloge de Redslob, et les cinq premières feuilles de mon Essai sur Hegel. Comme je me propose de refondre ce travail avant de lui donner une plus grande publicité, il me serait précieux d'avoir votre avis sur cet ouvrage, dont je ne fais tirer hors de la Revue qu'un petit nombre d'exemplaires. C'est une œuvre pleine de difficultés, mais, qu'avec de bons conseils et du temps, je ne désespère pas de mener à sa fin. Mais plus j'y avance, plus je sens combien il serait nécessaire de donner aux Français la traduction des principaux ouvrages de Kant, de Fichte et de Schelling. Une société de philosophes, connaissant l'allemand à fond, pourrait seule mener à bon port une telle entreprise, et je me chargerais volontiers d'un ou deux traités. Mais cette société aurait besoin d'un chef et d'une puissante protection. J'abandonne cette idée à votre sagesse. Vous seul en France pouvez juger de son opportunité et en assurer le succès.

« Agréez, je vous prie, Monsieur le Conseiller, la nouvelle assurance de mon respectueux dévouement.

« J. WILM. »

KRUG
1835
(Voir plus haut, Tome I, page 201).

A M. V. Cousin :

Leipzig, le 8 septembre 1835.

« Monsieur le Pair,

« J'ai l'honneur de vous envoyer deux exemplaires de la collection de mes « Commentationes academicae », l'un pour vous, l'autre pour l'illustre Académie des sciences morales et politiques, dont vous êtes un des membres les plus distingués. Je serais très heureux, si vous et l'Académie trouveriez ce petit ouvrage digne de lui accorder une place dans vos bibliothèques.

« Agréez, Monsieur, l'assurance de ma plus haute considération.

« KRUG. »

Autre billet.

Leipzig, le 28 octobre 1835.

« Mon très cher et vénérable ami,

« C'est avec la plus vive joie que j'ai reçu les précieux écrits sur la Métaphysique d'Aristote et sur un commentaire inédit d'Olympiodore, que vous avez eu la bonté de m'envoyer.

Vous avez par cette communication instructive renouvelé en moi le désir de faire un voyage à Paris, pour profiter des lumières et des trésors littéraires dont abonde cette grande capitale. Mais hélas ! une ophthalmie chronique, qui finira probablement par une opération chirurgicale, pour me préserver, s'il est encore possible dans mon âge avancé, d'une cécité complète, m'empêche de satisfaire à ce désir. En attendant, j'ai l'honneur de vous envoyer un exemplaire de mon écrit le plus récent, qui vous intéressera peut-être un peu, parce qu'il concerne votre législation la plus nouvelle, qui a fait tant de bruit dans le monde civilisé. Oserais-je me flatter de l'espoir, que vous approuverez au moins quelques-unes de mes observations ? J'ai, comme vous, à lutter contre des adversaires littéraires et politiques, parce que je défends l'ordre légal et l'autorité qui le maintient, et j'abhorre la liberté illimitée, comme une fausse divinité, et tout absolutisme, soit dans la science, soit dans la société. C'est pourquoi je suis, parmi les Allemands, un des plus sincères amis du sage gouvernement de S. M. Louis-Philippe et de son illustre ministère. Je souhaite de tout mon cœur la plus longue durée de ce gouvernement pour le salut non seulement de la France, mais aussi de l'Allemagne. Car je suis persuadé, que ma patrie n'aurait plus de repos, ni de bonheur, si les ennemis de la vraie liberté et de l'ordre public troubleraient, par une nouvelle révolution ou une nouvelle restauration, le repos et le bonheur de la France.

« Mais j'ai encore à vous adresser une demande peut-être indiscrète ; cependant votre amitié, déjà éprouvée tant de fois, sans doute me la pardonnera. Veuillez donc avoir la bonté de remettre, avec mes compliments les plus respectueux, le second exemplaire de mes écrits à votre savant ami, M. Guizot, qui a si bien mérité de l'instruction publique en France, et le troisième à l'Académie des sciences morales et politiques, qui a déjà produit de si beaux fruits. En même temps, je vous prie d'agréer l'assurance renouvelée de la plus haute considération, avec laquelle j'ai l'honneur d'être, Monsieur le Pair,

« Votre très humble et dévoué serviteur,

« Krug. »

« Le soussigné a l'honneur de saluer M. Victor Cousin, pair de France et Conseiller d'État, et prend la liberté de lui recommander son fils, M. Krug, bachelier en droit, pour un voyage littéraire à Paris.

« DE KRUG,
« Professeur à l'Université de Leipzig. »

WEISSE
1801-1866

M. V. Cousin à M. Weisse :

Paris, 4 juillet 1836.

« Monsieur,

« Il y a déjà plusieurs années que l'habile traducteur d'un
« des plus difficiles ouvrages d'Aristote m'était connu, lorsque
« M. Schelling m'envoya votre article sur la préface qu'il a
« bien voulu mettre à la traduction allemande de ma propre
« Préface aux Fragments philosophiques. La sagacité et la
« netteté d'esprit et de critique qui distinguent cet article
« m'avaient préparé à la haute estime que m'inspire votre
« Essai métaphysique. Je vois avec plaisir qu'au lieu de vous
« précipiter tête baissée dans la philosophie de M. Hegel,
« tout en admirant cette philosophie, ainsi que j'en fais moi-
« même profession, vous savez en prendre et en laisser, sans
« jurer In verba magistri. Cette disposition est tout à fait la
« mienne. Permettez-moi seulement de regretter que nos mé-
« thodes ne soient pas encore les mêmes et que vous com-
« menciez toujours par où il faut finir. Plus je réfléchis, plus
« je persiste de commencer par la psychologie. Non pas cette
« psychologie qui recueille au hasard des faits plus ou moins
« curieux, mais cette psychologie rationnelle qui recherche
« dans les faits de conscience les lois de la pensée, et par là

« celle de l'existence. J'ai la plus profonde conviction que,
« tant que la philosophie allemande ne sera pas rentrée dans
« cette voie, qui est celle de Kant, et avant lui de Descartes,
« elle laissera dans l'incertitude et compromettra même tous
« les résultats de ses travaux. On me dit qu'en Allemagne,
« quelques bons esprits ont assez approuvé ma méthode, qui,
« du reste, ne m'appartient nullement, et qu'il se fait dans
« l'ombre un retour à la méthode psychologique et des ten-
« tatives d'éclectisme.

« J'y applaudis de tout mon cœur. Dans mon Rapport sur
« la Métaphysique d'Aristote, j'ai indirectement répondu, en
« analysant le mémoire de M. Michelet, aux objections qui
« ont été faites contre la méthode psychologique. Je ne sais
« si vous connaissez cet écrit. Aujourd'hui, Monsieur, je vous
« envoie mon Introduction aux ouvrages inédits d'Abélard,
« que j'ai trouvés dans les bibliothèques de mon pays et que
« je publie. Peut-être ne lirez-vous pas sans intérêt l'origine
« et les commencements de la querelle du nominalisme et du
« réalisme, querelle immense dans laquelle il ne serait pas
« difficile de faire rentrer toutes celles qui nous divisent au-
« jourd'hui. J'ai chargé le libraire Levrault de vous faire
« tenir cette Introduction. Soyez persuadé, Monsieur, que j'ai
« les yeux ouverts sur toutes vos productions, et qu'il me sera
« toujours aussi agréable qu'utile d'apprendre de vous ce que
« vous faites et quelle suite vous donnez à vos premiers travaux.

« Agréez, Monsieur, etc.

« V. C. »

Cette lettre doit s'adresser à M. C. H. Weisse, de Leipzig, qui en 1828 avait publié en latin une comparaison de Platon et d'Aristote.

WOCQUIER
1836

A M. V. Cousin : Gand (Belgique), 7 novembre 1836.

« Monsieur,

« L'extrême bienveillance avec laquelle vous avez bien voulu m'encourager à poursuivre la publication de mon Essai sur la philosophie moderne, me décide à vous adresser par anticipation, et avant la mise en vente de la dernière partie de l'ouvrage, les feuilles déjà imprimées. Ces feuilles, qui font suite à celles que vous avez déjà reçues, contiennent l'exposition et l'appréciation de la doctrine de Leibnitz, sauf la polémique avec Clarke, sur la nature de l'espace et du temps, dont je parlerai à propos du philosophe anglais. Je n'ai pas besoin de vous dire combien je serais heureux de connaître votre opinion sur ce nouveau fragment de mon travail ; aucune approbation, comme aucune critique, ne peut m'être plus précieuse que la vôtre ; et comme vous avez eu la bonté de me permettre de recourir à vous dans tous les cas où j'aurais besoin de vos conseils, laissez-moi espérer que vous voudrez bien me dire, en quelques lignes, quel est votre avis définitif sur la grande controverse entre Leibnitz et Clarke, que je viens de signaler. Je compte pouvoir publier d'ici à quelques mois la fin de mon volume qui s'étendra jusqu'à Kant inclusivement, et comprendra, par conséquent, l'histoire de la philosophie depuis les origines de la Scholastique jusqu'à la fin du xviii° siècle. Je publierai ensuite l'Essai sur la philosophie en Allemagne depuis Kant jusqu'à nos jours. Enfin, si Dieu me prête vie, j'espère compléter mon travail par un volume sur le mouvement philosophique de l'Antiquité.

« Bien que je ne sois pas personnellement mêlé à la grande lutte engagée ici entre le libre examen et l'épiscopat, j'ai cru

devoir publier cette année le discours par lequel je viens
d'ouvrir mon cours. Je vous l'envoie aussi, avec l'espoir que
cette dissertation obtiendra votre assentiment et que vous y
trouverez une délimitation exacte du domaine de la philosophie
et une juste définition des rapports de la raison avec le dogme.

« Veuillez agréer, Monsieur, l'expression de la haute et respectueuse considération de l'un de vos disciples les plus dévoués,

« Léon Wocquier,

Professeur de philosophie à l'Université de Gand (Belgique).

GUHRAUER
en 1837

M. Guhrauer à M. V. Cousin :

Berlin, 10 février 1837.

« Monsieur,

« Le grand respect que la France a toujours témoigné à la
mémoire de Leibnitz, mais plus encore l'intérêt que vous avez
pris à avancer l'étude de la philosophie allemande, m'encourage à vous prier de vouloir bien permettre que je vous fasse
hommage d'un exemplaire de la Dissertation de Leibnitz :
« de Principio individui ». Ce petit écrit a le double intérêt
d'être le premier livre que Leibnitz ait composé, et d'avoir
été regardé comme perdu depuis 70 ans, perte que les savants
allemands ont regrettée si vivement jusqu'ici. M. Dutens,
célèbre éditeur des œuvres complètes de Leibnitz, encouragé
par Voltaire, fit déjà en 1768, en vain, tous les efforts possibles
pour se le procurer. J'ai été assez heureux de trouver cette
pièce dans la Bibliothèque de Hanovre, et j'ai fait l'histoire
critique de ce petit livre, dans la Préface, où j'ai tâché encore
d'analyser les rapports qui existent entre cette dissertation et
toute la philosophie de Leibnitz. Enfin, j'ai voulu donner un

spécimen de mes études et recherches sur la littérature, la vie et la philosophie de Leibnitz, qui ont été assez négligés jusqu'à présent.

« Comme je m'occupe en ce moment d'écrire une biographie critique de Leibnitz, je trouve entre autres un grand vide dans cette partie de la vie de Leibnitz, qui regarde son séjour à Paris pendant les années de 1672 à 1676, qui sont la plus intéressante époque de sa vie. C'est pour remplir cette lacune que je prends la liberté, Monsieur, de m'adresser à vos lumières. Je présume qu'il doit encore y avoir à Paris des lettres ou bien des mémoires des savants de Paris, contemporains de Leibnitz, avec lesquels il était en liaison, sans parler d'hommes d'État comme Colbert et Arnaud de Pomponne, et j'espère que beaucoup de manuscrits autographes de Leibnitz se trouveront encore dans les Bibliothèques de Paris, ou dans les mains de quelques savants. C'est au nom de la mémoire et de la gloire de Leibnitz que je vous supplie, Monsieur, de bien vouloir me faire la grâce de m'aider de vos lumières dans mes recherches sur ce sujet.

« Quand vous voudrez m'honorer de vos avis, Monsieur, la légation prussienne à Paris se chargera d'expédier votre réponse.

« Je suis, Monsieur, avec la plus parfaite considération,

« Votre très humble serviteur,

« G. GUHRAUER. »

Autre lettre du 24 décembre 1837, où M. Guhrauer remercie M. Cousin de sa réponse, et où il lui annonce la découverte de l'ouvrage de Leibnitz : « Animadversiones ad principia philosophiæ Cartesii ». M. Guhrauer était venu à Paris en décembre 1838, et il annonçait la découverte de l'ouvrage de Leibnitz sur l'Égypte.

Henri RITTER

1791-1869

A M. V. Cousin :

Göttingen, le 13 septembre 1838.

« Monsieur,

« Deux fois vous m'avez fait l'honneur de me témoigner un souvenir qui me flatte et m'honore : une fois par votre lettre et une autre fois par M. Dubois ; et pourtant je vous dois encore mes remerciements pour votre écrit sur la Métaphysique d'Aristote, qui, comme tout ce qui vient de vous, excite mon vif intérêt. Cependant je n'ai jamais perdu de vue mes devoirs envers vous ; mais je cherchais l'occasion de vous rendre grâce, en vous envoyant en même temps quelque fruit de mes travaux qui pourrait vous intéresser. Voici donc un recueil qui n'est pas fait pour vous, Monsieur, mais pour des gens moins avancés dans l'étude de la philosophie ancienne. Je compte pourtant que vous l'accueillerez favorablement, comme vous vous intéressez beaucoup à l'instruction et à la propagation des études de la philosophie, qui, par vos soins, portent de beaux fruits en France. Vous me feriez un grand secours si vous vouliez avoir la bonté de recommander ce livre à l'attention des savants en France. Je vous remets deux exemplaires, en vous priant de vouloir présenter l'un à l'Institut de France, dont, par vos soins, j'ai l'honneur d'être un de ses correspondants.

« Cette lettre vous sera portée par M. le Dr Gade, un de mes disciples, qui s'occupe beaucoup de philosophie et des études philosophiques. Vous m'obligeriez de nouveau, si vous voudriez le recevoir avec bienveillance, et même le soutenir par votre protection, comme il a le dessein de rester à Paris pendant quelque temps. J'espère qu'il méritera votre attention par son zèle ardent pour les sciences, et par les connaissances bien fondées qu'il possède.

« Pardonnez-moi le jargon de français que j'écris. Si vous continuez de me favoriser de votre correspondance, vous me permettrez peut-être de vous répondre en allemand.

« Votre très dévoué serviteur,
« H. Ritter. »

M. Henri Ritter a fait une histoire générale de la philosophie, qui, malgré un mérite réel, n'a pas égalé les travaux de ses prédécesseurs, Brucker, Tiedmann et Tennemann.

PORTALIS
1778-1858

A M. V. Cousin :

Paris, 24 mai 1839.

« J'ignorais hier au soir, Monsieur et très honoré collègue et confrère, tout ce que je vous devais de reconnaissance, quand vous m'avez dit un mot de la discussion du matin. A présent que je viens de lire mon Moniteur, je m'empresse de vous dire à mon tour combien je suis obligé à M. de Montalivet de m'avoir valu la parole bienveillante que vous avez prononcée pour la défense d'un absent. Je vais placer ce numéro du Moniteur dans mes archives, comme un titre précieux. Je n'ai pas voulu attendre à demain matin pour vous témoigner ma gratitude; et je vous prie d'en agréer la sincère expression, avec l'assurance renouvelée de mon bien véritable attachement et de ma haute considération.

« L.-N. Portalis. »

En 1839, M. Portalis avait été nommé membre de l'Académie des sciences morales et politiques. C'est à son élection que cette lettre fait allusion. M. Cousin avait patronné sa candidature.

Stanislas JULIEN
1797-1873
(Voir plus haut, Tome II, page 329).

A M. V. Cousin :

Paris, 1er juillet 1839.

« Monsieur,

« J'ai l'honneur de vous informer que je viens d'achever entièrement la traduction et le commentaire perpétuel de la moitié de Lao-Tseu ; l'autre moitié me demandera encore un ou deux mois. Je joindrai au texte un mot à mot verbal, que je rédigerai en transcrivant chaque chapitre chinois pour le compositeur. Ce travail est déjà fait pour la partie terminée ; il n'a besoin que d'être recopié.

« Si vous aviez la bonté, Monsieur, de m'accorder demain mardi à 8 h. 1/2, quelques instants d'entretien, j'aurais l'honneur de vous communiquer ce que j'ai fait depuis deux mois pour l'interprétation de Lao-Tseu, qui présentait des difficultés immenses, et que je n'aurais jamais osé entreprendre si vous ne m'y eussiez encouragé par vos bienveillants conseils.

« Si ce travail reçoit un accueil favorable des personnes compétentes, je me déciderai probablement à traduire le philosophe Tchouang-Tseu, le plus célèbre écrivain de l'école de Lao-Tseu, mais dont l'ouvrage est vingt fois plus étendu que le Tao-té-King.

« Veuillez agréer, Monsieur, l'assurance de mes sentiments respectueux.

« Stanislas Julien. »

Gustave PLANCHE
1808-1857

A M. V. Cousin :

Paris, 8 septembre 1857.

« Monsieur,

« J'ai appris la conversation que vous avez eue avec M. Buloz. Je suis très reconnaissant de la bonté que vous m'avez témoignée.

« En ce moment, je suis malade ; il me serait impossible de profiter de vos bonnes intentions.

« Je ne pourrais pas non plus me mettre en concurrence avec M. Jules Sandeau, qui est mon ami depuis vingt-cinq ans. J'ai été à même d'apprécier ses excellentes qualités. Si vous consentiez à reporter sur lui les bonnes dispositions que vous avez exprimées à mon égard, j'en serais très heureux, et je vous prierais d'en recevoir à l'avance mes remerciements comme d'un service personnel.

« Daignez, Monsieur, agréer, s'il vous plaît, l'assurance du profond respect avec lequel j'ai l'honneur d'être :

« Votre très humble serviteur,

« Signé : Gustave PLANCHE. »

(d'une main tremblante)

Maison de santé du faubourg Saint-Denis, 110.

M. Gustave Planche avait montré un rare talent de critique et d'écrivain dans ses articles de la Revue des Deux-Mondes et du Journal des Débats. Il était mourant quand il écrivait ce billet à M. Cousin.

ZANGIACOMI
en 1857

A M. V. Cousin :

5 décembre 1857.

« Monsieur,

« Le bienveillant souvenir que vous voulez bien conserver de mon respectable père me fait prendre la liberté de vous prier d'agréer les quelques pages ci-jointes, consacrées à sa mémoire, dans la ville qui l'a vu naître. La vie d'un magistrat, toute dévouée à la pratique et à l'application de nos lois écrites, ne saurait être sans intérêt pour le moraliste qui a passé la sienne à réfléchir sur les sources élevées du droit, et qui en a tracé d'une main si sûre les grandes règles aux générations. C'est aussi à ce titre que j'ose appeler votre attention sur cette existence modeste et laborieuse, espérant que vous pardonnerez au fils le sentiment qui le porte, en vous adressant cet hommage, à rechercher une approbation aussi précieuse que la vôtre.

« Veuillez me permettre, Monsieur, de vous renouveler l'expression des sentiments respectueux, avec lesquels j'ai l'honneur d'être votre très humble et très obéissant serviteur.

« ZANGIACOMI. »

TERZETTI (?)
en 1858

A M. V. Cousin ;

Athènes, mai 1858.

« Monsieur,

« Je prends la liberté de remettre à M. Nicolaïdès, de Philadelphie, ces lignes afin qu'il puisse avoir l'honneur de vous voir. M. Nicolaïdès est typographe, helléniste et orientaliste. Votre bonté me fait espérer que vous gardez quelque souvenirs de votre ancien page, sous les voûtes de la bibliothèque Ambroisienne, en 1820. Pour moi, votre souvenir ne me quitte jamais. Il est vrai que Platon m'y aide. A l'endroit où l'on dit avoir existé l'Académie, je m'assieds souvent à lire quelques-uns de vos ouvrages, inséparables du souvenir de l'ancien propriétaire du livre. Cet endroit est nommé, par les villageois d'alentour et le peuple de la ville, Kadémia. Ce Kadémia présente pour le moment le singulier tableau que je veux vous tracer. Colonne et tombeau d'Ottfried Müller, petite église de Saint-Émilien, puis de Saint-Mélétis. Autre église de Sainte-Léousa (au lieu d'Éléousa), et tout cela dans la circonférence à peu près du Palais du Luxembourg. Dans la petite église de Saint-Émilien, des femmes athéniennes portent encore leurs enfants en bas âge lorsqu'ils souffrent de la difficulté à parler. Elles prient le saint de délier leur langue. Vous voyez bien, Monsieur le professeur, qu'elles ne tiennent pas compte de l'orthographe. Pangis Seusis, vieillard respectable, mort depuis quelques années, fit reconstruire l'église détruite par la guerre, y plaça même son tombeau. Dans son âge tendre, sa mère l'amena là en implorant le secours du saint. L'enfant en profita si bien qu'il devint fameux causeur, et qu'il écrivit des mémoires, chefs-d'œuvre du dialecte attique moderne.

Quel singulier rapprochement! Müller, le savant archéologue, Émilien, saint qui aide à parler, puis le saint de la méditation, puis sainte Léousa, la vierge Éléousa, miséricordieuse, et tout cela à l'entour et sous les ombrages de l'Académie, sous lesquels Platon méditait, parlait fort éloquemment, déchiffrait les antiquités égyptiennes, et faisait un appel à la religion et à l'amour. De tout cela, je vous envoie un témoin irrécusable dans la personne de l'honnête M. Nicolaïdès, de Philadelphie. Que si vous doutiez de sa parole ou de la mienne, (ce que pour ma part j'aimerais fort), vous serait-il donc si difficile de venir vous-même vérifier les faits? Platon serait charmé de vous voir fouler le gazon qu'il a foulé lui-même, et la ville d'Athènes jouirait de quelques instants merveilleux, vivant par vous de la pensée de son enfant chéri, trop oublié peut-être par nous.

« Agréez les sentiments de profond respect de votre ancien dévoué.

« Signé : G. Terzetti (?) »

« M. Pelecassi se porte fort bien à Zante.

La signature de cette lettre est peu lisible, et nous ne sommes pas sûr de la reproduire exactement. Mais la lettre n'en est pas moins curieuse, et les souvenirs de l'Antiquité y sont bien compris et vivement exprimés. M. Terzetti, si c'est bien son nom, rappelle à M. Cousin son voyage à Milan en 1820. Fort jeune alors, puisqu'il se qualifie lui-même de Page, il avait dû avoir pour le professeur français une grande admiration, et l'aider autant qu'il l'avait pu dans ses recherches à l'Ambroisienne. M. Cousin avait peut-être oublié les petits services qu'il avait reçus ; mais il a dû être flatté d'un acte de reconnaissance qui lui arrivait d'Athènes, à trente ans de distance.

BÖCKH
1785-1867

A M. V. Cousin :

Berlin, 22 juin 1840.

« Monsieur le Ministre,

« Ce fut en effet avec la plus grande et la plus agréable surprise que j'ai lu, dans le Moniteur du 6 mai, que S. M. le roi des Français, sur votre rapport, a daigné me nommer chevalier de l'Ordre royal de la Légion d'honneur. Je sais bien que je ne dois cette distinction insigne qu'à la bienveillance extrême de Votre Excellence, que vous m'avez témoignée, même pour un travail de ma jeunesse, dans votre bel ouvrage platonique, et pendant votre séjour à Berlin ; et je me serais hâté de vous faire mes remerciements si je n'avais pas cru qu'il serait plus convenable d'attendre la communication officielle. A présent, ayant reçu, il y a deux jours, la lettre gracieuse du 13 mai, par laquelle vous m'annoncez ma nomination en termes si flatteurs pour moi, en me transmettant une ampliation de l'ordonnance royale, je serais bien ingrat si, en attendant les insignes de l'Ordre que je n'ai pas encore reçus, je pouvais être plus longtemps sans vous dire combien j'ai été profondément touché de vos bonnes intentions envers moi, et de l'honneur que le roi m'a conféré, sur votre proposition.

« Aussi, j'ose vous prier instamment de vouloir bien être l'interprète de ma vive joie et de ma reconnaissance auprès de ce sage monarque qui règne sur la France.

« L'Allemagne est sans doute remplie d'intelligences, mais d'intelligences éparpillées. Elle n'a pas un centre aussi vigoureux que la France, ni son unité politique. C'est par cette concentration de lumières que Paris peut se vanter d'être la capitale du monde civilisé ; aussi, l'Institut de France est-il devenu l'Académie de l'Europe. Ainsi, la France connaît parfaitement sa position, si elle se tient, comme vous le dites vous-même, pour étrangère à aucun progrès des sciences, de quelque pays qu'il provienne, et il est d'autant plus honorable pour un étranger si ses travaux sont reconnus dignes de l'attention du gouvernement d'un tel État. Je suis donc très sensible à la nouvelle et grande marque de faveur que la France a ajoutée à celles qu'elles m'avaient déjà données auparavant. La paix dont jouit l'Europe a uni les nations, et particulièrement les savants de toute l'Europe, comme dans une seule famille, sans que nous cessions d'être attachés chacun à sa patrie, avec tout l'amour que nous devons lui donner. Mais ce n'est pas la paix seule qui nous a donné cet avantage. Il fallait des médiateurs et des conciliateurs tels que M. Villers l'a été entre la France et l'Allemagne, à l'époque la plus difficile pour nous, tel que vous êtes à présent ; et l'Allemagne vous doit, pour la plus grande partie, l'appréciation que sa science et son érudition ont rencontrée dans votre patrie, à vous qui protégez avec la même circonspection les savants étrangers et les savants vos compatriotes.

« Quant à moi, je me félicite que c'est d'après votre sentiment et par votre faveur que le roi m'a associé à cette Légion d'honneur, qui compte parmi ses membres tant de gloires de l'Europe. Je suis fier de cette faveur, je dis de la faveur d'un ministre, homme de lettres et philosophe si illustre, qui connaît le mieux l'Allemagne savante, et auquel j'ai l'honneur d'être lié par le double lien de l'Institut de France et de l'Académie de Berlin.

« Daignez agréer l'assurance de ma haute considération et du respect avec lequel je suis,

« De Votre Excellence,
« Le très humble et très obéissant serviteur,

« BŒCKH. »

ROSSI

1787-1848

(Voir plus haut, Tome II, page 418.)

A M. V. Cousin :

Paris, 19 juillet 1840.

« Monsieur le ministre,

« Vous m'avez fait l'honneur de m'informer, que le roi, sur votre proposition, a daigné me nommer membre du Conseil royal de l'Instruction publique.

« Je vous prie de faire parvenir jusqu'à Sa Majesté l'expression de ma profonde gratitude, pour cette marque si précieuse de bienveillance et d'estime. Permettez, Monsieur, que je vous exprime aussi tous mes sentiments de reconnaissance pour la part que vous avez bien voulu prendre à ma nomination, en me désignant au choix du roi.

« Ces nouvelles fonctions me forcent à résigner celles que j'ai l'honneur de remplir au Collège royal de France : cinq cours par semaine commençaient à devenir une tâche trop forte pour ma santé.

« Ne voulant pas retarder les opérations nécessaires pour la nomination de mon successeur, je désire, bien que j'aie achevé le service de la présente année académique, être regardé comme démissionnaire à partir du 1er août prochain.

« Veuillez, Monsieur le ministre, faire agréer au roi ma démission de la chaire d'économie politique au Collège royal de France, et recevez, je vous prie, l'expression de ma haute considération.

« P. Rossi. »

LE Dr WHEWELL

1794-1866

A M. V. Cousin :

University club, Londres, 10 juin 1840.

« Monsieur,

« Je prends la liberté de vous offrir un ouvrage dont le sujet vous intéressera peut-être. Quoique le point de vue sous lequel j'ai dû considérer la philosophie diffère de celui sous lequel vous y avez jeté tant de lumière et d'intérêt, je ne puis pas poursuivre mes spéculations sans tirer de vos ouvrages beaucoup d'instruction. J'espère que vous trouverez que j'ai apprécié avec équité l'esprit de cette réforme de la philosophie dans les temps modernes, où vous avez pris une part si éminente.

« Croyez-moi, Monsieur, votre très humble et très obéissant serviteur,

« Dr WHEWELL. »

Traduction.

Trinity College, Cambridge, 20 février 1857.

« Mon cher Monsieur,

« J'ai à vous remercier de m'avoir annoncé à l'avance le grand honneur qui se préparait pour moi par mon élection comme correspondant de l'Académie des sciences morales et politiques. Je suis reconnaissant et très flatté de cette distinction, et très particulièrement de la bonne opinion qu'elle suppose de votre part. C'est un grand honneur que d'être associé, quoique de loin et très humblement, à ceux qui, comme vous, ont pris une influence décisive dans la grande réforme de la philosophie de notre époque, et à ce corps illustre de l'Institut de France.

« Peut-être aurez-vous quelque intérêt à ce qui regarde l'attention donnée à Platon, pour qui vous avez tant fait; et je puis vous annoncer que je vais faire un cours sur ce philosophe à de nouveaux auditeurs, qui, ce me semble, sont assez mal préparés, formant une assemblée fort mêlée, dans une de nos grandes villes manufacturières, à Leeds. Vous avez peut-être vu dans nos journaux que c'est actuellement devenu une habitude de faire de ces conférences dans de pareilles réunions. Mais je dois dire que, dans cette occasion, je compte plus sur le caractère dramatique des dialogues Platoniciens, que sur la philosophie qu'ils renferment.

« Je désire, si c'est possible, que vous reveniez en Angleterre et que vous visitiez Cambridge. Vous seriez intéressé d'y voir vos partisans; et j'inviterais notre excellente amie, Mme Austin, à vous y rencontrer. Je suis sûr qu'elle resterait chez moi aussi longtemps que vous y seriez; et si M. Mignet voulait aussi me faire l'honneur de venir, j'en serais fort heureux, et je ne désespère pas de rendre cette visite agréable.

« Croyez-moi, mon cher Monsieur, avec un profond respect et une haute considération, votre dévoué serviteur,

« W. WHEWELL. »

Mgr AFFRE

ARCHEVÊQUE DE PARIS

1793-1848

A M. V. Cousin :

Paris, le 17 septembre 1840.

« Monsieur le ministre,

« J'ai eu l'honneur de vous écrire, au sujet des communautés religieuses, une lettre que je recommande à toute votre attention. Je me suis présenté chez vous pour vous exposer de vive voix les observations que je viens de soumettre à Votre Excellence. J'ai fait cette démarche à la sollicitation d'un de mes collègues, M. l'évêque d'Autun, qui possède, dans sa ville épiscopale, une maison du Sacré-Cœur. Sa maison de Paris, qui n'est pas inquiétée comme sa sœur de province, est fort alarmée. Ces craintes lui viennent au moment où je travaille efficacement à y éteindre l'esprit d'opposition, que j'y ai remarqué depuis quelques mois. Je pense que, si vous ajoutez cette considération à toutes celles que je vous ai soumises dans ma lettre, et dont je suis frappé depuis la promulgation de l'Ordonnance, vous aurez des motifs suffisants de ne pas exiger une inspection tant redoutée. Un second objet de ma visite était de recommander à Votre Excellence l'autorisation de placer à Gentilly, village qui ne possède d'ailleurs aucune instution secondaire, une section du Petit Séminaire. Les bâtiments de Saint-Nicolas ne peuvent contenir le nombre d'élèves qui a été autorisé par le roi.

« Enfin, je désirais vous remettre, en la recommandant à votre bienveillance, une réclamation du supérieur des frères de Sion Vaudemont.

« Je m'occupe toujours de la faculté de théologie, et si je ne soumets encore aucune proposition à Votre Excellence, c'est parce que je rencontre des obstacles multipliés de la part des sujets sur lesquels j'avais jeté les yeux, et de la part d'une opinion respectable.

« Ces obstacles peuvent disparaître devant un désir aussi ardent que celui que j'éprouve de rendre la vie à une institution très utile ; aussitôt que j'aurai un espoir fondé de vous offrir mon projet, je m'empresserai de vous le communiquer.

« Agréez, Monsieur le ministre, l'assurance de ma très haute considération.

« † Denis, archevêque de Paris. »

L'archevêque de Paris a trouvé une mort héroïque dans les journées de juin 1848. Il a été tué en exhortant ses assassins à cesser une lutte fratricide. Il a payé de sa vie un pieux dévouement, qui n'était pas un devoir pour lui.

DE BARANTE
1782-1866
(Voir plus haut, Tome II, page 437).

A M. V. Cousin :

16 mai (1840).

« Mon cher confrère, vous n'avez point répondu à ma lettre du 18 mai. Je dois le concevoir au milieu de la vie pleine et militante que vous menez. Il ne vous reste sans doute point de loisir. Toutefois, j'espère que je vous aurai disposé favorablement pour M. Bellaguet, et que, lorsque le moment va venir de donner de la fixité à sa position, vous vous souviendrez de la sincère amitié que je lui porte. Sans doute, Herbet restera auprès de M. Guizot ; alors, l'intérim ne peut guère se prolonger, et M. Bellaguet pourra occuper définitivement la place qui a été la sienne. J'en serai très reconnaissant.

« Avec cette lettre, il vous sera remis un petit livre que vous ne connaissez pas sans doute ; il a obtenu quelque succès et a pu être curieux dans un temps qui a précédé le vôtre ; je l'écrivais, il y a plus de trente ans ; aujourd'hui c'est une série de lieux communs. Alors, ils étaient des idées nouvelles, un commencement de critique exercée contre des préjugés établis, contre des opinions dominantes. M. Garat excommuniait, en plein Institut, le téméraire examen que risquait un jeune homme contre la philosophie du xviii° siècle. C'était avant les leçons de M. Royer-Collard, avant cette réaction que vous avez rendue si complète. Quelques conversations avec Villers et la lecture de Descartes m'avaient mis sur cette voie ; la génération actuelle imagine volontiers qu'elle s'est avisée la première de tout ce qu'elle répète. Si vous avez la patience de parcourir ce tableau du xviii° siècle, vous y trouverez beaucoup de choses qui depuis ont été développées et répandues. Il y a quelques années que notre ami M. Royer-Collard tomba par hasard sur ce livre ; et j'ai eu de lui les louanges qui m'ont le plus flatté. Votre suffrage me serait de même un grand honneur. Ce qui fait que je le sollicite aujourd'hui, c'est que vous vous êtes chargé, tout ministre que vous êtes, d'une partie de ce rapport demandé par vous à l'Académie des sciences morales. Jugez si, non pas le mérite, mais la date de cette critique du xviii° siècle, peut valoir une mention dans votre catalogue, comme symptôme d'un nouveau mouvement littéraire et philosophique. Cette tâche indiquée à l'Académie est une heureuse idée, et peut-être ferez-vous utilement d'en demander autant aux autres classes de l'Institut. Une période de vingt années, où l'on est arrivé si loin du point de départ, comporte un tel examen. Du reste, vous savez bien ce qui est à propos; et quoi qu'il arrive, vous avez marqué votre trace au ministère.

« Croyez, mon cher confrère, à mon attachement et à ma haute considération.

« BARANTE. »

A M. V. Cousin :

15 février 1854.

« Mon cher confrère, le livre que vous avez la bonté de me donner m'est arrivé tardivement; ma fille et mon fils ont voulu le lire avant de me l'envoyer. Pour moi, je l'ai relu avec un nouveau plaisir; et ce que vous y avez ajouté est, comme tout le reste, bon, vrai et beau. Vous arrivez, par la raison, jusqu'au seuil du sanctuaire, et vous jetez un regard respectueux sur ce qui est au delà. N'est-ce pas dire qu'il y a des choses qu'il faut croire, encore qu'elles ne soient, ni démontrées, ni démontrables? Vous qui êtes si rempli de Pascal, de Bossuet, vous savez mieux que moi combien ils ont distingué divers motifs et diverses manières de croire. Pour parler d'un sujet moins sérieux, il faut vous dire combien j'ai été charmé de Mme de Sablé et des dernières pages sur La Rochefoucault. Décidément, vous êtes de cette société-là, et lorsque je vous lis, le regret me vient de ne pas avoir le plaisir de votre conversation. J'espère que cela tardera peu, et qu'avant un mois nous nous reverrons.

« En attendant, je vous remercie de ne me point oublier, et je vous prie de croire à mon sincère attachement, et à mon admiration, qui n'est pas moins sincère.

« BARANTE. »

PÉRENNÈS

PROFESSEUR DE FACULTÉ A BESANÇON
en 1840

Le doyen de la Faculté des lettres de Besançon à

M. Cousin, ancien ministre de l'Instruction publique, pair de France, etc.

30 décembre 1840.

« Monsieur,

« Les professeurs de la Faculté des lettres de Besançon croient remplir un devoir en vous faisant parvenir, par mon organe, l'expression réfléchie des sentiments que leur a laissés votre passage au ministère. Après avoir illustré, dans la chaire du professeur, le haut enseignement national, vous avez su, placé à la tête de l'Université, lui imprimer un mouvement salutaire. Les vues élevées qui vous ont dirigé, les améliorations que vous avez introduites dans l'Instruction publique ont été appréciées, comme elles le méritaient, par les fonctionnaires du corps enseignant. Plusieurs de vos actes ont mérité leur reconnaissance. Votre administration, aussi habile que sage, a laissé des traces qui ne s'effaceront pas, et le souvenir s'en conservera parmi les membres de l'enseignement supérieur. Veuillez, je vous prie, Monsieur, accueillir dans votre retraite, avec l'expression de notre adhésion aux mesures que vous avez prises dans l'intérêt des hautes études, celle des regrets unanimes que nous a causés votre éloignement des affaires. Permettez-moi d'y joindre aussi mes remerciements particuliers, pour les livres que vous avez bien voulu, avant de quitter le ministère, accorder à la bibliothèque de notre Faculté.

« J'ai l'honneur d'être avec respect, Monsieur, votre très humble et très obéissant serviteur,

« J.-B. Pérennès. »

Nous pensons que l'opinion exprimée dans cette lettre était celle de l'Université tout entière. On jugeait dès lors le ministère de M. Cousin comme nous l'avons jugé nous-même, à un demi-siècle de distance. Il n'y a pas eu d'administration plus féconde que celle-là ; malheureusement, elle n'a duré que huit mois à peine.

Nous avons signalé plus haut (Tome I, page 441), l'activité de M. Cousin. Les mesures qu'il a prises ont été extrêmement nombreuses; mais elles étaient toutes admirablement pratiques ; et la malveillance n'eût pu les critiquer avec quelque apparence de justice. Elles étaient tout à la fois l'œuvre d'un grand esprit et d'une expérience consommée. La Faculté des lettres de Besançon s'honorait par ce témoignage public. Le corps enseignant n'a pas cru devoir, dans son ensemble, manifester sa reconnaissance ; il obéissait à la discipline qui doit régner dans l'Université, au moins autant que dans l'armée. Nous ne pouvons que le louer de ce respect pour la hiérarchie : mais nous ne pouvons blâmer M. le doyen de la Faculté de Besançon d'avoir pris une initiative si bien justifiée.

GIRAUDET

en 1843

Lettre de M. Cousin à M. Giraudet, à Tours ;

12 septembre 1843.

« C'est moi, Monsieur, qui vous remercie de l'honneur que
« vous voulez bien me faire en me proposant de faire partie
« de la Commission chargée d'aviser aux moyens d'élever, sur
« une des places de Tours, la statue de René Descartes. Je
« suis sur le point de quitter Paris ; mais à mon retour, vers
« le 14 octobre, je serai à vos ordres pour faire tout ce qui

« vous paraîtra convenable au noble dessein que vous avez
« conçu. Que la statue de Descartes s'élève à Tours ou à Rennes,
« elle est dans ces deux endroits également bien placée; car
« Descartes est à la fois breton et tourangeau.

« J'applaudis donc de tout mon cœur à votre projet; et
« vous pouvez compter sur ma coopération dévouée, comme
« aussi je vous prie, Monsieur, d'agréer l'expression de ma
« considération la plus distinguée.

« V. Cousin. »

DE PUIBUSQUE
en 1843

A M. V. Cousin :

Paris, 24 novembre 1843.

« Monsieur,

« Je viens vous offrir l'hommage d'un livre dont vous avez été le premier juge et le plus loyal appui. J'étais un inconnu pour vous, tandis qu'une vieille amitié plaidait en faveur de mon principal concurrent; et aucune considération n'a pu faire fléchir votre impartialité. Vous n'avez pas même consenti à rester neutre. On vous a vu soutenir avec ardeur la cause qui vous avait paru la plus équitable. Recevez-en, je vous prie, tous mes remerciements, Monsieur, et croyez que le sentiment que vous avez fait naître en moi sera de ceux qui ne s'éteignent jamais.

« Dès l'année dernière, j'aurais pu livrer mon travail au public; mais j'en connaissais trop bien l'insuffisance. La seconde et belle question, posée par vous dans le programme, exigeait des développements. J'en ai fait une étude plus approfondie, et j'ai comblé toutes les lacunes de mon premier cadre, sans rien changer au plan qui a reçu l'approbation de l'Académie, ni modifier en quoi que ce soit la pensée dominante du livre. Tout ce qui aurait pu rompre l'harmonie du parallèle, ou en altérer le caractère, a été soigneusement relégué dans les notes ; c'est là qu'ont eu lieu les principales augmentations. Il serait aisé de faire un ouvrage distinct et entièrement neuf des articles biographiques et bibliographiques que j'ai ajoutés à ces deux volumes. Mon unique but a été de seconder le progrès des études, en indiquant avec une rigoureuse exactitude toutes les sources qui ont été négligées. Puissé-je être ainsi parvenu à me rendre plus digne de la faveur de mes premiers juges et du suffrage public !

« J'ai l'honneur d'être, avec la plus haute considération,
« Monsieur,
« Votre très humble et dévoué serviteur,
« A. de PUIBUSQUE. »

L'ouvrage de M. de Puibusque est sans doute l'Histoire comparée de la littérature espagnole et française, couronné par l'Académie française en 1842. M. de Puibusque est mort en 1863.

Réponse de M. Cousin à une adresse de félicitations à propos de la défense de l'Université, signée par un grand nombre de professeurs et de citoyens notables de Lyon, et qui lui était transmise par M. Bouillier :

Paris, 24 juillet 1844.

« Mon cher confrère et ami,

« Je reçois aujourd'hui même votre lettre, et la marque
« d'estime que tant et de si honorables citoyens de votre ville
« ont bien voulu me donner. J'en suis profondément touché.
« Soyez mon interprète auprès d'eux, je vous supplie. Dites-
« leur bien que la sympathie qu'ils me témoignent est un lien
« de plus qui m'attache à la cause nationale de l'Université,
« de la philosophie, et de la liberté religieuse.

« Mille amitiés bien sincères,
« V. COUSIN. »

A Monsieur Bouillier, professeur de philosophie à la Faculté des lettres à Lyon.

GUÉRARD
en 1846

A M. V. Cousin :

Metz, 13 septembre 1846.

« Monsieur le Président,

« Absent de Paris pendant les vacances, je viens de lire, au retour d'un petit voyage, le discours que vous avez prononcé au banquet des anciens élèves de l'École normale, et vous pardonnerez au besoin que j'éprouve de vous témoigner toute ma gratitude pour ce que vous avez dit d'obligeant pour moi.

« Si le peu de bien qu'il m'a été donné de faire à la famille de mon malheureux ami ne portait pas avec lui sa récompense, j'en trouverais une bien grande dans un suffrage aussi élevé, aussi honorable que le vôtre.

« J'espère, Monsieur le Président, que, sous votre haut patronage, l'œuvre de bienfaisance si généreusement commencée par l'administration de Sainte-Barbe et par son digne chef, M. Labrouste, sera continuée et accomplie par l'Association des anciens élèves de l'École normale, qui s'honore, à si juste titre, de vous compter pour son fondateur. Pour moi, je m'estimerai bien heureux toutes les fois que, dans ma modeste sphère, je trouverai l'occasion de venir en aide au malheur de quelqu'un de nos anciens camarades.

« Veuillez, Monsieur le Président, agréer l'assurance de la profonde gratitude et de l'entier dévouement avec lesquels j'ai l'honneur d'être votre très humble et très obéissant serviteur.

« Guérard,
« Directeur des études au collège Sainte-Barbe. »

BAUDE

en 1817

(Voir plus haut, Tome II, page 191).

A M. V. Cousin :

Paris, 6 février 1844.

« Voici, mon cher et illustre maître, les notes dictées par l'empereur. Vous y trouverez une preuve nouvelle de cette aptitude à pénétrer les détails qui était un des traits caractéristiques de ce grand esprit. Je crois qu'en suivant quelques-unes de ces idées, on pourrait élargir et consolider les bases de l'Université ; il faudrait pour cela un ministre plus fort que ses commis. Si vous voulez, nous causerons de cela le jour que vous m'indiquerez, pour ma conversion à la philosophie.

« Agréez l'hommage de mon respect et de mon vieil attachement.

« A. Baude. »

Ces notes impériales, dont parle M. Baude, concernaient l'organisation de l'Université telle que Napoléon la concevait ; elles auront été utilement consultées par M. Cousin, pour son grand discours à la Chambre des Pairs (Voir plus haut, tome I, page 448).

Christian BARTHOLMÈS
en 1847

A M. V. Cousin :

Paris, 22 mars 1847.

« Je viens de m'acquitter, Monsieur et illustre maître, de la mission que vous avez daigné me confier. M. Coquerel, naturellement touché d'un empressement si flatteur, m'a chargé, à son tour de vous exprimer ses sentiments de déférence et d'admiration. Du reste, il demeure rue Saint-Lazare, 79.

« Sans le billet dont vous m'avez honoré samedi, j'aurais été à la Sorbonne vous remercier encore une fois du Rapport à l'Académie, dont les Débats ont reproduit quelques fragments, la semaine dernière. Devant partir demain pour la campagne, et y passer peut-être quinze jours, je serai dans l'impossibilité de m'acquitter d'un devoir aussi doux que celui de vous remercier.

« Je dois faire ce soir la connaissance de M. Carrière. Je viens de parcourir son livre, afin de mettre la conversation sur un terrain agréable au jeune professeur de Giessen. Il y a beaucoup de connaissances et un certain essor métaphysique qui ne nuit pas trop à la clarté.

« Pour moi, je nage à cette heure en pleine Académie de Prusse. Ce sujet a plus d'épines qu'on ne pourrait penser; puisse la manière dont j'essaie de le traiter, obtenir dans quelques mois votre sincère et inappréciable approbation!

« En attendant, veuillez agréer, Monsieur et bienveillant protecteur, l'hommage de mon respectueux dévouement et de ma profonde gratitude.

« Christian BARTHOLMÈS. »

Un des principaux ouvrages de M. Bartholmès avait paru en 1846 (Jordano Bruno, en 2 vol.) Son histoire de l'Académie de Prusse, en deux volumes, a paru en 1850.

8 juillet 1847.

« Monsieur et vénéré maître,

« Je profite d'une occasion pour vous envoyer de la campagne un article du Journal de Francfort, où M. Carrière rend compte, très rapidement il est vrai, de la situation philosophique de la France. Il a désiré que je mette ce morceau sous vos yeux. Je lui ai écrit depuis, lui annonçant entre autres choses votre voyage aux Pyrénées, et par suite, votre absence au congrès d'Aix-la-Chapelle. Ledit congrès, d'ailleurs, paraît lui-même devoir se résoudre en une absence universelle.

« J'ai été surpris fort agréablement par une nouvelle de Berlin, ces jours derniers. L'Académie a daigné jeter les yeux sur moi pour m'élire membre correspondant. Cette distinction, je l'avoue, me touche beaucoup ; non pas seulement parce que je n'ai rien tenté pour l'obtenir, mais parce que l'Académie a voulu rendre hommage aux beaux travaux d'histoire philosophique que la nouvelle philosophie française a produits dans ces dernières années. C'est donc, à vrai dire, un hommage qui s'adresse à notre maître illustre, qui, depuis quinze ans, siège dans cette Académie comme associé étranger.

« J'ai suivi avec bien de l'intérêt, Monsieur, les discussions relatives à la loi médicale ; j'eusse désiré que vous pussiez, après avoir déployé tant de talent et de verve, dans les semaines passées, réaliser enfin le projet qui doit vous conduire à Cauterets.

« Mais voici une nouvelle et plus triste raison d'ajourner encore une cure dont vous me paraissiez avoir grand besoin. Peut-être ce procès déplorable sera-t-il cause que, la semaine prochaine, j'aurai le bonheur de recevoir de vous-même des nouvelles de votre santé, et de vous exprimer, Monsieur, combien j'attache de prix à me dire :

« Votre reconnaissant serviteur,

« Christian BARTHOLMÈS. »

« P. S. M. de Jaucourt, ayant appris que j'avais l'honneur de vous écrire, vous offre avec empressement ses compliments affectueux, et vous plaint beaucoup de vous acquitter si consciencieusement de vos devoirs de Pair. »

« Le procès déplorable » est celui de M. le duc de Praslin.

« Monsieur et maître illustre,

12 février 1857.

« M. Vergé vient de me mander que vous avez eu la bonté de dire quelques mots à l'Académie des sciences morales, en faveur de mon dernier livre. Je m'empresse de vous remercier d'une preuve de bienveillance que je n'avais pas osé vous demander, mais dont je suis bien touché et bien reconnaissant. L'état de santé où se trouve M. de Jaucourt est l'unique obstacle qui m'empêche d'aller vous remercier, en personne et sur-le-champ.

« Je voudrais vous exprimer aussi combien j'ai été charmé des paroles, si pleines d'encouragement et d'indulgence, que vous avez bien voulu m'adresser, il y a dix jours, à la Sorbonne. Je ne les oublierai jamais, et je tâcherai de m'en rendre digne. Je vais commencer par suivre vos conseils, relativement aux concours de l'Académie. Peut-être aurez-vous, à mon prochain retour à Paris, la complaisance de relire les programmes avec moi ? Vos précieuses directions me seraient d'un puissant secours.

« Agréez, encore une fois, Monsieur, avec l'hommage d'une vive admiration, l'expression de ma gratitude respectueuse,

« Christian BARTHOLMÈS. »

« M. de Jaucourt me charge de ses respectueuses amitiés pour vous, et m'estime heureux d'avoir obtenu de vous cette nouvelle marque de protection affectueuse. »

LE BARON WALCKENAER
1771-1852

A M. V. Cousin :

Paris, 7 octobre 1847.

« Monsieur Cousin a-t-il dans sa riche bibliothèque l'ouvrage de La Forge intitulé : Traité de l'Esprit de l'homme, publié, dit-on, en latin, en 1066, et aussi en français ? Si Monsieur Cousin possédait ce livre, je le prierais de me le prêter pour quelques jours, s'il ne l'a jamais lu. S'il l'a lu, il m'obligerait encore plus de ne pas me le prêter, mais de me dire en quelques lignes le jugement qu'il en porte, le souvenir qu'il a laissé dans sa belle mémoire.

« Je le prie d'agréer l'expression du parfait dévouement de son vieux confrère,

« Baron WALCKENAER. »
Villeneuve-Saint-Georges (Seine-et-Oise).

E. RENAN
1823-1892

A M. V. Cousin :

Paris, 25 septembre 1848.

« Monsieur,

« Excusez la liberté que je prends de vous écrire, sans avoir l'honneur d'être connu de vous. C'est un devoir pour moi, au début de ma carrière, d'offrir mes hommages à celui à qui je dois ma vocation philosophique, et dont les écrits ont exercé sur ma pensée une si profonde influence. Votre constante sollicitude pour les études que vous avez fondées parmi nous, m'encourage d'ailleurs à implorer votre appui pour une démarche que je fais en ce moment au ministère de l'Instruction publique, uniquement dans l'intérêt de mes travaux, et par amour de la science.

« J'ai été reçu, Monsieur, le premier agrégé au concours de cette année, et je demande en ce moment un congé, afin de pouvoir achever, à Paris, deux thèses pour lesquelles j'ai déjà rassemblé beaucoup de matériaux, et auxquelles il m'est absolument impossible de travailler en province. J'ai choisi pour sujet de thèse latine Averroès et l'Histoire de l'Averroïsme au Moyen-âge et à la Renaissance. Pour la thèse française, j'essaierai de faire l'Histoire des études grecques chez les peuples de l'Orient, Syriens, Arabes, etc. Le premier de ces deux sujets m'a été indiqué par le savant doyen de la Faculté des lettres, et je dois même ajouter que ce qui m'a porté à entreprendre ce difficile travail, ç'a été l'assurance qu'il m'a donnée qu'un tel essai vous serait agréable. J'y ai déjà consacré plus d'une année de recherches. Jugez, Monsieur, combien il me serait pénible d'y renoncer ou de l'interrompre pour longtemps. Et pourtant, je ne pourrais trouver les documents nécessaires dans aucune bibliothèque de province, surtout dans la petite ville où je viens d'être nommé (Vendôme). Oserai-je vous prier, Monsieur, d'appuyer une demande d'où dépend en grande partie mon avenir ? Depuis longtemps, j'ai cherché à mener de front les travaux philologiques et philosophiques. J'ai surtout fait une étude spéciale des langues orientales, cultivées d'ordinaire avec si peu de critique ou de philosophie. Je vois bien des résultats nouveaux, bien des champs inexplorés. Mais hélas ! pourrai-je surmonter les difficultés matérielles qui menacent de rendre impossible la continuation de ces études ? Déjà, j'ai présenté à l'Institut deux ouvrages dont l'un, sur l'Histoire et le système général des langues sémitiques, a remporté le prix de philologie comparée en 1847, et dont l'autre, sur l'Histoire de l'étude de la langue grecque en Occident pendant le Moyen-âge, a été couronné par l'Académie des Inscriptions, dans sa séance du 1er septembre de cette année. Puis-je espérer, Monsieur, que ceux qui aiment la science ne refuseront pas de me tendre la main ? Pour le moment, mes vœux seront comblés si je peux obtenir un congé, qui me permette d'achever mes thèses à Paris. J'espère montrer par ces deux travaux comment j'entends faire la philologie tributaire de la philosophie. Mais que vous dis-je là, Monsieur, puisque c'est vous qui me l'avez appris ?

« Agréez, Monsieur, l'expression du profond respect et de la haute considération avec lesquels je suis,

« Votre très humble et très obéissant serviteur,

« E. Renan. »
Rue de l'Abbé-de-l'Épée, 8.

A. VIGUIER

en 1848

(Voir plus haut, Tome II, page 495).

A M. V. Cousin :

31 décembre 1848.

« Mon cher Cousin,

« Je suis venu hier à Paris ; j'apprends la démarche que tu as faite au Conseil en ma faveur, et je t'en dois reconnaissance, comme d'autres démarches qui, en d'autres temps, m'ont rendu de plus réels services. C'est avant tout cette reconnaissance que je veux t'exprimer. Je dois aussi te rendre compte de ma détermination, telle que je l'ai fait connaître hier soir à M. Lesieur. L'état de disponibilité sans traitement ne saurait convenir à celui qui n'a rien. L'administration, qui a voulu faire une économie, a pu naturellement désirer d'économiser aussi ma pension de retraite. On ne m'a jamais soupçonné d'être fort intéressé. Si j'avais de quoi vivre, on pourrait penser qu'un titre d'expectation gratuite me suffirait. Je m'imagine que M. Lesieur, en me demandant cet entretien, avait mission de s'assurer de ce que ma position pourrait me disposer à souffrir. Je ne lui ai pas laissé d'illusion : deux mots ont suffi. Il m'a assuré que la liquidation de ma pension devrait se faire très prochainement. Je profitai de l'occasion pour lui dire que la distance de ma demeure hors de Paris ne me permettait pas d'accepter l'honneur de figurer au Conseil. Mais j'ai jugé, à ses instances, qu'on trouvait désagréable d'avoir à retoucher la liste par suite d'un refus, et qu'on préfère me laisser toute latitude pour, n'assister qu'autant que je pourrai, lorsque je viens prendre pied à terre à Paris par intervalles. J'entendrais même me déranger exprès toutes les fois qu'il y aurait lieu de m'appeler personnellement ; car il convient à ma situation, comme à mon devoir envers l'Université, de profiter immédiatement de toute occasion de servir. Ma mise à la retraite ne devra pas, d'ailleurs, empêcher qu'on ne me fasse rentrer dans le cadre d'activité, quand cela pourra se faire. M. Lesieur me paraît convaincu. En des temps de prospérité, j'en douterais davantage ; mais l'administration, appauvrie pour longtemps encore, n'aurait rien de mieux à faire dans l'état actuel.

« Reçois mes remerciements et mes amitiés cordiales, mon cher Cousin ; j'espère te voir mardi à l'Université, si tu y viens.

« Viguier. »

Athanase COQUEREL
1795-1868

ÉGLISE RÉFORMÉE DE PARIS.

17 mars (1849 ?).

« Monsieur,

« Il n'est pas permis de publier un ouvrage philosophique sans en faire hommage au restaurateur de la philosophie spiritualiste dans notre pays ; ce serait ingratitude envers votre gloire. Je viens vous supplier de me permettre de vous offrir un ouvrage que je publie en ce moment, intitulé : le Christianisme expérimental. Mon livre est essentiellement religieux ; mais j'ose espérer qu'il est assez philosophique pour que l'hommage vous en soit dû, comme une dette de reconnaissance et d'admiration.

« Veuillez agréer l'expression de mes sentiments respectueux.

« Coquerel. »

Mlle Marie CARPENTIER

en 1849

ÉCOLE NORMALE MATERNELLE. — UNIVERSITÉ DE FRANCE.

Paris, le 4 mars 1849.

« Monsieur le conseiller,

« Vous avez bien voulu prendre ma défense dans le Conseil de l'Université, et quoique je n'aie point l'honneur d'être personnellement connue de vous. Merci, Monsieur, pour ce puissant et généreux secours ! J'éprouve le besoin de vous assurer que votre bienveillance ne s'est point égarée; que ma vie, bien simple, se résume tout entière en un travail toujours obscur, mais toujours honorable et persévérant, même à travers des épreuves parfois bien pénibles.

« Cependant, je ne me plaindrai pas, quand de si précieux dédommagements viennent de m'être donnés. Je serais même heureuse d'avoir souffert pour l'École normale, si cette circonstance pouvait attirer sur cet humble établissement l'attention sérieuse du Conseil, et vous inspirer assez d'intérêt, Monsieur, pour vous donner le désir de le visiter. Vous y trouveriez plus d'un sujet vraiment digne de votre efficace intervention; et votre visite y laisserait un souvenir plein d'espérances.

« Pour moi, je saisirais avec bonheur cette occasion de vous renouveler, Monsieur, les sentiments de vive et respectueuse gratitude dont je vous prie de vouloir bien agréer l'assurance.

« Marie CARPENTIER. »
Directrice de l'École normale.

Rue Neuve-Saint-Paul, 12.

Odilon BARROT
1791-1873

(Voir plus haut, Tome I, page 454).

A M. V. Cousin : (1849 ?)

« Merci, mille fois merci, mon cher ami, de votre si excellent travail ; vous avez parlé de moi comme quelqu'un qui m'a deviné, et mon cœur vous en est reconnaissant ; mais c'est surtout pour notre pauvre France que vous vengez si noblement du reproche de versatilité ; c'est pour cette vieille cause libérale, pour laquelle nous avons livré tant de combats et subi tant d'épreuves, que je vous suis surtout reconnaissant. C'est une bonne et belle action que vous avez faite ; elle aura, je l'espère, ses fruits en réveillant, dans tous ces cœurs découragés, les nobles élans vers une liberté vraie. Dieu merci, nous n'en sommes pas encore à choisir entre la rétractation de tous principes et une honteuse anarchie.

« Tout à vous de cœur,

« Odilon Barrot. »

Il s'agit dans cette lettre de l'Introduction aux discours politiques de M. Cousin, et de son jugement sur la monarchie constitutionnelle.

Paris, 1854.

« Mon cher ami, j'ai terminé ma tournée. J'aurais voulu vous rendre compte des conversations que j'ai eues avec plusieurs de mes juges. L'un, M. Lucas, prétend que ma candidature est un coup monté par une coterie qui veut dominer l'Académie et l'entraîner à sa perte. L'autre, M............, m'a dit qu'il ne connaissait pas mes titres scientifiques. Au premier, j'ai répondu que c'était lui qui, par l'exclusion qu'il me donnait, à raison de mes antécédents politiques, imprimait à l'élection le cachet d'une manifestation purement politique. Au second, j'ai donné satisfaction en lui rappelant les grandes questions de législation et de jurisprudence que j'ai eu l'occasion de trancher dans ma longue carrière, comme jurisconsulte, comme député et même comme ministre. Vous voyez, mon cher parrain, qu'il m'importe d'enlever à votre enfant tout ce qu'il peut avoir en lui de péchés politiques, et de faire ressortir, en les grossissant, ses secrets scientifiques. C'est pourquoi j'ai broché cette note, faite à la hâte, de mémoire et fort incomplète, mais qui pourra vous fournir réponse aux attaques, et rejeter sur nos adversaires le tort de vouloir entraîner l'Académie dans les interdits politiques, jetés sur les hommes d'une certaine opinion.

« Je n'ai pas trouvé Michelet à son bureau.

« Les voix se compteront.

« Odilon BARROT. »

M. Odilon Barrot a été nommé membre libre de l'Académie des Sciences morales et politiques en 1854.

THÉRY

en 1850

UNIVERSITÉ DE FRANCE.

A M. V. Cousin :

Rennes, le 5....1840....

« Monsieur le conseiller,

« Permettez-moi de vous remercier directement de nous avoir donné M. Caro, qui s'est acquis si promptement toutes les sympathies dans un pays difficile, et qui a pris déjà, parmi nous, l'autorité du caractère et du talent.

« A son arrivée, M. Caro m'a dit que vous aviez la bonté de me garder un souvenir. Pour moi, Monsieur le conseiller, je n'ai oublié ni les leçons du professeur de 1819, ni les bontés du ministre de 1840. Les premières ont trempé mon âme ; les secondes m'ont laissé des traces que je compte parmi mes titres d'honneur.

« Veuillez excuser, Monsieur le conseiller, cette courte importunité, et agréer l'assurance de mon sincère et respectueux dévouement.

« Le Recteur de l'Académie.
« Théry. »

« A M. Cousin, membre du Conseil supérieur. »

ALBITÈS

en 1850

BIRMINGHAM, COLLÈGE D'EDGBASTON.

Le 11 février 1850.

« Monsieur et illustre maître,

« Un de mes amis, le Dr Russell, gradué à l'Université de Londres, vient de m'envoyer le document que je lui avais demandé et qu'il a reçu, il y a quelques jours.

« Vous trouverez ci-joint cette circulaire émanée du Sénat de l'Université ; et vous y verrez que le cours de l'Histoire de la philosophie (1829) est l'un des ouvrages dont l'étude est exigée cette année dans les examens de l'Université.

« Mon ami, en m'envoyant le document, me dit : The work of M. Cousin is doubtless included as giving the most comprehensive and clearest view of some of the fondamental doctrines of the science of the mind.

« Ces admirables et bienfaisantes leçons n'ont pas seulement été indiquées pour cette année ; elles sont étudiées à Londres depuis longtemps ; et, si vous le désiriez, j'aurais beaucoup de plaisir à profiter de la première occasion pour vous faire tenir un des annuaires de l'Université de Londres, livre où se trouvent les programmes de toutes les matières des examens, et la liste des ouvrages sur lesquels les candidats sont tenus de se préparer.

« Cela prouverait assez, veuillez me permettre cette réflexion, que la religieuse Angleterre ne redoute pas la grande philosophie spiritualiste de la France.

« J'espère que vous vous trouvez maintenant entièrement remis de l'indisposition dont vous souffriez lorsque j'ai eu l'honneur et la satisfaction de vous voir, et que vous conserverez longtemps une santé précieuse pour la France, pour la philosophie et pour la cause de l'esprit humain.

« Croyez-moi, Monsieur et illustre maître,

« Votre bien dévoué,

« Achille Albitès. »

Mme ÉLISE RUDIGER

en 1854

A M. V. Cousin :

Minden en Westphalie, le 6 avril 1854.

« Monsieur,

« Un beau jour du mois de septembre 1852, deux dames allemandes venaient vous trouver dans votre sanctuaire, à la Sorbonne, pour vous témoigner leur admiration. Probablement vous avez oublié cette petite aventure ; mais elles ne l'oublieront jamais, parce que vous avez été si bon et si aimable pour toutes les deux. La mère s'appelle Élise, baronne de Hohenhausen ; elle est une femme auteur assez connue en Allemagne ; la fille, qui s'appelle Élise Rudiger, a hérité, avec le nom, un peu de talent et beaucoup de goût littéraire. C'est elle qui vient vous troubler, du fond de l'Allemagne, par cette lettre, accompagnée d'un petit essai imprimé dans un de nos meilleurs journaux et signé de mon chiffre d'auteur. J'y ai tâché de faire apprécier par la foule des lecteurs (qui est peu savante, en Allemagne comme partout) le mérite et le charme de vos derniers écrits. J'ai l'intention d'en parler encore plus longuement au public allemand, parce qu'il a lu avec avidité mon petit article. Vos écrits sur Mme de Longueville m'ont inspiré l'idée de mettre ce ravissant portrait d'une femme supérieure dans le cadre d'un roman historique. Si vous vouliez en accepter la dédicace, cela serait comme une bénédiction donnée à mon œuvre ; et je serais sûre du succès, qui d'ailleurs ne peut me manquer, si je me borne à suivre le fil d'or tendu par votre main. Vous avez éclairé l'histoire, et les cœurs de ce temps-là. En Allemagne se trouvent aussi quelques documents concernant ce sujet, dont je puis me servir de guide. Vous connaissez probablement l'ouvrage de M. Reuchlin, à Tubingue, sur Port-Royal. Et puis l'on trouve encore les traces du séjour de Mme de Longueville à Munster en Westphalie ; j'y retourne pour quelques jours, afin d'étudier les sources.

« Si vous voulez bien me rendre heureuse par une réponse, vous devriez l'adresser, jusqu'au mois de juin, à Mme Élise Rudiger, née baronne de Hohenhausen, à Minden, en Westphalie ; mais plus tard, je me rendrai avec ma mère à Francfort sur l'Oder, en Prusse, très près de Berlin, où mon mari a reçu une place dans la haute administration.

« Agréez, Monsieur, mes sincères respects,

« Élise Rudiger.
« née de Hohenhausen. »

H. HARRISSE

en 1855

A M. V. Cousin :

24 décembre 1855.

« Monsieur,

« C'est avec un sentiment bien naturel, qu'augmente encore mon admiration pour votre caractère et vos écrits, que je me décide à vous adresser cette lettre. En effet, je vous suis inconnu ; je n'ai donc aucun droit à vos bontés, et non seulement je les sollicite, mais, de prime abord j'ose taxer votre temps précieux. Ne croyez pas, cependant, qu'il s'agisse de moi seul. La cause que vous avez défendue avec tant d'éclat y a bien sa part. Enfin, c'est au nom de Descartes, au nom de la philosophie même que, de si loin, je fais appel à votre expérience et à vos talents.

« L'Abrégé de la musique, en 1856, les Méditations, sans les objections, en 1680 et en 1853, avec la Méthode, des morceaux détachés des Principes, voilà, que je sache, tout ce qui a été publié en anglais des ouvrages du grand philosophe français.

« Le rôle que joue Descartes dans l'histoire de la philosophie moderne, les préjugés des Anglais contre toute méthode rivale de celle de Bacon, mais surtout leur ignorance du Cartésianisme, en vue même de son influence, tant en Allemagne qu'en France, réclame une traduction complète des œuvres philosophiques complètes de Descartes.

« J'ai déjà traduit la Méthode, les Méditations avec toutes les Objections, les Principes et une partie du traité des Passions ; et si mes études me le permettent, en décembre 1856, j'aurai terminé une version anglaise, sinon élégante, du moins fidèle des quatre volumes de l'édition de M. A. Garnier, « The philosophical Works of René Descartes, containing his dis-

courses on Method, Metaphysical Meditations, with all the
objections of Arnauld, Hobbes, Gassendi and others, and the
replies by Descartes, Treatise on the Passions of the soul,
Principles of philosophy, Rules for the conduct of the Mind,
Search of truth, the Esthetics of Descartes, with his philosophical correspondence, now first collected and litteraly
translated from the original French and Latin into English,
with a Preliminary Discourse on the Cartesian philosophy
and some account of Descartes. »

« Tel est le titre.

« Jeune, d'un savoir borné et que je dois à moi seul, privé
de livres et de conseils, vivant au milieu de barbares, traduisant d'une langue que j'ai presque oubliée dans une autre que
je parle seulement depuis quelques années, étonné, perdu dans
cette foule d'idées, de maximes, de principes dont j'ai peine à
concevoir la portée, l'histoire et les résultats, mes difficultés
sont grandes, et il se pourrait bien que je travaillasse en vain.
Mais ma foi est immense. Je crois en Descartes, parce que je
crois en vous, et il me suffit de savoir que le monde moderne
lui doit l'émancipation de la raison, pour que, moi aussi, je
vienne apporter mon humble offrande, et me sente animé du
feu divin. Le temps, la santé et le travail feront le reste.

« Traduire Descartes en anglais est assez aisé; mais trouver un éditeur, voilà le difficile. Si je jouissais de quelque réputation, si les Américains montraient un goût marqué pour
les études philosophiques, peut-être réussirais-je à faire imprimer ma traduction. Mais ce discours sur le Cartésianisme
que je promets et qui doit initier mes lecteurs aux grands
principes, qu'ils critiquent sans les connaître, qui l'écrira?
Sera-ce moi? Hélas! je n'en ai pas le talent. Cependant, ce
discours, il le faut. C'est au plus grand philosophe de notre
époque que j'ose le demander. Le succès de ma traduction en
dépend. Votre nom me donnera un éditeur, des lecteurs, des
critiques; et tout en m'obligeant, qui sait si vous n'ajouterez
pas un fleuron à cette belle couronne que vous portez depuis
tant d'années? Heureux privilège du talent, dont le pouvoir ne
s'arrête qu'aux limites du possible, qui peut d'un mot remuer

la pensée humaine, et aviver, même chez les peuples les plus froids, l'esprit philosophique et l'amour de la vérité !

« Ne me refusez pas votre concours ; aidez-moi dans cette œuvre qui intéresse la philosophie tout entière ; et comme individu, je vous serai reconnaissant d'un service qu'à titre de philosophe, je n'ai pas encore le droit de réclamer.

« J'ai l'honneur d'être, Monsieur, votre tout dévoué serviteur.

« Henri HARRISSE. »

« P. S. Si vous daignez m'honorer d'une réponse, ayez l'obligeance de la remettre au ministre des États-Unis à Paris, et sous ce pli : Henri Harrisse, M. A. Chapel Hill, N. C.

« Care of Honor. W. W. Boyce, M. C., Washington city.

DE LANGSDORF

en 1857

A M. V. Cousin :

Paris, 11 juillet 1857.

« Cher Monsieur et ami,

« Je suis allé chez vous avant-hier pour vous prier de vous charger de deux volumes de la Société française que je m'étais chargé de faire passer à Mme la marquise de Forbin, qui se trouve maintenant à Évian ; mais vous étiez parti le matin même. J'ai donc pris le parti d'envoyer l'ouvrage par la poste ; mais je vous envoie la petite lettre qui devait y être jointe. Je voudrais donner à Mme de Forbin le plaisir de causer avec vous de sa grand'tante, Renée de Forbin, dont vous faites un si charmant portrait. Je crois, du reste, que le plaisir sera réciproque. Personne n'est plus capable que Mme de Forbin de goûter tout ce qu'il y a de généreux et d'élégant dans vos écrits ;

cela soit dit sans compliments, ni pour vous, ni pour elle. M. de Forbin, qui est aussi à Évian, vous donnera tous les renseignements que vous pouvez désirer sur le château de Barbin. Mme de Forbin est une grande amie de Mme d'Harcourt...

« Agréez, Monsieur et ami, tous mes sentiments les plus dévoués.

« E. de LANGSDORF. »

JONNET
1843

M. V. Cousin, sans doute à M. Jonnet, fourriériste :

Paris, 25 octobre 1843.

« Monsieur,

« Voici les écrits que vous m'avez adressés; je les ai lus.
« Ils ne m'ont point converti à la doctrine de votre maître.
« L'enthousiasme naïf et désintéressé me touche, quel qu'en
« soit l'objet. Celui de vos amis et le vôtre s'égarent dans une
« erreur profonde. Permettez-moi de vous le dire franche-
« ment. Vous n'êtes pas arrivé à l'étude de ces redoutables
« problèmes, avec la préparation suffisante. J'ai souvent dé-
« couragé de la métaphysique des personnes qui n'y appor-
« taient pas les connaissances nécessaires. Croyez-en ma vieille
« expérience; gardez vos sentiments, mais modérez-les. Il est
« impossible de lire l'ouvrage de M. Reynaud, comme les ar-
« ticles de M. Considérant, sans regretter que des âmes aussi
« passionnées pour le bien épuisent leurs forces à la poursuite
« de semblables chimères. Vous ne semblez pas non plus vous
« douter qu'en parlant de la nécessité d'une résurrection so-
« ciale universelle, vous pouvez faire un mal immense : celui
« de dégoûter les hommes de leur condition présente, et de
« leur en faire chercher le remède dans des bouleversements

« sans fin, au lieu qu'avec plus de bon sens, la résignation et
« le travail, l'ordre, l'esprit de suite, une énergie réglée,
« moins d'orgueil et plus de vraie sagesse, soulageraient aisé-
« ment leurs misères.

« Je m'arrête ; je crains de vous blesser en ne voulant que
« vous guérir. Vous citez souvent M. Béranger, le célèbre
« poëte. Eh bien ! j'ai l'honneur de le connaître ; consultez-le.
« Il vous dira peut-être comme moi : Travaillez, ne rêvez pas,
« réglez votre cœur, qui paraît excellent ; et quand vous souf-
« frez, pensez, non pas à une régénération sociale, mais à
« Dieu ; j'entends à ce Dieu véritable, qui n'a pas fait l'homme
« seulement pour le bonheur, mais pour une fin tout autre-
« ment sublime.

« Pardon, Monsieur, de ma franchise ; excusez-moi, et
« croyez à mon plus sincère intérêt.

« Victor Cousin. »

Cette lettre, adressée à des partisans de la doctrine phalanstérienne, est d'une profonde sagesse. Il y a cinquante ans que M. Cousin l'écrivait, et il est en quelque sorte prophète ; ses conseils seraient de nos jours plus opportuns que jamais. Les principes qu'il combattait n'avaient pas encore produit les conséquences inévitables qu'ils renferment. Le mal a fait d'immenses progrès ; et pour le guérir, il faudra des remèdes et des efforts d'une sévérité effrayante, mais nécessaire. La société, attaquée comme elle l'est, doit se défendre ; mais des lois répressives, quelque dures qu'elles soient, ne suffisent pas. Comment se sont formées tant d'âmes criminelles et atroces ? D'où viennent tant d'idées monstrueuses, réduites en théories meurtrières ? C'est là ce qu'il faudrait rechercher avant tout ; car c'est la véritable cause du crime. Les coupables sont en général assez instruits ; où ont-ils puisé leurs abominables convictions ? En face de symptômes menaçants, quelques cris d'alarme ont été poussés depuis longtemps ; mais les pouvoirs publics ne les ont pas entendus. La sagacité de M. Cousin les entrevoyait ; et aujourd'hui il n'y a pas d'autres moyens de guérison sérieuse que ceux qu'il recommandait.

Nous ne savons à qui s'adressait la lettre suivante, dictée par M. Cousin à un de ses secrétaires. Elle a dû être écrite en 1845 ou 1846, autant qu'on en peut juger par son contenu. Le général dont il est question nous est inconnu. Parmi les collègues de M. Cousin à la Chambre des Pairs, il y avait beaucoup de généraux. Quelques-uns étaient des esprits distingués, fort capables de comprendre et d'aimer les questions métaphysiques. A qui d'entre eux cette réponse était-elle destinée ? Quel que fût le destinataire, ce fragment n'en a pas moins d'importance. M. Cousin y fait la juste séparation de la philosophie et de la religion, de la raison et de la foi. Seulement, il admet toujours la distinction de deux ordres de vérités, naturelles et surnaturelles. Il nous semble que cette distinction, qui est à l'usage de la théologie depuis saint Thomas d'Aquin, doit être repoussée par la philosophie. Pour elle, il ne peut y avoir qu'un seul ordre de vérités. Ce sont toutes celles que la raison, accordée par Dieu à notre infirmité, peut étudier et admettre. La question du péché originel n'est pas exclue ; car il est clair qu'à son origine l'homme n'a pas pu être ce qu'il est aujourd'hui ; il y a eu tout au moins transformation, si ce n'est déchéance.

FRAGMENT D'UNE LETTRE DE M. COUSIN A UN INCONNU

Sans date

Le brouillon est de la main d'un des secrétaires de M. Cousin, peut-être de M. Barni.

« Malgré toutes les séductions de votre amitié et de votre
« raison, mon cher général, je persiste à penser que les véri-
« tés naturelles et les vérités révélées constituent deux ordres
« de connaissances absolument différentes, et qu'il faut main-
« tenir différentes. La philosophie et la religion doivent se
« donner la main, mais en restant chacune dans le domaine
« qui lui appartient. Comme en littérature, on ne gagne rien
« à mêler les genres, et que plus d'un artiste s'est égaré en
» confondant les procédés et les effets des différents arts, ainsi
« l'on risque de beaucoup nuire à la théologie et à la philosophie
« en les soumettant l'une et l'autre à des méthodes étrangères.
« La philosophie s'appuie sur la raison seule, et n'aspire qu'à
« des vérités que la raison peut découvrir. La théologie est
« fondée sur l'autorité d'une révélation, qui est venue ensei-
« gner aux hommes ce que leur raison ne pouvait leur ap-
« prendre. Si, par exemple, la raison peut rendre compte du
« péché originel, elle aurait donc pu découvrir par ses propres
« forces le dogme sur lequel repose le Christianisme. Il n'eût
« donc pas été besoin de l'autorité première d'une révélation
« pour le faire connaître aux hommes, et il ne serait pas besoin
« de l'autorité permanente de l'Église pour le maintenir. Sans
« doute, la raison peut faire voir que ce dogme est loin d'être
« absurde, comme on l'affirmait, avec assurance, au milieu du
« xviiie siècle. Elle peut montrer, avec Pascal, que le mélange
« de grandeur et de bassesse, qui sont en l'homme, semble té-

« moigner d'une première perfection et d'une chute. Elle peut,
« en faveur de ce dogme, recueillir des traditions antiques et
« respectables. Mais, mon cher général, le fond même de ce
« dogme demeure impénétrable à la raison, telle qu'elle est
« faite aujourd'hui ; et qui veut l'expliquer par la philosophie
« court grand risque de tomber dans des hérésies. Par exemple,
« l'interprétation que vous proposez, si vous n'aviez pas la
« sagesse de la retirer, vous conduirait à une erreur incompa-
« tible avec toute moralité et toute vraie religion. Non, il n'est
« pas vrai que tous les hommes n'aient qu'une seule et même
« âme. Loin de là, ce qui constitue l'âme, c'est précisément
« cette personne indivisible, que dans l'école on appelle moi,
« essentiellement différente de toute autre personne, et dont
« les actions ne sont imputables qu'à elle seule, parce qu'elle
« seule les accomplit. Parler d'une âme unique pour toute
« l'humanité, c'est, ou faire une métaphore, ou détruire la no-
« tion même de l'âme et de la personnalité. C'est ôter la li-
« berté, et par conséquent le fondement de toute vertu et de
« tout mérite. Il n'y a pas de vrai théologien, comme il n'y a
« pas de vrai philosophe, qui puisse admettre votre explica-
« tion.

« Vous me direz, mon cher général, que je prends votre
« lettre fort au tragique ; assurément, parce que je ne badine
« pas en pareille matière. Jugez, par votre exemple, ce qui
« arriverait si tous les professeurs de philosophie s'avisaient de
« se livrer, avec les meilleures intentions du monde, à des
« explications semblables à la vôtre. C'est alors que le clergé
« aurait raison de se plaindre, tandis qu'il a tort de ne pas
« rendre justice à la circonspection de l'enseignement philoso-
« phique, qui se renferme sagement dans ses limites. Nous
« autres, professeurs de philosophie, nous n'enseignons pas... »

Le reste du brouillon manque.

On peut croire que ce métaphysicien inconnu était
digne de discuter avec M. Cousin, puisque M. Cousin
lui a répondu, et l'a réfuté sur une question des plus

graves. Cependant, il n'a pas achevé sa lettre, et sans doute elle n'a pas été envoyée à son adresse. M. Cousin se sera contenté d'une conversation avec son collègue. Ce fragment, tout incomplet qu'il est, n'en est pas moins précieux à conserver. Il ne nous apprend rien de neuf, il est vrai ; mais il confirme tout ce que nous avons dit de l'indépendance philosophique de M. Cousin. Il n'a jamais sacrifié les droits de la raison, par quelque considération que ce fût. C'est toujours la pensée Cartésienne qui l'a soutenu, et qu'il a toujours défendue avec une constance égale à son énergie. Nous ne craignons pas d'insister sur ce point et sur les droits imprescriptibles de la raison.

CRUICE

Sans date

A M. V. Cousin :

1er juillet.

« Monsieur,

« J'ai l'honneur de vous adresser la thèse française de M. l'abbé Vaillant ; il aurait désiré vous l'offrir lui-même et vous dire de vive voix ce qu'il a écrit dans son introduction. Ce sont vos travaux sur Pascal qui l'ont inspiré et dirigé dans ses études ; il aurait voulu mieux profiter de cette habile direction que vos écrits lui offraient. Combien il serait heureux de vous compter au nombre de ses juges! C'est désirer, il est vrai, un jugement sévère ; je devrais dire Un jugement éclairé, mais non sévère ; car l'indulgence nous vient toujours des esprits supérieurs.

« Veuillez agréer, je vous prie, l'hommage du profond respect avec lequel j'ai l'honneur d'être votre très humble et très dévoué serviteur.

« P. Cruice, Ch. Hon. »
« Sup. »

« L'abbé Vaillant aura l'honneur de vous remettre sa thèse latine dans trois jours. »

P. PONSARD
1814-1867

A M. V. Cousin :

Vienne, 7 juin 18...

« Monsieur,

« Vous avez été pour moi une influence toute bienfaisante. L'accueil dont vous m'avez honoré, votre approbation indulgente et votre glorieuse protection sont les plus précieux souvenirs que j'aie remportés de Paris. J'avais peine à croire que mon bonheur m'eût ainsi rapproché d'un de ces hommes dont le nom et les ouvrages nous étaient familiers dès notre jeunesse, mais dont nous n'osions saluer la célébrité que de loin. Vous venez de mettre le comble à ma reconnaissance. Vous avez une grande part dans la haute faveur que l'Académie a daigné m'accorder, et j'en suis surtout redevable, non seulement à votre suffrage, mais encore à l'autorité de votre parole. Je désirerais ardemment que mon pouvoir répondît aux efforts inquiets que je ferai pour ne pas me montrer trop au-dessous de tant de bienveillance.

« Agréez, Monsieur, l'hommage de ma reconnaissance et de mon respect.

« P. Ponsard. »

M. Ponsard, né à Vienne (Isère) en 1814, avait donné sa tragédie de Lucrèce en 1843. En 1865, il avait été nommé à l'Académie française. Mort en 1867, il n'a pas pu tenir tout ce que ses débuts avaient promis ; mais M. Cousin avait de fort bonne heure distingué ce talent, et il lui avait accordé son puissant patronage.

WIGHT
en 1858

A M. V. Cousin :

« Voudriez-vous bien me fournir vous-même une notice ou un résumé de vos opinions philosophiques, ou m'indiquer une notice ou un résumé de ce genre déjà fait, que vous auriez eu la bonté d'accepter ? Quelle place ne tiendrait pas cet article dans la Biographie générale ? On pourrait y joindre l'exposé de votre système. Avez-vous quelque chose à changer maintenant aux vues que vous avez exprimées dans la préface des Fragments philosophiques (1826), que j'ai toujours regardée comme le résumé le plus complet de votre doctrine ?

« J'ai reçu, il y a un ou deux jours, une longue lettre de M. le professeur Tappan, qui parle de vous dans les termes de la plus vive admiration. « Implanter la philosophie dans l'Ouest est un grand dessein, » c'est une des expressions dont vous vous êtes servi en lui parlant, qui, selon lui, le console dans ses heures de fatigue. Dites bien à M. Cousin, ajoute-t-il, si vous avez occasion de lui écrire, combien je l'admire et je l'aime. Quant à mon affection pour vous, c'est celle d'un élève reconnaissant pour son grand et excellent maître. Telle est la condition de la vie humaine, qu'un mouvement intellectuel qui s'appuie sur la base de la raison éternelle, accomplit sa mission bienfaisante sur la terre. L'auteur d'un tel mouvement doit trouver sa famille philosophique se soulevant pour bénir son nom, jusque dans les pays étrangers.

« Votre dévoué de tout cœur.

« O. W. Wight. »

M. Wight était venu à Paris en mars 1854, et c'est pendant son séjour qu'il a écrit cette première lettre.

En voici une seconde :

6 septembre 1858.

« Cher Monsieur Cousin,

« Je donne actuellement tout mon temps à l'Encyclopédie de la philosophie, dont je me suis plus ou moins occupé depuis longues années. Mon ouvrage contiendra une esquisse biographique, et un exposé du système de chaque philosophe. J'y ajouterai un vocabulaire complet des termes philosophiques, avec leurs définitions et leurs variations historiques. La publication aura lieu l'année prochaine, Deo volente, en un gr. in-8° de 1000 pages.

« La partie la plus difficile de beaucoup, c'est le changement historique qu'ont subi les termes philosophiques ; c'est-à-dire de faire entrer dans le vocabulaire l'histoire entière de la philosophie. En réalité, mon Encyclopédie ne sera pas tout à fait neuve ; car, en ce genre, personne ne peut produire une œuvre originale. Je n'ai guère pensé qu'à faire une compilation. J'ai glané mes matériaux dans le vaste champ de la philosophie ; quelques parties ne feront que reproduire des fragments qui doivent être respectés, et certains morceaux d'une utilité pratique.

« Je suis heureux de vous dire que tous ceux qui dans ce pays peuvent avoir une opinion sur un ouvrage ainsi conçu, m'ont écrit des lettres fort encourageantes, pour m'exprimer leur sympathie et leur persuasion que je puis entreprendre cette publication, pour laquelle ils me promettent leur concours.

DE NAVILLE

Sans lieu ni date

A M. V. Cousin :

Sans lieu, ni date.

« Monsieur,

« Vous comprendrez facilement qu'en m'occupant des manuscrits de Maine de Biran, j'ai été souvent tenté de vous écrire pour vous communiquer mes découvertes et vous demander vos précieuses directions. La discrétion seule m'en a empêché. Mais enfin, voici le moment de rompre ce silence ; car j'espère que ce premier fragment, que j'ai l'honneur de vous envoyer, est une pierre qui, toute petite qu'elle est, commence un magnifique édifice. Je ne saurais vous dire, Monsieur, combien je suis heureux et flatté de pouvoir contribuer pour ma part à une œuvre à laquelle vous mettez un si vif intérêt, et que les circonstances vous ont malheureusement empêché d'exécuter comme vous l'auriez désiré. Mon Avant-propos vous instruira généralement des progrès que j'ai faits dans la reconnaissance des manuscrits, depuis la lettre que j'avais écrite à M. de Rémusat, et qu'il a bien voulu vous communiquer. Je lis le grand ouvrage avec soin, mais lentement, en sorte que je n'y suis pas encore bien avancé. Je comptais, dans les commencements, ne trouver qu'une rédaction un peu plus soignée de ce que j'avais lu dans les imprimés. C'était une erreur. Les idées, quoique roulant sur les mêmes sujets, y ont acquis un nouveau degré si marqué de profondeur, de clarté et de précision, que c'est comme un nouvel ouvrage. Plusieurs questions qui n'avaient été qu'effleurées et sur lesquelles l'auteur n'avait point donné d'opinion positive, sont ici traitées à fond. Je n'en indiquerai qu'une seule, celle de l'origine de l'idée de substance. Les imprimés ne m'avaient laissé aucune idée nette à cet égard. L'auteur même variait beaucoup dans ce qu'il en disait. Tantôt il semblait y voir un résultat nécessaire de la constitution de l'esprit humain ; tantôt il semblait vouloir anéantir la substance au profit de la cause. Dans le grand ouvrage, l'idée de la substance est clairement distinguée de celle de cause, et reconnue à l'égal de cette dernière dans les profondeurs d'une admirable analyse de la conscience. Je me réjouis, Monsieur, du plaisir que vous aurez à faire connaissance de ce travail. Je ne vous demande pas votre intérêt, votre appui et au besoin votre concours pour mon entreprise. Je regarde votre bienveillante coopération comme m'étant acquise, et comme une garantie du succès. Cette pensée soutient et anime mon courage.

« Veuillez, Monsieur, me compter au nombre des admirateurs de votre beau génie, et croire à mon respectueux dévouement.

« De NAVILLE, pasteur. »

Né en Suisse en 1816, M. de Naville est professeur de philosophie et pasteur à Genève. En 1886, il a été élu membre associé de l'Académie des Sciences morales et politiques, dont il était correspondant.

ANONYME

Sans date

A M. V. Cousin :

« Vous souvenez-vous, mon cher et illustre confrère, d'entretiens fort animés que j'eus avec vous, il y a une quarantaine d'années, sur les plus hauts objets de la métaphysique. J'étais alors au milieu de ma laborieuse et pénible carrière, et vous, au début brillant de la vôtre. Malgré une si grande disproportion d'années, je vous consultais comme mon maître en philosophie, et vous me traitiez comme un disciple barbon, mais plein de bonne volonté. Depuis longtemps, la doctrine de Condillac, que l'on avait prescrite à mes jeunes années, me pesait horriblement. Je la trouvais en opposition avec les sentiments que les leçons du malheur avaient développés en moi. J'aspirais à leur donner une sanction dans une métaphysique élevée. J'étais en pleine révolte contre les doctrines de Cabanis, de Volney, qui empoisonnaient alors l'enseignement public. Distrait par d'autres soins, je me trouvais mal armé pour les combattre, et je venais en toute humilité vous demander, à vous, élève chéri de Royer-Collard, des armes d'une plus forte trempe. Des révolutions périodiques, détruisant l'ouvrage les unes des autres, sont venues interrompre mes douces communications, et m'ont laissé immuable dans les principes que j'avais embrassés sous votre direction. Je m'y suis fortifié par l'étude de Descartes, de Leibnitz et de Malebranche. Et vous, plus heureux, à travers quelques hésitations, vous avez su écarter d'une main victorieuse les nuages qui embarrassaient l'essor de la philosophie renaissante; et vous en avez éclairé et affermi la marche, avec plus de constance et de succès que tout autre de nos contemporains, de vos émules, soit nationaux, soit étrangers. Élève pieux et reconnaissant, vous aimez à rapporter à Royer-Collard le triomphe d'une doctrine qui plane aujourd'hui sur toutes les autres; mais s'il en a été le Socrate, vous en êtes le Platon. Oh! que vous avez bien profité de votre commerce intime avec le créateur sublime de la philosophie! On croit, en vous lisant, entendre encore les accents de cette langue si pure, si riche et si harmonieuse. Vous êtes devenu grand écrivain, en devenant grand philosophe. Chez vous, le travail de la pensée et celui du style, n'offrent rien de distinct. Voilà près d'un mois que j'emploie à vous lire, et je me serais accusé d'ingratitude et de sécheresse d'âme, si je ne vous avais adressé le vif accent de ma reconnaissance et de mon admiration. Je vous considère, à ce titre, comme l'un des plus précieux bienfaiteurs de ma retraite.

« J'aurais voulu vous indiquer spécialement les livres et les chapitres où j'ai cru voir les plus belles conquêtes de la philosophie et ses vérités les plus démontrées ; mais rien ne se détache facilement d'un ouvrage tissu avec tant de méthode et de force. D'ailleurs, j'éprouve quelque honte à balbutier dans une langue que vous avez la gloire de simplifier et de perfectionner. Vous faites bien mieux. Votre Éclectisme me paraît une sorte de chimie intellectuelle, à l'aide de laquelle vous savez discerner la vérité dans tous les systèmes, où elle se trouve, mêlée souvent avec d'étranges erreurs. Et vous savez la faire reparaître dans sa pureté, dans son éclat, et j'ajouterai même dans son charme pénétrant. Le sentiment trouve richement sa part dans votre analyse, et quand vous rétablissez ses points de contact avec la raison, vous le rendez plus saint et plus impérieux. La démonstration cartésienne sur la spiritualité de l'âme, reçoit de vous un développement qui la rend irréfragable. Par vos recherches sur le principe du beau, combiné avec le principe du bien, vous avez réalisé le vœu du bon La Fontaine : « Que le Bien soit toujours camarade du Beau. » Je suis bien vieux ; mais j'espère que Dieu me permettra de vivre assez pour méditer encore une fois un ouvrage où je trouve le charme et le repos de ma vieillesse.

« Dans mon enthousiasme, je murmure déjà contre le retard des journaux à faire connaître un ouvrage qui établit et qui consacre la prééminence du spiritualisme sur une doctrine abjecte et impure, par laquelle le xviiie siècle a compromis et souillé de nobles vœux et une impulsion généreuse. »

TABLE DES MATIÈRES

TABLE DES MATIÈRES

Le chiffre romain indique le volume; le chiffre arabe indique la page.

A

Abel Rémusat. Ses relations avec M. Cousin, II, 334.

Abélard. Édition de ses œuvres par M. Cousin, I, 322. — Jugé par M. Cousin et mis à côté de Descartes, I, 324.

Académie française. Tribunal de la langue nationale et arbitre du goût, I, 505. — Rôle de M. Cousin dans cette Académie, *ibid*.

Académie des Sciences morales et politiques; ses concours de philosophie, I, 520. — Voir Cousin.

Adam Smith, philosophe et économiste, I, 341.

Affre, archevêque de Paris, approuve en 1840 le projet de M. Cousin sur l'instruction secondaire, I, 440. — archevêque de Paris, sa lettre du 17 septembre 1840 à M. Cousin, III, 448.

Agrégation des lettres et des sciences, créée par M. Cousin en 1840, I, 442. — de philosophie, créée en 1834, III, 300.

Ahrens (professeur de l'Université de Bruxelles). Ses relations avec M. Cousin, II, 483.

Albitès, Achille. Sa lettre à M. Cousin, Birmingham, 11 février 1850, III, 463.

Allemagne. Sa philosophie, inconnue en France en 1817, I, 67. — Son influence sur M. Cousin en 1817, I, 71. — Sa philosophie est, au commencement du xviiie siècle, très supérieure à la philosophie française, I, 72. — Les professeurs y sont plus considérés que les hommes d'État, I, 371. — Obscurité de la langue allemande, II, 579. — Voir Cousin et Schelling.

Allemands, correspondants de M. Cousin, II, 441.

Altenstein. Ses relations avec M. Cousin, II, 447. — Ministre de l'Instruction publique en Prusse; ses remerciments à M. Cousin, III, 319. — Son intervention pour faire accorder à M. Cousin une décoration prussienne, III, 351. — Sa bienveillance envers M. Cousin, III, 353.

Ame. M. Cousin n'a pas une certitude absolue de l'immortalité de l'âme, III, 163. — Voir Cousin.

Américains, correspondants de M. Cousin, I, 430. — correspondants de M. Cousin; leur nomenclature, II, 460.

AMI DE LA RELIGION, journal dirigé par M. l'abbé Cognat, II, 45.

AMIEL. Sa lettre à M. Cousin sur l'indifférence de l'Université, si bien défendue par lui devant la Chambre des Pairs, I, 451.

AMPÈRE, J.-J. Son voyage à Berlin en 1827, I, 245. — Ses relations avec M. Cousin, II, 289. — Sa lettre du 9 juillet 1827 à M. Cousin : ses projets d'études, III, 382.

ANCILLON. Introduit M. Cousin auprès de plusieurs professeurs d'Allemagne, en 1817, I, 70.

ANDRAL (le médecin). Ses relations avec M. Cousin, II, 502. — gendre de M. Royer-Collard, ibid.

ANDRÉ (le père). Édité par M. Cousin, I, 325. — Voir Cousin.

ANDRIEUX. Son billet à M. Cousin en 1831, I, 504. — Ses relations avec M. Cousin, II, 334.

ANGEBERT (Mme Caroline), de Dunkerque. Ses trois lettres à M. Cousin sur les leçons de 1828, I, 275 et suiv. — Elle réclame en faveur de la raison des femmes, I, 276. — Seconde lettre du 12 octobre 1828, I, 281. — Troisième lettre du 22 novembre 1828, ibid. — Détails sur ses travaux philosophiques, I, 283. — Son admirable lettre du 15 décembre 1830, à M. Cousin, qu'elle blâme de quitter la philosophie, I, 361. — Ses lettres à M. Cousin, II, 313. — Ses lettres à M. Cousin, III, 173 et suiv. — Son talent philosophique, ibid. — Sa lettre du 8 avril 1829 à M. Cousin, III, 174. — Réclame la première place pour la morale, III, 175. — Ses arguments, III, 176. — Esquisse de son système philosophique, III, 177. — Son jugement sur les leçons de M. Cousin, III, 178. — Ses objections contre le fatalisme de M. Cousin, III, 180. — Ses espérances philosophiques, III, 182. — Sa franchise à l'égard de M. Cousin, III, 185. — Demande trop à la philosophie, III, 186. — Sa lettre du 23 avril 1829, III, 186. — Son jugement sur le cours de 1828, III, 187 et suiv. — Son indépendance, ibid. — Contre le fatalisme, III, 188. — Indique les bases de la morale, III, 192. — Ses objections contre le système historique de M. Cousin, III, 193 et suiv. — Son opinion sur la guerre, III, 195. — Sa modestie, III, 198. — Son éducation incomplète, III, 199. — Sa lettre du 22 août 1830, III, 200. — Ses études psychologiques, III, 201 et suiv. — Son explication du temps et de l'espace, III, 205 et suiv. — Notions du temps et de l'espace données par la conscience, III, 207. — et par la mémoire, III, 208. — Ses observations sur les premières sensations de l'enfant, III, 212. — Sa modestie, III, 214. — Cessation de sa correspondance avec M. Cousin, III, 216. Voir Cousin.

ANGLETERRE. Cause de la durée de la monarchie anglaise, II, 231. — S'occupe peu de philosophie, selon M. Hamilton, en 1830, III, 219. — État déplorable de l'instruction primaire en 1833, III, 228.

ANNE D'AUTRICHE. Ses relations avec le cardinal Mazarin, II, 188. — Son sens politique, II, 604. — Soutient Mazarin et la politique de Richelieu, II, 620.

Voir Hautefort (Mme de) et Mazarin.

ANONYME. Lettre provoquant la conversion de M. Cousin. II. 295. — Autre lettre de Stockholm en 1828; confession philosophique d'un jeune homme, II. 298. — lettre anonyme d'un confrère de M. Cousin; lettre pleine d'admiration. III, 479 et suiv. — Cette lettre est peut-être de M. Lacretelle.

ANTIQUITÉ. N'a obéi en philosophie qu'à la raison. I. 46. — N'a obéi en philosophie qu'à la raison. II, 533.

ANTIQUITÉ GRECQUE. N'exclut pas les femmes de la philosophie. II. 253. — Peut servir de modèle à la Grèce moderne. II, 488.

APPENDICE. Sur les origines de la Fronde par M. Cousin. II, 583.

APPENDICES joints par M. Cousin aux histoires des femmes illustres du XVII° siècle, II, 225.

ARAGO (François). membre de la Commission des impressions gratuites en 1834, I, 2.

ARAGO (François). Sa lettre singulière à M. Cousin en 1840, II, 362.

ARCHEVÊQUE DE PARIS. Sa lettre à M. Cousin, et ses conseils en juillet 1856, II, 83. — Sa lettre conciliante à M. Cousin, du 16 mars 1857, II. 111. — Autre lettre du 21 mars ; ses conseils à M. Cousin, *ibid*. — Autre lettre du 3 avril 1857, II. 112. — Autorise Mgr Marot à écrire à M. Cousin, II, 173. Voir Congrégation de l'Index.

ARCONATI (les), amis et correspondants de M. Cousin, I, 703.

ARGOUT (le comte d'). Ses relations avec M. Cousin. II, 436.

ARGUMENTS de M. Cousin en tête de certains dialogues de Platon, I, 327. — Manquent à plusieurs dialogues. I, 328. — Regrets pour cette lacune. I, 328.

ARISTOTE. Publié par Bekker et Brandis. I. 335, au nom de l'Académie de Berlin, *ibid.* — Son admirable définition de la philosophie première, II. 541. — Travaux de M. V. Cousin sur sa Métaphysique. III, 245. — Voir École normale et Cousin.

ART FRANÇAIS exalté par M. Cousin, I, 56. — Voir Cousin.

ARTAUD. sa visite au Dr Schulze, à Berlin, en 1833, III, 325.

ARTS. Classifiés par M. Cousin, d'après leur degré d'expression, I, 55.

ASPASIE, son discours dans le Ménexène de Platon, II, 253.

AST. Ses écrits ont été fort utiles à M. Cousin. I, 226 — Ses travaux sur Platon jugés par Brandis. I. 333. — et Schleiermacher, leurs travaux sur Platon, I, 337. — Voir Schleiermacher.

AUGUSTA (reine de Prusse). Ses lettres à M. Cousin, en 1866, I, 556. — Amie de la France, *ibid.*

AUGUSTIN (S.) Cité par M. de Lamennais, II, 23.

AUMALE (duc d'). Ses lettres à M. Cousin, I, 548 et suiv.

AUSTIN (John). Ses relations avec M. Cousin. II, 452. — jurisconsulte anglais. correspondant de l'Académie des sciences morales et politiques, III, 122. — Sa liaison avec M. William Hamilton, III, 244.

Austin (Mme Sarah). Traduit en anglais le Rapport de M. Cousin sur les écoles prussiennes. I, 382. — Avait mis M. John-Stuart Mill en relation avec M. Cousin, I, 394. — Impression que cause aux États-Unis sa traduction des rapports de M. Cousin, I, 404. — Sa longue correspondance avec M. Cousin ; sa haute intelligence, II, 453. — Ses lettres à M. Cousin, III, 122 et suiv. — Quelques détails sur sa vie, *ibid*. — Début de sa correspondance avec M. Cousin, en 1827, *ibid*. — Son style anglais, III, 123. — Traduit le Rapport de M. Cousin sur l'instruction publique en Prusse, III, 131. — Sa lettre du 5 mars 1833 à M. Cousin, III, 134. — et du 2 avril 1833, III, 135. — Son opinion sur l'instruction populaire, *ibid*. — Son séjour à Malte, en 1836 ; services qu'elle y rend, III, 136. — Sa lettre datée de La Valette, 25 avril 1838, à M. Cousin, III, 137. — Ses occupations à Malte, en 1837, III, 140. — De retour en Angleterre, en 1838, III, 141. — Sa lettre du 31 décembre 1838, à M. Cousin, III, 141. — Sa situation à Malte, III, 143. — Elle traduit les ouvrages de M. Ranke, *ibid*. — A Dresde, en 1843, III, 144. — Lettre de M. Bresson sur elle, du 18 août 1843, III, 144 et suiv. — Son impression sur la société de Berlin, III, 146. — Elle quitte Paris en 1848, *ibid*. — Sa lettre à M. Cousin, de Berlin, 1843, *ibid*. — Jugement de Santa-Rosa sur elle, en 1823, III, 145. — Détails sur ses voyages en Allemagne, III, 147. — Son opinion sur la vieillesse, III, 148 et 149. — Son forme bon sens opposé aux plaintes de M. Cousin, *ibid*. — Son estime pour M. Guizot, III, 150. — Ses conseils à M. Cousin sur une candidature politique, en 1848, III, 151. — Quitte la France en 1848, III, 153. — Se trompe sur la conduite politique de M. B. St Hilaire en 1848, III, 154. — Son opinion sur les principes de 89, III, 154. — Sa lettre du 8 mars 1849, *ibid*. — Approuve la politique de Louis-Philippe et de M. Guizot, III, 159. — Obtient une pension de la Reine d'Angleterre pour ses ouvrages, III, 162. — Lettre de M. Cousin, d'août 1849, à Mme S. Austin, III, 162. — Sa correspondance avec M. Cousin a duré 40 ans, III, 155. — Sa biographie par sa petite-fille, mistress Ross, III, 166. — Ses traductions d'ouvrages allemands, III, 227. — Sa notice sur la duchesse d'Orléans, III, 340. — Liée avec le Dr Whewell, de Cambridge, III, 442.

Autographe. Des Pensées de Pascal, consulté par M. Cousin, I, 509. — Voir Cousin et Pascal.

Avertissement. Sur les éditions des ouvrages de M. Cousin, I, 23.

Ayma. Sa lettre de 1850 à M. Cousin sur le prétendu Catéchisme philosophique de 1834, I, 434.

Azaïs. Sa correspondance inconvenante avec M. Cousin, en 1828, II, 279. — Détails sur sa vie et ses œuvres, II, 280.

Azeglio (gendre de Manzoni). Ses lettres à M. Cousin, I, 654. — Son ministère en 1851, *ibid*. — Sa lettre remarquable du 15 octobre 1851 à M. Cousin, I, 655.

— Autre lettre du 30 octobre 1851, où il remercie M. Cousin au nom du Roi de Piémont, I, 658. — Autre lettre du 7 janvier 1854, sur les affaires d'Italie, I, 658. — Sa lettre à M. Cousin, du 1er juin 1858, pour lui recommander la marquise de Ricci, I, 667. — Ses lettres de 1865, I, 672. — Sa dernière lettre, I, 673. — Sa mort, 15 janvier 1866, I, 678.

B

BAADER. Sa lettre à M. Cousin, de janvier 1819, I, 90.

BACHMANN (C.-F.), professeur de philosophie à Iéna ; ses relations avec M. Cousin, II, 445.

BACON (Roger) apprécié par M. Cousin ; son génie longtemps méconnu, I, 325.

BACON (François). Inférieur en génie à son homonyme Roger Bacon, I, 325.

BAGGESEN. Sa lettre à M. Cousin en 1821, II, 442.

BALBO, correspondant de M. Cousin, I, 703.

BALDACCHINO, correspondant de M. Cousin, I, 703.

BALDASSORE POLI, correspondant de M. Cousin, I, 702.

BALLANCHE. Ses relations avec M. Cousin, II, 334. — Quelques détails sur sa vie, *ibid*. — Ses lettres de 1839 à M. Cousin, pour lui recommander M. Auguste Véra, III, 395.

BANCROFT (l'historien). Sa lettre à M. Cousin en 1851, où il lui présente M. Tappan, de New-York, II, 409.

BARANTE (le baron de), de l'Académie française. Ses relations avec M. Cousin, II, 437.

BARBERINI (Carlo), correspondant de M. Cousin, I, 703. — Sa lettre du 16 mai 1840 à M. Cousin sur la philosophie du XVIIIe siècle, III, 444. — Sa lettre du 15 février 1854 pour remercier M. Cousin de l'envoi d'un de ses ouvrages, III, 446.

BAROLA, professeur de philosophie à la Propagande. Entre en relation avec M. Cousin par l'intermédiaire d'Ozanam, II, 34.

BARROT (Odilon). Félicite M. Cousin de son discours de 1844, à la Chambre des pairs, I, 457. — Ses relations avec M. Cousin, II, 502. — Remercie M. Cousin de l'envoi d'un de ses ouvrages, III, 461. — Sa candidature à l'Académie des sciences morales et politiques, *ibid*.

BARTH (le Dr). Reçoit une lettre de M. Cousin en novembre 1829, I, 352.

BARTHÉLEMY S. HILAIRE. Ses relations avec M. Cousin, I, 1 et suiv. — Ses lettres à M. Cousin en 1834 et 1839, I, 3 et suiv. — Un des légataires de M. Cousin, I, 20. — Obtient le prix sur la Logique d'Aristote en 1837, I, 519. — Son prix sur l'Organon d'Aristote, III, 102. — Défendu spontanément en 1848 par M. Cousin, III, 153. — Son discours d'ouverture au Collège de France envoyé par M. V. Cousin à M. W. Hamilton, III, 260.

BARTHOLMÈS (Christian). Ses lettres à M. Cousin de 1847 à 1857, III, 453 et suiv. — Ses remerciements à M. Cousin, III, 455.

BARUFFI. Lettre que lui adresse M. Cousin, I, 621.

BAUDE (le baron). Sa lettre à M. Cousin sur les relations de la reine Anne d'Autriche et de Mazarin, II, 191. — Sa lettre du 6 février 1844 à M. Cousin sur des notes dictées par Napoléon, III, 452.

BAUP. Ses relations avec M. Cousin, III, 444.

BAUTAIN (l'abbé). Sa liaison avec M. Cousin dès 1813, II, 257. — Quitte la philosophie pour l'Église en 1828, *ibid*. — Détails sur sa vie, *ibid*. — Ses lettres à M. Cousin en 1819, II, 258.

BAVIÈRE (le roi de), passant par Paris, en 1857, prie M. Cousin de venir le voir, II, 492.

BAYNES, élève favori de M. Hamilton, patronné par M. Cousin, II, 459.

BEAU. Étude du beau négligée jusqu'à la fin du xviiie siècle, I, 54. — Analyse du Beau par M. Cousin, I, 54 et suiv.

BEAUFORT (duc de). Médite d'assassiner Mazarin, II, 605. — Emprisonné en 1643, *ibid*. — Son portrait, II, 612. — Refuse la charge de grand-écuyer, II, 613. — Emprisonné en 1648, II, 613. — Son portrait par le cardinal de Retz, II, 614. — et par La Rochefoucauld, *ibid*. — Sa mort à Candie, II, 615.

BECKERS. Traduit en allemand la seconde préface des Fragments philosophiques, I, 290.

BEKKER. Ses travaux philologiques, I, 331.

BELGIOJOSO (la princesse), correspondante de M. Cousin, I, 703.

BENEKE, professeur de philosophie à Berlin. Ses relations avec M. Cousin, II, 445.

BENJAMIN-CONSTANT. Détails sur sa vie, II, 267. — Sa liaison avec Mme de Staël, *ibid*. — Ses lettres à M. Cousin en 1823 et 1824, II, 268. — Sa candidature à l'Académie française, II, 275. — Sa dernière lettre à M. Cousin en 1830, II, 278.

BÉRANGER. Sa lettre à M. Cousin, de septembre 1830, pour lui recommander la candidature de Benjamin-Constant, II, 276. — Son caractère, son désintéressement, son génie, II, 277.

BERCHET, exilé piémontais de 1821. Sa lettre du 14 juin 1822, datée de Londres, I, 697. — Autre lettre où il remercie M. Cousin du prêt qu'il lui a fait spontanément, I, 699. — Sa dernière lettre, du 6 décembre 1822, I, 700.

BERNARD SCHMITZ. Sa lettre à M. Cousin sur la personnalité de Dieu, II, 450.

BERRY (le duc de). Son assassinat, I, 96.

BERSOT. Ses lettres de Bordeaux, 1840 à 1843 ; plusieurs lettres de lui, I, 472 et suiv. — Pris pour exemple des persécutions dirigées contre les professeurs de philosophie, I, 472 et suiv. — Nommé directeur de l'École normale par M. Jules Simon en 1870, I, 500.

BERTIN (l'aîné), du *Journal des*

Débats. Condamné à six mois de prison, en août 1829, pour sa brochure politique, I, 289. — Sa liaison avec M. Cousin, *ibid*.

BERTINARIA, correspondant de M. Cousin, I, 703.

BERTRAND DE SAINT-GERMAIN (médecin). Ses relations avec M. Cousin, II, 440.

BETHMONT, le père. Conseille à M. B.-S. Hilaire de rester à sa chaire du Collège de France, en 1852, I, 11.

BÉTHUNE (comte de). Un des Importants. II, 646.

BIBLIOTHÈQUE de l'École des Chartes. Collaboration de M. Cousin à ce recueil. II, 184.

BIGONI, général des Cordeliers. Sa lettre à M. Cousin pour le remercier d'avoir décoré le père Girard, II, 393.

BIOT (J.-B.). Ses rapports avec M. Cousin, en 1840 ; quelques détails sur sa carrière, II, 363. — Nommé doyen de la Faculté des sciences de Paris par M. Cousin, *ibid*. — Sa lettre à M. Cousin, II, 364.

BIRAN (M. Maine de). Ses œuvres, publiées par M. Cousin, III, 110.

BLAKEY. Ses relations avec M. Cousin, II, 457.

BLAMPIGNON (l'abbé). Est présent aux derniers moments de M. Cousin, I, 20.

BLOCQUEVILLE (Mᵐᵉ de). Ses relations avec M. Cousin, II, 427.

BOECKH. Ses relations avec M. Cousin, II, 449. — Sa lettre du 22 juin 1840 à M. Cousin, pour le remercier de la décoration de la Légion d'honneur, III, 438. — Son appréciation de l'esprit allemand et de l'esprit français, III, 439.

BOHLEN. Recommandé à M. Cousin par M. Schulze, III, 331.

BOILEAU. Ses admirables conseils sur la composition et sur le style, II, 245.

BOISSONADE (l'helléniste). Ses relations avec M. Cousin, II, 435. — Sa lettre de remerciement à M. Cousin, 8 mai 1840, III, 376. — Quelques détails sur ses travaux, *ibid*.

BONGHI, correspondant de M. Cousin, I, 703.

BORDAS-DEMOULIN. Ses rapports avec M. Cousin; sa lettre du 14 septembre 1839 contient des détails sur sa carrière, II, 356. — Quelques détails sur sa vie, II, 361. — Partage le prix sur le Cartésianisme, *ibid*.

BORRING (de Copenhagen). Ses relations avec M. Cousin en 1834, II, 484.

BOSSUET. Son anathème contre l'intérêt, II, 234. — Sa véhémence incomparable, II, 250. — Sa véhémence, II, 579.

BÖTTIGER. Proteste contre l'arrestation de M. Cousin, II, 443. — Sa lettre du 21 septembre 1825 à M. Cousin, qu'il avait vu à Dresde en 1817, III, 372.

BOUILLIER (Francisque). Transmet à M. Cousin une adresse de félicitations venue de Lyon, 24 juillet 1844, III, 451.

BOUILLON (duc de). Résumé de

son histoire, II, 618. — Sa conduite peu sage avec Mazarin, II, 633. — Sa retiro en Italie, au service du Pape, II, 635. — Rentré en France en 1647, II, 638.

BOUTRON, camarade de M. Cousin, II, 505.

BRANDIS, de Bonn. Avait conseillé à M. Cousin de traduire Platon, I, 329. — Sa réponse du 20 novembre 1821 à M. Cousin, I, 332. — Lettre de M. Cousin à M. Brandis, en date du 10 avril 1822, I, 336. — Son amitié avec M. Cousin, II, 442. — Son ouvrage sur la philosophie ionienne de Ritter, III, 119. — Son ouvrage sur les philosophes ioniens, en 1829, III, 169.

BRESSON, camarade de M. Cousin, II, 506. — Sa lettre à M. Cousin sur M°° S. Austin, III, 144. — du 18 août 1843, *ibid*.

BREZÉ (Armand de), grand amiral, II, 612.

BRIENNE. Se trompe sur la conduite de Mazarin à l'égard de Chavigny, II, 654.

BRIGNOLE, (le marquis de), correspondant de M. Cousin, I, 703.

BRIZEUX (poète breton). Ses remerciements à M. Cousin, qui l'avait patronné en 1847, à l'Académie française, II, 428.

BROGLIE (Duchesse V. de). Sa lettre à M. Cousin sur la mort de sa mère, II, 328.

BROOKS (Charles). Sa lettre du 16 février 1837 sur l'instruction primaire aux États-Unis, I, 405. — Grand admirateur des Rapports de M. Cousin sur les écoles allemandes, *ibid*. — Détails sur sa carrière, I, 407. — Sa lettre à M. Cousin en 1837, I, 408. — Détails sur l'instruction publique aux États-Unis et dans le Massachusetts, *ibid*.

BROUGHAM (Lord). Ses relations avec M. Cousin, II, 455.

BROUSSAIS, nommé membre de l'Institut sur l'intervention de M. Cousin, I, 8.

BRUCKER, père de l'histoire de la philosophie, apprécié par M. Cousin, I, 252. — Grandeur de son ouvrage sur l'histoire de la philosophie, II, 548.

BRUNNOW. Proteste contre l'arrestation de M. Cousin, II, 448.

BRUTUS (Jean-Michel). Ses opera varia, mentionnés par Leibniz, III, 265.

BUCHON. Ses liaisons avec M. Cousin; sa lettre datée du Mont-Cassin, II, 405.

BUFFON. Ses conseils sur la composition et sur le style, II, 245.

BUGGE (de Drontheim, en Suède). Sa visite à M. Cousin, en 1837, II, 486.

BULOZ (François), fondateur de la Revue des Deux-Mondes, II, 183. — Son grand mérite, *ibid*. — Son indépendance politique, II, 184. Voir Cousin.

BULWER (sir Edward Lytton). Ses relations avec M. Cousin, II, 454.

BURNOUF (Eugène). Sa mort, en 1852, I, 11.

BUTTURA (le docteur), assiste aux derniers moments de M. Cousin, I, 19.

C

CADET-GASSICORT. Sa lettre à M. Cousin, en 1848, sur la Profession de foi du Vicaire savoyard, I, 581.

CAFFARELLI (la comtesse de), née d'Hervilly. Ses relations avec M. Cousin, II, 427.

CANTU (César), correspondant de M. Cousin, I, 703.

CAPELEN, admirateur de M. Cousin, II, 485.

CAPO D'ISTRIA. Sa lettre à M. Cousin, en 1829, II, 480.

CARATHÉODORI (de Constantinople). Ses relations avec M. Cousin, en 1849, II, 491.

CARMICHAEL (d'Édimbourg). Ses relations avec M. Cousin, II, 459.

CARNETS de Mazarin. Étudiés par M. Cousin, I, 554. — Étudiés par M. Cousin, II, 217. — Cités sur Turenne, II, 635. Voir Cousin.

CARO. Accueil qui lui est fait à Rennes, où M. Cousin l'avait envoyé en 1840, III, 462.

CAROVÉ. Loue la préface de M. Cousin aux Fragments philosophiques, I, 219. — Ses relations avec M. Cousin, II, 442.

CARPENTIER (Mlle Marie). Ses remerciements à M. Cousin, en mars 1849; son mérite, II, 408. — Elle est patronnée par M. Cousin, ibid. — Sa lettre de remerciements à M. Cousin, mars 1849, III, 460.

CARREL (Armand). Son billet à M. Cousin, en mars 1830, II, 328.

CARRIÈRE (Moritz), presse M. Cousin de venir en Allemagne, en 1847, II, 450.

CASSIN (MONT), l'abbaye, visitée par M. Buchon, vers 1840, II, 406.

CATHOLIQUE. Étymologie de ce mot. II, 16.

CATTANEO. Recommandé à M. Cousin par l'abbé Peyron, I, 611.

CAVOUR. Sa lettre de 1846 à M. Cousin, I, 680. — Ses relations fort amicales avec M. Cousin, I, 683. — Son dernier billet, ibid.

CAVAIGNAC (le général). Ses rapports avec M. V. Cousin, I, 583.

CÉLIBAT. Blâmé par M. Cousin, II, 524.

CHALMERS (le docteur). Admiré par M. Cousin, III, 233.

CHAMBOLLE. Ses relations avec M. Cousin; sûreté de son commerce, II, 436.

CHAMPOLLION (le jeune). Ses lettres à M. Cousin, II, 331.

CHARLES X. Était abonné, dit-on, aux leçons de M. Cousin, en 1828, I, 254.

CHARLES DE LORRAINE, duc d'Elbeuf, frère aîné du comte d'Harcourt. Sa carrière; confiscation de ses biens en 1631, II, 643. — Sa servilité envers Mazarin, II, 644. — Peint par Retz, ibid. — par Mazarin, ibid.

CHARLOT, procureur du Roi à Montmédy. Sa lettre remarquable à M. Cousin, I, 140.

CHATEAUBRIAND. Sa haine implacable contre le duc Decazes, I, 96. — Ses rapports avec M. Cousin, II, 314.

CHATEAU-GIRON. Son billet sur Charles X, abonné aux leçons de M. Cousin en 1828, I, 254.

CHATEAUNEUF, amoureux de Mᵐᵉ de Chevreuse, II, 602.

CHAVIGNY (le comte de), favori de Richelieu, avec son père, II, 648. — Dévoué d'abord à Mazarin, II, 649. — Refuse d'aller à Munster, II, 655. — Se tourne contre Mazarin, II, 656.

CHEVREUSE (Duchesse de). Son histoire par M. Cousin, II, 202. — Son premier mariage avec le duc de Luynes, *ibid.* — Ses coquetteries, II, 203. — Sa mort, et sa modestie pleine de bon sens, II, 205. — Ses grandes qualités, II, 206. — Rôle de Mᵐᵉ la duchesse de Chevreuse, au début de la Fronde, II, 600. — Résumé de sa vie, II, 601. — Un des auteurs principaux de la Fronde, II, 608.

CHINE. Travaux de M. Stanislas Julien sur la philosophie chinoise, III, 434.

CHRISTIANISME de M. V. Cousin, III, 164. — Voir Religion et Cousin.

CISTERNA (le prince de la). Ami et correspondant de M. Cousin, I, 703.

CLARTÉ. Une des qualités du style de M. Cousin, II, 248. — Une des qualités indiscutables de l'esprit français, II, 578. La clarté est indispensable en philosophie, II, 578.

COGNAT (l'abbé). Sa lettre sur les opinions religieuses de M. Cousin, II, 45.

COLLATION des grades. Arrachée à l'État en 1875, lui est rendue quelques années plus tard, I, 537.

COLLÈGE DE FRANCE. Offre la chaire de droit naturel à M. Cousin, I, 120.

COLLEGNO. Sa lettre de 1840 à M. Cousin, datée de Bordeaux, I, 684. — Autre lettre de Florence, du 22 janvier 1848, I, 687. — Sa lettre du 22 janvier 1851, I, 692. — Autre lettre du 14 février 1851, I, 694.

COLETTI. Sa lettre à M. Cousin, en 1838, II, 486.

COMMISSION des impressions gratuites près l'Imprimerie royale, en 1834, I, 2.

COMMISSION de Mayence, chargée par la Sainte-Alliance, en 1815, de surveiller les menées révolutionnaires en Europe, I, 127.

COMMISSIONS. Deux commissions formées par M. de Falloux, en 1849, pour détruire l'Université, I, 531.

CONCLUSION sur la carrière de M. Cousin et sur sa gloire, II, 526 et suiv. — Sur la carrière de M. Cousin, II, 582.

CONDÉ. Sa noble conduite en 1647, II, 598.

CONGRÉGATION DE L'INDEX. Ses rapports avec M. Cousin, II, 1 à 177. — Suspend indéfiniment la publication de sa sentence contre M. Cousin, sur le conseil du pape Pie IX, II, 174.

CONGRÈS successifs de la Sainte-Alliance contre les idées révolutionnaires, I, 127.

CONSEIL ROYAL de l'instruction publique. Son intervention dans la destitution de M. Cousin, I, 103. — Détruit en 1845, par M. Salvandy, ministre, I, 501. Voir Cousin.

COQUEREL (Athanase). Correspondant de M. Cousin, en 1824, III, 251. — Sa lettre à M. Cousin, qu'il admire beaucoup, III, 459.

CORRESPONDANCE générale de M. Cousin, III, 1 et suiv.

CORRESPONDANTS divers de M. Cousin, II, 470 à 492.

CORRESPONDANTS (Anglais) de M. Cousin, II, 451 et suiv.

COSMOLOGIE. Deux grands résultats de ces études, II, 554.

COURIER (Paul-Louis). Détails sur sa vie, II, 262. — Ses lettres à M. Cousin, II, 263 et suiv.

COUSIN (Victor). Membre de la Commission des impressions gratuites, en 1834, I, 2. — Sa visite à M. B.-S. Hilaire en 1838, I, 4. — D'après les souvenirs de M. B.-S. Hilaire, a fait nommer M. Broussais membre de la section de philosophie, I, 8. — Ministre de l'instruction publique en 1840, I, 8. — Prend sa retraite en mai 1852, I, 10. — Fait nommer M. B.-S. Hilaire au Journal des Savants, I, 11. — Conseille à M. B.-S. Hilaire de rester au Collège de France, I, 11. — Détourne M. B.-S. Hilaire d'entrer à la Compagnie du Canal de Suez, I, 12, sa mort, I, 13 et suiv.

— Ses premières années, I, 25 et suiv. — Sa naissance. — Ses études brillantes. — Le prix d'honneur en 1810, I, 27. — Entre, dans cette année, à l'École normale. — Son attitude sous le second Empire, I, 12.

— Trois périodes dans sa carrière: de 1815 à 1830 ; de 1830 à 1852 ; et de 1852 à 1857. — Remporte le prix d'honneur en 1810, I, 27. — Helléniste, I, 28. — Refuse d'entrer au Conseil d'État, I, 28. — Ses premières et diverses fonctions, en 1813 et 1814, I, 30. — Ses deux lettres sur le retour de l'île d'Elbe, I, 31 et suiv. — Professeur de philosophie au lycée Bourbon, I, 33. — Sa première doctrine philosophique, ibid. — Nommé suppléant de M. Royer-Collard à la Faculté des lettres de Paris, à la fin de 1815, I, 34.

1re PÉRIODE

— Subit l'influence de M. de Laromiguère, I, 36. — Ses trois maîtres, I, 37. — Doit à M. Royer-Collard plus qu'aux deux autres, I, 37. — Son discours inaugural à la fin de 1815, I, 38. — Sa jeunesse studieuse, I, 39.

— Première période de sa vie philosophique, I, 40 et suiv. — Ses définitions diverses de la philosophie, I, 42 et suiv. — Défend toujours les droits de la raison, I, 44. — Soutient constamment la priorité de la psychologie, I, 48. — Ses cours de 1816-1817, I, 49. — Son livre du Vrai, du Beau et du Bien ; et son cours de 1818, ibid. — Son influence prodigieuse sur ses élèves, ibid. — Doit compter parmi les plus grands spiritualistes, I, 53. — A-t-il été panthéiste dans son cours de 1818 ?, I, 59. — Place qu'il tient parmi les spiritualistes, I, 59. — Cours de 1818, ibid. — Doutes sur le caractère de ce cours, ibid. — Son panthéisme supposé dans son cours de 1820, I, 63. — Son système irrépro-

chable de morale en 1820, I, 64.
— N'a pas été panthéiste en 1820, comme on l'a dit, I, 65.

— Son premier voyage en Allemagne en 1817, I, 66 et suiv. — Personnages qu'il visite en Allemagne en 1817, I, 69. — Influence que l'Allemagne exerce sur lui en 1817, I, 71. — Son jugement général sur la philosophie allemande, I, 74. — Son impartialité, *ibid*. — Son opposition à la philosophie allemande, I, 77. — A le tort d'essayer d'imiter la philologie allemande, *ibid*. — Ses nombreuses relations en Allemagne, I, 78. — Effet qu'il produit personnellement, lors de son premier voyage, I, 78. — Ses deux billets à M. Schelling en août 1818, I, 84. — Dédie le quatrième volume de Proclus à MM. Boissonade, Hegel et Schelling, I, 92. — Sa situation dans le parti libéral en 1819, I, 95.

— Inquiété dans sa situation, dès le mois de mars 1820, I, 96. — Doit communiquer le programme de son cours au Conseil Royal de l'instruction publique, I, 104. — Sa soumission aux exigences du Conseil de l'instruction publique, I, 107. — Sa destitution annoncée par le Moniteur universel, I, 110. — Sa réponse à M. Cuvier à propos de sa destitution, I, 116. — Ses réserves avant d'accepter la candidature au Collège de France en 1820, I, 120. — Sa reconnaissance après vingt-cinq ans envers le Collège de France, I, 124.

— Arrêté à Dresde, en octobre 1824, et prisonnier à Berlin, I, 126. — Dédie à Hegel, pour le remercier, la traduction du Gorgias, I, 128. — Sa lettre à Hegel sur son retour à Paris, août 1825, I, 134. — Sa conduite réservée après son retour à Paris en 1825, I, 134. — Sa lettre à Schelling après son retour à Paris en 1825, I, 137. — Offre à M. Schelling de surveiller la traduction française d'un de ses ouvrages, I, 138. — Sa réponse à M. Charlot, en août 1825, I, 144. — Sa lettre affectueuse à M. le baron de La Motte-Fouqué, 1er septembre 1825, I, 146. — Sa situation nouvelle en 1826, I, 157.

— Chef de la révolution philosophique, I, 158. — Sa préface aux Fragments philosophiques, 1er avril 1826, I, 164. — Sa lettre à M. Schelling du 7 avril 1826, I, 171. — Il demande des conseils et des critiques sur la valeur de ses travaux, *ibid*. — Sa lettre à M. Schelling du 16 août 1826, I, 175. — Il y défend la méthode psychologique, I, 176. — Grand admirateur de M. Schelling, I, 177. — Lettre du 1er août 1826 à M. Hegel, I, 187. — Demande des conseils, I, 188. — Modifiera les théories allemandes à l'usage de l'esprit français, I, 189. — Grand admirateur de l'ouvrage de Descartes intitulé: Règles pour la direction de l'esprit, I, 190. — Sa sincère modestie quand il demande des conseils, I, 192. — Demande à M. Schleiermacher de sévères conseils, I, 191. — Sa lettre à M. Schleiermacher, du 19 août 1826, I, 193. — Son système de traduction appliqué aux dialogues de Platon, I, 195. — Son opinion sur la traduction de Platon par Schleiermacher, I, 195. — Sa lettre du 10 août 1826 à M. Krug, de Leipzig, I, 203. — Ses lettres à M. Schelling du 15 mars 1827 et du 1er avril, I, 209. — Recommande M. Prevost, de Genève, à M. Schelling, I, 210. — Son attitude politique à la fin de 1827, I, 219. — Néglige de faire le voyage d'Angleterre avec M. de Pastoret, I, 223. — Rappelé dans sa chaire le 5 mars 1828, I, 224. — Sa lettre du 10 mars 1828 annonce à M. Schelling la reprise de son cours, I, 225. — Rétabli dans sa chaire le 5 mars 1828, I, 235.

— Choisit pour sujet de son cours en 1828 l'introduction à l'histoire de la philosophie, I, 236. — Enthousiasme qu'excite la réouverture de son cours en 1828, I, 237. — Impression extraordinaire et universelle que produit son cours en 1828, I, 238. — Son éloquence et sa tenue de professeur, I, 239. — Improvise toujours ses leçons, *ibid*. — Sa doctrine dans les leçons de 1828, I, 240. — Analyse de ces leçons, I, 241. — Sa définition de la philosophie en 1828, I, 241. — Voir Philosophie. — Sa théorie sur la nécessité de la création, I, 245. — Sa théorie sur la raison impersonnelle, *ibid*. — Soutient que Dieu est compréhensible à l'homme, I, 246. — Son profond respect pour la religion, I, 246. — Voir Religion.

— Sa théorie contestable sur les trois époques de l'histoire de l'humanité, I, 249. — Interroge ses prédécesseurs sur l'histoire de la philosophie, I, 252. — Son histoire générale de la philosophie, I, 253. — Soutient le système de l'Éclectisme, *ibid*. — Sa lettre du 30 octobre 1829, où il remercie M. Schelling de ses critiques et de ses conseils, I, 265. — Défend sa théorie de la création, I, 266. — Ne veut pas se prononcer entre Schelling et Hegel, qu'il aime également, I, 267. — Indique à Schelling les limites dans lesquelles il entend

III.

profiter de la philosophie allemande, I, 269. — Sa lettre du 2 mars 1830 à Mme Angebert, en lui donnant des conseils, I, 287. — Ses cours de 1829, I, 281. — Accompagne M. Bertin, l'aîné, en police correctionnelle, I, 289. — Maladie et mort de sa mère, I, 290. — Article de M. Schelling sur son système, I, 291. — Vérité et utilité de la méthode psychologique, I, 293.

— Juge sévèrement ses leçons de 1828, I, 295. — Marque précisément le genre d'influence que la philosophie allemande a toujours eue sur lui, I, 296. — A toujours été théiste et jamais panthéiste, I, 297. — Est frappé de l'article de M. Hamilton sur son cours de 1828, I, 297. — A rendu un vrai service à la société française en restaurant le spiritualisme, I, 300. — Croit un instant que la philosophie doit être traitée comme une science naturelle, I, 301. — Croit assez longtemps à l'Éclectisme, I, 302. — Il y renonce en 1853, I, 304. — Résultat de ses travaux de 1815 à 1829, I, 306. — Son respect profond pour la religion est un modèle pour tous les philosophes, I, 307.

— Organise l'histoire de la philosophie dans toutes ses parties, I, 309. — A le tort d'y trop travailler personnellement, I, 310. — Dans quelle mesure il est helléniste, I, 318. — Lacunes qu'il a laissées dans son édition de Descartes, I, 320. — Son édition de Descartes, I, 321. — Son édition des œuvres d'Abélard, I, 323. — Réhabilite la Scholastique, dans sa préface sur Abélard, I, 323. — Son jugement sur le génie d'Abélard, I, 324. — Édite les œuvres de Maine de Biran et du Père André, I, 325. — Ses

Fragments philosophiques, portés à cinq volumes, I. 325.

— Importance exceptionnelle de sa traduction de Platon, I, 326. — Dédie à plusieurs de ses amis les volumes de sa traduction de Platon, à MM. Auguste Viguier, Manzoni, Hegel, Santa-Rosa, Fauriel et Farcy, I, 327. — Lacunes de sa traduction de Platon, I, 327. — Était seul capable de bien traduire Platon dans notre langue, I, 328. — Sa lettre à M. Brandis, qui lui avait conseillé de traduire Platon, I, 329.

— Ses travaux importants sur Aristote, I, 336. — Ses trois ouvrages sur Kant, Locke et l'école Écossaise sont des chefs-d'œuvres, I, 338. — Son jugement sur la Critique de la raison pure, I, 346. — Sa réfutation de la philosophie de Locke, I, 349. — Son histoire générale de la philosophie, I, 351. — Sa traduction du Manuel de Tennemann, I, 352. — Sa lettre à M. Barth, du 27 novembre 1829, I, 353.

— Réfutation de la théorie de M. Cousin sur les quatre systèmes, I, 356. — Son histoire générale de la philosophie, analysée, I, 360.

— Entre après 1830 dans l'administration publique, aux dépens de la philosophie, I, 361. — Ses motifs pour cesser son cours en 1830, I, 370. — Voir Angebert, de Sade, et Visconti.

II° PÉRIODE

— Seconde période de sa carrière, de 1830 à 1852, I, 375 et suiv. — Son influence décisive sur l'instruction populaire, I, 376 et suiv. — Sa mission en Allemagne, en 1831, pour y étudier l'instruction primaire, I, 377 et suiv. — Ses rapports sur l'instruction publique en Allemagne, en 1831, I, 378. — Il est le seul auteur de la loi de 1833, ibid. — Rapporteur de la loi de 1833 sur l'instruction primaire à la Chambre des Pairs, I, 381. — Influence universelle de ses Rapports sur les écoles allemandes, en 1831, I, 382. — Ses relations avec les États-Unis pour l'instruction primaire, I, 398. — Ses lettres du 18 février 1838 à M. Charles Brooks et à M. Thomas Cushing, I, 415 et suiv.

— Son Rapport sur les écoles de Hollande, 1836, I, 429. — Ses correspondances américaines, I, 430 et suiv. — A eu en Italie des correspondants presque exclusivement politiques et littéraires, I, 431. — Avait consacré un titre spécial à l'éducation des filles dans son projet de loi de 1833, I, 433. — Prétendu catéchisme qui lui est attribué en 1834, I, 434. — Ses déclarations exagérées sur le catéchisme diocésain, I, 436.

— Améliorations très nombreuses qu'il a introduites dans l'instruction secondaire et supérieure en 1840, I, 438. — Admire l'organisation donnée à l'instruction publique par Napoléon, I, 438. — Son projet sur l'enseignement secondaire en 1840, I, 439. — Son activité ministérielle, I, 443.

— Sa discussion mémorable sur l'enseignement secondaire, en 1844, à la Chambre des Pairs, I, 445. — Son admiration pour l'organisation de l'Université impériale, I, 446. — Son énergie prodigieuse à défendre l'enseignement de l'Université devant la Chambre des Pairs, I, 448. — Félicitations qu'il reçoit pour son discours à la Chambre des Pairs en 1844, I, 450 et suiv. — Son discours sur l'enseignement de la médecine, en juin 1847, devant la Chambre des Pairs, I, 459.

— Son influence sur l'École normale, I, 460 et suiv. — Ses cours à l'École normale, I, 462 et suiv. — Rédactions de ses divers élèves, I, 464. — Défend l'enseignement philosophique de l'Université, I, 465 et suiv. — Justice et sévérité avec lesquelles il dirige le corps des professeurs de philosophie, I, 468 et suiv.

— Son rôle à l'Institut, I, 503. — Loué par l'abbé de Féletz, M. Jules Favre, M. Charles de Rémusat et M. Mignet, I, 503. — Son rôle à l'Académie française, I, 506 et suiv. — Son activité et son impartialité, I, 507. — Son Rapport à l'Académie française sur les Pensées de Pascal, I, 508.

— Son rôle à l'Académie des sciences morales et politiques, I, 510. — A contribué sans doute à la restauration de cette Académie, I, 511. — Presse vainement M. Royer-Collard d'être membre de l'Académie des sciences morales et politiques, en 1832 et en 1837, I, 515. — Fait ouvrir plusieurs concours de philosophie par l'Académie des sciences morales et politiques, I, 519. — Son Rapport sur la Métaphysique d'Aristote, ibid.

— Ses innovations académiques, I, 519. — Ses lectures à l'Académie des sciences morales et politiques, I, 521. — Ministre en 1840, demande à l'Académie des sciences morales et politiques un Rapport sur les progrès des sciences morales, de 1789 à 1832, I, 222. — Fonde un prix de philosophie, en 1865, à l'Académie des sciences morales et politiques; sa lettre, I, 526.

— Son rôle dans les commissions formées en 1849, par M. de Falloux, I, 533. — Sa lutte contre M. Thiers, dans les deux commissions de 1849, I, 534.

— Son rôle général en politique, I, 537 et suiv. — Sa modestie, I, 538. — Recueil de ses discours politiques, ibid. — Son jugement sur les révolutions de la France depuis un siècle, I, 539. — Partisan constant des principes de Quatre vingt-neuf, I, 540. — Grand admirateur de la monarchie constitutionnelle, I, 542. — Ses rapports avec le second Empire, I, 543 et suiv. — Son nom donné à une rue par l'empereur Napoléon III, I, 543. — Adresse un de ses ouvrages à l'Impératrice en 1865, I, 545. — Refuse toutes les faveurs du second Empire, I, 547.

— Ses relations constantes avec l'Italie et le Piémont, ibid. — Ses correspondances avec le duc d'Aumale, de 1854 à 1865, I, 548. — Ses travaux sur les carnets de Mazarin, I, 554. Voir Carnets.

— Partisan de la Fusion; son voyage à Claremont, en 1853, I, 562. — Ses rapports avec le général Cavaignac, I, 583. — Comment il comprend ses devoirs de citoyen envers le pouvoir, ibid.

— Ses rapports avec le Piémont, I, 584. — En aime peu la politique, I, 585. — Ses rapports avec l'Italie, I, 586 et suiv. — Sa lettre sur Santa-Rosa au prince de la Cisterne, I, 587. Voir Santa-Rosa. — Sa liaison avec Manzoni, I, 589. — Est remercié par le Roi du Piémont, pour ses idées sur la Constitution piémontaise, I, 659. — Son projet de Constitution piémontaise, I, 600 et suiv. — A fait donner la Légion d'honneur à Manzoni, I, 606.— Protège M. Pallia, et en fait l'éloge dans la séance publique de l'Académie des sciences morales et politiques, I, 627. — Lettre de lui au colonel Fabvier, I, 642. — Sa générosité envers M. Berchet en 1822, I, 701 — Ses relations très nombreuses avec des personnages italiens, I, 702.

AFFAIRE DE LA CONGRÉGATION DE L'INDEX. II, 1 ET SUIV.

— Importance de sa conversion possible au catholicisme, II, 1. — A tort de soumettre ses livres à l'Index, II, 2. — Sa correspondance avec Lamennais en 1825, II, 2 et suiv. — Sa réponse du 4 août 1825 à M. l'abbé de Lamennais, II, 6. — Partisan inébranlable du libre examen, II, 9. — Équivoque de ses déclarations à M. de Lamennais, II, 9. — Sa lettre du 12 septembre 1825 à M. de Lamennais; il s'y déclare avant tout partisan de la raison, II, 13. — Sa lettre à M. de Lamennais, datée de Fervacques, 20 octobre 1825, II, 18. — Il y accuse à tort Pascal, qui n'a pas inventé l'antagonisme de la raison et de la foi, II, 21.

— Sa correspondance avec M. de Lamennais montre bien à cette époque où en était sa croyance, II, 32.

— Sa lettre au Pape Pie IX du 19 février 1847, II, 42. — Son enthousiasme pour le nouveau Pape; il lui offre ses livres, II, 43. — Suspend pendant plusieurs années ses relations avec la papauté, II, 44. — Ses relations avec le père Lacordaire, II, 46. — Sa lettre du 26 avril 1856 au pape Pie IX, II, 67. — Sincérité de ses déclarations, ibid. — Sa lettre au Nonce, en juillet 1856, où il déclare sa résolution dernière, II, 81. — Sa dernière lettre au Nonce, du 11 juillet 1856, II, 82.

— Sa seconde lettre au Pape, du 19 août 1856, II, 86. — Appendice à cette lettre, II, 88. — Son projet de Mémoire au Pape, comme appendice à sa lettre du 19 août 1856, II, 88. — Se défend contre l'accusation de panthéisme, II, 88. — Ses explications sur le rationalisme, II, 97. — Reconnaît deux ordres de vérités, ibid. — Sa lettre au Nonce du 25 août 1856; elle est une sorte d'ultimatum, II, 103. — Sa lettre au Saint-Père, du 15 février 1857, II, 105. — Notes de M. Cousin sur les observations du père Perrone, II, 121.

— Son projet inachevé d'un Mémoire au Pape, 1er avril 1857, II, 122 à 148. — Sa lettre à Mgr Morlot, archevêque de Paris, II, 149. — Il se plaint des procédés de la Congrégation de l'Index à son égard, II, 150. — Sa lettre du 15 août 1860, mettant fin à toutes les négociations avec la Congrégation de l'Index, II, 174. — Fait une édition nouvelle de ses ouvrages par condescendance pour le Pape, II, 175. — En 1860, envoie ses ouvrages au père Perrone, II, 176. — Ses relations avec la Congrégation de l'Index, II, 1 à 177.

IIIe PÉRIODE

— Troisième période de la carrière de M. Cousin, II, 178 et suiv. — Attache trop d'importance à la littérature, II. 179. — Son apologie, *ibid.* — Son originalité en littérature, II. 180. — Son impartialité historique, *ibid.* — Sa collaboration au Journal des Savants, II. 181. — Sa collaboration à la Revue des Deux-Mondes, II. 182. — Son estime pour M. François Buloz, fondateur de la Revue des Deux-Mondes, II. 183. — Sa collaboration à la Bibliothèque de l'École des Chartes, II. 184.

— Comment il a été amené à s'occuper des femmes illustres du xviie siècle, II. 185. — Son ouvrage sur Mme de Hautefort, II. 186. — Son histoire de Mme de Longueville devait avoir quatre volumes, II. 196. — Trop sévère plutôt qu'indulgent envers Mme de Longueville, II. 197. — Son impartialité envers Mme de Longueville, II. 200. — Exagère peut-être son admiration pour le xviie siècle, II. 201. — Admire vivement le talent de Mlle de Scudéry, II. 214. — Son ouvrage sur Mme la duchesse de Chevreuse, II. 202. — Offre son livre sur Mme de Chevreuse à Mme la duchesse de Luynes, II. 207. — Son histoire de la Jeunesse de Mazarin, II. 215. — Relève la mémoire du connétable de Luynes, II. 224.

— Appendices importants qu'il joint à ses histoires des dames illustres du xviie siècle, II. 225. — Aurait pu écrire une histoire de France, II. 226. — Partisan déclaré de la monarchie constitutionnelle, II. 229. — Sa critique très fondée des principes de La Rochefoucauld, II. 233.

— Services qu'il a rendus à notre histoire nationale et à l'histoire de la littérature, II. 236. —

Justifié par une maxime de La Bruyère, II. 239. — Ses discours officiels sont du meilleur goût, *ibid.* — Ses deux petits Traités, l'un sur Justice et Charité, l'autre sur la Profession de foi du Vicaire Savoyard, II. 240. — Danger de cette publication en 1848, II. 241. — Se trompe en voulant qu'on enseigne la philosophie au peuple, II. 242. — Explication de son erreur, *ibid.* — Son style le place au premier rang des écrivains dans le xixe siècle, II. 244. — Nuances diverses de son style, selon les sujets, II. 246. — Qualités de son style, II. 248. — Supérieur à celui de tous ses maîtres, II. 249. — Son style philosophique et son style littéraire comparés, II. 251.

— Excusé de son admiration pour les femmes illustres du xviie siècle, II. 253. — Dictait ses ouvrages aussi correctement qu'il les écrivait, II. 253. — Défaut à remarquer dans son ouvrage du Vrai, du Beau et du Bien, II. 254.

— Sa liaison avec Paul-Louis Courier, II. 266. — Sa lettre à Benjamin Constant, du 4 novembre 1825, II. 272. — Ses relations avec J.-J. Ampère, II. 290. — Ses relations avec M. Raynouard, II. 294. — Avec le général de Latour-Maubourg, *ibid.*

— Consulte M. Delécluze sur la traduction du Banquet de Platon, II. 296. — Sa lettre à M. Lassus à Toulon, 1er mars 1830, II. 317. — Patronne Champollion le jeune, II. 333. — Ses relations en 1834 avec Dom Guéranger, II. 340. — Propose au chanoine M. Frère d'être un des examinateurs pour l'agrégation de philosophie, II. 342. — Ses relations avec le Père Lacordaire,

II, 345. — Il patronne son élection à l'Académie française, *ibid.*

— Veut faire décorer l'abbé Noirot, de Lyon, II, 351. — Patronne Bordas-Demoulin, II, 361. — Nomme M. Biot doyen de la Faculté des sciences de Paris en 1840, II, 363. — Ses relations avec M. Egger, qu'il estimait beaucoup, II, 378.

— Ses relations avec le Père Girard, qu'il patronne très activement, II, 395. — Fait décorer l'abbé Flottes en 1845, II, 401.

— Ses liaisons étroites avec plusieurs ecclésiastiques catholiques, II, 402. — Protège également les protestants, dans la personne de M. Tischendorf, II, 403. — Ses relations avec M. Buchon, II, 405. — Patronne Mlle Marie Carpentier en 1849, II, 409. — Défend Mlle de Luzy de toute participation au crime du duc de Praslin, II, 410. — Ses relations avec Mmes de Caffarelli, de Blocqueville, de Noailles et de Forbin d'Oppède, II, 427. — Ses relations avec M. de Tocqueville, II, 428. — Patronne M. Brizeux, poète breton, II, 428.

— Son voyage de santé à Évian en 1858 ; il y rencontre M. Croset, professeur de théologie au séminaire de Pignerol, II, 430. — Soutient en 1846 la candidature législative de M. Jules Simon, II, 437. — Sa lettre sur ses travaux, en date du 10 avril 1838, à M. Henry, de New-York, II, 461. — Ressuscite la Scholastique, II, 465. — Sa lettre du 10 avril 1838 à M. Ripley, de Boston, rend compte de ses travaux, II, 466. — Soutient encore l'Éclectisme en 1838, II, 468. — Oblige M. Michel Schina en 1821, II, 470. — Sa lettre à M. Adolph Pictet, à Genève, en date du 8 août 1826, II, 476. — Offre sa traduction de Platon à l'Université d'Athènes, II, 487. — Sa lettre à M. Typaldos, du 20 juillet 1843, *ibid.*

— Considéré comme homme, II, 255. — Ses liaisons diverses, II, 257 à 492. — Ses trois maîtres ; il leur doit moins qu'il ne pense, II, 493. — Ses affections intimes et très durables, II, 494. — Ses amis intimes, à qui il a toujours été fidèle, II, 496. — — Sa lettre à M. Thiers sur les affaires de Belgique, en janvier 1839, II, 498. — Sa personne et son caractère, II, 509 et suiv. — Irrégularité de son régime habituel, II, 509. — Sa physionomie, II, 513. — Dévouement de ses domestiques ; ses rapports avec eux, II, 514. — Son amour passionné pour la science et la vérité, II, 516. — Son horreur de toute intrigue, II, 519. — Son équité, *ibid.* — Sa générosité envers M. Adolphe Franck, II, 520. — N'a jamais été jaloux de personne, II, 523. — Regrette d'être resté célibataire, II, 525.

— Conclusion sur sa carrière et sur sa gloire, II, 526 et suiv. — Le plus grand philosophe de son temps, II, 527. — Son prix académique, décerné huit fois en vingt-huit ans, I, 528. — Toujours fidèle à la suprématie de la raison, II, 532. — A souffert pour la philosophie, II, 535. — Ses deux erreurs : l'une sur la nature de la philosophie, et l'autre sur l'histoire de la philosophie, II, 536. — Son erreur sur la philosophie, en pensant qu'elle est déjà toute faite, II, 546. — Fondateur de l'Histoire de la philosophie en France, II, 548. — Rédige le programme pour l'enseignement de la philosophie dans les établissements de l'État, II, 550. — Ses préceptes pour le gouvernement des professeurs de philosophie dans les établissements de l'État, II, 552. — Sa juste sévérité ; son impartialité ; sa bienveillance, *ibid.* — N'a pas été assez systématique dans l'exposé de ses doctrines, II, 553. — Lacunes de son ouvrage sur le Vrai, le Beau et le Bien, *ibid.* — Est parfois trop affirmatif dans ses doctrines sur l'histoire de la philosophie, II, 555. — Son théisme inébranlable, II, 557. — Son admirable jugement sur le Christianisme, II, 559. — Moment décisif dans sa carrière, quand il suspend son cours, II, 561. — Ses motifs probables, II, 562. — Services qu'a toujours rendus son intelligence supérieure, II, 564. — Sa retraite en 1830, blâmée par plusieurs de ses amis, II, 566. — Quelle aurait pu être sa carrière si, après 1830, il était resté professeur, II, 566. — Eût sans doute mieux fait de ne pas entrer dans les affaires, II, 569. — Il aurait pu être un professeur accompli, pendant de longues années, *ibid.* — Ses singularités n'ont pu nuire qu'à lui seul, II, 571. — Le plus grand philosophe du xix° siècle, II, 572. — Sa place à côté de Malebranche et d'Arnault, dans l'histoire générale de la philosophie, II, 573. — Sa gloire s'accroîtra encore dans l'avenir par le triomphe nécessaire du spiritualisme, II, 574. — Les trois époques de sa carrière, II, 575. — Son style digne du xvii° siècle, II, 575. — Ses rapports avec le style de Jean-Jacques Rousseau, II, 576. — Son excellent conseil en exigeant que la philosophie soit parfaitement claire, II, 577. — Maître de sa plume plus que de ses actes personnels, II, 577. — Son opinion sur la simplicité du style, II, 577. — Progrès de son style, formé complètement en 1830, II, 578. — N'a jamais pensé au lucre, II, 580. — Son économie, II, 581. — Résumé de ses mérites, II, 582. — A toujours respecté son talent et ne l'a jamais compromis, II, 580. — Austérité de sa vie, *ibid.*, et son désintéressement, *ibid.*, II, 581. — Conclusion sur la carrière de M. Cousin, II, 582.

— Son étude sur les origines de la Fronde, II, 585 et suiv. — Son opinion sur la Fronde, II, 586. — Son portrait de Turenne, II, 623.

— Sa lettre à M. Fauriel du 21 septembre 1823, III, 11. — Son jugement sur M. de Lamartine, *ibid.* — Sa lettre à M. Fauriel, du 1er octobre 1823; importance de cette lettre, III, 16. — Sa lettre du 12 avril 1824 à M. Fauriel, III, 17. — Sa lettre à M. Fauriel, du 9 juillet 1824 ; détails intimes, III, 24. — Ses offres généreuses à M. Fauriel en 1825, III, 26.

— Sa lettre du 20 mars 1842 à M. Schelling, III, 111. — Sur son cours à Berlin, *ibid.* — Aurait dû faire une édition des œuvres philosophiques de Royer-Collard, III, 7. — Sa note inachevée sur la philosophie allemande, III, 48 et suiv. — Est sous le charme de la philosophie allemande en 1832, III, 54. — N'a jamais recherché les honneurs académiques, III, 58. — Sa nomination à l'Académie de Munich, III, 61. — Ses lettres à M. Schelling en 1832, III, 62. — Son respect pour le Christianisme, III, 64.

— Se déclare auteur de la loi de 1833, dans une lettre à M. Schelling, III, 68. — Remercie M. Schelling de sa critique, III, 86. — Son rapport sur la Métaphysique d'Aristote, très admiré par M. Schelling, III, 93. — Sa lettre à M. Schelling du 27 octobre 1835, III, 97. — Sur la Philosophie de la mythologie et sur M. Kollow, III, 98. — Sa lettre à M. Schelling en octobre 1835 sur M. Kollow, III, 98. — Candidat au ministère en 1836, III, 100. — Sa lettre du 22 juin 1836 à M. Schelling, III, 100. — Réaliste, ibid. — Se défend d'être ministre, ibid. — Sa lettre du 18 février 1838 à M. Schelling, III, 101. — Sa lettre de février 1838 annonce à M. Schelling le concours sur la philosophie allemande, III, 102.

— Recommande M. P. Dubois à M. Schelling, III, 104. — Introduit M. P. Dubois auprès de M. Schelling en 1838, III, 105. — Sa lettre du 5 août 1838 à M. Schelling, III, 105. — Projette en 1838 un nouveau voyage en Allemagne, III, 106. — Sa lettre du 12 février 1841 à M. Schelling, III, 110. — Offre à M. Schelling le Recueil de ses actes ministériels, III, 110. — Publie les ouvrages de M. M. de Biran, en 1841, ibid. — Félicite M. Schelling de sa première leçon à Berlin en 1842, III, 111. — Offre à M. Schelling le Recueil de ses discours politiques, III, 112. — Recommande M. Alexandre Thomas à M. Schelling, en août 1845, ibid. — Sa lettre du 1er décembre 1844 à M. Schelling, III, 112. — Défenseur de la philosophie et de la libre pensée, ibid. — Ses luttes contre le clergé et le parti libéral, III, 113. — Sa déclaration en faveur du droit supérieur de la raison, III, 114. — Son prospectus de la traduction de Platon, III, 119. — N'a pas pu remplir ses promesses, ibid.

— Sa note à Mme S. Austin, du 1er octobre 1829, III, 123 et suiv. — Ses demandes excessives, III, 127. — Son opinion sur l'état de la philosophie, ibid. — Son erreur, III, 128. — Sa seconde note pour Mme S. Austin, ibid. — Détails donnés par lui-même sur ses travaux et ses projets, III, 129. — Sa 3e note pour Mme S. Austin, III, 130. — Désire provoquer des critiques sérieuses de ses ouvrages, III, 131. — Sa lettre à Mme S. Austin en 1833, ibid., sur la traduction de son Rapport concernant l'instruction publique en Prusse, ibid. — Maudit la vieillesse, III, 149.

— Sa velléité de candidature politique en 1848, III, 151. — Défend spontanément M. B.-S. Hilaire contre Mme S. Austin, III, 152. — Sa lettre du 18 août 1848, ibid. — Son jugement sur M. Guizot, III, 153. — Son petit Traité de Justice et Charité, en 1848, III, 153. — Sa lettre du 25 mars 1849 à Mme Austin, III, 155. — Son opinion sur Louis-Philippe et M. Guizot, III, 156. — Son opinion sur la République, ibid. — Sa lettre à Mme S. Austin, du 31 mars 1849, III, 157. — Son affection pour M. Guizot, ibid. — Son opinion sur la duchesse d'Orléans, III, 158. — Son admiration pour le gouvernement anglais, ibid. — Sa lettre à Mme S. Austin, 1849, sur la révolution de 1848, III, 160. — Sa note sur Mme S. Austin, III, 162.

— N'a pas une certitude absolue de l'immortalité de l'âme, III, 163.

— Sa croyance à Dieu, III, 163.
— Regrette de n'être pas marié, III, 164. — Nature de son christianisme, *ibid.* — Son voyage en Angleterre en 1853. — Sa confession religieuse, III, 164. — Attache la plus grande importance à son livre sur le Vrai, le Beau et le Bien, III, 164. — Sa correspondance avec Mme S. Austin a duré 40 ans, III, 165.

— Sa mission philosophique d'après Mme C. Angebert, III, 184. — N'a jamais méconnu le libre arbitre, III, 189 et suiv. — Ses contradictions sur ce point, III, 191.

— Son premier billet à M. Hamilton, d'Édimbourg, III, 221. — Sa réfutation de Locke admirée par M. Royer-Collard, et par M. Hamilton, III, 221. — Sa lettre du 20 février 1831 à M. Hamilton, III, 223. — Il lui fait part de la mort de M. Farcy, *ibid.* — Sa lettre du 24 juin 1833, à M. Hamilton; il lui envoie ses ouvrages sur les Écoles allemandes, III, 228. — Il est l'auteur de la loi sur l'instruction primaire, et de l'exposé des motifs, III, 228. — Sa modestie et son patriotisme à l'occasion de la loi sur l'instruction primaire en 1833, III, 229. — Sa lettre du 28 décembre 1833 à M. Hamilton, III, 231. — Il remercie M. Hamilton d'un article dans la revue d'Édimbourg concernant son Rapport sur les Écoles prussiennes, III, 231. — Lui annonce la publication d'un ouvrage de M. Maine de Biran, III, 232. — Ses travaux dans le Conseil royal de l'instruction publique, III, 233. — Sa lettre du 20 mars 1834 à M. Hamilton, III, 234. — Grande impression que font en Angleterre ses ouvrages sur l'instruction primaire, III, 235. — Son mémoire sur l'instruction secondaire en 1834, *ibid.* — Il accuse M. Hamilton de tendre au scepticisme, III, 236. — Déplore la mort de M. Schleiermacher, III, 236.

— Sa lettre du 24 août 1834 à M. Hamilton; il le remercie de lui avoir fait connaître M. Pillans, III, 237. — Il lui signale ses tendances fâcheuses au scepticisme, III, 238. — Communique le 28 septembre 1834 à M. Hamilton l'article de M. Schelling, III, 239. — Ses lettres du 12 janvier 1835 et du 13 juin 1835 à M. W. Hamilton, III, 244 et 245. — Soutient la candidature de M. W. Hamilton, à la chaire de logique à Édimbourg, III, 248. — Sa lettre à M. W. Hamilton du 7 novembre 1836 pour le féliciter de sa nomination, III, 251. — Son voyage en Hollande en 1836, III, 252. — Sa lettre à M. W. Hamilton du 19 août 1837, III, 253. — M. Hamilton lui dédie l'édition des œuvres de Reid, III, 257.

— Son admiration pour la philosophie Écossaise, *ibid.* — Sa lettre du 15 septembre 1837, III, 259. — Il critique les tendances de l'École Écossaise au scepticisme, *ibid.* — Ses renseignements sur les diagrammes logiques, III, 260. — Envoie à M. Hamilton les ouvrages de M. B. Saint Hilaire, III, 261. — Sa lettre du 30 juillet 1838 à M. Hamilton, III, 262. — Il lui rend compte de ses travaux, *ibid.*

— Sa course en Allemagne et ses Juvenilia, III, 263. — Son billet à M. Hamilton du 25 janvier 1840, pour lui annoncer sa nomination de correspondant de l'Académie des sciences morales et politiques, III, 266. — Lettre à M. Hamilton du 26 juin 1840; où il lui envoie ses actes ministériels, III, 268. — Sa lettre du 15 septembre 1841 à M. Hamilton, où il lui donne quelques détails sur sa carrière philosophique, III, 270. — Il lui demande quelques renseignements sur l'instruction publique en Écosse, III, 271. — Son billet du 20 mars 1842 à M. Hamilton, pour lui offrir son ouvrage sur Kant, et son discours aux funérailles de Jouffroy, III, 272.

— Sa lettre du 28 septembre 1843 à M. Hamilton, III, 273. — Détails sur ses travaux, III, 274. — Et ses projets, III, 275. — Sa lettre du 26 mars 1845 à M. Hamilton pour le féliciter de sa convalescence, III, 277. — Son jugement sur M. Macaulay, III, 278. — Sa lettre du 20 septembre 1846 à M. Hamilton sur l'édition des œuvres de Reid et sur l'école Écossaise, III, 279. — Sa lettre du 1er décembre 1846 pour remercier M. Hamilton des œuvres de Reid, III, 279. — Sa lettre du 14 février 1847 à M. Hamilton sur M. Mitchell et M. Chalmers, III, 284; et sur ses propres travaux, III, 285.

— Sa lettre du 7 décembre 1847 à M. Hamilton sur les œuvres de Reid, III, 288. — Et sur M. Morell, *ibid*. — Sa lettre du 25 mars 1851 à M. Hamilton, III, 289. — Il accepte la dédicace de M. Hay, III, 290. — Recueil de ses discours politiques, *ibid*. — Sa lettre du 12 août 1852 à M. Hamilton, sur la candidature de M. Morell et celle de M. Ferrier, à Édimbourg, III, 293. — Son refus de serment à l'Empire, *ibid*. — Mort de son frère en 1852, III, 293. — Son ouvrage du Vrai, du Beau et du Bien,

III, 294. — Offre à Lady Hamilton son livre sur Mme de Longueville, *ibid*. — Sa lettre du 8 juillet 1855 à M. Hamilton; il blâme la philosophie allemande, *ibid*. — Sa lettre du 14 août 1834 à M. Pillans, d'Édimbourg, III, 297. — Il blâme les mesures adoptées en Irlande pour l'instruction religieuse des enfants, III, 298.

— Son opinion sur l'enseignement religieux dans les écoles, III, 298. — Sa lettre du 1er juin 1836 à M. Pillans ; il y fait l'éloge de M. Hamilton, III, 302.

— Sa reconnaissance envers l'Écosse, III, 303. — Son enthousiasme pour M. Hamilton, III, 304. — Il recommande sa candidature en 1836 pour une chaire de philosophie, III, 304.

— Sa correspondance avec M. le docteur F. Schulze de Berlin, III, 312 et suiv. — Sa modestie pour la loi de 1833 sur l'instruction primaire, III, 323. — Publie le règlement de l'École normale en 1837, III, 338. — Détails sur sa santé donnés par M. E. Visconti, III, 366. — Reçoit M. Gans à Paris en 1826, III, 374. — Sa lettre du 20 février 1831 à M. Simon Karsten sur Xénophane, III, 393. — A toujours laissé à ses élèves une indépendance absolue de doctrines, III, 418. — Sa modestie, III, 419. — Sa lettre du 4 juillet 1836 à M. Weisse, de Leipzig, sur l'état de la philosophie en France, III, 427. — Son ministère loué par la Faculté des lettres de Besançon, III, 447.

— Approuve l'érection d'une statue de Descartes à Tours, III, 448. — Son impartialité absolue dans les concours académiques, III, 449. — Sa réponse du 24

TABLE DES MATIÈRES

juillet 1844 à une adresse de félicitations venue de Lyon, III, 450. — Président du banquet des anciens élèves de l'École normale, III, 451. — Sa lettre du 25 octobre 1843 à M. Jonnet, sur le Fouriérisme et les utopies sociales, III, 469. — Ses vues profondes, III, 470. — Fragment d'une de ses lettres à un inconnu, sur les rapports de la raison et de la foi, III, 471.

CRÉATION. Théorie contestable de M. Cousin sur la nécessité de la création, I, 245 ; problème insoluble sous forme affirmative ; solution facile sous forme négative, II, 556.

CREDO DE SOCRATE, III, 155. — Voir Socrate.

CREUZER, auteur de la Symbolique. Son voyage à Paris, I, 191. — Ses relations avec M. Cousin, II, 444. — III, 116 et suiv. — Quelques détails sur ses travaux, *ibid.* — Sa lettre à M. Cousin du 20 novembre 1826, III, 117. — Sa lettre du 31 mai 1827 à M. Cousin, III, 118. — Loue le Proclus de M. Cousin, *ibid.* — Sa lettre du 3 janvier 1829 à M. Cousin, III, 120. — Son affection pour M. Cousin, *ibid.* — Son billet du 30 juillet 1830 à M. Cousin, III, 121.

+ T I, 69, etc

CRITIQUE de la raison pure, analysée par M. Cousin, I, 345. Voir Kant et Cousin.

CRUICE. Sa lettre à M. Cousin, auprès de qui il introduit un de ses élèves, III, 474.

CUSHING (Thomas). Sa lettre de Boston, du 30 octobre 1837, transmet à M. Cousin les remerciements de l'Institut américain, qui l'a nommé membre honoraire, I, 413. — Sa lettre du 28 février 1829 à M. Cousin sur les résolutions de l'Institut américain, et sur l'état de l'instruction publique aux États-Unis, I, 419.

CUVIER (Georges). Son rôle dans la destitution de M. Cousin, I, 106. — Sa lettre à M. Cousin sur sa destitution, I, 113. — Son admirable Rapport sur l'instruction publique en Hollande en 1811, I, 430. — Ses relations avec M. Cousin, II, 447.

CUVIER (Frédéric). Ses relations avec M. Cousin, II, 333.

CUVILLIER-FLEURY. Ses relations avec M. Cousin, II, 436.

CZARTORYSKI (le prince). Sa lettre en faveur de M. Mickiewicz, III, 358.

D

DAMIRON. Élève et ami toujours fidèle de M. Cousin, II, 503. — Sa polémique contre Gall, III, 265. — Sa mort racontée par M. Émile Saisset, III, 412.

DANIEL (l'abbé). Sa lettre à M. Cousin, du 31 janvier 1843, II, 36. — Sa tolérance et son dévouement à l'Université, *ibid.* — Ses relations avec M. Cousin en 1843 ; son dévouement à l'Université, II, 353. — Sa lettre en mars 1850, II, 354.

DANDOLO. Exilé piémontais de 1821 ; sa conduite à l'égard de M. Berchet, I, 698.

DARÇANAS, de la philosophie Hindoue. — Leur nature singulière, II, 547.

DAUNOU, membre de la Commission des impressions gratuites en 1834, I, 2.

DÉBATS (Journal des). Ses conseils de prudence pour la réouverture des cours en 1828, I, 237.

DECAZES. Avènement de son cabinet à la fin de 1819, I, 95. — Sa liaison avec M. Cousin, II, 284.

DÉCEMBRE (Coup d'État de). Est un crime politique, I, 557.

DÉDICACE de M. W. Hamilton à M. Cousin, de l'édition des Œuvres de Reid, III, 257.

DEHÉE. Sa lettre à M. Cousin, l'exhortant à se convertir, II, 327.

DEINHARDT. Son ouvrage sur les gymnases prussiens, III, 354.

DELCASSO. Sa rédaction du cours de M. Cousin en 1820, I, 61 et suiv. — Ses relations avec M. Cousin, et ses vers sur l'École Normale, en 1857, II, 426.

DELÉCLUZE. rédacteur du Journal des Débats. Consulté par M. Cousin ; son avis sur la traduction du Banquet de Platon, II, 296.

DELUZY. Voyez Luzy

DÉMAGOGIE. Son triomphe menace les études classiques, I, 467.

DÉMOCRATIE FRANÇAISE. Conditions de sa durée, II, 231.

DÉMOSTHÈNE. Sa véhémence, II, 250. — Sa véhémence, II, 579.

DÉPUTATION permanente des Protestants à Paris, II, 621.

DESAGES. Camarade de M. Cousin, II, 405.

DESCARTES. Sa définition de la philosophie, I, 45. — Son ouvrage admirable : Règles pour la direction de l'esprit, I, 190. — Ses œuvres publiées par M. Cousin, I, 198. — Édition générale donnée par M. Cousin, I, 319. — dédiée à M. Royer-Collard, ibid. — Édition de ses œuvres par M. Cousin ; lacunes de cette édition, I, 321. — Nécessité d'une nouvelle édition de ses œuvres, I, 322. — Sa statue à Tours, III, 448.

DESPOIS. Collaborateur de M. Cousin pour l'édition d'Abélard, I, 324.

DESPORTES. Voyez Deluzy et Luzy, II, 414.

DIAGRAMMES employés en logique, questions de M. W. Hamilton, III, 255.

DIEU. Principe des principes, I, 52. — Langage magnifique de M. Cousin en parlant de Dieu, I, 166. — Admirable langage de M. Cousin sur Dieu, II, 557. — La foi entière à — est le point essentiel, III, 163. Voyez Cousin.

DIOTIME. Son discours dans le Banquet de Platon, II, 253.

DOZON (M. Auguste), lié avec M. Austin, III, 163.

DRAPEAU BLANC (Journal). Son article sur la libération de M. Cousin en 1825, I, 132.

DUBOIS (Paul). M. — du Globe, introduit M. Saint-Hilaire auprès de M. Cousin, I, 2. — Très apprécié par Gœthe, I, 162. — (de la Loire-Inférieure). Ses relations avec M. Cousin; quelques détails sur sa vie, II, 439. — Directeur de l'École Normale, inaugure le nouveau bâtiment en 1847, I, 461. — M. P. Dubois, recommandé à Schelling par M. Cousin, III, 105. — Son projet de voyage en Allemagne, III, 206. — M. Paul — lié avec M. Welcker à Bonn, III, 170. — Ses relations avec M. Schulze, III, 353. — Ses relations en 1838 avec M. Henri Ritter, III, 432.

Dubois-d'Amiens (médecin). Ses relations avec M. Cousin, II, 439.

Duchatel (Tanneguy). Sa liaison avec M. Cousin, II, 283.

Duff-Gordon, Lady Lucy — fille de Mme Austin, III, 157.

Dugald-Stewart. Sa veuve et sa fille, III, 300. Voir Hamilton et Ecosse.

Dumas, directeur du petit Séminaire de Pamiers ; sa lettre à M. Cousin, du 28 juin 1847, II, 38.

Dumas (Adolphe). Sa lettre du 21 mars 1854 à M. Cousin ; il espère le convertir, II, 54. — Ses relations avec M. Cousin, II, 424. — Essaie de le convertir, *ibid*.

Dumont (de Genève). Introduit le prince Soutzo auprès de M. Cousin, II, 480.

Dupanloup (Évêque d'Orléans). Ennemi implacable de l'Université, I, 531. — Ses aveux, *ibid*. — Sa lettre du 6 avril 1856, II, 65. — Sa lettre du 4 juillet 1856 à M. Cousin, pour l'engager à voir le Nonce, II, 79.

Dupin (aîné). Ses relations avec M. Cousin, II, 312.

Durivau. Sa lettre à M. Cousin, en 1827, II, 285.

Duruy, ministre de l'instruction publique; sa lettre à M. Cousin en 1865, I, 529.

Duvergier de Hauranne. Ses relations avec M. Cousin, II, 435.

E

Éclectique (Un ancien). Anonyme, conseillant à M. Cousin de se convertir, II, 425.

Éclectisme. Préconisé par M. Cousin, I, 253. — Système démenti par les événements, I, 254. — Abandonné plus tard par M. Cousin, *ibid*. — Système de M. Cousin pendant quelque temps, I, 301. — Est bien près d'être un syncrétisme, I, 302. — Son mauvais renom en philosophie, I, 305. — Quelques détails sur l'éclectisme dans l'Antiquité, *ibid*. — N'est pas la philosophie tout entière ; erreur passagère de M. Cousin, II, 546. — A créé en France l'histoire de la philosophie, II, 548. Voir Cousin.

École Normale. Les maîtres de conférences au nombre de treize cherchent à défendre le cours de M. Cousin, I, 101. — Influence que M. Cousin y a exercée, I, 460 et suiv. Voir Cousin. — Son règlement publié par M. Cousin en 1837, III, 338.

ÉCOLE Écossaise. Ses mérites, I, 348.

ÉCOSSAIS (les philosophes). Doutent de la philosophie, I, 41.

ÉCOSSE. L'école Écossaise s'est trompée en voulant faire de la philosophie une science naturelle, III, 257. — Ses grands mérites, III, 258. — Étude de M. Cousin sur la philosophie Écossaise, I, 339.

ÉDIT DE NANTES. Sa révocation inutile et funeste, II, 621.

EGGER. Sa lettre à M. Cousin en juin 1840, II, 376.

ÉGLISE. Son intolérance dogmatique a été une nécessité, I, 46. — A toujours maintenu la suprématie de la foi sur la raison, II, 21. Voir Cousin et Religion.

EICHTHAL (M. d'). Ami de M. Hamilton, III, 225.

ELBEUF (duc d'). Voir Charles de Lorraine.

ÉLÈVES de M. Cousin, presque innombrables, II, 506.

ENFANT. Ses premières sensations analysées par Mᵐᵉ Angebert, III, 212.

ENSEIGNEMENT mutuel désapprouvé par M. Schulze et par M. Cousin, III, 339.

ENSEIGNEMENT secondaire. Son importance essentielle, I, 438. — Projet de MM. Guizot et Cousin, en 1836 et 1840, I, 439.

ENSEIGNEMENT supérieur. Menacé en 1849 par M. Falloux, ministre, I, 536.

ENSEIGNEMENT de la philosophie dans les établissements de l'État, II, 550. Voir Cousin.

ÉPOQUES trois époques dans l'histoire de l'humanité ; objections contre cette théorie de M. Cousin, I, 249.

ERDMANN, professeur de philosophie à l'Université de Halle. — Ses relations avec M. Cousin, II, 451.

ESPAGNE. Son rôle dans les affaires de France en 1648 et 1649, II, 592.

ESPRIT HUMAIN. Peut s'observer lui-même ; il est tout à la fois sujet et objet. C'est le privilège de la philosophie, II, 540. — A retrouvé ses titres dans le discours de la méthode de Descartes, II, 542.

ÉTATS GÉNÉRAU dex France. Jugés par le duc Pasquier, I, 579.

ÉTIENNE (auteur dramatique). Pair de France en 1837 ; sa lettre à M. Cousin, du 6 mai 1840, II, 369.

EUGÉNIE (Impératrice). Sa lettre de 1865 à M. Cousin, I, 546.

ÉVÊQUE DE DIJON. Sa lettre du 4 septembre 1858 à M. Cousin, et ses conseils charitables, II, 154. — Autre lettre du 24 janvier 1859, pressant M. Cousin de se convertir, II, 156.

EVERETT (Alexandre-Henri). Sa lettre à M. Cousin, du 17 avril 1834, sur l'instruction populaire aux États-Unis, I, 402. — Grand admirateur de M. Cousin, I, 403.

ÉVIAN. Voyage de M. Cousin à Évian en 1858, II, 168.

F

FABERT prend possession de Sédan au nom du roi, II, 634.

FABVIER (le colonel). Sa réponse à M. Cousin sur le monument de Santa-Rosa, I, 644. — Sa lettre du 20 mai 1829 sur le monument de Santa-Rosa, I, 645.

FACULTÉS. Desseins de M. Cousin en 1840, I, 442.

FALCK (Ministre de l'Instruction publique en Hollande). Ses relations avec M. Cousin en 1837, II, 485.

FALLOUX (Vicomte de). Ministre de l'instruction publique en 1849; cherche à détruire l'Université, I, 530. — Montre peu de tact dans ses rapports avec M. Cousin, I, 536. — Peu soumis au comte de Chambord, II, 82.

FARCY. Sa lettre du 7 avril 1827 (Rome) à M. Cousin, III, 378. — Son entrevue avec M. de Lamartine, ibid. — Détails sur la société italienne, III, 379. — Et sur le romantisme en Italie, III, 380. — Sa visite à M. Mai, III, 381. — Détails sur les Bibliothèques italiennes, III, 382.

FATALISME (Le). Se montre en partie dans les leçons de M. Cousin en 1828, I, 250. — — Fausseté de ce système, ibid. — Combattu par Mme C. Angebert, III, 180.

FAUCHER (Léon). Ses rapports avec M. Cousin; ses lettres de 1844, II, 371. — Quelques détails sur sa vie, II, 373.

FAURIEL. Ami intime de Manzoni et de M. Cousin, I, 593. — Ses lettres à M. Cousin, III, 9. — Quelques détails sur sa carrière, ibid. — Sa lettre à M. Cousin du 20 juin 1824, III, 18. — Sa dernière lettre à M. Cousin est sans doute de 1827, III, 28. Voir Cousin.

FÉLIX (le père). Intermédiaire entre M. Cousin et la Congrégation de l'Index, II, 121. — Sa lettre du 14 mai 1859 à M. Cousin sur la Congrégation de l'Index, II, 169. — Il se justifie auprès de M. Cousin, II, 170.

FELLENBERG. Sa lettre à M. Cousin en 1822, II, 471.

FEMME. Perte cruelle que l'âge lui impose, III, 149. Voir Austin, (Mme S.)

FEMMES ILLUSTRES de l'antiquité grecque, II, 253.

FÉNELON. Sa théorie profonde sur la raison personnelle et impersonnelle, I, 246.

FERRIER, candidat à la chaire de philosophie morale à Édimbourg, III, 292.

FICHTE. Analyse sommaire de son système par M. Cousin, III, 50.

FICHTE (le fils). Ses trois lettres à M. Cousin, II, 449.

FIESQUE (Comte de). Un des Importants, II, 646. — Son portrait, ses aventures, II, 647. — Exilé en 1647.

FILLES. Un titre leur était consacré par la loi de 1833 dans le projet de M. Cousin, I, 432.

FINI et INFINI. Sont les deux éléments de la raison. I, 245. — Leur rapport produit nécessairement la création, *ibid*. Voir Cousin.

FIORENTINO (Francesco). Correspondant de M. Cousin, I, 703.

FLOTTES (l'abbé). Décoré par M. Cousin, II, 401. — Sa lettre à M. Cousin pour refuser la croix, *ibid*.

FONTANES. Nomme M. Royer-Collard professeur à la Faculté des lettres de Paris, I, 35.

FONTEVRAULT (l'abbesse de). Lisait le Banquet de Platon en grec, II, 253.

FORBIN-D'OPPÈDE (la Marquise de). Ses relations avec M. Cousin, II, 427. — Ses ouvrages et son rare talent, *ibid*.

FORSTER, professeur à Berlin. Ses vers à M. Cousin, II, 443.

FRAGMENTS philosophiques de M. Cousin en 1826. Analyse de sa préface sur la méthode philosophique, I, 164. — Portés à cinq volumes par M. Cousin, I, 326. — Composés de cinq volumes par M. Cousin, I, 351.

FRANCE. Difficultés d'une histoire de France, II, 227. — A été imitée de l'Europe entière au XVIIe siècle, II, 237. — Péripéties principales de son histoire, II, 587. — Sa situation diplomatique en 1648 et 1649, II, 591 et suiv.

FRANCHET. Dénonce M. Cousin à la Commission de Mayence, en 1824, I, 127.

FRANCK (Adolphe). Offre généreuse que lui fait M. Cousin, II, 520.

FRANCK-CARRÉ. Sa lettre du 25 avril 1828 à M. Cousin, pour qui il témoigne un grand dévouement, III, 390. — Ses relations avec M. Cousin, II, 433.

FRANKLIN. Sa foi religieuse, III, 164.

FRASER (d'Édimbourg). Donne à M. Cousin des détails sur les universités Écossaises, II, 459.

FRAYSSINOUS, évêque d'Hermopolis. Sa lettre de mars 1824 à M. Cousin sur son édition de Descartes, II, 282.

FRÉDÉRIC-GUILLAUME III, roi de Prusse. Sa sollicitude pour l'instruction publique, III, 350.

FREIBERG (de Berlin). Ses relations avec M. Cousin, II, 448.

FRÈRE (chanoine). Sa lettre d'octobre 1833 à M. Cousin, pour le remercier d'avoir voulu le nommer examinateur pour l'agrégation de la philosophie, II, 342.

FRONDE. Ses origines par M. Cousin, II, 583 et suiv. — Sa vraie cause, II, 599. — Ses principaux personnages, II, 600.

FONTRAILLES. Ses rapports avec Chavigny, II, 657. — En 1647, *ibid*.

FULLICINO, correspondant de M. Cousin, I, 703.

G

GACHARD, archiviste général de Belgique. Ses relations avec M. Cousin en 1855, II, 492.

GADÉ, docteur en philosophie de Göttigue. Ses relations avec M. Cousin, II, 448.

GALLUPPI (le baron Pasquale), correspondant de M. Cousin, I, 702.

GANS. Sa lettre à M. Cousin, et ses démarches auprès du gouvernement prussien en faveur de M. Cousin, I, 161. — Quelques détails sur sa carrière, I, 163. — Professeur de droit à l'Université de Berlin, I, 186. — Sa lettre à M. Cousin du 3 juin 1827, I, 211. — Élève de Hegel, II, 443. — Professeur extraordinaire à Berlin en 1826, III, 373. — de Berlin. Sa lettre du 10 avril 1833 à M. Cousin, III, 403.

GARNIER (M. Adolphe), premier éditeur du Vrai, du Beau et du Bien, de M. Cousin, I, 60.

GENCK. Critique les leçons de M. Cousin, II, 312.

GÉRANDO (M. de). Ses relations avec M. Cousin, II, 433.

GERSDORF (de), ami de Goethe, I. 180. — Ses relations avec M. Cousin, II, 444.

GIOBERTI, correspondant de M. Cousin, I, 702.

GIRARD (le père), cordelier de Fribourg, en Suisse. Ses travaux admirables, II, 391. — Sa lettre à M. Cousin du 4 juin 1840, pour le remercier de la Légion d'honneur, *ibid*. — Son grand ouvrage du Cours éducatif de langue maternelle; remercie M. Cousin du prix qu'il lui a fait donner par l'Académie française, II, 395. — Quelques détails sur sa vie par M. F.-M. de Naville, II, 397. — Sa lettre du 21 août 1844 à M. Cousin, II, 400.

GIRAUDET. Lettre de M. Cousin, 12 septembre 1843, à M Giraudet, sur la statue de Descartes à Tours, III, 448.

III.

GLADSTONE, jugé par Mᵐᵉ S. Austin en 1858, III, 142.

GLOBE, journal français de 1824 à 1830. Lecture habituelle de Goethe, I, 181. Voir Dubois.

GODET (Frédéric). Sa lettre à M. Cousin, du 23 mars 1830, II, 330.

GOERRES. Son portrait par M. Cousin, I, 88.

GOETHE. Approuve les Fragments philosophiques de M. Cousin, I, 178. — Visite qu'il reçoit de M. Cousin. — Sa mort annoncée à Cousin par M. Frédéric de Muller, I, 384.

GOLUCHOWSKI, professeur de philosophie à Wilna. Ses relations avec M. Cousin, II, 491.

GORINI, correspondant de M. Cousin, I, 703.

GOUVERNEMENTS de province en France, considérés par les grands seigneurs comme des propriétés de famille, II, 612.

GRANDS HOMMES. Leur action sur le monde atteste la liberté humaine, I, 251.

GRÈCE. Sa profonde originalité, I, 249. — Le culte de la Grèce doit être conservé à jamais par les nations civilisées, II, 490.

GROEN (von Printsterer, de La Haye), correspondant de M. Cousin en 1826, II, 479.

GROUCHY (de). Lié avec M. Krug, de Leipzig, I, 203.

GUBERNATIS (Angelo de), correspondant de M. Cousin, I, 703.

GUÉNEAU de Mussy, directeur de l'École normale en 1820, I, 102.

33

GUÉRANGER (dom), de l'abbaye de Solesme. Sa lettre à M. Cousin en janvier 1834, II, 339.

GUÉRARD, directeur de Sainte-Barbe. Ses relations avec M. Cousin, II, 437. — Sa lettre de remerciement à M. Cousin, 12 septembre 1846, III, 451.

GUÉROULT. Protecteur de M. Cousin à l'École normale, I, 315. — Le premier volume de Proclus lui est dédié, *ibid.*

GUERRE. Difficultés à expliquer sa durée entre les nations, I, 251. — Opinion de Mme C. Angebert sur la —, III, 195.

GUHRAUER (de Berlin). Ses relations avec M. Cousin, II, 448. — Sa lettre du 10 février 1837 à M. Cousin, sur la découverte de la dissertation de Leibniz : De principio individui, III, 430. — Il demande des renseignements sur le séjour de Leibniz à Paris de 1672 à 1676, III, 431. — Voyage de M. Guhrauer en France, en 1838, III, 431.

GUIGNAUT. Loué par M. Gans, I, 162. — Admiré par M. Schelling, I, 174. — Sa brouille passagère avec M. Cousin. II, 505. — Traduit la Symbolique de Fr. Creuzer, III, 116.

GUISE (le duc de). Son portrait ; ses mariages, ses aventures, II, 639. — Sa mort à Naples, II, 641.

GUIZOT. Perd sa première femme à la fin de 1827, I, 223. — Rappelé à sa chaire en mars 1828, I, 224. — Présente aux Chambres en 1833 la loi sur l'instruction primaire, dont M. Cousin est l'auteur, I, 378. — Son projet sur la liberté de l'enseignement secondaire en 1836, I, 439. — Projet de M. Cousin en 1840, *ibid.* — Analyse de ce dernier projet, *ibid.* — Son appréciation de la loi de 1850, I, 532. — Son courage contre la pauvreté, III, 150 ; admiré par Mme S. Austin, *ibid.* — Son ministère de l'instruction publique, de 1832 à 1836, III, 334.

H

HACHETTE (de l'Institut). Donne à M. Cousin des notes sur Fourier, II, 328.

HALÉVY (le compositeur). Ses relations avec M. Cousin, II, 435.

HALLAM. Introduit auprès de M. Cousin par Van de Weyer, II, 481.

HAMILTON (William), d'Édimbourg, plus tard sir W. H. Son article d'octobre 1829 sur M. Cousin dans la Revue d'Édimbourg, I, 297. — Loue M. Cousin d'avoir essayé la conciliation de tous les systèmes, I, 299. — Est presque sceptique, *ibid.* — Se trompe quand il croit que le spiritualisme de M. Cousin a échoué, I, 300. — Parle de ses relations avec M. Cousin, II, 452. — Sa correspondance avec M. Cousin, III, 217 et suiv. — Son article de la Revue d'Édimbourg sur la philosophie de M. Cousin, *ibid.* — Sa lettre du 18 mars 1830 à Mme S. Austin, *ibid.* — Sa lettre du 23 octobre 1830 à M. Cousin, III, 221. — Son admiration pour le talent de M. Cousin, III, 222. — Sa lettre du 15 novembre 1831 à M. Cousin, III, 225. — Son intérêt pour l'instruction primaire, III, 226. — Sa lettre du 6 mai 1833 à Mme S. Austin, III, 226. — Il la remercie du Rapport de M. Cousin sur les écoles Allemandes, III, 227. — Sa lettre du 6 mai 1833 à Mme Austin, III, 229. — Sa lettre du 1er août 1833 à M. Cousin ; il vante les écoles Écossaises, III, 230. — Son admiration pour les travaux de M. Cousin, *ibid*. — Sa lettre du 10 février 1834 à M. Cousin ; il lui envoie par Mme Austin la vie de Dugald Stewart, III, 233. — Admire beaucoup la nouvelle Préface de M. Cousin aux Fragments philosophiques, III, 234. — Accusé de scepticisme par M. Cousin, III, 236.

— Il veut traduire les Arguments de M. Cousin sur les dialogues de Platon, III, 236 — Sa lettre du 14 novembre 1834 à M. Cousin, III, 239. — Son opinion très favorable sur M. Maine de Biran, III, 240. — Croit que l'inconditionnel est inconcevable à l'esprit humain, III, 241. — Penche au scepticisme, *ibid*. — Sa lettre du 26 novembre 1834 à Mme S. Austin, III, 242. — Son opinion sur l'état de la philosophie en Angleterre, III, 243. — Et sur les traductions de Mme Austin, *ibid*. — Sa candidature à la chaire de Logique et de Métaphysique, à Édimbourg, III, 246. — Son article sur la Logique, III, 247. — Sa lettre de remerciements à M. V. Cousin, 19 juillet 1836, III, 248. — Sa lettre du 21 mai 1837 à M. V. Cousin, III, 254. — Son opinion sur la traduction de la Politique d'Aristote, *ibid*. — Ses questions sur les diagrammes logiques, III, 255. — Son édition des œuvres de Reid, III, 255. — Dédie à M. Cousin l'édition des œuvres de Reid, III, 257. — Sa lettre du 18 septembre 1839 à M. Cousin ; il lui envoie une gravure et un buste de Dugald Stewart, III, 264. — Invite M. Cousin à venir en Écosse, III, 265.

— Annonce la mort de son fils à M. Cousin, dans sa lettre du 7 avril 1840, III, 267. — Félicite M. Cousin d'être ministre, *ibid*. — Admire l'ouvrage de M. Cousin sur Kant, *ibid*. — Sa lettre du 27 novembre 1840, où il demande à M. Cousin des renseignements sur les Universités et les Collèges en France, III, 269. — Sa lettre du 1er juillet 1843 à M. Cousin, pour introduire le comte Davidoff, de la famille Orloff, III, 272. — Se propose de faire un examen critique de la philosophie de M. Cousin, III, 273. — Sa lettre du 16 mai 1845 à M. Cousin, III, 276. — Paralysé de la main droite, *ibid*. — Sa lettre du 16 décembre 1846 à M. Cousin sur la vie de M. Dugald Stewart, III, 280. — Son admiration pour M. Cousin, III, 281.

— Sa lettre du 22 février 1847 à M. Cousin, écrite par une main étrangère, III, 285. — Sa lettre du 26 mai 1847 à M. Cousin sur les œuvres de Reid, III, 287. — Sa lettre du 15 mars 1851 à M. Cousin, III, 288. — Ne peut écrire lui-même à M. Cousin, III, 289. — Sa lettre du 25 mai 1852 à M. Cousin ; il regrette de n'avoir pas vu M. B.-S. Hilaire, III, 291.

— (Lady Hamilton). Annonce à M. Cousin la mort de son mari, III, 295. — Elle lui envoie la gravure du portrait de Sir William, III, 296. — Se trompe sur l'enseignement religieux dans les écoles d'Irlande, III, 299. — Voir Cousin, Pillans, Mme Austin.

HARCOURT (le duc d'). Sa liaison avec M. Cousin, II, 284.

HARCOURT (comte d'), de la maison de Lorraine. Son portrait, II, 641. — Sa conduite sous Richelieu, II, 642, et sous Mazarin, *ibid.* — Grand-écuyer, *ibid.*

HARRISSE (Henri) des États-Unis. Sa lettre à M. Cousin sur une traduction qu'il compte faire, en anglais, des œuvres de Descartes, en 1855, III, 468.

HASE (l'helléniste). Sa lettre à M. Cousin, II, 313.

HAURÉAU (de l'Institut). Ses relations avec M. Cousin, II, 501.

HAUSSONVILLE (le comte d'). Sa lutte contre le Second Empire, III, 114.

HAUTEFORT (M⁽ᵐᵉ⁾ de). Résumé de son histoire, II, 186. — Son admirable caractère, II, 187. — Sa disgrâce; et sa conduite à l'égard de la reine Anne d'Autriche, II, 188 et suiv.

HAUTREY, D'ÉTON. Ses relations avec M. Cousin, II, 458.

HAY. Son ouvrage sur le Beau, dédié à M. Cousin, III, 289.

HAYWOOD (Francis). Ses relations avec M. Cousin, II, 455.

HEGEL. Visité par M. Cousin à Heidelberg, en 1817, I, 68. — et SCHELLING, ont quelque temps inspiré M. Cousin; dans quelle mesure? I, 76. — et SCHELLING. Flattés de la visite de M. Cousin, I, 79. — Sa première lettre à M. Cousin en 1818, I, 80. — Il l'introduit auprès de ses amis de Munich, *ibid.* — Appelé à Berlin, en 1818, I, 84. — Le Gorgias lui est dédié par M. Cousin, pour le remercier de sa conduite en 1824, I, 128. — Très empressé dans l'intérêt de M. Cousin lors de sa détention à Berlin, I, 161. — Sa lettre du 9 avril 1826 à M. Cousin I, 182. — Admirateur des travaux de M. Cousin, I, 183. — Lié avec M. Guigniaut, I, 184. — S'intéresse aux affaires de France, I, 185. — Sa lettre à M Cousin du 1ᵉʳ juillet 1827; détails sur ses travaux, I, 213. — Remercie M. Cousin de sa dédicace, I, 214. — Sa lettre à M. Cousin du 25 mars 1828, donne quelques détails sur Gœthe, I, 228. — Remercie M. Cousin de la réception qu'il lui a faite à Paris, I, 227. — Met les Modernes au niveau des Anciens, I, 231. — Jalousie de Schelling contre lui, I, 264. Voir Schelling et Cousin. — Blâmé à Berlin à cause de son mépris pour le Christianisme, I, 334. — Ses attaques contre le Christianisme, III, 373. — A regretté sans doute que M. Cousin ait cessé son cours en 1830, I, 370. — Sa lettre du 16 février 1830 à M. Cousin, I, 372. — Son intimité avec M. Cousin, II, 442. — M. Cousin se proposait de faire une analyse de son système, III, 44. — Lettre du fils de M. Hegel à M. Cousin, III, 47. — Récit de la mort de Hegel par M. Gans, III, 45.

HÉLÈNE, duchesse d'Orléans. Son portrait par M. Schulze, III, 339.

HELFFERICH (de Berlin). Remercie M. Cousin de sa complaisance, II, 449.

HENDERSON. Traduit l'ouvrage de M. Cousin sur Kant, II, 458.

HENRY (de New-York). Reçoit une longue lettre de M. Cousin en 1838, II, 461.

HERMANN-FRANCK (de Leipzig) Sa lettre confidentielle à M. Cousin, II, 449.

Hesse (de Darmstadt). Ses relations avec M. Cousin, II, 447.

Heusde (Van), d'Utrecht. Ses relations avec M. Cousin en 1833, II, 482.

Hinrichs. Ses attaques contre M. Cousin, III, 87.

Histoire de France. Difficultés de cette histoire, II, 427. Voir Cousin.

Histoire de la Philosophie. Est la plus claire de toutes les histoires, I, 243. — Elle est la dernière en date, I, 244. Voir Cousin. — Ne peut avoir que trois époques, I, 248. — Obscurité des lois qui la régissent, *ibid*. — Organisée par M. Cousin, I, 309.

Histoire de la philosophie. Fondée en France par M. Cousin, II, 548. — Ne doit pas être trop littéraire, II, 549. — Devrait être faite de nouveau en langue française, II, 550.

Histoire générale de la philosophie par M. Cousin, I, 351. — de la philosophie de M. Cousin, analysée, I, 359. — de la philosophie; son puissant intérêt, I, 359.

Historien de la philosophie. Son portrait idéal, I, 244.

Homme. Sa grandeur et son infirmité, II, 555.

Horace. Ses admirables conseil sur la composition et sur le style, II, 245. — Cité pour un de ses préceptes, II, 250.

Horner (descendant de Locke). Ses relations avec M. Cousin, II, 456.

Hotho. Élève de Hegel; ses relations avec M. Cousin, II, 444. — de Berlin, son ouvrage sur la philosophia Cartesiana, III, 117. — Sa lettre du 1er avril 1826 à M. Cousin, en souvenir de son voyage à Paris, III, 373.

Humanité. Son fond est excellent, III, 194. — (l histoire de l') ne peut avoir que trois époques, selon M. Cousin, I, 248.

Humboldt (Alexandre). Ses relations avec M. Cousin, II, 447. — Sa lettre du 8 juin 1832, annonçant à M. Cousin sa nomination à l'Académie de Berlin, III, 400. — Ami de la France; ses regrets sur la mort de Cuvier, *ibid*. — Sa lettre du 8 novembre 1835 à M. Cousin, pour lui recommander M. Melloni, III, 401.

Hutcheson. Fondateur de l'école Écossaise, I, 340. — Analyse de son système, *ibid*.

Hyacinthe (le père). Sa lettre à M. Cousin du 12 juin 1855, II, 56. — Il espère convertir M. Cousin, II, 60. — Sa confidence peu bienveillante, II, 63.

I

Idéalisme. Un des quatre systèmes seuls possibles à l'esprit humain, I, 355.

Idées. Sont des conceptions de la raison, suivant la théorie de M. Cousin, I, 245. — représen-

tatives, réfutées par Reid, I, 342.
— et par M. Cousin, I, 350.

IDENTITÉ ABSOLUE. Système de M. Schelling, détruisant la liberté humaine, III, 115.

IMMORTALITÉ DE L'AME. M. Cousin n'en a pas une certitude absolue, III, 163. — Ses preuves, III, 165.

IMPORTANTS. Parti politique au XVIIe siècle ; leur rôle, II, 594. — Leurs conspirations, II, 595. — Composition de ce parti en 1643, II, 645.

INCONDITIONNEL. Théorie de M. Hamilton sur cette idée, I, 298. — Sir William Hamilton le croit inconcevable à l'esprit humain, III, 241.

INDE. S'est perdue dans la contemplation de l'infini. I, 249. — Immobilité de la philosophie hindoue dans les six Darçanas, II, 547.

INDÉPENDANCE absolue des professeurs allemands dans leurs cours, III, 373.

INDEX (Congrégation de l'). Ses relations avec M. Cousin, II, 1 à 177. Voir Congrégation et Cousin. — Conclusion sur ses procédés à l'égard de M. Cousin, II, 151.

INFINI et FINI. Leur existence suppose la nécessité de la création, I, 245. — Voir Inconditionnel, I, 298.

INSTITUT DE FRANCE. Rôle de M. Cousin dans les deux Académies dont il était membre, I, 503.

INSTITUT AMÉRICAIN de Boston. Ses relations avec M. Cousin, I, 416 et suiv.

INSTRUCTION PRIMAIRE. Détails sur la loi de 1833, I, 380. — Influence universelle de la loi française de 1833, I, 382. — M. Cousin est seul l'auteur de la loi de 1833, III, 323. — Changements que l'instruction primaire subit en France, de 1833 à 1850, III, 327.

INSTRUCTION SECONDAIRE. Projet de loi que M. Cousin fait avorter en 1834, III, 237. — Améliorée par M. Cousin en 1840, I, 437 et suiv.

INSTRUCTION SUPÉRIEURE. Projets de M. Cousin, I, 441.

IRLANDE. Fausses mesures prises en ce pays pour l'enseignement religieux dans les écoles, III, 298.

IRVING (David). Transmet à M. Cousin des renseignements sur l'état de la philosophie en Angleterre, II, 453.

ITALIE. A fourni peu de documents à M. Cousin sur l'instruction publique, I, 431. — Rapports de M. Cousin avec ce pays, I, 586. — État politique de ce pays de 1815 à 1850, I, 587. — Événements de 1848 en Italie, II, 44. Voir Cousin, Azeglio, etc.

ITALIENS correspondants de M. Cousin, II, 459.

J

JACOBI et Schelling, adversaires l'un de l'autre, I, 81. — Son invitation à M. Cousin en août 1818, I, 89. — Notice sur Jacobi, ibid. — Ses relations avec M. Cousin, II, 441.

JANET (M. Paul). A écrit le livre du Vrai, du Beau et du Bien, sous la dictée de M. Cousin en 1845, I, 50. — Son excellent livre sur M. Cousin, I, 61.

JOMART, de l'Institut. Ses notes sur Fourier, II, 328.

JONNET, fouriériste. Ses relations avec M. Cousin en 1843, III, 469.

JOUFFROY (Théodore). Doute de la philosophie, I, 41. — Son offre généreuse et sa lettre du 30 avril 1820, à M. Cousin, I, 97.

— Ami intime de M. Cousin, II, 503. — Quelques détails sur sa carrière, II, 504.

JOURDAIN. Collaborateur de M. Cousin pour l'édition d'Abélard, I, 324.

JUILLET. La monarchie de Juillet comprend et défend mal l'Université, I, 502.

JULES SIMON. Sa candidature législative de 1846 soutenue par M. Cousin, II, 487. — Nomme M. Bersot directeur de l'école Normale en 1870, I, 500.

K

KANT. Doute de la philosophie, I, 42. — A tort de se borner à la psychologie, I, 48. — Son scepticisme, *ibid.* — Analyse de son système par M. Cousin, I, 344. — N'est pas l'égal de Socrate, I, 344. — Moraliste admirable, I, 346. — Analyse sommaire de son système, III, 50. Voir Cousin, Allemagne, Philosophie allemande, etc.

KARSTEN (de Bruxelles). Sa lettre à M. Cousin écrite en latin, II, 481. — Lettre qu'il reçoit de M. Cousin en date du 20 février 1831, III, 393.

KÉRATRY (baron de). Sa lettre à M. Cousin sur sa libération, I, 133. — Détails sur sa vie, II, 261.

KEUBER. Introduit auprès de M. Cousin par Schelling, II, 450.

KLENZE (Professeur à Berlin). Ses relations avec M. Cousin, II, 448.

KLUMPP (Professeur à Stutgart), Ses relations avec M. Cousin, II, 447.

KOLLOW. Ses attaques contre M. Schelling, III, 97.

KREUZER ou CREUZER (auteur de la Symbolique). S'intéresse aux affaires de France, en janvier 1827, I, 205. — Son influence sur M. Cousin, *ibid.* — Sa lettre du 30 janvier 1827 à M Cousin, I, 206. — Pressent la réouverture du cours de M. Cousin, *ibid.* — Ses travaux sur Plotin, I, 207. — Admire M. Boissonade, I, 207. — Sa lettre à M. Cousin du 18 août 1827, I, 217. — Donne des détails littéraires, *ibid.* — Sa lettre du 21 mars 1828 à M. Cousin ; loue beaucoup l'article sur Xénophane, I, 233. — Son travail sur Plotin, *ibid.* Voir Creuzer, Guigniaut, etc.

KRŒGER, de Hambourg. Sa lettre du 9 février 1832 à M. Cousin sur ses Rapports concernant les écoles allemandes, I, 386.

KRUG, de Leipzig. Sa lettre du 18 avril 1826 à M. Cousin: le félicite de la réouverture prochaine de son cours, I, 203. — Sa lettre du 1er novembre 1828 sur les leçons de M. Cousin, I, 274. — Ses lettres du 8 septembre et du 28 octobre 1835 à M. Cousin, sur la philosophie en Allemagne et en France, III, 426.

L.

LABORDE (le comte de). Sa lettre à M. Cousin, II, 313.

LA BRUYÈRE. Son portrait peu exact du philosophe, II, 236. — Une de ses maximes excellente, II, 238.

LACOMBE (H. de). Sa publication sur les deux Commissions formées par M. de Falloux en 1849, I, 533.

LACRETELLE (le jeune). Sa lettre à M. Cousin pour le féliciter (1833 ?), III, 402. — Lettre anonyme qui peut lui être attribuée, III, 480.

LACORDAIRE (Père). Ses deux lettres à M. Cousin de janvier 1854 et de septembre 1857, II, 47 et suiv. — Se trompe sur la sincérité de M. Cousin, II, 50. — Ses conseils à M. Cousin, II, 52. — Ses relations avec M. Cousin, II, 343. — Ses lettres de 1835 et 1860, II, 344.

LAFAYETTE (le général). Ses billets à M. Cousin, II, 328.

LAKANAL, conventionnel, membre de l'Institut. Ses relations avec M. Cousin en 1838, II, 348. — Son éloge par M. Mignet, II, 349.

LAMARMORA (le général). Correspondant de M. Cousin, I, 703.

LAMBRUSCHINI. Correspondant de M. Cousin, I, 703.

LAPRADE (Victor), le poète. Ses relations avec M. Cousin, II, 438.

LA MOTHE-FOUQUÉ. Sa lettre à M. Cousin du 16 octobre 1825, I, 148. — Son affection pour M. Cousin, *ibid.* — (le baron de). Ses lettres à M. Cousin en 1825-1826, III, 41.

LAMENNAIS. Sa correspondance avec M. Cousin en 1825, II, 3. — Partisan de la théocratie, *ibid.* — Sa première lettre à M. Cousin du 20 juin 1825, II, 4. — Sa lettre du 22 août 1825, II, 9. — Équivoque de ses déclarations, II, 11. — Sa lettre du 1er octobre 1825 à M. Cousin, II, 16. — Ses objections aux principes de M. Cousin, II, 17. — Sa lettre à M. Cousin du 25 octobre 1825, II, 22. — Ses observations du 27 mai 1826, sur la Préface des Fragments philosophiques, II, 27 et suiv.

LAO-TSEU. Philosophe chinois, traduit par M. Stanislas Julien, III, 434.

LA ROCHEFOUCAULD. Sa conduite peu honorable à l'égard de Mme de Longueville, II, 198. — N'a pas inventé l'usage des Maximes, II, 211. — Ses Maximes, généralement blâmées par les femmes, *ibid.* — Peintre fidèle des mœurs du temps, II, 233. — Son opinion sur le duc de Beaufort, II, 614. — Son erreur sur la conduite de Mazarin à l'égard de Chavigny, II, 653.

LASSUS (Alexandre). Sa lettre à M. Cousin sur l'Éclectisme, II, 314. — Quelques détails sur sa carrière, II, 320.

LA TOUR D'AUVERGNE. (Frédéric-Maurice de). Son portrait. II. 617. — Duc de Bouillon, prince de Sédan, son ambition, *ibid*. — Sa femme. II. 618. — Emprisonné par Richelieu, *ibid*.

LATOUR-MAUBOURG, Pair de France. Ses relations avec M. Cousin, II, 294.

LAVALLÉE. Sa lettre du 1er août 1855 à M. Cousin sur Mme de Maintenon, II, 194.

LE BOUTHILLIER, Surintendant des finances. Sa disgrâce, II, 653.

LEBRUN. Soutient la candidature de M. B.-Saint Hilaire au Journal des Savants, I, 11.

LEÇONS inédites de M. Cousin en 1820, I, 64. — Doutes à cet égard, *ibid*. — leçons de M. Cousin en 1828, ont produit un effet prodigieux dans le monde philosophique, I, 254. — de 1828, jugées sévèrement par M. Cousin lui-même, I, 295.

LÉOPARDI. Correspondant de M. Cousin, I, 703.

LE TELLIER. Appelé dans le Conseil par Mazarin, II, 652.

LÉVÊQUE (Eugène). Collaborateur de M. Cousin pour la seconde édition de Proclus, I, 317.

LEWALD (E. A.), professeur de théologie à Heidelberg. Son article sur l'Abélard de M. Cousin, II, 449.

LIBERTÉ MORALE. Hautement revendiquée par Mme C. Angebert, III, 197. Voir Cousin.

LIEBER. Sa lettre à M. Cousin, du 17 janvier 1834, sur l'instruction primaire aux États-Unis. I, 399. — Son admiration pour M. Cousin. I, 400. — Quelques détails sur sa vie, I, 401.

LIÈGE (Mgr l'Évêque de). Sa lettre à M. Cousin, en 1840, II, 487.

LIENKOWSKI, grand admirateur de M. Cousin, II, 491.

LINBERG, de Boston. Témoigne du théisme de M. Cousin, I, 297.

LILIA, erreur typographique, au lieu de Lélia, roman de George Sand, II, 335.

LISIO, ami de Santa-Rosa, I, 691. — Correspondant de M. Cousin, I, 703.

LITTÉRATURE, est la dernière phase du talent de M. Cousin. II, 179. — Avait été la première vocation de M. Cousin, dans sa jeunesse, II, 180.

LIVINGSTON, législateur des États-Unis. Ses relations avec M. Cousin, II, 483.

LOCKE. Analysé et réfuté par M. Cousin, I, 348. — Voir Cousin. — (Réfutation de) par M. Cousin, III, 221. — Cette réfutation est un chef-d'œuvre de polémique philosophique, *ibid*. — On doit lui élever une statue à Londres; M. Cousin y souscrira, III, 224.

LOMÉNIE, comte de Brienne, remplace Chavigny, II, 653.

LONGUEVILLE (Mme de). Son histoire par M. Cousin, II, 196 et suiv. Voir Cousin.

LORRAINE (la maison de). Sa situation sous Mazarin, II, 639.

LOUIS XIII. Sa déclaration contre la reine Anne d'Autriche, II, 650.

LOUIS XIV. A commis une grande

faute par la révocation de l'édit de Nantes. II, 621.

Louis-Philippe. Sa principale faute politique. III, 159.

Loyson (le Père Hyacinthe). Ses relations avec M. Cousin, II, 422. — Sa lettre à M. Cousin, *ibid.* Voir Hyacinthe.

Luynes (le connétable de). Son histoire par M. Cousin, dans le Journal des Savants, II, 220. — Détails sur sa vie ; et son rôle politique, II, 221. — M. Cousin le place non loin de Richelieu et de Mazarin. II, 224.

Luynes (le duc de). Remercie M. Cousin de son histoire de Mme de Chevreuse, 12 mai 1856, II, 220. — Ses réserves, *ibid.*

Luynes (duchesse de). Sa lettre à M. Cousin, en le remerciant de son livre sur Mme de Chevreuse, II, 207.

Luzy (Mlle de). Sa lettre très touchante à M. Cousin, en mars 1850, II, 410 et suiv. — Voir Deluzy.

M

Macaulay. Ses relations avec M. Cousin, II, 457.

Mackintosh. Son article sur la philosophie de M. Cousin, III, 129. — Quelques détails sur sa vie, *ibid.* — Son histoire de la philosophie morale au XVIIIe siècle jugée par M. Cousin, III, 224.

Maine de Biran. Se trompe sur l'origine des principes nécessaires, I, 52. — Ses œuvres publiées par M. Cousin, I, 325. — Une de ses lettres à M. Cousin (1822 ?), III, 368.

Maintenon (Mme de). M. Cousin avait dessein d'écrire son histoire, II, 186. — Sévérité de M. Cousin à son égard, II, 193. — Défendue par M. Théophile Lavallée, *ibid.*

Mallac (M.). Ses relations avec M. Hamilton et avec M. Cousin, III, 234.

Malte (état des écoles dans l'île de) décrit par Mme S. Austin, III, 138. — Monuments historiques de —, III, 139. Voir Austin (Mme Sarah).

Mamiani, correspondant de M. Cousin, I, 702.

Manayra, correspondant de M. Cousin, I, 703.

Mancino, correspondant de M. Cousin, I, 702. — Prévient M. Cousin, en 1843, qu'un journal annonce qu'il avait soumis ses ouvrages manuscrits au jugement du pape, II, 39.

Manzoni (Alexandre). Sa liaison avec M. Cousin, I, 588. — Détails sur ses travaux, *ibid.* — Ses lettres à M. Cousin en 1821, I, 589 et suiv. — N'a jamais songé à réfuter M. Cousin, I, 601. — Avait écrit une réfutation qu'il communiquait à M. Cousin, I, 603. — Refuse la Légion d'honneur, que M. Cousin lui avait fait adresser, I, 606.

Maret (Mgr). Sa lettre du 23 septembre 1856, II, 68. — Ses félicitations à M. Cousin, II, 69. — Ses lettres de février 1856 et de juin 1858, II, 70. — Approuve l'article de M. Renan sur M. Cousin, II, 71. — Sa lettre à M. Cousin du 11 juin 1859, II, 172.

MARQUIS (Jules), ami de M. Émile Saisset, III, 421. — Maire de Brétigny et conseiller général de Seine-et-Oise, *ibid.*

MARTIGNAC. Succède à M. de Villèle, en janvier 1828, I, 223.

MASSÉI, correspondant de M. Cousin, I, 702.

MASSERI, correspondant de M. Cousin, I, 703.

MASSIAS (le baron de). Ses lettres à M. Cousin en 1826, II, 285.

MATIÈRE. Ne peut pas penser, comme le dit Locke, I, 350.

MATTEUCCI, correspondant de M. Cousin, I, 703.

MAURE (comte de). Un des Importants, II, 646.

MAURE (la comtesse de). Ses lettres sur M. de Turenne et Charlotte de La Tour, II, 623.

MAURE (le docteur). Assiste aux derniers moments de M. Cousin, dont il était l'ami, I, 19.

MAZARIN (le cardinal). Ses relations avec la reine Anne d'Autriche, II, 188. — Lettre de M. Baude sur ces relations, II, 191. — Ses lettres citées par M. Baude avec grand éloge, II, 192. — Ses carnets étudiés par M. Cousin, II, 217 — Son habileté profonde, II, 219. — Pousse le principe monarchique à un excès intolérable, II, 229. — Sa supériorité politique, II, 593. — En 1647, II, 596. — Ses projets, II, 597. — Sa politique profonde, II, 598. — Sa fermeté à l'égard du duc de Bouillon, II, 619. — Sa politique à l'égard des Protestants, II, 620. — Sa conduite à l'égard de Turenne, II, 628. — Notes de ses carnets sur les deux frères, II, 628. — Citations de ses carnets sur Turenne, II, 631. — Sa conduite habile à l'égard de Turenne et de son frère le duc de Bouillon, II, 635 et suiv. — Ses conseils au duc de Bouillon, II, 637. — Sa conduite à l'égard du duc de Guise en 1645, II, 640. — Son portrait du duc d'Elbeuf, II, 644. — Fait entrer Le Tellier dans le Conseil, II, 652. — Défend Chavigny, II, 653. — Loyauté de sa conduite à l'égard de Chavigny, II, 653.

MÉDECINE. Projet sur son enseignement et son exercice, discuté par M. Cousin, en juin 1847, I, 459.

MELLONI, correspondant de M. Cousin, I, 702.

MÉRIMÉE. Se désiste de sa candidature au Journal des Savants devant celle de M. B.-S. Hilaire, I, 11. — Assiste aux derniers moments de M. Cousin, I, 19.

MÉTAPHYSIQUE. Ses rapports à la morale, III, 179. — A une langue propre, comme toutes les autres sciences, II, 246. — Voir Aristote, Cousin, etc.

MÉTHODE d'observation, est inhérente à l'esprit humain, I, 73. — Loi nécessaire de l'intelligence, est aussi ancienne que l'esprit humain, II, 530. — psychologique, prémunit M. Cousin contre les chimères de la philosophie allemande, I, 73.

MICHELET, de Berlin. Partage le prix sur la Métaphysique d'Aristote, en 1835. I. 519. — Ses relations avec M. Cousin, II, 447.

MICKIEWICZ. Nommé par M. Cousin professeur de littérature slave au Collège de France. I, 443. — Quelques détails sur sa vie, III, 357. — M. Cousin fonde pour lui une chaire de slave au Collège de France, *ibid.* — Sa lettre à M. Cousin, 16 août 1840, III, 359. — Autre lettre du 30 septembre 1840, III, 360.

MIGNET. Soutient la candidature de M. B. St. Hilaire au Journal des Savants, I. 11. — Un des légataires universels de M. Cousin, I, 20. — Sa lettre à M. Cousin, ministre en mars 1840. I, 524. — Détails sur sa carrière. I, 525. — Remercie M. Cousin du prix qu'il a fondé, au nom de l'Académie des sciences morales et politiques, en 1865. I, 527. — Ses relations intimes avec M. Cousin ; quelques détails sur sa vie, II, 499.

MILL (John-Stuart). Ses lettres à M. Cousin, en novembre 1833 et septembre 1834, I, 394.

MIRAFLORÈS. Ses relations avec M. Cousin en 1840, II, 486.

MITRAUD (l'abbé). Sa conversation avec M. Cousin sur le prétendu catéchisme de 1834, I, 435.

MOHL (Jules), ami de M. Cousin, I, 696. — membre de l'Institut. Ses relations avec M. Cousin et avec M. Schelling, III, 85.

MOLÉ (le comte). Ses relations avec M. Cousin, II, 337. — Quelques détails sur sa vie, II, 338.

MONARCHIE CONSTITUTIONNELLE.

Venue trop tard en France pour pouvoir y réussir. I. 568. — Conditions de sa durée possible en France, II, 228.

MONARCHIE ANGLAISE. Causes de sa durée, II, 231.

MONCKTON MILNES (lord Haughton), grand admirateur de M. Cousin, II. 458.

MONITEUR UNIVERSEL. Sa note perfide sur la destitution de M. Cousin : I, 110. — Ses notes sur la libération de M. Cousin, I, 131.

MONTALEMBERT. Quelques détails sur sa carrière, II. 414. — Ses lettres à M. Cousin, en octobre 1855, II, 416. — Du 5 novembre 1853, II, 417 et 421.

MONTALIVET (le comte de). Donne en 1831 une mission à M. Cousin pour étudier en Allemagne l'état de l'instruction primaire, I, 377.

MONTEBELLO (le duc de). Ses lettres à M. Cousin, II, 310.

MONTLOSIER. Ses lettres à M. Cousin, II, 333.

MONTRÉSOR (le comte de). Un des Importants. II. 646. — Ses relations avec Chavigny. II. 656.

MORALE. Système de M. Cousin, I, 56 et suiv. — Fondement de la morale, d'après M. Cousin, I, 57 et suiv. — Il se rattache à tout le spiritualisme du passé, I, 58. — La morale doit occuper la place supérieure en philosophie, selon Mme C. Angebert, III, 175. — Importance supérieure que Mme C. Angebert y attache, III, 177. — Ses rapports à la métaphysique, III, 179.

MORELL. Patronné par M. Cousin

pour une chaire de philosophie à Édimbourg. II, 458.

Morlot (Archevêque de Paris). Sa démarche auprès du pape en faveur de M. Cousin. II, 66.

Motteville (Mme de). Son témoignage sur le duc de Vendôme en 1647. II, 609. — Son erreur sur la conduite de Mazarin à l'égard de Chavigny. II, 654.

Muir. Recommandé à M. Cousin par M. W. Hamilton. III, 249.

Muller (Charles). Ses relations avec M. Cousin. II, 444.

Müller (Frédéric de). Sa lettre à M. Cousin, du 26 septembre 1825. I, 154. - Ami de Gœthe, *ibid*. — Sa lettre à M. Cousin, du 30 mai 1826, donne des détails sur Gœthe. I, 179. — Admire la préface des Fragments philosophiques. I, 180. — Sa lettre à M. Cousin, du 18 septembre 1832, concernant ses Rapports sur l'instruction primaire en Allemagne. I, 383. — Son ouvrage sur Gœthe. III, 227.

Mullen (Joseph). Introduit auprès de M. Cousin par M. Schelling. III, 67.

Mustoxydi, de Corfou. Recommandé à M. Cousin par l'abbé Peyron. I, 611.

Mysticisme. Leçon admirable de M. Cousin. I, 53. — Un des quatre systèmes seuls possibles à l'esprit humain. I, 355.

Mythologie. Travaux de Schelling sur la —. I, 174. — Philosophie de la — par Schelling. III, 97.

N

Nancy. Société philosophique dans cette ville. I, 145.

Napier. Éditeur de la Revue d'Édimbourg, accepte un article déplorable sur la philosophie de M. Cousin : il s'en excuse. III, 240. — Éditeur de la Revue d'Édimbourg, sa mort. III, 286.

Napoléon. Organisateur de l'instruction publique en France. I, 438.

Napoléon (le prince, Louis). Sa condamnation par la cour des Pairs en 1840. II, 376. Voir Verhyel.

Napoléon III. Sa lettre de 1854 à M. Cousin. I, 544. — Autre billet, en juin 1865. I, 545.

Navarette. Sa lettre à M. Cousin en 1840. II, 486.

Naville. Sa lettre à M. Cousin sur les œuvres de M. Maine de Biran. III, 479.

Nicolaïdès, de Philadelphie, imprimeur, helléniste et orientaliste. III, 437.

Niebuhr. Sa lettre politique à M. Cousin, en 1830. I, 563. — Détails sur ses travaux. I, 567. — Ses relations avec M. Cousin. II, 445.

Noailles (la duchesse de). Ses relations avec M. Cousin. II, 427.

Noblesse française. Ses mérites et ses défauts. II, 227. — Elle ne sait pas s'organiser en aristocratie. II, 228. — Sa bravoure téméraire, sa turbulence et ses mœurs. II, 232.

NOIROT (l'abbé). Sa lettre à M. Cousin, en 1838, pour refuser la croix de la Légion d'honneur, II, 350.

NOYERS (S. de). Membre du Conseil en 1647; trahit le secret des délibérations, II, 651.

O

OBSERVATION. Voir Méthode, I, 73. — Est une loi nécessaire de l'intelligence; les Modernes ne l'ont pas inventée, II, 529.

OERSTED. Son opinion sur les études classiques, en 1830, II, 480.

OETTINGEN WALLERSTEIN (le prince), ministre de l'Instruction en Bavière. Envoie des documents à M. Cousin sur l'instruction publique, III, 70.

ŒUVRES intellectuelles, beaucoup plus durables que celles de la politique, II, 568.

ORDRE. Journal libéral en 1849, III, 161. — Favorable aux princes d'Orléans, *ibid.*

ORFILA. Ses relations avec M. Cousin, II, 440.

ORGANON d'Aristote. Question mise au concours par l'Académie des Sciences morales et pratiques, III, 102.

ORIGINES de la Fronde par M. V. Cousin, II, 583 et suiv.

ORLÉANS (duchesse d'). Opinion de M. Cousin sur elle, III, 158.

OZANAM. Sa lettre à M. Cousin, du 27 août 1842, sur ses relations avec M. Barola, II, 34. — Recommandé en 1838 à M. Cousin par M. l'abbé Noirot, II, 350. — Son affection pour M. Cousin, II, 352.

P

PAGNERRE, libraire. Ses relations avec M. Cousin; son amitié, II, 439.

PALÉOCAPA. Ingénieur et ministre des travaux publics en Piémont, I, 670.

PALLIA, élève de l'abbé Peyron; ses travaux sur la philosophie arabe; sa lettre à M. Cousin, I, 624. — Analyse de ses travaux par M. Cousin, I, 628.

PANTALEONI. Correspondant de M. Cousin, I, 702.

PANTHÉISME. A-t-il été professé par M. Cousin en 1820 ? I, 61 et suiv. Voir Cousin, Janet, Delcasso.

PAPE, Pie IX. Met deux mois à répondre à M. Cousin; sa lettre en latin du 23 juin 1856, II, 74. — Dernière lettre du pape à M. Cousin du 26 février 1857, II, 107. — En 1859, arrête la publication de la sentence de la Congrégation de l'Index, II, 174.

PAPPALETTERE (dom Simplicio). Correspondant de M. Cousin, I, 703.

PARAVEY (Charles). Ses relations avec M. Cousin, II, 434.

Paris (la ville de). Ses guerres en 1648 et 1649, II, 591.

Parlement de Paris. Jugé par le duc Pasquier, I, 579.

Pascal. Rapport de M. Cousin sur ses Pensées, à l'Académie française, I, 509. — Son manuscrit autographe consulté par M. Cousin, *ibid.*

Pasquier (de duc). Sa lettre à M. Cousin, de mars 1859, sur le rôle des États généraux et des Parlements en France, I, 569 et suiv.

Passavant. Ses relations avec M. Cousin, II, 443.

Passerini. Correspondant de M. Cousin, I, 702.

Pasta (Mme). Admirée par Manzoni, I, 596. — Quelques détails sur sa vie, I, 599.

Pastoret. Sénateur en 1811, est remplacé par M. Royer-Collard à la Faculté des lettres de Paris, I, 35. — Ses lettres du 7 janvier et du 25 août 1828, I, 270. — Son jugement sur la Charte, I, 271. — Sa lettre sur les Fragments philosophiques, I, 273. — Détails biographiques sur lui, *ibid.* — Ses relations avec M. Cousin en 1828, II, 290. — Ses opinions politiques, II, 292. — Quelques détails sur sa vie, II, 293.

Pays-Bas (le Roi des). Fait offrir à M. Cousin une chaire de philosophie à Bruxelles, I, 164.

Péché originel, est une question que la philosophie peut traiter, III, 471.

Peisse (Louis). Doute de la philosophie I, 44. — Sa traduction des articles de M. Hamilton dans la Revue d'Édimbourg, III, 220. — Traducteur des articles de M. W. Hamilton, III, 248 et 251. — Sa traduction des articles de M. Hamilton paraît en 1840, III, 268. — Membre de l'Institut; ses relations avec M. Cousin, II, 591.

Pensions aux gens de lettres; ce qu'elles sont en Angleterre, III, 163.

Perennes, doyen de la Faculté des lettres à Besançon. Sa lettre du 30 décembre 1840, pour féliciter M. Cousin des actes de son ministère, III, 447.

Périclès. Sa confiance en Aspasie, II, 253.

Perrone (le Père). Sa lettre peu convenable sur les corrections qu'il propose aux œuvres de M. Cousin, II, 115.

Pertz, directeur de la Bibliothèque royale de Berlin. Ses relations avec M. Cousin, II, 446.

Petits traités publiés par l'Académie des sciences morales et politiques, III, 154.

Peucer. Ses relations avec M. Cousin, II, 447.

Peyron (l'abbé Amédée). Sa liaison avec M. Cousin à partir de 1820, I, 608. — Quelques détails sur sa vie, *ibid.* — Ses lettres à M. Cousin, I, 609 et suiv. — Sa lettre sur le droit canonique, I, 629. — Ses sages conseils sur les Facultés de théologie, I, 631.

Pharmacie. Les écoles de pharmacie sont ramenées dans le cadre universitaire par M. Cousin, en 1840, I, 443.

PHÈDRE de Platon. Est une leçon de rhétorique. III, 60.

PHILADELPHIE (Massachusetts). Lire : (Pensylvanie).

PHILOSOPHES. Ne peuvent jamais être la majorité dans l'espèce humaine. I, 243.

PHILOSOPHIE. Incertitude prétendue de son caractère et de son objet. I, 41. — N'est pas une science naturelle. *ibid.* Voir Jouffroy. — Définition nouvelle qu'on en peut donner. I, 46. — Service que la philosophie spiritualiste rend à la société, en préparant une rénovation religieuse. I, 53. — Définie par M. Cousin en 1828. I, 241. — Son histoire dans la seconde leçon de M. Cousin en 1828. I, 242. — Son enseignement exposé et défendu par M. Cousin I, 465. — Programme de philosophie pour le baccalauréat, *ibid.* — Sa suprématie incontestable. II, 152.

— Sa définition dernière par M. Cousin. II, 534. — Sa grandeur et son isolement. II, 536. — Ne peut être traitée comme les sciences naturelles. II, 537. — Sa vraie nature et son but. II, 539. — Son vrai rôle dans les sciences. II, 543. — Elle n'est pas sans péril ; elle est souvent déshonorée. II, 545, comme Platon l'a dit. *ibid.* — Son enseignement nécessaire dans les établissements de l'État. II, 550. — Un cours de philosophie est indispensable comme achèvement des études classiques. II, 551. — Ne connaît pas en général assez complètement les doctrines de la théologie. II, 559. — Est tenue de s'exprimer aussi clairement que possible. II, 578. — Ses devoirs d'après Mme C. Angebert. III, 183. — Triste état où elle est en Angleterre et en Écosse en 1833. III, 231. — du XVIIIe siècle attaquée par M. de Barante sous l'Empire. III, 445. Voir Cousin.

PHILOSOPHIE FRANÇAISE du XVIIIe siècle a un horizon très borné. I, 72.

PHILOSOPHIE ITALIENNE. Son état jugé par l'abbé Peyron en 1830. I, 618.

PHILOSOPHIE. Son état en Russie vers 1830. II, 323.

PHILOSOPHIE CHINOISE. Travaux de M. Stanislas Julien. III, 434.

PICCOLOS (philologue grec). Ses relations avec M. Cousin en 1835 ; remercie vivement M. Cousin de sa bienveillance. II, 485.

PICHOT (Amédée). Ses relations avec M. Cousin. II, 441.

PICTET (Adolph), correspondant de M. Cousin en 1821. II, 471. — Sa lettre à M. Cousin en juillet 1821. II, 472.

PIE IX. Succède à Grégoire XVI en juin 1846 ; son libéralisme. II, 40. — Approuvé dans ses débuts par l'Europe entière. — Ses lettres à M Cousin. II, 41. — Voir Congrégation de l'Index.

PIÉMONT. Rapports de M. Cousin avec ce royaume. I, 584. — Quelques détails historiques de 1830 à 1848. I, 652.

PILLANS, d'édimbourg. Ses relations avec M. Cousin. II, 154. — Ami de MM. Hamilton et Cousin. III, 237-238. — Ami de M. W. Hamilton. III, 246. — de Mme S. Austin, *ibid.* —

Dans sa lettre du 12 juin 1842, annonce à M. Cousin que M. Hamilton a eu une attaque de paralysie. III, 277. — Sa correspondance avec M. Cousin, III, 297. — Son voyage à Paris, III, 301.

Planche (Gustave). Sa lettre du 8 septembre 1837 à M. Cousin, pour le remercier, et se désister de toute candidature en faveur de M. Jules Sandeau, III, 435. — Sa mort prématurée, *ibid*.

Platon. Importance de la traduction de ses œuvres par M. Cousin, I, 326. — M. Cousin justifie son admiration pour lui, II, 489. Voir Cousin.

Poerio (le baron), correspondant de M. Cousin, I, 702.

Poésie. Le premier des arts, I, 55.

Politès, de Corfou, grand admirateur de M. Cousin, en 1838, II, 486.

Politique. Les professeurs allemands ne recherchent pas les fonctions politiques, I, 86. — Voir Schelling. — Sa mobilité inévitable, II, 567. — Ses exigences et ses faiblesses, I, 586. — Les deux politiques à suivre par Mazarin, en 1647, II, 603.

Ponsard. Sa lettre de remerciements à M. Cousin, III, 475.

Portalis, pair de France. Sa lettre du 24 mai 1839 à M. Cousin, pour le remercier, III, 433. — Membre de l'Académie des sciences morales et politiques, III, 434.

Positivisme. Son erreur complète sur la nature de la philosophie, II, 538.

Poujoulat. Ses relations avec M. Cousin, II, 436.

Préface. Seconde Préface de 1833 aux Fragments philosophiques; M. Cousin s'y défend contre l'accusation de panthéisme, I, 166. — Soutient en 1838 le système de l'Éclectisme, I, 166.

Prévost, de Genève. Recommandé à M. Schelling par M. Cousin, I, 210.

Principes universels et nécessaires, dans l'esprit humain, I, 51. — Origine de ces principes, I, 52.

Prix Cousin à l'Académie des sciences morales et politiques. — Décerné huit fois, de 1866 à 1893, I, 528.

Proclus. M. Cousin dédie les divers volumes à ses maîtres et à ses amis, I, 315. — Deux éditions; difficultés de la première, I, 316. — Beauté de la seconde, I, 317.

Professeurs de philosophie. Dirigés et surveillés par M. Cousin, avec une sympathie toute paternelle, I, 470. — Défendus par lui contre leurs ennemis, *ibid*. — allemands. Ne recherchent pas les fonctions politiques; et pourquoi? I, 86. — Leur indépendance absolue dans leurs cours: exemple de Hegel, III, 373. — Écossais. Leur liste par M. Jouffroy, III, 278.

Protestants. Leur situation sous le ministère de Mazarin, II, 621.

Provana, de Turin, ami intime de Santa-Rosa, correspondant de M. Cousin, I, 702.

Prusse. Attitude du gouvernement prussien à l'égard de M. Cousin en 1824, I, 150. — Système de ses écoles vanté par M. Thiersch,

I, 391. — Voir Cousin. — Refus du roi de Prusse d'accorder une décoration à M. Cousin, III, 353.

Psychologie. N'est pas toute la philosophie ; erreur à cet égard des fondateurs de l'Institut, en l'an III, II, 31. — Sa priorité indispensable, I, 47. — Fondement nécessaire de toute philosophie, II, 529. — Son privilège exclusif, II, 540.

Puibusque. Sa lettre de remerciements à M. Cousin, pour son impartialité, 24 novembre 1843, III, 449.

Q

Quatremère de Quincy. Son billet à M. Cousin, II, 310. — Quelques détails sur sa vie, II, 311.

Question à poser au philosophe, I, 41. — Question que le philosophe doit se poser à lui-même, I, 47.

Quinet. Sa traduction de Herder, I, 206. — Son séjour à Heidelberg, I, 234. — Sa traduction de Herder, III, 119. — Sa liaison avec M. F. Creuzer, III, 120. — Son voyage en Morée, III, 121. — (Edgar). Sa lettre du 1er avril 1828 à M. Cousin, III, 384. — Il rend compte de ses travaux, III, 385. — Sa traduction de Herder, ibid. — Sa lettre d'août 1828, III, 387. — Son dévouement à la philosophie ; son désir d'aller en Grèce avec la Commission de Morée, III, 388. — Sa lettre de Mavromati, 16 mars 1829, III, 389. — Revient en France en 1830, ibid. — Son cours au Collège de France en 1845, ibid.

Quris. Surprend la confiance de M. Schelling, III, 84.

R

Rachel (Mlle). Ses billets à M. Cousin ; le remercie de ses conseils sur le rôle de Phèdre, II, 370.

Raison. Théorie de la raison par M. Cousin, I, 245. — Définition qu'en donne M. de Lamennais, II, 24. — Autre lettre du 6 décembre 1825, II, 25. — Sa suprématie et ses faiblesses, II, 533. — Théorie de la raison soutenue par M. Cousin, III, 238.

Rathery (bibliothécaire du Louvre). Ses relations avec M. Cousin, II, 440.

Raumer (historien). Ses relations avec M. Cousin, II, 445.

Ravaisson. Sa traduction de l'article de M. Schelling, III, 92. — Ses relations avec M. Schelling, III, 102. — Partage le prix en 1835 sur la Métaphysique d'Aristote, I, 519.

Raynouard. Ses relations avec M. Cousin, II, 294. — Sa lettre du 24 janvier 1829, pour offrir un de ses ouvrages à M. Cousin, III, 391.

Recherche de la vérité par les

lumières naturelles, ouvrage admirable de Descartes. I, 321. Voir Descartes et Cousin.

REEVE (Henry). Ses relations avec M. Cousin, II, 454. — Neveu de Mᵐᵉ S. Austin, III, 141 et 157.

RÈGLES pour la direction de l'esprit, ouvrage de Descartes, que M. Cousin admire à l'égal du Discours de la Méthode. I, 190. — pour la direction de l'esprit; ouvrage admirable de Descartes, I, 199. — pour la direction de l'esprit et recherche de la vérité par les lumières naturelles : ouvrages admirables de Descartes. I, 321. Voir Descartes.

REID, Analyse de son système par M. Cousin, I, 342. — grand admirateur de Descartes, *ibid*. — Édition de ses œuvres par M. W. Hamilton. III, 255.

REIFENBERG, professeur de philosophie à Louvain. Ses relations avec M. Cousin, dès 1817, II, 479.

REINHARD. Diplomate et ami de M. Frédéric de Muller, I, 385.

RELIGION. Profond respect de M. Cousin pour elle. I, 246. — Ses rapports à la philosophie, I, 308. Voir Cousin.

RÉMUSAT (Charles de). Exilé à Londres en 1852 ; ses lettres à M. Cousin, I, 558 et suiv. — Son caractère admirable, I, 560. — Ses relations avec M. Cousin, II, 500.

RENAN (Ernest). Son article sur M. Cousin en 1858, II, 70. — Sa lettre de septembre 1848 à M. Cousin dont il demande l'appui, III, 456.

RESTAURATION. Mérite d'être louée pour sa tolérance. en 1828, I, 247.

RETZ (le cardinal de). Son opinion sur le duc de Beaufort. II, 614. — Son portrait du duc d'Elbeuf, II, 644.

RÉVOLUTION de 1830. Son influence sur la carrière de M. Cousin, I, 361.

REVUE D'ÉDIMBOURG. Article sur M. Cousin ; cet article jugé méprisable par M. Hamilton, III, 240. Voir Hamilton et Cousin.

RIAUX (Francis), professeur de philosophie, défendu par M. Ém. Saisset, III, 411.

RICCI (la marquise de). Sa lettre de 1866 à M. Cousin. pour demander les lettres de son père, Azeglio, I, 679.

RICHELIEU. Jugé par le duc Pasquier, I, 579. — Pousse le principe monarchique à un excès intolérable. II, 229. — Courtise Mᵐᵉ de Chevreuse, II, 600.

RIGNANO (Massimo, duc de). Correspondant de M. Cousin, I, 703.

RIPLEY (de Boston). Correspondant de M. Cousin, en 1838, II, 466.

RITTER (Henri), historien de la philosophie. Ses relations avec M. Cousin, II, 448. — Sa lettre du 13 septembre 1838 à M. Cousin, pour le remercier, III, 432.

RIVE (Auguste de la). Intermédiaire entre M. de Cavour et M. Cousin, en 1848, II, 491.

ROBBINS (Mᵐᵉ Éliza). Sa lettre à M. Cousin en date du 16 août 1836 ; détails sur sa carrière, I, 422 et suiv.

Robert, de Lannion. Soutient en 1846 la candidature législative de M. Jules Simon, II, 437.

Rochussen, gouverneur-général des Indes néerlandaises. Ses relations avec M. Cousin en 1853, II, 492.

Rœderer. Sa lettre à M. Cousin sur le rétablissement de l'Académie des sciences morales et politiques, I, 512. — Détails sur sa vie, I, 513.

Rogier (les deux frères, Charles et Firmin). Leurs relations avec M. Cousin en 1830, II, 491.

Roi de Prusse. Sa sollicitude pour l'instruction publique, III, 319. Voir Prusse et Cousin.

Rosberg, de Moscou. Sa lettre à M. Cousin, du 20 mars 1830, II, 322.

Rosen (Frédéric). Jeune indianiste très distingué, mort prématurément, I, 227.

Rosmini. Correspondant de M. Cousin, I, 703.

Ross (Mistress Janet). Sa biographie de sa grand'mère, Mme S. Austin, III, 166. — Son ouvrage Three generations of English women, *ibid.*

Rossi. Décide la nomination de M. B.-St Hilaire au Collège de France, I, 5. — Ses relations avec le Pape Pie IX, II, 41. — Assassiné à Rome sur les marches du Sénat, *ibid.* — Connaît M. Cousin en 1826, II, 478. — Quelques détails sur sa vie, *ibid.* — Sa lettre du 19 juillet 1840 à M. Cousin, pour le remercier de l'avoir nommé membre du Conseil royal de l'instruction publique, III, 440.

Royer-Collard. Professeur d'histoire de la philosophie moderne, à la Faculté des lettres de Paris, I, 34. — Sa carrière politique et ses opinions, I, 35. — Son discours au Conseil des cinq-cents en 1797; son article au Journal des Débats en 1806, I, 35. — Choisit M. Cousin pour suppléant, I, 36. — Procède de Reid, de même que M. Cousin est dû à M. Royer-Collard, I, 38. — Doute de la philosophie, I, 41. — Se trompe sur l'origine des principes universels, I, 52. — Sa lettre sur l'arrestation de M. Cousin, I, 103. — Destitué du Conseil d'État par M. de Serre, son ancien ami, I, 103. — Sa lettre à M. Cousin sur sa destitution, I, 111. — S'applaudit des succès de M. Cousin, I, 158. — Sa lettre à M. Cousin du 16 octobre 1825, I, 159. — Sa lettre affectueuse à M. Cousin du 17 septembre 1826, I, 167. — Son jugement sur M. de Talleyrand, *ibid.* — Ses occupations à Château-Vieux, I, 169. — Lettre à M. Cousin du 14 novembre 1826, *ibid.* — Son opinion sur les travaux philosophiques de M. Cousin, I, 170. — Son attitude politique en 1827; élu de l'Académie française, I, 220. — Sa lettre à M. Cousin du 17 septembre 1827, I, 222. — Élu 7 fois député en 1827, I, 223. — Nommé président de la Chambre des Députés en 1828, I, 223. — Son billet annonçant à M. Cousin sa réhabilitation dans sa chaire, I, 224. — N'a jamais songé à reprendre son cours, I, 235. — Son jugement probable sur les leçons de M. Cousin, I, 256. — Regrette sans doute que M. Cousin se livre à des travaux d'érudition, I, 315. — Quitte après trois ans sa chaire de philosophie, I, 361. — Sa lettre de 1832 à M. Cousin, où il refuse d'être membre de l'Académie des sciences morales et politiques, I, 515. — Refuse une seconde fois, en 1837, de faire partie de l'Académie des sciences morales et politiques, I, 516. — Son opinion sur l'avenir de M. Thiers en 1837, I, 517. — N'a pas cessé un instant d'aimer M. Cousin, II, 495. — L'édition de Descartes lui est dédiée par M. Cousin, I, 319. — Ses lettres à M. Cousin, III, 1 et suiv. — Admire la préface de M. Cousin aux œuvres d'Abélard, III, 3. — Son jugement sur le Moyen-âge, III, 4. — Son admiration pour Homère, III, 5.

RUDELBACH (de Copenhague). Ses relations avec M. Cousin, en 1826, II, 480.

RUDIGER (Mme Élise). Sa lettre à M. Cousin en 1854, III, 464.

RUSSIE. État de la philosophie en Russie, en 1830, II, 323.

S

SABLÉ (la marquise de). Son histoire par M. Cousin, II, 208. — Elle continue l'hôtel de Rambouillet, *ibid*. — Quelques détails sur sa vie, II, 209. — Elle a contribué à faire naître deux genres nouveaux en littérature : les portraits et les maximes, II, 210. — Son rôle à Port-Royal, II, 212. — Ses ouvrages, *ibid*.

SADE (vicomte Xavier de). Sa lettre du 19 juin 1821 à M. Cousin, et ses conseils sur ses travaux, I, 311. — Détails sur sa carrière politique, I, 314.

SAINTE-BEUVE. Ses relations avec M. Cousin, II, 437.

SAINT-HILAIRE. Refuse serment à l'Empire, III, 293. Voir Barthélemy-St Hilaire.

SAINT-MARC-GIRARDIN. Ses relations avec M. Cousin, II, 438. — Introduit par M. Cousin auprès de M. Schelling, III, 69.

SAINT-YBAR. Son rôle auprès de Mme de Chevreuse, II, 606. — Ses complots, *ibid*. — Comte de —, un des Importants, II, 645.

SAISSET (Émile). Sa correspondance avec M. Cousin, commencée en 1834 ; quelques détails sur sa carrière, III, 404 et suiv. — Sa première lettre, III, 406. — Se désiste d'une candidature académique en 1843, III, 406. — Son projet de manifestation en 1844, III, 407. — Ses relations avec la Revue des Deux-Mondes, III, 408. — Maladie et mort de sa mère, III, 409 et suiv. — Son intervention en faveur de M. Francis Riaux, III, 411. — Son discours sur la tombe de M. Damiron, III, 412. — Ses lettres à M Cousin, 17 janvier et 9 avril 1862, sur une nouvelle traduction de Platon, III, 413 et 415. — Sa fin prématurée, III, 413. — Ses billets sans date à M. Cousin, III, 416 et suiv. — Son indépendance philosophique, III, 421. — Sa candidature à l'Académie des sciences morales et politiques, III, 422. — Son dernier billet, III, 423.

SALVANDY. Ministre de l'instruction publique, détruit les attributions du Conseil royal, I, 500.

SALVOLINI. Correspondant de M. Cousin. I, 703.

SANTA-ROSA. Sa liaison avec M. Cousin en octobre 1821. I, 587. — Monument que M. Cousin veut lui faire élever dans l'île de Sphactérie. I, 641. — Note sur une inscription qui le concerne, dans l'île d'Égine, au Temple de Jupiter. I, 647. — Lettre sur ses derniers moments par M. H. Collegno (?). I, 650. — Détails sur ses enfants, donnés par M. Collegno. I, 690. — Son jugement sur Mme S. Austin, en 1823. III, 115.

SAVIGNY. Ses lettres très affectueuses à M. Cousin. II, 446. — Ses lettres à M. Cousin. III, 306. — Quelques détails sur sa vie, *ibid.* — Sa lettre du 12 novembre 1831, pour recommander son fils. III, 307. — Lettre du 31 octobre 1833, pour remercier de la décoration de la Légion d'honneur. III, 308. — Dernière lettre du 24 avril 1834 sur la mort de Schleiermacher. III, 309. — Ami de la France. III, 310.

SCEPTICISME. Un des quatre systèmes seuls possibles à l'esprit humain. I, 355. Voir Cousin, Ænésidème, etc.

SCHAAR-SCHMIDT. Professeur à Bonn ; élève de M. Brandis. II, 451.

SCHELLING. A tort de repousser la psychologie. I, 48. — et Hegel, ont inspiré M. Cousin ; dans quelle mesure? I, 76. — Flattés de la visite de M. Cousin, I, 79. — et Jacobi. Adversaires l'un de l'autre, I, 81. — Reçoit deux billets de M. Cousin, en août 1818, I, 83. — Sa lettre à M. Cousin, du 28 janvier 1819, I, 85. — Son éloignement pour les fonctions politiques. I, 86. — Introduit un de ses amis auprès de M. Cousin, le 1er août 1822. I, 94. — Son ouvrage sur la Mythologie, *ibid.* — Sa lettre à M. Cousin, du 16 avril 1826, I, 172. — Il loue les travaux de M. Cousin, *ibid.* — Il compare les Allemands et les Français; et il blâme l'obscurité germanique. I, 173. — Quelques détails sur sa carrière, I, 178. — Proscrit à tort la méthode psychologique, *ibid.* — Quelques détails sur sa vie. I, 209. — Son cours à Berlin a peu de succès, en 1841, I, 216. — S'intéresse aux affaires de France. I, 226. — Sa lettre du 27 novembre 1828 à M. Cousin. I, 257. — Son jugement sur les leçons de M. Cousin, *ibid.* — Son amertume contre Hegel, II, 258. — Défend le Christianisme contre Hegel, I, 260. — grand admirateur du talent de M. Cousin. I, 263. — Sa liaison avec M. Guigniaut, *ibid.* — Son article sur le système de M. Cousin. I, 290 et suiv. — A regretté sans doute l'interruption des cours de M. Cousin en 1830. I, 374. — Analyse sommaire de son système. III, 52. — Ses lettres à M. Cousin. III, 36 à 115. — Quelques détails sur sa carrière, *ibid.* — Annonce à M. Cousin sa nomination à l'Académie de Munich. III, 57. — Nommé associé étranger de l'Académie des sciences morales et politiques, III, 69. — Semble accuser M. Cousin de ne l'avoir pas suffisamment défendu, III, 71. — Il apprécie très haut les Fragments philosophiques de M. Cousin, III, 72. — Ses relations avec M. Saint-Marc-Girardin, III, 74. — Interversion de plusieurs de ses lettres ; la succession régulière peut être aisément rétablie en consultant la date de ces lettres. III, pages 77 et 81.

— Son article sur la Préface de M. Cousin, en 1835. III. 77.
— Ses remerciements à l'Académie des sciences morales et politiques, III, 78. — Recommande M. Quris à M. Cousin. III. 81.
— Son article sur la philosophie de M. Cousin, III, 82. — Son article sur la philosophie de M. Cousin ne produit pas tout l'effet qu'on attendait. III, 85. — Conseille à M. Cousin de dédaigner les attaques dont il est l'objet, III, 89. — Son horreur de l'attentat de Fieschi, III, 93. — Admire le Rapport de M. Cousin sur la Métaphysique d'Aristote, III. 93. — Veut faire insérer un article dans le Journal des Débats, III, 96. — Critiqué par M. Kollow, III. 97. — Sa philosophie de la Mythologie, III, 97.
— Son projet d'article pour le Journal des Débats, III, 99. — Son projet d'article en réponse à M. Kollow, III, 99. — Son opinion sur le concours de la philosophie allemande, ouvert par l'Académie des sciences morales et politiques, III, 103. — Sa lettre à M. Cousin du 23 avril 1837, III, 102. — Son opinion sur la philosophie allemande, III, 103. — et sur le concours ouvert par l'Académie des sciences morales et politiques, ibid. — Se plaint de M. de Gérando, ibid.
— Ses critiques contre M. Hegel, III, 104. — Sa sévérité contre M. Hegel, III, 104. — Accueille M. P. Dubois en 1838, III, 107. — Son affection très vive pour M. Cousin, III, 108. — Sa lettre du 24 octobre 1838 à M. Cousin ; accueil qu'il fait à M. P. Dubois, III, 107. — Sa lettre du 28 octobre 1838, ibid. — Sur ses travaux. III, 108. — Recommande sa fille et son gendre à M. Cousin, III, 109. — Dans sa lettre du 28 octobre 1838, rend compte de ses travaux, III, 108.
— Recommande sa fille, Mme de Zech, à M. Cousin, III, 109. — Sa lettre du 8 mars 1839 à M. Cousin, III, 110. — Sa première leçon à Berlin, III, 111. — Son système de l'Identité absolue, III, 115. — Son système de l'Identité absolue détruit la liberté humaine, III, 115. — Admire le livre de M. Cousin sur Kant, III, 146.

SCHINAS, réfugié grec. Remercie M. Cousin de sa générosité, II, 470.

SCHLEGEL. (A.-G.). Ses relations avec M. Cousin et avec Mme de Staël, II, 445.

SCHLEIERMACHER. Jugé par M. Cousin, I, 200. — Quelques détails sur sa vie et sa mort, I, 201. — Sa traduction de Platon admirée par M. Cousin, I, 332. — Détails sur ses travaux donnés par Brandis, I, 334. — et Ast. Leurs travaux sur Platon, I, 337. — Sa mort en 1834, III, 309. — Son opinion sur Spinosa, III, 347.

SCHMIDTEN, de Copenhague, grand admirateur de M. Cousin en 1823, II, 479.

SCHOLASTIQUE. Son importance, signalée par M. Cousin, II, 465. Voir Cousin.

SCHOLASTIQUE. Méprisée par le XVIIIe siècle, réhabilitée par M. Cousin, I, 323. — Voir Abélard et Cousin.

SCHULZE (le docteur). Ses relations avec M. Cousin, II, 446.

— de Berlin. Ses lettres à M. Cousin, III, 312 et suiv. — Sa première lettre du 20 janvier 1832 à M. Cousin, III, 314. — Longs détails sur les écoles allemandes, III, 315. — Sur Mᵐᵉ veuve Hegel, III, 316. — Grand admirateur de M. Cousin, III, 317. — Sa lettre du 6 avril 1832, *ibid.* — Sur les fils de Hegel, III, 318. — Chargé de publier la Phénoménologie de l'esprit de Hegel, III, 320. — Détails sur des publications philosophiques en Allemagne, *ibid.* — Sa lettre du 18 février 1833 à M. Cousin, à qui il transmet des renseignements scholaires, III, 321. — Son opinion sur la loi française de 1833, III, 322 et 323. — Sa lettre du 21 novembre 1833 à M. Cousin, III, 324. — Il le félicite de la loi de 1833, *ibid.* — Il lui donne des détails sur la pédagogie allemande, III, 325. — Décoré de la Légion d'honneur, *ibid.* — Sa lettre du 27 avril 1834 à M. Cousin, III, 327. — Ses observations sur le Rapport de M. Cousin de 1832, III, 328. — Il lui transmet des documents scholaires, III, 329. — Il signale une erreur de M. Brunet, le bibliographe, *ibid.* — Son billet du 8 mai 1834, III, 330. — Sa lettre du 29 mai 1834, III, 331. — Recommande M. Bohlen à M. Cousin, *ibid.* — Son billet du 29 octobre 1834 à M. Cousin, III, 331. — Sa lettre du 30 juillet 1835 à M. Cousin; détails sur l'instruction publique en Prusse, III, 335. — Sa lettre du 24 janvier 1837 à M. Cousin, à qui il recommande M. Lange, III, 335. — Détails scholaires sur la Prusse, III, 336. — Il recommande son fils à M. Cousin, III, 337. — Sa lettre du 9 mars 1837 ; il remercie M. Cousin de son Rapport sur les écoles hollandaises, III, 338. — Il fait l'éloge de la duchesse d'Orléans, *ibid.* — Désapprouve l'enseignement mutuel, III, 339. — Sa lettre du 16 juin 1837 à M. Cousin ; détails scholaires sur la Prusse, III, 341. — Ses observations sur l'École normale de Paris, III, 342. — Sa lettre du 26 avril 1838 sur l'enseignement religieux dans les écoles, III, 345. — Détails scholaires sur la Prusse, III, 347. — Sa lettre du 1ᵉʳ juillet 1838 à M. Cousin pour lui expliquer le retard de sa décoration, III, 351. — Sa dernière lettre à M. Cousin pour le féliciter de son ministère, III, 353. — Lui explique le retard d'une décoration prussienne, *ibid.* — Se plaint des progrès du matérialisme, III, 354. — Recommande son fils à M. Cousin, III, 355.

Schwartz, de Liège. Ses relations avec M. Cousin, II, 487.

Sciences naturelles. Sont toujours particulières, II, 538. — Voir Philosophie.

Sclopis (le comte). Introduit auprès de M. Cousin par l'abbé Peyron, I, 631. — Quelques détails sur sa carrière, *ibid.*

Scribe. Ses relations avec M. Cousin, II, 435.

Scudéry (Mˡˡᵉ de). Son roman du grand Cyrus, II, 213. — Ses mérites littéraires et même historiques, *ibid.* — Très appréciée par M. Cousin, *ibid.*

Sébastiani (le Maréchal). Ses relations avec M. Cousin, II, 434.

Sébode. Ses relations avec M. Cousin, II, 448.

Ségur (le Général de). Ses relations avec M. Cousin, II, 434.

TABLE DES MATIÈRES

SEMENZA, correspondant de M. Cousin, I, 703.

SÉNANCOUR, auteur d'Obermann. Ses lettres à M. Cousin, II, 335. — Quelques détails sur sa vie, *ibid*.

SENSUALISME. Un des quatre systèmes seuls possibles à l'esprit humain, I, 355. — Combattu par M. Cousin et par Mme C. Angebert, III, 182. — Voir Cousin.

SERRE (de). Destitue M. Royer-Collard du Conseil d'État, I, 103.

SIBOUR, archevêque de Paris. Sa lettre de 1849 à M. Cousin, II, 388. — Autre lettre de 1856, II, 389.

SIBOUR (Léon), professeur de théologie à Aix. Sa lettre à M. Cousin du 13 octobre 1843 ; il cherche à convertir M. Cousin, II, 387. — Quelques détails sur sa carrière, *ibid*.

SIGOURNY, M., au lieu de Sigoumy, correspondant de M. Cousin, I, 430.

SIMPLICITÉ du style, résulte d'une longue expérience, II, 577.

SISMONDI. Sa liaison avec M. Cousin en 1824, II, 283. — Philhellène, *ibid*.

SLAVE. Chaire de langue et de littérature slave, fondée par M. Cousin en 1840, au Collège de France, I, 443. — Voir Mickiewicz.

SNATION, de Bruxelles. Ses relations avec M. Cousin en 1837, II, 486.

SOCIALISME. Condamné par M. Cousin, III, 471.

SOCRATE. Estime qu'il fait de Diotime, II, 253. — Sa foi est celle de M. Cousin, III, 164. — Son Credo, III, 165. — Sa fidélité inébranlable à la philosophie, II, 570. — Son héroïsme devant la mort, II, 371.

SOUZO (le prince Michel). Sa lettre à M. Cousin en 1832, II, 481.

SPEED, professeur au lycée hindou de Calcutta, demande des conseils à M. Cousin, I, 431.

SPIERS, professeur d'anglais. Ses relations avec M. Cousin, II, 439.

SPINOSA. Admiré par Schleiermacher, III, 347.

SPIRITUALISME. Est la doctrine officielle de la philosophie française au XIXe siècle, I, 61. — Restauré au XIXe siècle par M. Cousin, II, 530. — Restauré par M. Cousin au XIXe siècle, II, 531.

SPRINGER, de Vienne. Félicite M. Cousin d'avoir soumis ses ouvrages à l'Index, II, 450.

STANISLAS-JULIEN. Ses relations avec M. Cousin, II, 329. — Sa lettre du 1er juillet 1839 à M. Cousin, pour l'entretenir de ses travaux sur la philosophie chinoise, III, 434.

STANHOPE (Lord Mahon). Ses relations avec M. Cousin, II, 458.

STAPFER (Philippe-Albert), diplomate suisse, I, 156. — Son fils Albert Stapfer, I, 157. — Ses relations avec M. Cousin, II, 433. — Son fils Albert, II, 434.

STERLING. Transmet à M. Cousin des détails sur l'état peu brillant de la philosophie en Angleterre, II, 454.

538 TABLE DES MATIÈRES

STUART MILL (John). Sa lettre à M. Cousin en 1842, pour lui présenter M. Lowes, II, 456. — Voir Austin (Mᵐᵉ S.).

STYLE. Sa simplicité résulte d'une longue expérience. II, 577. — Doit être en philosophie aussi clair que possible, II, 578.

SUBSTANCES. La communication des — est un mystère, I, 294.

SYSTÈMES, au nombre de quatre, qui sont seuls possibles à l'esprit humain. I, 355. — Les quatre — ne se succèdent pas comme l'a dit M. Cousin, I, 356. — Voir Cousin, Philosophie, etc.

T

TALLEYRAND (le prince de). Jugé par M. Royer-Collard. I, 167.

TAPPAN, de New-York. Présenté à M. Cousin par M. Bancroft, II, 469.

TASTON, lisez: Easton.

TAYLOR (Thomas). Sa traduction de deux ouvrages de Proclus, III, 238. — Sa traduction d'Aristote, III, 245.

TEMPLE, traducteur de la Métaphysique des mœurs de Kant, III, 249.

TENNEMANN. Son Histoire de la philosophie, appréciée par M. Cousin, I, 253. — Voir Cousin.

TERZETTI, d'Athènes. Sa lettre de mai 1858, où il entretient M. Cousin de l'emplacement probable de l'Académie platonicienne, III, 436. — Son séjour à Milan en 1820, III, 438.

TESTE. Traduit en 1847 devant la Cour des Pairs, III, 6.

THÉNARD (le baron). Ses relations avec M. Cousin, II, 438.

THÉOLOGIE. Ses rapports avec la philosophie, II, 558. — Voir Philosophie, Religion, Cousin, etc.

THÉRY. Sa lettre à M. Cousin sur M. Caro, et ses remerciements, III, 462.

THIERS. Élu 26 fois député en 1871, I, 223. — Son expression des Deux sœurs immortelles. I, 308. — Félicite, dans deux billets, M. Cousin de son discours à la Chambre des Pairs en 1844, I, 453. — Son rapport sur la liberté de l'enseignement secondaire, I, 454. — Opinion de M. Royer-Collard sur son avenir en 1837, I, 517. — Président en 1849 des deux Commissions formées par M. de Falloux, I, 531. — Sa lutte contre M. Cousin dans les deux Commissions de 1849, I, 534. — Défenseur des droits de l'État en matière d'instruction publique, I, 535. — Exilé à Londres en janvier 1852, I, 560. — Ses relations avec M. Cousin ; quelques détails sur sa carrière, II, 497.

THIERSCH. Consulté par M. de Vatimesnil en 1829 sur l'instruction primaire, I, 376. — Sa lettre du 29 août 1832 à M. Cousin, sur l'instruction publique en France et en Allemagne, I, 388. — Son voyage en Grèce et son ouvrage sur ce pays, I, 392. — Donne des détails sur M. Schelling, ibid. — Jugé par M. le Dʳ

Schulze, III, 348. — Son ouvrage sur M. Cousin, blâmé par M. le Dr Schulze, III, 352.

Tholuk, de Halle. Son mysticisme, II, 444.

Thomas (Alexandre), professeur d'histoire. Recommandé à M. Scholling par M. Cousin, en août 1845, III, 112. — Quelques détails sur sa vie, III, 113. — Son discours académique sur Descartes, I, 320.

Thurot, traducteur d'Épictète. Ses relations avec M. Cousin, II, 441.

Tischendorf. Patronné par M. Cousin ; ses travaux sur le Nouveau Testament, II, 403 et 449.

Tocqueville. Ses rapports avec M. Cousin, II, 428. — Quelques détails sur sa vie, ibid.

Tollemare. Swédenborgien. Ses lettres à M. Cousin, II, 295.

Torlonia. Correspondant de M. Cousin, I, 703.

Traduction. Système adopté par M. Cousin pour les Dialogues de Platon, I, 195. Voir Cousin.

Trendelenbourg. Ses travaux sur Aristote, III, 326.

Trézel. Sa lettre à M. Cousin sur Santa-Rosa, I, 649. — Quelques détails sur sa vie, ibid.

Turenne. Son portrait par M. Cousin, II, 623 et suiv. — Son caractère, II, 624. — Sa vanité, ibid. — Sa lettre étrange à l'abbé de Thou, II, 625. — Son génie militaire, II, 626. — Son courage, ibid. — Son ambition constante pour la gloire de sa maison, II, 627. — Sa conversion, ibid. — Sa conduite envers Mazarin, II, 629. — Ses variations, II, 630. — Ses lettres, II, 631. — Il est fort intéressé, II, 631.

Turgot. Se trompe sur l'origine des principes nécessaires, I, 52.

U

Ulcoq. Recommandé à M. Cousin par M. Hamilton, III, 276. — Bien accueilli par M. Cousin, III, 281.

Université impériale. Très admirée par M. Cousin, I, 438. — Fort admirée par M. Cousin, I, 446. — Jugée par M. Cousin, I, 458.

Université. Défendue par M. Cousin, en 1844, devant la Chambre des Pairs, I, 447. — Sa froideur apparente envers M. Cousin, qui l'avait défendue à la Chambre des Pairs, I, 450. — Son enseignement philosophique, défendu par M. Cousin, I, 466. — Mal comprise et mal défendue par le gouvernement de Juillet, I, 502.

V

Vacherot. Sa rédaction du cours de M. Cousin de 1820, I, 61.

Valette. Professeur de philosophie ; sa lettre du 15 janvier 1829 à

M. Cousin, sur ses leçons de 1828, II, 392.

VAN DE WEYER, professeur de philosophie à Bruxelles. Ses lettres à M. Cousin en 1830, II, 481. — Ambassadeur en Angleterre, *ibid.* — Introduit M. Hallam auprès de M. Cousin, *ibid.* — Sa lettre du 7 septembre 1831 pour lui recommander M. Prévost de Valenciennes, III, 398. — Sa lettre du 25 mai 1842 pour introduire M. Hallam auprès de M. Cousin, *ibid.*

VAPEREAU. Avertit M. Cousin que son Histoire générale de la philosophie a été mise à l'Index. II, 40.

VARNHAGEN D'ENSE. Sa lettre à M. Cousin du 1er octobre 1825, I, 150. — Quelques détails sur sa carrière, I, 153, II, 443.

VARNKŒNIG. Ses relations avec M. Cousin en 1831, II, 481.

VATIMESNIL, ministre de l'Instruction publique, I, 223. — Sa lettre du 6 novembre 1828 à M. Cousin, I, 255. — Détails sur sa carrière, I, 256. — Consulte M. Thiersch sur l'instruction primaire en 1829, I, 376.

VÉHÉMENCE. Caractère distinctif du style de M. Cousin, II, 250. — du style de M. Cousin, II, 579. — comparée à celle de Démosthène et de Bossuet, *ibid.* — Caractère particulier du style de M. Cousin, II, 579. — Déplacée en philosophie, *ibid.*

VEITCH. Éditeur des œuvres de Sir William Hamilton, II, 459.

VELPEAU. Ses relations avec M. Cousin, II, 438.

VENDÔME (duc de), fils légitimé d'Henri IV; son portrait, II, 608 —
par Mme de Motteville, II, 609. — détenu pendant quatre ans, *ibid.* — Sa fuite en Angleterre en 1641, II, 610. — Son attitude sous Mazarin, II, 611. — Sa fuite en Angleterre, II, 616.

VÉRA. Remercie M. Cousin, 4 août 1849, III, 396.

VERHUELL (amiral), Pair de France; sa lettre à M. Cousin en faveur du prince Louis Napoléon, en octobre 1840, II, 374.

VIE (la) est une épreuve, selon M. Cousin, III, 163.

VIE FUTURE. Ses preuves, III, 165. — Voir Cousin.

VIGUIER (Auguste). Le premier volume de la traduction de Platon lui est dédié par M. Cousin, I, 326. — Accompagne M. Cousin en Hollande, en 1836, I, 429. — Sa lettre de décembre 1848 à M. Cousin, pour réclamer son appui, III, 458.

VILLEMAIN. Membre de la commission des impressions gratuites en 1834, I, 2.

VILLEMAIN. Il n'y a jamais eu de rivalité entre lui et M. Cousin, III, 30. — Quelques détails sur sa carrière, III, 31. — Ses nombreux billets à M. Cousin, III, 32 et suiv. — Grand admirateur du style de M. Cousin, III, 40.

VINET. Ses relations avec M. Cousin, II, 441.

VISCONTI, (de Milan). Ses conseils à M. Cousin en 1821, I, 310. — Très longue correspondance en français et en italien, I, 310 et suiv. — Sa lettre du 25 janvier 1821 à M. Cousin, III, 362. — Ses conseils à M. Cousin, III,

363. — Sa complaisance, *ibid.* — Ami intime de Manzoni, *ibid.* — Quelques détails sur lui, III, 364. — Sa lettre du 2 novembre 1821, *ibid.* — Ses conseils à M. Cousin, qu'il détourne de la philologie, III, 365. — Sa lettre très affectueuse, sans date (1824?), III, 366.

Vitet. Membre de la Commission des impressions gratuites en 1834, I, 2.

Vlangali (prince Michel). Passant par Paris, désire voir M. Cousin, 1852.

Vrai, Beau et Bien. Analyse de cet ouvrage de M. Cousin, I, 51 et suiv. Voir Cousin.

W

Waagen. Directeur du Musée de peinture à Berlin. Ses relations avec M. Cousin, II, 449.

Walckenaer (le baron de), offre à M. Cousin, en 1847, un ouvrage de de La Forge, III, 455.

Weiss. Professeur à Leipzig. Ses relations avec M. Cousin, II, 448.

Weisse. Lettre de M. Cousin à M. — sur l'état de la philosophie en France, III, 427. Voir Cousin.

Welcker. Ses relations avec M. Cousin, II, 444. — Sa liaison avec M. Cousin, III, 167. — Sa lettre en français à M. Cousin en 1828, III, 168. — Sa liaison avec MM. Guigniaut et Viguier, *ibid.* — Sa lettre du 18 avril 1838 à M. V. Cousin, III, 170. — Son jugement sur B.-St Hilaire, traducteur de la Politique d'Aristote, III, 171. — Ses deux dernières lettres à M. Cousin, III, 172.

Wendt. Son article sur les Fragments philosophiques de M. Cousin, III, 244 et 245.

Werther (le baron de). Sa bienveillance envers M. Cousin, III, 353. — Son billet du 7 octobre 1831 à M. Cousin, III, 399.

Whewell (le docteur, de Cambridge). Ses relations avec M. Cousin, II, 455 — Sa lettre du 10 juin 1844 à M. Cousin, III, 441. — du 20 février 1857, pour remercier M. Cousin de sa nomination comme correspondant de l'Institut, III, 442.

Wight, des États-Unis (O. W.). Sa lettre à M. Cousin sur M. Tappan, III, 476. — Son voyage à Paris ; sa lettre sur son Encyclopédie de philosophie, III, 477.

William Adam, de Calcutta. Ses relations avec M. Cousin, II, 455.

Williams. Félicite M. Cousin de son discours à la Chambre des Pairs en 1844, I, 456.

Willm. Sa traduction de l'article de M. Schelling, III, 92. — Sa lettre du 17 novembre 1835 à M. Cousin, sur la traduction de la préface de M. Schelling, III, 424.

Witté. Comprend mal les opinions philosophiques de Manzoni, I, 601.

Wocquier, de Gand. Remercie M. Cousin de ses encouragements, II, 492. — Sa lettre du 7 novembre 1836 à M. Cousin, qu'il remercie, III, 429.

Wolkonsky (la Princesse). Ses relations avec M. Cousin, II, 491.

Wyttenbach. Ses travaux philologiques remarquables, I, 208.

Wyndeck (de la Haye). Ses relations avec M. Cousin, II, 486.

Y

Young (Edmond). Consulte M. Cousin pour la traduction, en anglais, de l'ouvrage de M. Erdmann sur la philosophie allemande, II, 458.

Z

Zangiacomi, fils. Sa lettre du 5 décembre 1857 à M. Cousin, pour le remercier, III, 436.

Zech (M. de), gendre de M. Schelling, III, 109.

Zographos (Xénophon). Ses relations avec M. Cousin, II, 491.

Zollverein. Son importance politique pour la Prusse, III, 334.

FIN

DU TOME TROISIÈME ET DERNIER.

CHARTRES. — IMPRIMERIE DURAND, RUE FULBERT.

www.ingramcontent.com/pod-product-compliance
Lightning Source LLC
Chambersburg PA
CBHW071404230426
43669CB00010B/1441